财务、法律、业务尽职调查全流程实务操作指南

惠增强　路娜　编著

人民邮电出版社

北京

图书在版编目（CIP）数据

财务、法律、业务尽职调查全流程实务操作指南 / 惠增强，路娜编著. -- 北京：人民邮电出版社，2022.1

ISBN 978-7-115-57431-2

Ⅰ. ①财… Ⅱ. ①惠… ②路… Ⅲ. ①会计检查－中国－指南 Ⅳ. ①F231.6-62

中国版本图书馆CIP数据核字（2021）第204688号

内 容 提 要

尽职调查是指投资人在与目标企业达成初步合作意向后，经协商一致，对企业的历史资料、管理人员的背景、市场风险、管理风险、技术风险和资金风险做全面深入的审核。本书从尽职调查基本知识、财务尽职调查、法律尽职调查、业务尽职调查、常见类型尽职调查、尽职调查工作结果及优秀案例几个层面逐步深入、细致讲解。本书采用大量案例支撑理论分析，特点是案例丰富、内容全面、通俗易懂、图文并茂、与时俱进，有较强的实用性，旨在给从事尽职调查工作的人士提供专业的指导。本书适合尽职调查从业人员、企业经营管理者、高校科研工作者阅读和使用。

◆ 编　著　惠增强　路　娜
责任编辑　李士振
责任印制　彭志环

◆ 人民邮电出版社出版发行　　北京市丰台区成寿寺路 11 号

邮编　100164　电子邮件　315@ptpress.com.cn

网址　https://www.ptpress.com.cn

北京天宇星印刷厂印刷

◆ 开本：700×1000　1/16

印张：33.25　　　　　　　　2022 年 1 月第 1 版

字数：688 千字　　　　　　 2025 年 11 月北京第 18 次印刷

定价：128.00 元

读者服务热线：(010)81055296　印装质量热线：(010)81055316
反盗版热线：(010)81055315

前言

PREFACE

本书写作背景

尽职调查也可称为"审慎调查"，是指收购者、投资者对目标企业的经营和财务情况、法律关系及目标企业所面临的机会和潜在风险进行的一系列调研。尽职调查主要在收购、投资等资本活动时进行，在企业上市时，也会涉及尽职调查，以帮助相关机构或人员初步了解企业是否具备上市的条件。可以说，尽职调查在现代商业社会的应用十分广泛。

尽职调查具有以下几个特点。

一是重要程度高。尽职调查是企业收购、兼并程序中最重要的环节之一。企业通过尽职调查可明确收购运作中存在的风险和法律问题，一定程度上解决买卖双方信息不对称的问题，从而便于双方就相关风险和义务进行谈判，在一定程度上决定着收购、兼并等的成功与否，继而决定企业的存续与发展。

二是涉及范围广。从事尽职调查的工作人员不仅需要专门学习尽职调查相关知识，还需要熟悉财务、法律、公司管理等各个领域的专业知识，尽职调查涉及的知识面广；在尽职调查过程中，工作人员需要了解企业经营状况、股权结构、规章制度、法律关系、潜在风险等，对目标企业的了解内容细致、广泛。

三是专业性强。尽职调查实务操作过程环节多、流程复杂、涉及的专业知识多，工作人员需要具有极强的专业素质，必须通过系统性学习，形成完整的知识体系，这样才能完成好尽职调查工作。

四是实践性强。尽职调查是一项实践性很强的工作，在实务工作中，工作人员面临的情况五花八门，需要注意的细节数不胜数，遇到的问题纷繁复杂，往往需要有丰富的理论和实践经验，这样才能深入了解各种情况及提出相应的解决措施，从而灵活地应对尽职调查中出现的各种问题。

当前市场上，很多尽职调查新手不知如何入门，缺少系统性的学习材料，常常在实践操作过程中遇到各种问题，难以找到应对方法。而尽职调查相关书籍寥寥可数，部分书籍还存在综合性不强、实务指导作用不强等问题。市场对包含财务、法律、业务等多领域知识的综合性尽职调查书籍有相关需求。

本书内容

本书从多个角度详细介绍了尽职调查的内容。本书共6篇，包括尽职调查基本知识、财务尽职调查、法律尽职调查、业务尽职调查、常见类型尽职调查、尽职调查工作结果及优秀案例等。

第一篇介绍尽职调查基本知识，包含第1章到第3章。本篇通过对尽职调查的概念、目的、种类、原则、渠道、流程、基本方法与工具等的阐述，带领大家掌握尽职调查的基本知识。

第二篇介绍财务尽职调查，包含第4章到第8章。本篇从财务尽职调查基本内容、基本流程、方法、资料、重要内容、常见问题、案例展示等方面系统讲解了财务尽职调查的基本知识。

第三篇介绍法律尽职调查，包含第9章到第13章。本篇从法律尽职调查概述、开展法律尽职调查工作、法律尽职调查重要内容、法律尽职调查要点分析、法律尽职调查案例展示等方面介绍了法律尽职调查的基本知识。

第四篇介绍业务尽职调查，包含第14章到第16章。本篇以业务尽职调查概述、重要内容、案例展示为主阐述了业务尽职调查在现实层面一般是如何展开的。

第五篇介绍常见类型尽职调查，包含第17章到第19章。本篇以融资类尽职调查、投资类尽职调查以及其他常见尽职调查等为主进行阐述，让读者能更好地了解具体领域的尽职调查。

第六篇介绍尽职调查工作结果及优秀案例，包含第20章到第22章。本篇从尽职调查工作底稿、尽职调查报告、优秀尽职调查综合案例展示三方面进行阐述。

本书特色

本书面向不同情境下的尽职调查需要，对尽职调查的基本流程、基本工具与方法、常见问题做了细致的梳理和讲解，列举了大量真实的尽职调查案例，将理论与实践相融合，具有极强的实务操作指导意义和商业价值。本书的特点包括以下几个方面。

第一，内容丰富，涉及面广。本书从尽职调查基本知识、财务尽职调查、法律尽职调查、业务尽职调查、常见类型尽职调查、尽职调查工作结果及优秀案例几个层面逐步深入，非常全面，并且注重理论与实践的深度融合。本书以大量案例支撑理论分析，确保全书的全面性、整体性、系统性，可以作为尽职调查从业者的案头必备手册。

第二，通俗易懂，图文并茂。本书利用各种通俗易懂的图表将抽象的尽职调查内容具体化，使读者更加轻松地掌握尽职调查这项专业工作的内容；重点讲解尽职调查实务中的操作，真正指导工作实践。本书通俗易懂的讲解，加上实际操作图表，能给读者留下一个清晰直观的印象，也非常便于不了解尽职调查工作的人士学习。

第三，案例丰富，可操作性强。本书对各种类型的尽职调查的讲解，结合实际的操作流程与适当的案例，对操作中容易遇到、容易忽视的问题做到贴心地解答与提示，帮助读者尽快上手。

本书作用

本书对具体尽职调查的案例、不同情境下的尽职调查工作开展进行梳理总结，是尽职调查从业人员在实践工作中的指导工具书。本书同时适合高校金融专业师生、企业经营管理者、企业培训和咨询人员阅读和使用。

笔者在本书的编写过程中，得到了多位财务人员、国家税务机关工作人员的大力支持，在此一并表示感谢。由于水平有限，书中疏漏在所难免，恳请广大读者不吝指正。笔者期望与大家共同努力，争取将尽职调查的理论与实践推向更高的境界。

编者

2021 年 10 月

目录

CONTENTS

第六篇 尽职调查工作结果及 优秀案例

第20章 尽职调查工作底稿

第一篇
尽职调查基本知识

第1章 导论

1.1 尽职调查概述

1.1.1 尽职调查的概念

本书要研究的尽职调查是与公司的财务、法律、业务等相关的尽职调查，也包括公司在进行投资和融资过程中开展的尽职调查，属于大征信范畴。本书对尽职调查做以下定义：尽职调查是指通过各种有效方法和步骤，对被调查对象的真实情况进行充分调查，获取被调查对象与经营活动、财务管理、法律关系和潜在风险等有关的信息、数据和资料的过程。一般来说，尽职调查是一个行业术语。在制定交易或投资决策前，尽职调查是在目标公司配合下对目标公司的财务和运营状况进行详细的调查，包括审核公司账务和调查公司内部及外部利益相关者，如供应商和客户等。

作为创业风险投资界的专业术语，尽职调查实际上就是项目投资可行性论证。有时候，尽职调查是指风险投资公司对项目进行筛选评估的一切活动。风险投资公司与创业者存在严重的信息不对称，风险投资公司的尽职调查就是为了减少信息不对称，为风险投资者做出正确的投资判断提供充分的科学依据。全球创业投资界在对项目进行投资前都要进行尽职调查，每个创业风险投资机构都有自己的一套尽职调查方法、程序、标准和要求，其模式和特点不尽相同。但总的来说，创业风险投资尽职调查主要内容集中在创业公司基本情况、财务情况、销售及市场情况和产品及技术情况等方面。

尽职调查是公司收购、兼并程序中最重要的环节之一，也是收购运作过程中重要的风险防范工具。在公司收购过程中，尽职调查也称为"审慎调查"，即收购者对目标公司的经营和财务情况、法律关系，以及目标公司所面临的机会与潜在的风险进行的一系列调查。调查过程通常利用管理、财务、税务方面的专业经验与专家资源，形成独立观点，用以评价并购优劣，作为管理层决策依据。尽职调查不仅审查历史财务状况，而且着重于协助并购方合理地预测未来，常发生于风险投资和公司公开上市前期工作中。

在私募融资、风险投资、首次公开募股（Initial Public Offering，IPO）等交易中，尽职调查是由购买方或其委托的专业机构对目标公司进行的调查研究，购买方将调研结果作为是否交易及定价的依据。另外，股票投资者对上市公司进行的调研及会计师事务所对上市公司进行的审计，也可称为尽职调查。

尽职调查并非要求对调查对象进行绝对的调查。每一种尽职调查都必须遵循一定的规范和操作流程，采取各种必要以及可能的手段、方法和途径，通过搜集有关信息和数据，并对之按照合法合规性的要求进行分析、判断和评估，发现并提出专业性的处理意见及解决方案，以解决信息真实性和信息不对称的问题，为客户尽可能地降低风险，给客户决策提供参考依据。绝对全面的调查是不现实的，没有一个人能够绝对了解另一个人，针对公司的尽职调查也是如此。

1.1.2　尽职调查的目的

尽职调查既属于项目管理，又是一个系统工程。一项尽职调查工作的开展，从行业风险研究到财务调查审计，从人员访谈到现场勘查、报告撰写，涉及的领域广、学科多、人员多、数据量大，需要进行统筹设计，制定战略规划，然后分步实施，最终达到风险管理和控制目标。

制定尽职调查战略规划，首先要确定尽职调查的目标。根据系统工程和项目管理理论，目标分为总目标和分目标。一般来讲，总目标是定性目标，分目标可以是定性目标，也可以是定量目标。尽职调查的总目标就是通过详尽的、专业的调查，全面、真实、客观地反映被调查企业的实际情况，为决策提供依据。总目标主要体现在以下三方面。

一是识别和控制风险。无论是信贷还是商业信用本身，都存在着各种各样的信用风险，尽职调查的根本目标就是实现对这些风险的识别和控制。在根本目标的总体要求下，需要对这些风险进行细致的分类，辨别哪些风险是影响企业违约的主要因素，哪些风险是影响企业违约的次要因素，并找出识别各类风险的具体方法和建立目标，通过尽职调查逐一考察和判断风险因素。

尽职调查是为了查实目标企业的现状，获取足够的信息以分析未来的情况，避免投资中的陷阱，减少和避免投资风险；判明潜在的致命缺陷和它们对收购及预期投资收益的可能影响，分析企业盈利能力、现金流，预测投资未来前景。同时，了解企业的资产及负债、内部控制、经营管理的真实情况，是投资及整合方案设计、交易谈判、投资决策的基础。

二是发现企业价值。在商业信用活动中，发现企业合作价值是尽职调查的一个重要目标。一个存在风险的企业可能无法获得信贷支持，但在商业中可能存在很强的合作价值。因为企业的价值不仅取决于当前的财务账面价值，也取决于未来的收益。在尽职调查中，需要对企业内在价值进行全面的评估和考量，从而决定建立合作关系甚至信用关系。

三是提升获客能力。在谁掌握客户谁就掌握竞争主动权的今天，获得广泛客户群体是十分重要的。商业社会如此，在金融领域竞争越来越激烈的情况下，金融信贷领域也是如此。无论是银行还是企业，客户越来越成为机构发展的重要因素。因此，一些机构把尽职调查作为获客的重要手段。此时，大力收集潜在企业信用信息、从第三方获取企业的数据就是尽职调查的主要内容。

实践中，由于尽职调查涉及的领域和用途（信贷、投资、商业信用、商务合作等）不同，以及使用方的需求不同，上述三方面的目标会各有侧重，但识别和控制风险仍然是尽职调查的主要目标。

1.2　尽职调查的种类

尽职调查并没有绝对的分类方法，大致可以分为业务尽职调查、财务尽职调查、法律尽职调查等。其中，财务尽职调查一般由会计师事务所承担，法律尽职调查一般由专门的律师事务所完成，业务尽职调查一般由投资方的专人承担。

1.2.1　业务尽职调查

业务尽职调查主要需要了解以下六个方面的内容：第一，业务内容，即企业基本状况、管理团队、产品和服务、市场、发展战略、融资运用、风险分析；第二，历史沿革，即了解标的企业从设立到调查时的股权变更以及相关的工商变更情况；第三，主要股东、实际控制人团队，即调查控股股东与实际控制人的背景；第四，行业因素，即了解行业发展的总体方向、市场容量、监管政策、准入门槛、竞争态势以及利润水平等；第五，客户、供应商和竞争对手；第六，对标分析，即借鉴同行业上市公司的财务报告和招股说明书等对标的企业进行分析。

整个尽职调查工作的核心是业务尽职调查，财务、法律等方面的尽职调查都是围绕业务尽职调查展开的。业务尽职调查的主要关注点包括：①企业基本情况、管理团队、产品/服务、市场、融资运用、风险分析等；②企业从成立至调查时点的股权变更及相关工商变更情况；③控股股东/实际控制人的背景；④行业发展的方向，市场容量、监管政策、竞争态势、利润水平等情况；⑤客户、供应商和竞争对手等。

业务尽职调查主要有四个步骤：初步资料索取、资料对比分析、访谈与现场尽调、总结与补充。

（1）初步资料索取。刚与企业接触，毕竟了解不多，贸然要过多的资料，要么导致企业警惕，要么整理起来太费时间，最终不了了之。而对于投资者，尽快拿到初步资料，尽快做出初步判断，再决定是否进一步接触，也未尝不是好的方法。资料不必多，企业现有的就行，通常是当期和前两年的管理报表和企业简介，企业自己搜集的行业报告也可以。

（2）资料对比分析。拿到了企业提供的资料，就要进行初步分析，以确定投资的可行性。分析有两种方法：一是对比分析，二是企业分析。

在对比分析中，经常的做法是找到已经上市的对标企业的财务数据，与目标企业财务数据进行对比，如果目标企业所属行业不具有特殊性，分析则集中在增长性、盈利能力、营运能力和现金流等方面。对比分析的主要目的是对目标企业在行业中的位置做出判断。这种判断当然是初步的，但投资者在比较过程中会产生相当多的问题，期待访谈中有针对性地要求企业解释。例如，与同一产业链同一位置的企业相比，为什么无论是应收账款周转天数，还是存货周转天数，你都比它好，但它的经营性现金流比你好？为什么你说你的技术和产品质量都比对标企业好，但毛利率比对标企业低许多？这种横向分析的方法是对比分析的基础。

在企业分析中，除了应用对比分析得出结论外，还关注纵向分析，也就是对企业的历史进行分析。对比分析企业连续三年的报表，可能会发现一些特别的现象，而这些现象可能与行业特性无关。例如，企业的其他应收款急剧增加，一般而言，是因为企业家从公司拿了钱，短时间内找不到如此数额的票。再如，企业的在建工程数额很大，却迟迟没有结转固定资产，很可能是因为将资金用于其他方面。企业分析不具有行业普遍性，而是针对企业的特殊性，分析结果反映的是企业自身的治理结构，也能初步反映企业家个人的管理素质。

（3）访谈与现场尽职调查。访谈与现场尽职调查有多种形式，如先访谈后尽职调查、边访谈边尽职调查、边尽职调查边访谈、先尽职调查后访谈。一般建议边访谈边尽职调查。访谈是重点，尽职调查是辅助。在对董事长、一线业务高管和财务管理人员的访谈中，把遇到的问题和相关需要细化，并发给不同的人进行调查，这样能得到更有用的反馈。将这些反馈与第三方的财务尽调机构结果比较，以形成最终判断。这里必须说明的是，与国内某些投资机构的内部尽职调查相比，外部第三方机构做的尽职调查更为可信。外部第三方机构不能帮助你判断，但可以提供一个不同的视角。

访谈要有一个主线，否则很难抓住重点。若访谈没有思路，就会被访谈对象的思路左右，完不成设定的目标与进程；若访谈缺乏框架，则会遗漏运营的一些方面，以致不能形成一个全面且有深度的报告。

所以，访谈的重点是有主线、思路和框架。如何进行访谈呢？可以从利润表、资产负债表和现金流量表这三大报表开始，并顺着这三大报表的思路来执行。但别忘记重点，三大报表只是用来引发思路的，重点是报表隐藏的信息，需要不停地挖掘这些信息，以印证访谈对象的表述是否真实可靠，是否全面没有隐瞒。

我们在看报表时，也应看报表附注，其也能反映很多信息。

对于那些业务模式刚刚确立，或是业务急剧扩张而且模式多变的企业，审计报告不能提供完整的信息，所以，要利用专业的尽职调查团队。

（4）总结与补充。尽职调查结束后，十分重要的一项工作是形成一份尽职调查报告。这份报告可以与投资报告合并，也可以单独设立。尽职调查报告可以变感性为理性，是对投资的最后判断。再严密的尽调也会在事后发现有遗漏事项和一些待确认的数据，没关系，在投资报告中进行不断补充与修正即可。

1.2.2 财务尽职调查

财务尽职调查又称谨慎性调查，一般是指投资人在与目标企业达成初步合作意向后，经协商一致，投资人对目标企业与本次投资有关的事项进行现场调查、资料分析的一系列活动。财务尽职调查主要发生在收购（投资）等资本运作活动中，若企业准备上市，也需要进行财务尽职调查，以初步了解其是否具备上市的条件。

财务尽职调查的内容一般包括：目标企业所在行业、企业所有者、历史沿革、人力资源、营销与销售、研究与开发、生产与服务、采购、法律与监管、财务与会计、税收、管理信息系统等。尽职调查小组由项目负责人（交易促成者）、行业专家、业务专家、营销与销售专家、财务专家、法律专家等构成。财务尽职调查的目的为判明潜在的致命缺陷和它们对收购及预期投资收益的可能影响。

财务尽职调查重点关注的是目标企业过去的业绩情况，主要是为了评估企业存在的财务风险及投资价值。财务尽职调查主要关注点包括：①企业相关的财务报告；②企业的现金流、盈利及资产事项；③企业现行会计政策等；④对企业未来价值的预测等。

在调查过程中，调查人员一般会用到以下基本方法：审阅，通过审阅财务报表及其他财务资料，发现关键及重大财务因素；分析程序，如趋势分析、结构分析等，对通过各种渠道取得的资料进行分析，发现其中可能存在的重大问题；访谈，与企业内部各层级、各职能人员，以及中介机构充分沟通；小组内部沟通，调查小组成员拥有不同背景及专业知识，相互沟通也是达到调查目的的方法。由于财务尽职调查与一般审计的目的不同，因此财务尽职调查一般不采用函证、实物盘点、重新计算等财务审计方法，而更多地使用趋势分析、结构分析等分析工具。在企业的投资、并购等资本运作流程中，财务尽职调查是投资及整合方案设计、交易谈判、投资决策不可或缺的前提，是判断投资是否符合战略目标及投资原则的基础。财务尽职调查对了解目标企业资产及负债、内部控制、经营管理的真实情况，充分揭示其财务风险或危机，分析其盈利能力、现金流，预测其未来前景起到了重大作用。

财务尽职调查的内容包括以下方面。

（1）对目标企业总体财务信息的调查。在进行财务尽职调查时，首先需要了解目标企业的基本财务情况。通过取得目标企业的营业执照、验资报告、章程，组织架构图，调查人员可以了解目标企业全称、成立时间、历史沿革、注册资本、股东、性质、主营业务等。对目标企业的了解内容还应包括目标企业本部、具有控制权的公司、关联方、财务管理模式以及财务人员结构、会计电算化程度、管理系统的应用情况等。

在获得上述信息之后，还应对目标企业的会计政策和税费政策进行全面了解：目标企业现行财务政策、近三年会计政策的重大变化、现行财务报表的合并原则及范围；近三年与企业合作的会计师事务所名单和近三年审计报告。目标企业的税费政策包括：现行税费种类、税费率、计算基数、收缴部门；税收优惠政策；减免税政策；关联交易的税收政策；集团公司中管理费、资金占用费的税收政策；税收汇算清缴情况。

（2）对目标企业具体财务状况的调查。目标企业财务报表的可靠性会影响财务尽职调查结果的可靠性。财务报表的可靠性与企业本身内控程序是否完善有关，因此，在一般情况下，进行尽职调查时应考虑内控程序的情况。例如可以通过访谈、画流程图等方法对目标企业的内部控制制度进行总体把握。在了解目标企业的内部控制制度之后，可以对其财务状况、盈利能力、现金流进行详细调查。在对目标企业的财务状况进行调查时，对于货币资金，除了要核实它的真实性之外，还应该关注目标企业是否有冻结资金。对应收账款要进行账龄分析、逾期账款及坏账分析、近年变化趋势及原因分析，要关注其是否被高估，对大额应收账款还应调查阅读销售合同。一般国内企业会将开办费、前期亏损或待摊费用暂列为其他应收款，因此在对其他应收款进行调查时，应查询具体有关内容，评析会计处理是否恰当，并做出恰当的会计调整建议。对存货的调查应查阅最近一次盘点记录，关注发出商品、分期付款发出商品，找出积压、毁损、滞销、过时以及有变现问题的存货，确定计提的存货跌价准备是否恰当，查询存货的计算方法，确定计算方法是否合适。进行长期投资调查时，对控股企业要验证其投资比例及应占有的权益，对参股企业要了解其投资资料。对在建工程，则要了解工程项目预算，完工程度、工程项目的用途，是否存在停工工程等。进行固定资产调查时：对土地、房屋，通过审阅土地及房屋的产权证明文件，如不动产权证等来调查；对机器设备，则要查询是否有应报废或需要提取减值准备的机器设备。另外，调查人员还应关注折旧方法是否合理，折旧率是否反映固定资产的消耗情况和使用年限，折旧是否按照设定的折旧方法和折旧率计算入账。对无形资产的调查，则要分析无形资产的种类及取得途径、寿命、计价依据。对银行贷款的调查，调查人员应取得和查阅明细表，明细表应注明利率、还款期、抵押、承诺等情况；还应查阅贷款合同，了解是否有资产抵押和担保等情况；还应测算贷款利息是否已足额提取，并已入账；同时查阅是否具有违反贷款合同条款的情况。对应付账款，调查人员应取得明细表，并分析应付账款周期、供应商分布情况。为了调查目标企业是否存在未入账的负债，调查人员还应查阅期后付款凭证，查阅董事会、股东会会议记录，与有关律师尽职调查工作配合。对应付税金的调查，应取得应付税金变动明细表，并询问各项税金是否均已如期申报、完税，询问是否有漏报、虚报、少报的情况，查阅与税务机关的往来文件，分析所交税金是否合理。

对反映目标企业盈利能力的销售收入及成本进行调查时，调查人员应计算目标企业近几年的销售收入，销售量、单位售价、单位成本、毛利率的变化趋势，近几年产品结构变化趋势；关注目标企业大客户的变化及销售收入集中度，关联交易与非关联交易的区别及对利润的影响；了解成本结构、发现关键成本因素，并就其对成本变化的影响做出分析。对目标企业的销售收入分析可按主要地区、主要产品、主要客户进行分类。结合上述各项分析，可以对目标企业的过去和将来的盈利前景做出分析。对目标企业的三项费用分析，应按照费用明细表分析三项费用的处理是否合理及未来走势。对其他业务利润，调查人员应该了解是否存在稳定的其他业务收入，以及近几年的数据。对投资收益的调查，调查人员应关注近年对外投资情况，及各项投资的报酬率。对营业外收支的调查，应关注是否有异常情况。

对目标企业现金流的调查，调查人员应特别关注经营净现金流，并通过一些比率来检验经营净现金流是否能满足融资活动的利息支出净额，并应结合资产负债表及利润表，分析除销售收入以外是否还存在主要的经营资金来源，若存在，则分析其对经营净现金流的贡献。

1.2.3　法律尽职调查

法律尽职调查是指在公司并购、证券发行等重大公司行为中，由律师进行的对目标公司或者发行人的主体合法性存续、企业资质、资产和负债、对外担保、重大合同、关联关系、纳税、环保、劳动关系等一系列法律问题的调查。

法律尽职调查分为两种，即公司并购的法律尽职调查和证券发行等重大公司行为的法律尽职调查。私募股权投资可以归类于公司并购，因此，私募股权投资中的法律尽职调查属于公司并购的法律尽职调查。

法律尽职调查是为了全面评估公司资产和业务的合规性及签字的法律风险。法律尽职调查的关注点主要包括：①公司设立及历史沿革问题；②主要股东情况；③公司重大债权债务文件；④公司重大合同；⑤公司重大诉讼、仲裁、行政处罚文件；⑥税收及政府优惠政策等。

在私募股权投资中，目标公司和私募股权投资者拥有的信息是不对称的。私募股权基金在投资前进行法律尽职调查的根本目的是避免信息不对称带来的重大交易风险，法律尽职调查是私募股权基金与目标公司的一张"安全网"。对私募股权基金而言，对目标公司的法律尽职调查是一种风险管理，因为私募股权投资存在各种各样的风险。私募股权投资者有必要通过法律尽职调查来尽量消除双方在信息上的不对称。如果法律尽职调查结果显示目标公司存在风险和法律问题，双方便可以就相关风险和义务进行谈判。私募股权投资者可以决定在何种条件下进行私募股权投资活动。

1.3　尽职调查的基本原则

1.3.1　独立性原则

投资机构需要独立地进行尽职调查，同时根据尽职调查情况做出自己的判断，尽职调查人员要保持独立性。尽职调查的方式主要有两种：一种是投资机构自行组织内部人员进行调查，另一种是委托第三方专业机构进行调查。无论采取何种调查方式均要保证调查人员在尽职调查中的独立性，即独立进行调查，独立做出判断，独立出具调查意见。目前，一些中介机构为了保持长期的客户关系而违背独立性原则，对同一家被并购公司既执行审计业务，又执行财务尽职调查服务，这违背了会计师事务所的独立性。

1.3.2　谨慎性原则

谨慎性原则又称稳健性原则，尽职调查中的谨慎性原则针对调查内容中遇到的不确定因素，要求调查人员在处理时保持谨慎的态度，出具的尽职调查报告要以完整的工作底稿作为依托。在尽职调查过程中调查人员要按照谨慎性原则开展工作。如在尽职调查中，很多被调查人都会提供相关第三方机构对其财务状况进行审计出具的审计报告，如果调查人员对出具报告的第三方机构的资信情况不能确定就需要重新委托指定的机构进行审计，确保披露的内容不会存在偏差。再如，在市场调查方面，调查人员要参与实际的调查过程，对调查的过程进行监督。尽职调查的结果最终以调查报告的形式呈现，在出具的报告中，每项内容均需要以完整的工作底稿为依据，做到依据充分，不能出具没有依据或依据不充分的报告。

1.3.3　全面性原则

首先，尽职调查要做到调查内容具有全面性，涉及被投资人的各个领域。

企业组织方面，法律尽职调查的内容应包括企业的沿革、合法性，股东的构成与历次变更情况，企业的治理结构，投资设立的下属公司分支机构及关联企业等；企业权利方面，包括企业所有权、用益物权、担保物权、知识产权及债权等；企业义务方面，包括银行借款、或有负债、正在进行的诉讼或仲裁及行政处罚等；劳动人事方面，包括员工的合同签订情况、竞业禁止情况、是否有劳动纠纷等；股东方面，包括是否与被调查企业存在类似业务，是否有重大诉讼、仲裁或者行政处罚，股权是否被质押等。

其次，材料收集要齐全。调查者必须收集所有的材料，单就拟投资对象的股权结构而言，除了需查阅拟投资对象当前的工商执照外，还要查阅公司章程、股东出资证明书、出资协议、验资报告、股份转让协议、股权变更协议等一系列法律文书。

1.3.4　透彻性原则

调查者不仅要对有关的文件资料进行详尽审核，还要与相关当事人、政府机构和中介机构等进行沟通和调查。若关键员工是从同行业其他单位跳槽过来的，则需要了解其与原单位合同关系是否了结，是否与原单位有竞业禁止的约定等。员工个人提供的信息可能不真实，因此有必要向原单位进行调查和了解。

以专利权为例，投资者不仅需要了解目标公司是否拥有专利权，还要了解其是否存在权属上的纠纷、有效期间专利权的地域范围以及专利许可情况等内容。再以应收账款为例，投资者不仅需要了解目标公司应收账款的数额，还要调查应收账款的性质、产生原因、账龄、债务人的资产及负债情况，以及债权人已经采取的措施等。

1.3.5　重要性原则

针对不同行业、不同阶段的企业，要依照风险水平进行重点调查。

首先，对不同行业的企业，调查重点应有所不同。如对于高新技术行业的企业，知识产权是决定企业发展的核心要素，若存在知识产权归属不清或权属争议，很可能会导致整个企业缺失核心竞争力，甚至失去企业的存续基础。对于技术和产品创新的创业企业，拥有研发能力和知识产权是企业发展的核心。对于商业模式创新的创业企业，较高的运营能力和市场能力是企业快速成长的关键。

其次，对不同阶段的企业，调查内容有所不同。众所周知，种子阶段、初创阶段、扩张阶段和成熟阶段的企业提供的信息的差异较大。对早期（一般包括种子阶段和初创阶段）的投资，注重对技术和团队的调查；而对中后期投资，应注重对过往绩效的调查，因为从企业的发展历程可以看出企业高层管理团队的战略和经营能力。

1.4　尽职调查的渠道

尽职调查涵盖业务、财务（含税务）、法律等多个领域。为了对目标公司进行全面且高效的调查，尽职调查小组应由技术纯熟与经验丰富的人员构成，一般包括项目负责人、行业专家、业务专家、营销与销售专家、财务专家、法律专家等人员。各专业尽职调查的工作关注点各有不同：业务调查主要关注机会成本、固有风险、市场风险，财务调查主要关注盈利能力、现金流水平、资产及负债状况，税务调查主要关注税收优惠、运营及重组、有关税收风险等，人力资源调查主要关注人员构成、薪资状况、人员培养、技术及环评，产品调查主要关注市场、资源和技术，法律调查主要关注法律监管和合规性。

尽职调查作为一种谨慎性调查，不仅要注重调查内容的全面性，而且要确保其真实性、独立性，因此尽职调查需要多渠道收集资料，以此确保资料的可靠性。不同调查目的的尽职调查的渠道选择有一定的差异。因此，本节根据尽职调查的目的分别从业务尽职调查、财务尽职调查、法律尽职调查对尽职调查的渠道进行介绍。

1.4.1　业务尽职调查的渠道

业务尽职调查的目的是明确目标公司的商业前景，因此业务尽职调查不仅需要获取目标公司的历史表现和未来发展规划等信息，还需要获取目标公司所在行业和市场、竞争对手的相关资料。业务尽职调查渠道主要有内部资料收集、外部信息查询、相关人员访谈、实地调查。

1. 内部资料收集

尽职调查人员应当先编制尽职调查文件清单，尽可能地收集有关公司工商注册、主要股东情况、公司发展历程与公司战略、公司管理人员信息、业务情况、财务数据、公司会议记录、公司营销计划、公司定期报告等各项历史数据和文档。

2. 外部信息查询

首先，通过公司网站、报刊、新闻广播、录像、录音、微博、微信、峰会、论坛、行业协会网站、业内人士等信息渠道，了解公司产品、营销信息及其所处行业的情况。其次，通过数据库、行业报告等专业的信息渠道来了解行业信息。可以借鉴同行业上市公司财务报告和招股说明书等公开资料了解竞争对手信息。

3．相关人员访谈

为了确保信息真实性，对于文件资料不详尽的或者没有文件资料佐证的，尽职调查人员应与企业的董事、管理人员以及各相关部门的人员进行面谈，以进一步求证。另外，通过走访客户可以了解企业的产品质量和受欢迎程度，以及企业真实的销售情况和竞争企业情况。对供应商进行走访也有助于了解企业的采购量、信誉，可以帮助调查人员判断企业声誉和真实的生产能力，从侧面了解行业竞争格局。并购方可以"隐身"拜访目标企业的竞争对手，全方位了解目标企业信息。另外，为了了解行业发展前景和市场情况，调查人员可以对行业内相关的专家进行访谈，结合国家政策和市场发展情况对企业的发展前景及企业存在的核心竞争力进行深入剖析，做出科学的判断。

4．实地调查

调查人员可以对目标企业进行实地调查，了解目标企业的业务流程、信息系统、员工面貌、企业文化、对外合作等情况，深入了解企业内部运营管理信息。调查人员还可以通过行业走访和行业重点企业调查来加深对行业情况的了解。

1.4.2　财务尽职调查的渠道

由于财务尽职调查的目的性很强，因此其资料来源也决定了信息和数据的质量。调查人员应尽可能地从不同渠道获得目标公司的资料，从不同的角度进行分析和对比验证。是否能够得出正确的结论或提供有价值的建议，决定了一份财务尽职调查报告是否合格。财务尽职调查流程中由于目标公司的性质和产业不同，资料来源也会有所不同。但主要的资料来源有目标公司、第三方机构、目标公司相关人员与部门、政府有关部门、实物盘点等。

1．目标公司

从财务尽职调查的过程来看，在准备进行财务尽职调查的时候，就可以正式收集目标公司的资料，调查人员可要求目标公司按财务尽职调查清单提交资料，如目标公司内部组织结构图、公司章程、股东名册、近三年的财务报表、历次股东会与董事会会议记录、投资公司情况、不动产状况、无形资产状况、人事劳动合同、重要业务经营合同等。

2．第三方机构

财务尽职调查人员可以向负责本次尽职调查的律师事务所、第三方咨询机构索取目标公司的工商登记资料、业务流程、重大合同、产业状况、基于业务的财务流程等资料。以上资料除了可以补充完善资料外，还有助于验证部分文件的真假。另外，要评估目标公司的诚信状况、经营水平、实际资产周转率、产品质量等，调查人员可以向专业的咨询机构购买同类型目标公司的财务分析数据，通过对比和核实形成最终的结论性意见。

3．目标公司相关人员与部门

尽职调查人员还可以对目标公司的股东代表、董事会成员、财务管理人员、经理层、供应商、客户、授权销售商、第三方外包商进行调查，以核实财务数据真实性和产生风险的可能性，了解目标公司真实的经营状况和未来的盈利情况。另外，还可以向目标公司基本户的开户行了解目标公司的信用状况、贷款情况等。

4．政府有关部门

对于一些不动产或者动产的所有权情况，可向房屋所有权证、车辆所有权证、土地使用权证等相关登记机关收集相应资料。对于纳税情况，可向税务机关收集目标公司纳税情况、税收优惠等资料，以判断其是否有税务纠纷和税务刑事风险。

5．实物盘点

对于资产负债表涉及的固定资产、库存商品等实物资产，可通过实物盘点的方式来核实。另外，通过实物盘点还可以了解企业库存状况，从而进一步了解企业的营运实况。

1.4.3　法律尽职调查的渠道

法律尽职调查是专业的法务及律师团队对目标公司的企业资质、资产和负债、对外担保、重大合同、关联关系、纳税、环保、劳动关系等一系列法律事项的调查。法律尽职调查的渠道与业务尽职调查、财务尽职调查的渠道相似，主要有目标公司资料准备和实地调查。

1．目标公司资料准备

在开展尽职调查之前，法律尽职调查人员按照调查所需确定调查清单，明确要求目标公司或相关当事人严格按照客观、真实的原则提供清单所列文件。

通常情况下，调查清单除了包括目标公司的资本资料和公司章程外，还应包括公司的资产和负债相关合同、交易合同、劳动合同、已决未决诉讼和仲裁法律文件、知识产权等重要法律文件。当然，每个项目都有特殊性，在确定调查清单时，还应遵循灵活机动的原则。

2．实地调查

为核实上述资料的真实性，法律尽职调查人员根据实际需要，不仅要去企业内部进行实地调查，还要深入合同关联方企业、单位进行调查。若目标企业的法律事项需要第三方出具证明，法律尽职调查人员可通过发函或者电话向第三方获取证明。

尽管业务尽职调查、财务尽职调查、法律尽职调查三种尽职调查的侧重点有所不同，但很多资料需求会有重复，因此三种尽职调查的渠道可能重合，获取的资料也可共享。

第 2 章　尽职调查流程

尽职调查由一系列持续活动组成，包括对目标企业资料的收集、检查、分析和核实等。如果没有一套严谨有效的尽职调查流程，将难以做出适当的投资决策。以调查的时间为标准，尽职调查的流程一般分为四步：准备、执行、总结、报告。

2.1　尽职调查前的准备

2.1.1　调查前准备工作

做好调查前的准备工作是顺利推进尽职调查工作的重要内容，准备工作是否到位，有时会直接关系整个尽职调查工作的成败。

1. 启动项目立项

委托方在选定项目时，会向相关中介机构表达尽职调查意向，由于委托方对项目的需求不同，且在一定程度上影响调查目标和指标，因此受托方在接受委托时，首先需要对项目和委托方进行初步的了解。通过收集、阅读资料，对委托方使命、愿景、主要业务板块和项目经验等基本情况有清晰的认识，同时详读项目投标书或申请书，详细了解项目内容，以此确定委托方申报该项目的主要原因，从而明确调查对象、调查目的、调查范围等。受托方通过整合以上基础信息，结合自身团队的能力，初步估计是采取全面尽职调查还是抽样尽职调查，以及参与尽职调查的人数，并对调查所需时间、费用支出等做出预测；有一定的预估之后，应与委托方就付款金额、计费方式、付款方式、付款时间进行谈判。对于要求先工作后付款的委托方，一定要调查其信誉状况。

2. 签订保密协议

在进行具体调查之前，当事人应签订保密协议。应当承担保密义务的人，不仅有具体执行尽职调查的专业人员，如律师、会计师等，还包括接触这些信息的购买人。如果尽职调查的需求者是一个企业，则该企业的董事会成员、经理等都要签署保密协议，约定在尽职调查过程中不泄露所知悉或获取的任何一方的保密信息或者擅自利用这些信息开展商业活动。保密协议通常也可以在意向书中约定。

尽职调查的过程是一个需要与目标企业内部各员工沟通的过程，没有上级的授权，员工提供资料的速度非常缓慢，会降低尽职调查效率。因此在尽职调查前，委托人以及律师、会计师等具体执行尽职调查的人员应事先争取同目标企业董事长及各部门负责人展开协调会议，并且与目标企业签署保密协议，保密文件的签订有助于尽职调查团队在调查时获得更多的主动权。

3. 成立工作小组

尽职调查工作小组通常包括委托方的项目小组以及财务顾问、律师、会计师、评估师等中介机构人员。工作小组又分为经营、法律、财务三个专业调查组。若目标企业属于化工、矿产等高危行业企业，还需要设置专门的 HSE（Health Safety Environment，健康、安全、环境）组，并聘请专门的第三方进行 HSE 方面的评价。一般，财务顾问担任现场工作的业务总协调（也是项目整体工作的业务总协调），负责对各专业调查组的总体调查工作进行安排、调度、协调及与项目双方进行沟通，以保证工作进度和质量，复核、检查各专业调查组的工作结论，汇总形成尽职调查工作小组的工作成果。工作小组主要由财务顾问、律师、会计师、评估师组成，委托方人员分别按专业加入这些小组。

由于尽职调查的其中一个难点是工作量大，因此人员的合理安排、明确的岗责分配是保证尽职调查质量、缩短尽职调查周期、防范尽职调查风险的重要前提。各方应根据目标企业的特点以及委托方的需求，结合地区、工作的类型以及组员的业务能力、地域熟悉程度等综合因素，合理配置各小组的成员，确定小组长、组员和机动支持人员及各自职责，如有若干事务需外包给其他团队完成，应专人负责谈判、签约、指导、监管及接收工作成果。此外，调查人员的能力直接影响成败，实施调查前应对调查人员进行一定的培训，以统一调查的范围、尺度，让调查人员掌握调查的知识和技巧，提高调查效率和精确度。各成员之间还应建立统一的平台，使各类信息、要求、疑难问题的解答能让全部成员知晓，以实现整体的进度协调与质量统一。

4. 制定调查计划

开展尽职调查前，尽职调查团队应收集目标公司基本信息，在此基础上根据调查需求与目标公司的性质特点，制定初步的调查计划。制订调查计划主要包括确定尽职调查清单、确定尽职调查方法、明确尽职调查注意事项等内容。

首先，围绕委托方此次调查的关注点和目标公司所属行业、成长阶段等要素，确定有针对性的尽职调查清单。除公司组织结构、盈利和业绩情况等基础性问题外，尽职调查清单还应明确此次调查的重点考察问题。例如根据投资者看重的目标公司价值，分析价值的具体体现，把所需内容列入明细清单中；或深入了解目标公司的商业模式，尝试分析其中潜在风险点以及可能诱发风险的因素，将其列至清单。其次，根据调查范围和期限，确定调查各阶段的时间、人员安排以及调查方式等内容；另外，应确定尽职调查资料室的位置与相关规则，资料一般存放在目标公司所在地，不过考虑到调查的方便程度，也可能放在其他地方。

5．整理分析资料

尽职调查工作小组在进场前，一般会获取尽职调查清单所列示的资料，并通过互联网等渠道获得目标公司及相关行业的公开资料。例如，通过公众检索，可查询目标公司的重大信息；通过调查对象及关联方网站检索，可了解目标公司从事的业务领域、宣传介绍信息；通过政府主管部门网站检索，可查询目标公司的基本情况、商标、专利、许可证和诉讼信息等。在具体调查之前，听取目标公司管理层对公司基本状况有关情况的说明，可以了解公司的大致情况，这在一定程度上有助于调查人员更快地进入工作。

在整合公司提交的、外部收集的材料后，调查人员对尽职调查目的和尽职调查事项，以及公司简介、行业、法务和财务等综合情况有更进一步的了解，对目标公司的现实效益、未来潜力、项目价值、潜在风险和调查重点有所把握，具体包括以下几方面。

①熟知目标公司背景情况。

根据目标公司的设立背景、历史沿革、发展历程、经营范围等信息，梳理目标公司的内部组织结构、运行模式，从而对目标公司的经营风格和内部架构等有清晰的认识。

②了解目标公司经营状况。

对财务资料的真实性、会计政策的合理性、经营期间的违规行为、公司的商业模式、业务管理状况，以及经营业绩等核心内容有所认识。通过对综合财务数据与公司实际业务情况的分析，如各项财务指标的横向分析、分析公司主营业务变更在财务报表的体现，验证核实当前业务模式下应有成果等，对目标公司所具备的核心竞争力、隐含的风险、现有主营业务的盈利性和持续性、未来经营趋势和盈利能力等状况有一定的预判。

③清晰重点事项。

在预估出潜在价值和风险的基础上，紧扣调查目的，明确正式调查时应考察的重点事项、有待跟进事项、应调查对象、相应的调查内容和调查方式。

6．确定约访行程

约访内容一般包括访谈的时间和地点、基本流程、涉及的主题内容和后勤安排等事项。在进行现场调查前，调查人员须提前向企业预约调查的时间、地点，提前预约的时间不宜过长或过短，提前 2 ~ 4 天较为合适，一般应避开周一上午或周五下午。预约时要向企业告知调研的大致事项和访谈的时间长度，要选择合适的时机和预留充裕的时间，不要给人仓促感，如果访谈时间短，访谈对象就容易应付了事。尽量要求负责人陪同调查，如负责人无法陪同，具体经办人应该相应授权。访谈前应告知企业需要访谈的关键人员一定要在现场，这样可以更方便地对访谈内容进行交叉检验；应告知企业需要准备的文本资料以及原件。预约访谈如因受访者不便等，导致无法第一时间安排，调查人员需填写调查跟踪清单，并在面访说明处记录原因以及下次电访、调查时间。

7．其他事项安排

准备好工作指引、工作底稿、台账格式、各类表格等所需材料，以及介绍信、授权书、律师证、身份证明、立案证明等文件，以便调查时及时取得相关部门和人员的配合。此外，提前做好后勤保障计划，如住宿、餐饮、交通工具、视听设备、笔记本电脑、办公用品、应急方案、突发事件处理机制等。

2.1.2　基础材料解读

为更好地评估目标公司的未来价值和风险状况，在尽职调查前，目标公司需根据调查清单提供相应的材料，以供调查小组审核和分析，材料主要涉及行业、业务、财务、法律、监管、人事等方面。具体包括以下方面。

1．基本情况

（1）公司最新章程以及最新的营业执照（副本）。

（2）公司最新的股权结构图（如有代持，请标明）及组织结构图（含公司的职能部门）。

（3）公司最初设立以及历次变更登记等全部工商档案（加盖工商查询章）。

（4）公司历次注册资本变更以及股权转让情况（公司成立以来的历次股权转让协议，关于股权转让的股东会决议、股权转让价款支付凭证，公司增加/减少注册资本的股东会决议、公司增资/减资验资报告，非货币性出资财产评估报告）。

（5）分公司、子公司、关联公司、合资企业或其他对外投资的清单，相关协议和文件。

2．主营业务和重大合同

（1）公司主要产品或服务情况、目前经营业务的简要介绍。

（2）公司主营业务的所有客户名单及合同、合作协议。

（3）公司商业模式（包括采购模式、销售或服务方式、盈利模式）的书面说明。

（4）公司或其子公司、实际控制的公司作为一方当事人所签署的限制公司或其子公司在任何国家或地区开展业务的协议或合同的复印件。

（5）近 3 年来的违约客户，即拖欠款项超过 3 个月的客户或逾期金额超过 10 万元的客户。

（6）与公司所提供的服务有关的，单笔金额超过人民币 5 万元或总计金额超过人民币 10 万元的保证或责任索赔。

（7）公司关联方（包括历史关联方）及与其关联关系的书面说明。

（8）对公司未来发展有重大影响的因素分析，如现有优惠政策的取消、未来可能出台的支持或限制政策等。

（9）公司所在行业市场竞争状况（包括市场规模及发展趋势）及主要竞争对手状况（包括竞争对手的名称、主营业务、营业收入、净利润、总资产收益率、市场占有率等）的书面说明。

3．技术与研发

（1）核心技术名称、所有权人、来源、其他说明。

（2）公司拥有的，许可或被认可的所有登记的或未登记的知识产权清单，包括专利、商标、数据库等。

（3）公司以往的研究与开发成果（技术鉴定情况，获国际、国家、省、市及有关部门和机构奖励的情况），行业内技术权威对企业技术情况的评价。

（4）技术依托合作单位及合作方式，研发小组组成、技术更新周期、其他说明。

（5）公司在技术开发方面的资金投入明细，如每年购置开发设备的费用、开发人员工资、试验检测费用，以及与开发有关的其他费用。

4．资产状况

（1）公司所拥有的房产和地产相关证书或合同。

（2）域名、商标、专利、著作权、专有技术、非专利技术等无形资产。

（3）固定资产清单及其产权文件的复印件和设置的抵押、质押或其他担保文件。

（4）如公司的重大资产系从他方租赁的或被他方租赁，材料应包括相关重大资产租赁、出租的合同或协议，或相关无形资产许可使用合同等。

5．财务、税务状况

（1）公司近3个会计年度财务报表〔包括资产负债表（包括合并及个别报表）、现金流量表、利润表等〕、科目余额表、序时账簿。

（2）公司近3个会计年度审计报告、公司非经常性损益专项审核报告、内部控制专项鉴证报告、原始财务报表与申报财务报表差异情况说明。

（3）公司及其子公司于最近交税年及现有未结束年度之报税表（税务规定、纳税鉴定和完税凭证或税务单）。

（4）公司收入构成（包括收入来源明细等）和产品销售、成本、利润明细的书面说明。

（5）享受的税收优惠说明和资质（附相关文件复印件）。

（6）公司近3年主要税种纳税申报表及纳税缴款财务凭证、所得税汇算清缴文件。

（7）公司是否存在未缴纳或延期缴纳税款的情形，近3年是否存在因税务问题受过主管机关处罚的书面说明。

（8）公司作为贷方或借方的所有借贷合同及其履行情况的信息资料。

（9）公司所签发的所有担保和补偿文件。

6．劳动、人事情况

（1）目前公司及其子公司董事、监事、高级管理人员或者执行董事的名单、简历、身份证明及登记文件。

（2）目前公司及其子公司、实际控制公司的董事、高级管理人员、业务经理的薪酬支付协议、责任保险保单。

（3）公司各部门在册员工清单，内容包括姓名、年龄、薪金、工龄、学历、雇佣起始时间和在公司工作时间、劳动合同签约情况等。

（4）当前或拟签订的与雇员的劳动合同，包括保密协议，竞业禁止协议，股权、期权安排，对公司股本的优先权和/或认购权（无论是否实际签发），职务发明专利转让的复印件。

（5）员工期权计划或其他激励计划与政策。

（6）公司对中基层的薪酬制度和绩效考核制度。

7．环保、工商、质量、计量、安全生产情况

（1）公司的环保工作情况，包括主要的污染源、治理设施情况、是否取得环评批复、近 3 年是否受过处罚、是否存在环境污染等问题。

（2）公司对近 3 年工商、质量、计量方面的书面说明（是否受过处罚、产品质量是否合格、计量是否准确等）。

（3）重大安全生产事故的书面说明。

8．争议（诉讼、仲裁等）情况

（1）公司或其股东、高管是否存在尚未了结的或可预见的重大诉讼、仲裁及行政处罚案件。如存在，提供有关资料，如不存在，请书面说明。

（2）公司违反任何协议的详细情况，该情况将导致债务提前到期或协议解除从而对公司的业务产生重大影响。

（3）所有正在进行的或潜在的，由有关部门（包括但不限于税务、工商行政管理、环保、公安、医疗、劳动、人事、纪检等部门）针对公司的执法或行政调查的清单。

（4）公司以及公司控股子公司最近两年及一期是否受过行政主管部门处罚的说明。

9．其他

（1）公司未来（3～5 年）战略规划和发展计划。

（2）近 3 年的盈利预测（包括收入、成本及费用、利润）及业绩支撑因素。

（3）公司本次融资规划及募集资金投向。

2.1.3　信息查询方式

尽职调查过程中，除通过对目标公司提问、对相关人员访谈等方式获取信息外，还可通过互联网搜寻信息，主要有以下方式。

1．信息查询网站

通过各类网站，可以查询相关企业的主体资格、信用、财产、诉讼、行政处罚及税务等基本情况。

（1）企业主体资格及基本信息查询网站。

①国家企业信用信息公示系统。国家企业信用信息公示系统是国家市场监督管理总局主办的企业信息查询网站，已上线手机 App，该系统列有企业的基本信息、历史沿革、分支机构、行政许可、行政处罚、异常信息等。但公示信

息不全，如不公示企业对外投资情况、股改后股份公司股权变动情况、企业部分变更信息等。

②全国组织机构统一社会信用代码数据服务中心。该平台可提供在我国境内依法注册、登记的企业，个体工商户，事业单位，机关、社会组织及其他组织机构的基本信息，且开通了手机 App、微信公众号等移动端渠道，但是该系统只有注册后才能查询。

③巨潮资讯网。该网站为中国证券监督管理委员会（以下简称"证监会"）指定信息披露网站，设有微信公众号，无须注册，包含的内容十分丰富，包括公司就各重大事项发布的公告、分红情况、财务指标、公司年报等。但该网站仅披露在上海证券交易所（以下简称"上交所"）、深圳证券交易所（以下简称"深交所"）上市的公众公司信息。

④第三方企业查询平台。企查查、天眼查、启信宝等第三方企业查询平台，部分已开通手机 App 和微信公众号、微信小程序等渠道，可帮助调查人员快速查询关联关系、招投标信息、公司新闻、上市公司公告等信息，提供公司对外投资查询服务以及调查报告等，且部分信息十分详细。虽然通过第三方企业查询平台获取的信息不能作为单独的工作底稿证明企业主体资格，但是可以作为重要的辅助手段，提高工作效率。

⑤其他网站。除上述网站外，还可通过上海证券交易所官网、深圳证券交易所官网、全国中小企业股份转让系统网站、各省市级工商部门等网站查询企业信息。

（2）信用查询网站。

①信用中国。信用中国为官方信用查询系统，通过该系统可以查询到失信被执行人信息、企业经营异常信息、重大税收违法案件当事人名单、政府采购失信名单等。该平台已推出微信公众号。

②中国人民银行征信中心。自然人和企业均可通过该系统申请个人/企业信用报告。开展尽职调查时可据此查询企业应收账款质押、转让登记信息，具体包括质权人名称、登记到期日、担保金额及期限等。但要查询企业信用报告，需要提供一定的申请资料，详见该网站。

③各省、市级信用网。如北京市企业信用信息网、浙江省企业信用网等，这些网站是由地方机构主导的，包含基本信息，但如需要了解企业更全面的信息，如年检、对外投资、商标、变更、劳保等信息，则需注册会员等。

（3）财产信息查询网站。

①国家知识产权局商标局 中国商标网。该系统共有六个查询平台，开展尽职调查时常用到的为商标综合查询平台，可以通过该平台查询到被调查公司的注册商标。可以根据商标的流转流程知悉相关商标为原始取得还是继受取得，如为继受取得，调查人员应要求公司提供商标转让协议及相关支付凭证。

②中国土地市场网。除中华人民共和国自然资源部所示的全国范围内土地抵押、转让、招拍挂等信息外，可在中国土地市场网查询到全国范围内的供地计划、出让公告、大企业购地情况等信息。用户无须注册。

③中国及多国专利审查信息查询。该系统为国家知识产权专利局官方查询系统，可供查询专利情况。在核查被调查企业专利时需要注意被调查企业专利费缴纳情况，如被调查企业未按年缴纳年费，可能会影响专利所有权情况。

④权大师。该网站为知识产权第三方查询平台，同时设有手机 App 和微信公众号平台，可以通过其查询到商标、发明专利、软件著作权的信息。

（4）涉诉信息查询网站。

①中国裁判文书网。中国裁判文书网是最高人民法院公布的官方查询平台，目前已上线手机 App 和微信公众号平台。根据《最高人民法院关于人民法院在互联网公布裁判文书的规定》，自 2014 年 1 月 1 日起，除涉及国家秘密、个人隐私、未成年人犯罪、调解结案以外的判决文书，各法院判决文书均应在该网站上公布，因此可供经办律师查询企业、自然人诉讼情况。但该系统仅公示已届判决阶段的案件，对于正在审理中或调解结案的诉讼不予公示。

②各省地方法院网站。除了最高人民法院主办的"中国裁判文书网"之外，各省一般建有地方法院网站，可用以查询 2014 年之前的部分判决书、开庭公告、执行信息、开庭信息，以及未判决案件的相关诉讼信息等，起到了一定的补充作用。

③中国执行信息公开网。该网站为最高人民法院公布的官方平台，对于不履行或未全部履行被执行义务的被执行人，自 2013 年 10 月 24 日起，可于该系统中查询失信被执行人的履行情况、执行法院、执行依据文书及失信被执行人行为的具体情形等内容。

④第三方诉讼查询网站。除上述官方网站外，还有 Openlaw 裁判文书网和理脉、北大法律信息网等第三方平台，其收录的案件比较全面，部分信息比较详细，可作为查询诉讼情况的辅助依据。

（5）行政处罚情况查询网站。

①环保合规性。在对环保合规性进行审查时，除公司出具明确的说明、对

环保主管部门进行访谈外，也可以通过环保部门行政处罚查询网站、各省市地方政府环保部门网站核查被调查公司环保行政处罚的情况。

②行业合规性。对于不同的被调查公司，调查人员需要登录相关主管部门的网站，查询行政处罚的情况。如调查医药类的公司，需要登录国家市场监督管理总局网站核查重大行政处罚的情况；如调查网络类公司，需要登录中华人民共和国工业和信息化部的网站核查重大行政处罚情况。

（6）其他查询网站。

除上述列示网站，还可通过全国企业一般纳税人资格查询网站搜索税款缴纳、处罚等情况；证监会网站用于查询证监会行政处罚及市场禁入情况；以及通过中国证券投资基金业协会信息公示系统、行业协会网站和目标公司官网等网站进行查询。

2．国内外数据库

（1）国内数据库。

国内数据库主要有国泰安数据库、中国知网、万方数据知识服务平台、中国经济信息网、阿里指数、中国统计年鉴库、专利之星检索系统、万德数据库、恒生聚源金融数据库、锐思数据等。

①国泰安数据库。国泰安数据库是我国目前规模较大、信息较精准且全面的金融经济数据库，包含我国上市公司股东研究数据库、财务指标分析数据库等，可据此及时查询上市公司的股东信息、财务状况与经营状况等。

②中国知网和万方数据知识服务平台有中外标准、中外专利等数据库，可供查询各行业标准、各项专利说明等信息。

③阿里指数提供了专业的行业价格、供应、采购趋势分析。

④中国统计年鉴库是我国全面、权威的综合统计年鉴，可供查询全国和各省、自治区、直辖市每年经济和社会各方面大量的统计数据。

⑤中国经济信息网内有较多行业研究报告，其宏观数据较全。

⑥专利之星检索系统是由国家知识产权局中国专利信息中心创办的专利检索分析工具，可供搜索中外专利信息。

（2）国外数据库。

国外数据库主要有 Bloomberg、Thomson Reuters、CEIC、OECD、Haver Database、Thomson Financial OneBanker 等。国外数据库中彭博提供的数据是比较全面的，在国内销售也较好，但是售价较贵。中介机构一般不做国际市场研究，很少用到国外数据库，因为就国内的行业数据及公司数据而言，国内数据库要优于国外数据库。

3．搜索引擎

搜索引擎是我们搜集信息的重要渠道之一，用搜索引擎查找信息需要使用恰当的关键词和一些搜索技巧。目前国内主要的搜集引擎有百度、搜狗、必应等，除此之外还有 SooPAT 专利搜索引擎等专业搜索渠道。

2.1.4　尽职调查简报撰写

在对目标企业的财务、业务、风险状况等有了系统的了解后，可向委托人提供一份初步的尽职调查报告，使其对目标企业有进一步的认识，对项目的价值和风险点有所判断，以适时调整后续的调查方案，及时采取规避措施。虽然尽职调查的目的不同，报告内容有所差异，但是尽职调查报告的架构基本类似，一般可以归纳为：尽职调查过程、尽职调查方式、调查情况分类陈述、相关风险与问题陈述、专业分析与结论、项目建议等内容。具体包括以下几部分。

1．前言

前言主要是对尽职调查基本情况进行简要说明，具体分为以下四项：委托来源、委托事项和具体要求；调查方法和调查工作概要；报告编写的依据；报告使用方法和用途。前言主要用于使用者对尽职调查的时间、目的、内容等基本情况有一定了解。

2．公司基本情况

公司基本情况部分主要概述目标企业的简况，设立至今的历史沿革和重大事件，其中主要的事项包括公司注册资本、法定代表人、业务范围、荣誉与资质、公司股东与股权结构；历史注册资本变更、组织形式变更、重大股东与股权结构变化、重组与重建、收购与合并、业务范围变更等方面。

3．业务情况分析

业务情况分析主要包括对目标公司的经营状况，以及所处行业发展前景、竞争形势等情况进行分析，以判断公司当前的盈利能力以及未来的成长性，以此为参考进行项目决策。具体包括：（1）目标公司的主营业务、目标市场和客户及其核心技术等简介，据此分析当前公司的盈利模式、客户认知度、竞争优劣势等，不仅要反映公司当前的收益状况，还要估计未来的经济价值、协同效应，以及潜在的整合成本和整合风险。（2）对目标公司所处的行业周期、市场规模、市场环境、所需技术水平、关联行业状况、竞争格局与竞争对手等宏观形势进行分析，以此预判公司发展潜力与前景。

4．财务状况分析

财务状况分析主要是指通过一些财务指标，对目标公司资产状况、负债内容、收入的来源、成本配比，以及关联交易等方面进行考察，以评估财务数据是否真实、准确、完整，是否存在不符合企业会计准则等相关规定的事项，并且找到公司面临的财务风险及经营风险等潜在问题。财务状况分析主要有以下几点内容。

（1）根据近 3 年的财务报表，简述目标公司资产负债、现金流量、支出、税费缴纳等财务状况。同时说明公司实行的会计准则与政策，以及预算制度、审计制度、税收制度等财务管理制度。

（2）从目标公司财务报表各主要项目核查情况报告来看，需要对其财务报表进行调整的原则与标准、调整后的财务报表、财务报表调整进行说明，以及对公司的财务会计制度、会计报表、相应的重大合同、财务与业务的匹配性、历次出资的资金是否到位等方面进行概述。

（3）根据当前财务状况，结合未来行业发展进行财务预测，在一定的前提与假设下，对未来 5 年资产、负债、盈利情况及现金流量等进行预判，预估未来的盈利能力和风险。

5．法务分析

在核查已有的相关资料的基础上，对目标公司成立至今的各项活动和文件的合规性进行说明，主要包括对目标公司资产权属、重大事件、资质与证明、诉讼事件、法律责任，以及各项业务合同等的调查。

6．总结建议

根据现有的资料，整合行业、财务、法律等多方面的分析，进行事前阶段初步的价值评估和风险提示，在此基础上说明正式调查中需要重点关注的事项，以及相应的风险控制措施与决策建议。

2.2　尽职调查中的交流与沟通

尽职调查的目的是使买方尽可能地了解其要购买的股份或资产的全部情况。那么为了了解这些信息，在尽职调查的过程中，调查人员应与客户交流和沟通，而这里的"客户"对于作为中介的调查小组来说是投资方（收购方）。

在目前的市场环境下，尽职调查的客户大部分是投资方或者收购方。为了更好地完成投资和收购，投资者要委托中介机构进行尽职调查，为了更好地实施尽职调查，必须在过程中充分地交流与沟通。对于投资方，交流对象是指调查小组的每一个成员。当然，交流与沟通并不局限于调查方与投资方，调查团队的各个成员之间也必须存在良好的交流与沟通；同时，对于被调查的对象，即目标公司，与其所有层级人员也需要有良好的沟通以保障调查顺利、快速地完成。

2.2.1　交流与沟通的作用和意义

从古至今，交流与沟通存在于人类社会的每一个角落。没有交流，彼此之间无法相互了解；没有沟通，一方的意思无法准确地传达给对方，从而造成隔阂、误解乃至矛盾。

先从两则小故事来看一看交流与沟通的重要性。

先看第一则故事。美国知名主持人林克莱特某一天访问一名小朋友，问他："你长大后想要当什么呀？"小朋友天真地回答："我要当飞机的驾驶员！"林克莱特接着问："如果有一天，你的飞机飞到太平洋上空且所有引擎都熄火了，你会怎么办？"小朋友想了想："我会先让坐在飞机上的人绑好安全带，然后我挂上我的降落伞跳出去。"在现场的观众笑得东倒西歪时，林克莱特继续注视着这孩子。没想到，孩子的两行热泪夺眶而出，这才使得林克莱特发觉有可能歪曲了这孩子的意思。于是林克莱特问："为什么要这么做？"小孩答复："我要去拿燃料，我还要回来！"

人通常会犯这样的错误：在别人还没来得及讲完事情前，就按照自己的经验评论和指挥。只有保持畅通的信息交流，才会及时纠正错误，制定更加切实可行的方案和制度。

再看第二则故事。一个置身沙漠、孤立无援的士兵，昏倒在岩洞里，待他醒来时却发现一头野兽躺在他的身边，原来是一头嘴上还留着血迹的豹子。所幸豹子吃饱了，对他并无恶意。士兵原想用匕首杀死它，随后又改变了主意，用温柔的动作抚摸豹子，他不仅同它友好相处，而且还与它建立了感情，一同玩耍。然而，士兵还是害怕，趁豹子熟睡之际逃跑了。但走了没多远就陷入流沙中，追上来的豹子咬住他的衣领，把他救了出来。

此故事讲述了沟通的无限可能性，即使在人与兽之间。同时，它又影射了人类社会中一个公式化的现象——因为沟通走到一起，因猜忌彼此分离，又习惯将事件困于一种僵持的状态。

仅仅是个人与个人之间的交流与沟通就有如此重要的作用，更何况尽职调查涉及的是多个利益团体（若是收购方委托第三方做尽职调查，那么此时的利益团体便是收购方、调查小组、被收购方）。

在尽职调查之前或者过程中要充分做好沟通工作，沟通是开展尽职调查的一种方法。

首先是调查小组、投资方（收购方）与融资方（被收购方）之间的沟通。

业务尽职调查中，要了解企业的业务模式、盈利模式，企业的竞争优势，企业的协同效应以及潜在整合成本和整合风险。业务模式以及盈利模式可以从企业存在的报告与业绩总结得出。但是企业的竞争优势涉及企业的核心部分，从某个方面来说如果不与企业的核心人员进行交流，调查小组只会知道竞争优势大概是什么，却不会知道竞争优势从哪里来。要了解这些，就需要同企业的高层管理人员以及核心技术人员进行充分的交流与沟通。并且如果想要获得更多的文件资料，例如目标企业会议记录以及决策文件等，就需要与目标企业的高层人员进行沟通，这些文件里面会包含企业业务信息，特别是企业战略信息等。只有在充分地了解企业战略、企业业务的基础上，调查小组才可以对目标企业潜在成本和风险做出合理的预估。设想一下，如果调查小组及投资方与融资方没有进行任何的交流与沟通：投资方不会了解目标企业为什么会有行业竞争优势，那么其对此次的收购就不会有很强的信心，很有可能会导致此次收购的失败；而融资方也不会把更多的资料文件给调查小组，调查小组因此无法了解到目标企业更多的历史信息，无法了解目标企业的战略，就更不用说了解企业的未来了。

人力资源方面与目标企业需要沟通的内容十分多。从某一方面来说，要全面了解企业的情况就需要与企业的各个层级进行交流与沟通。与股东交流了解企业的股权情况，与管理层交流了解企业当前的管理情况，与员工交流了解企业目前的工作环境是否能够留住员工、员工对企业的满意度等。有了这些交流，调查小组可以获得更多的潜在信息，从而对此次收购做出更准确的判断。管理层的聘用与留任需要投资方与目标企业的高层管理人员进行充分的沟通来决定。人事对收购后的成功整合非常重要，只有充分地了解目标企业各个层级并且与其进行有效沟通，收购后的整合才能顺利进行，从而使并购产生协同效应。

其次是投资方（收购方）与第三方（调查小组成员）之间的沟通。

在调查开始之前双方会就各方面的问题，如针对调查项目等事项进行沟通。在没有交流的情况下，调查小组所需要调查的范围可能会非常广，以保证能够得到投资方想要的信息。但是一旦有了积极的沟通，调查小组会了解到投资方的目的，会根据与投资方的交流来拟定整个调查方案与调查问卷。

投资方委托第三方（如会计师事务所）进行财务尽职调查，双方之间的沟通十分重要。被委托方在进行调查之前要与投资方进行沟通，了解目标企业所处行业、成立时间等情况，同时，要了解财务尽职调查工作目的及要求以及投资方所能提供的工作条件及配合程度。会计师事务所通过沟通所了解的信息来判断以自己的专业胜任能力能否顺利地履行财务尽职调查工作职责，并得出客观、公正的财务尽职调查结论。前期沟通，更利于会计师事务所制定财务尽职调查工作方案，使得方案中时间、人员及工作量等方面估算更接近于实际，以保障日后财务尽职调查工作的顺利进行。

对于注册会计师而言，财务尽职调查作为一项以有限保证为主的鉴证业务，需要客观地向投资方报告工作结果，以助投资者做出是否投资的决策。只有双方及时沟通才能在工作中做到有的放矢，所得出的结果才能满足要求。

最后是接受委托的调查小组内部人员之间的沟通。

调查小组成员拥有不同背景及专业知识，其相互沟通是达成调查目的的方法。例如，在进行某企业基本情况的调查中，财务调查人员查阅了目标企业的营业执照及验资报告，注册资本为 3 600 万元，但通过与律师的沟通，得知该企业在工商部门登记的注册资本仅为 1 000 万元；再如，财务调查人员与业务调查人员沟通了解应收账款的信息、设备利用的信息等。

2.2.2 尽职调查不同阶段的交流与沟通

尽职调查中所需要的交流与沟通体现在方方面面，所涉及的组织、人员远远不是简单三方所能概括的。以下分不同阶段详细介绍尽职调查中所涉及的沟通与交流。

尽职调查是在投资方（收购方）与融资方（被收购方）达成了初步协议之后，投资方（收购方）所需要进行的工作。在尽职调查开始，投资方（收购方）需要委托中介机构组成调查小组，而调查小组的组成就是沟通的开始。调查小组由律师、会计师事务所的注册会计师及相关专家组成。在确定小组成员时，投资方（收购方）需要与多方进行交涉，并签订保密协议以及其他条款以确保双方的利益。

1. 准备阶段

注册会计师需要与委托方进行充分沟通，深刻理解其目标和战略，确定委托方的关注点及相关的投资标准，并以此准确把握调查方向、确定调查内容、配置调查人员。比如，财务投资者主要考虑的是目标企业的盈利能力以及 IPO 的前景，那么财务尽职调查就需要重点判断影响目标企业盈利能力的主要法律风险、经营风险、财务风险及风险程度等；而战略投资者（包括某些并购）主要考虑的是目标企业长期盈利能力以及并购后对自身行业地位的提升等，那么财务尽职调查就需要重点关注目标企业的行业地位和竞争状况，以及目标企业自身经营优势和劣势等，调查以目标企业的资产质量和净资产存量及其增长潜力为核心，关注目标企业的各项风险状况，兼顾目标企业接受投资后的盈利水平和未来获取现金流情况等。

委托方与所聘请的律师要有充分的沟通，要明确尽职调查中法律尽职调查的目标是主要对目标企业的资产权属进行调查，还是对其法律主体及其历史沿革进行调查；同时，委托方需要向聘请的律师清楚地解释其法律尽职调查的关键点。

当然，与其他的专业人员（如评估师等）也需要做好沟通，以便能够早日将专业项目立项加入调查。

同时，委托方聘请的注册会计师、律师以及其他中介机构负责人需要进行协商沟通以统一工作步骤和协调工作进度。而委托方也需要与目标企业达成一致，就尽职调查的时间、安排等做好统筹协调。

在实施尽职调查的初步阶段，注册会计师应当主动与目标企业管理层沟通本次调查的目标、范围和时间等内容，并取得其最大程度的支持；说明所需提供资料的内容和填制要求，并主动说明替代调查程序等。

委托方的律师与目标企业的律师事先要进行沟通，明确在法律尽职调查过程中，什么样的程序是必需的，什么样的资料是必需的，同时还要对目标企业的不同层级进行剖析，找出不同层级中所需要的关键信息及资料，并且尽可能取得目标企业的理解与支持，以获得所需要的资料。

其他小组成员也需要与目标企业的相关人员进行交涉，以便获得公开文字资料之外的档案以及记录（如前文提到的董事会会议记录等）。

2. 实施阶段

注册会计师除了需要与目标企业的各级管理人员沟通了解情况、验证自己专业判断的准确性之外，还需要与其他尽职调查人员进行充分沟通，及时反馈发现的问题，尤其是与前期调查判断存在重大差异的情况和发现的重大投资风险等，以互通信息、相互印证。比如，注册会计师需要与业务尽职调查人员沟通并充分理解目标企业的商业模式、运作方式及行业特点，特别是目标企业商业运作模式的合理性、特殊性，及其存在的潜在可能的变化和产生这些可能变化的原因；需要与法律尽职调查人员沟通目标企业业务的合规性、合法性以及如何规避潜在风险。因为委托方往往会在一定范围内容忍目标企业存在的问题，容忍的限度由委托方的投资战略和定位以及风险决定，所以不能单纯地从财务角度来定性问题或劣势，而需要在整个商业模式背景下，从未来发展的角度进行判断。

委托方的律师除了要尽可能地与目标企业进行沟通，使目标企业能够主动、及时、完全地提供与调查相关的信息外，还需要与有关政府部门进行积极的沟通，以便能够调取目标企业不能够掌握的资料。同样地，律师在调查时也需要与其他调查成员沟通，这也有助于律师对所取得的资料进行核查。对一些从资料中发现的问题，尤其是对资料中相互矛盾的内容要及时与目标企业人员沟通，请目标企业做出解释，防止主观臆测，做出错误判断。

其他调查人员，特别是业务尽职调查人员与人力资源调查人员，需要与目标企业的各层级人员有细致的、长期的交流与沟通。尽职调查一般不可能在很短的时间内完成，一般的尽职调查时间是 3～6 个月，在这么长的时间里，调查人员可以从包括管理层在内的员工处获得相应的信息。调查人员还需要与目标企业的经销商、客户、供应商进行交流，可以通过他们与目标企业的合作历史，来判断目标企业的业务运作风格和经营理念，并对目标企业的销售业绩、采购成本、回款能力等进行复核；要和他们交流对目标企业未来两年业绩增长的看法，因为很多企业的销售依赖于核心经销商或者核心客户，核心经销商和核心客户对市场前景的看法，以及对目标企业竞争力的认识往往是比较准确的。

3．汇总和报告阶段

注册会计师、律师、财务顾问等要再次与委托方进行深入沟通，重新审视调查工作是否在时间、空间上涵盖了所有委托方所关心的、与目标企业有关的所有重大方面，明确对委托方的决策有较大影响的财务、法律及其他信息范围；与其他尽职调查人员沟通自己的判断和需要印证的信息。

2.2.3　尽职调查的沟通技巧与策略

准确地说，技巧是一个人在工作中能够表现的习惯性行为，沟通的技巧则是在沟通中能够表现的行为。

尽职调查中沟通所涉及的方面十分广泛，无论是委托方与调查方、调查方与目标企业，还是调查方内部，都需要充分的沟通。各方应有良好的沟通技巧并且能制定良好的沟通策略来保障尽职调查迅速有效地进行。如果缺乏沟通技巧，很容易造成误会，从而导致沟通失败，达不到目的。

为了使尽职调查迅速有效地进行，在尽职调查的过程中需要有良好的沟通技巧（无论是哪一方）来保证信息有效、正确地传递。

对于委托方而言，与中介机构的沟通以正式沟通为主。委托方应该给予中介机构充分的尊重，拥有良好的态度是沟通成功的前提。委托方与中介机构在沟通时应该直接地讲明自己的目的以及要求以使交流更加有效。委托方可以用言语以及行动向中介机构传达同伴意识：虽然我雇佣你，但是如果达成了合作意向，我们就是一个团队，要做得好需要我们共同努力。这在无形之中可以拉近双方的关系，让中介机构更加认真地执行任务，从而达到更好的沟通效果。

中介机构同样要摆正自己的位置，特别是比较强势的中介机构，不应该抱着别人求自己做事的态度。中介机构必须要明白，客户找你进行尽职调查可能是因为你的知名度较高、信誉较好，但是并不代表他们只能找你。在有一个清醒的认识后，再展开沟通能够更加得心应手。在与客户沟通时要主动，中介机构要有"走向对方"的意愿，例如客户从远处走过来，能向前迎接，并且主动握手。同样，当客户离去时，能起身相送。要从小事上让客户体会到诚意，并且缩短彼此间的距离。在交流的过程中，尽量多地倾听，要完完整整地了解委托方的目的以及需求；在适当的时候提出自己的疑问，以便于更加了解委托方的意图；不要随意打断对方，给予对方应有的尊重。

在尽职调查中，为了获得更加详细的资料，中介机构与目标公司需要进行更多的沟通。现实中，目标公司的人员可能不愿意与中介机构配合，那么此时就需要中介机构通过有技巧的沟通来获得自己想要的信息。

商业中有一种沟通技巧叫作"安全距离法"，就是在双方还没有开口说话前，尊重对方有"自主空间"的要求。例如当与对方高管见面，需要和他商讨有关事宜，在一起进入办公室时，待在离他的办公桌 0.5 米的位置左右，并且不要马上和他交谈工作事项，让他休息或者聊点其他方面的内容，过几分钟再询问，如"我方便和您谈一件事吗?"总之，只有在自主空间内得到充分安全感的人，才容易敞开心扉，愿意沟通。只有他愿意沟通了，中介机构才能有机会获得想要的信息。

当对方愿意沟通时，中介机构也不一定能获得想要的信息。在沟通中若对方咄咄逼人，或固执己见，不妨放下主观偏见，使现场气氛缓和下来。对于目标公司而言，中介机构是调查方，可能会对其产生抵触情绪；同时，沟通不一定一次见效，有时候中介机构已经找对时间、找对地方、找对人，也已经说出合适的话，可是对方可能心理上还没准备好，或是成见已深，没有语言响应，甚至面无表情。那么此时不妨采用"分段式沟通"，就是暂时中止应对，告诉对方："等你想谈的时候再说。"这样不仅可以给自己台阶下，也可以让对方重新调整心情。给彼此一点时间和空间，或许能够得到意想不到的效果。

为了获得更多的信息，中介机构可以设置选项，A 项、B 项都是需要的信息，中介机构应让对方在感受到尊重的情况下去思考，让他感觉主动权在自己手上，那么他就会对自己的言行更加负责，中介机构也能够获得真正想要的信息。在与对方沟通时要善用问句，避免直截了当地说出自己的请求，这样可以更好地交流。

当然，若是遇到愿意配合的目标公司的高管，可以直截了当地提出意见与需求。

调查小组内部所需要的沟通技巧较为简单，如果所有成员都对其他的成员有足够的尊重，并且积极主动地进行沟通，那么小组内的信息交流将会畅通无阻。

有了足够的沟通技巧后，还要有足够良好的沟通策略。尽职调查的沟通是多层次、全方面、全时段的沟通。

很多调查人员在与目标企业的股东洽谈时容易犯的错误就是只和目标企业的实际控制人接触，从而忽略了和小股东的沟通。实际上与实际控制人以外的股东，特别是小股东沟通，往往能够起到意想不到的作用。调查人员不仅要和目标企业的董事长、总经理等高层管理人员以及经营相关管理团队沟通，还需要与企业内的行政、财务、人力资源、后勤保障等中层管理者沟通，利用从与这些管理者沟通所获得的信息可以对目标企业有更全面的了解和公正的判断。调查者还需要与目标企业的普通员工进行非正式的沟通，从与员工的谈话中所得到的信息可能比从企业管理者处得到的信息更加能反映目标企业的真实情况。

调查者还需要与目标企业客户进行沟通。因为对于收购方来说，在产品竞争力方面，没有什么比客户的评价更能说明问题了。

对于调查者来说，与非高管人员沟通是长时间的，只有长时间的接触，才可能从这些非关键人员中了解到足够的信息。

尽职调查中的沟通技巧与策略是十分重要的部分，无论是收购方还是中介机构都要对其有充分的重视。

2.3　尽职调查人员的工作职责

尽职调查工作通常从行业和市场、公司历史表现、竞争因素和公司未来发展四方面来对目标公司进行评估。行业和市场方面是指市场规模、行业未来的发展趋势、市场的驱动力、行业政策研究和行业专题等。竞争因素包括竞争力、关键成功因素、主要竞争者信息、市场进入门槛和新入行者机遇等。尽职调查很重要的部分是对目标公司的历史表现进行调查，其中包括业务发展状况、财务数据、公司整体的商业模式、公司战略与市场定位、公司销售策略等方面。此外，还需对目标公司的未来发展计划进行调查，以了解公司的发展潜力，具体包含业务发展计划中的关键假设验证、寻找公司未来发展的竞争力、基于计划项目的风险评估、销售线索的整理和分享。尽职调查范围很广泛，包括公司股权沿革、管理团队背景、公司治理结构及管理状况、产品和技术、业务流程和业务资源、行业及市场、财务报表、经营状况及其变动、盈利预测、潜在的法律纠纷、发展规划及其可行性等多方面。

尽职调查是项目投融资、企业上市等工作中极其重要的基础工作。尽职调查的质量对项目投资人、企业上市服务工作的质量起到关键性作用。因此，尽职调查人员必须尽职尽责、认真负责、深入而全面地做好尽职调查工作。尽职调查的工作内容主要是调查以下事项。

1. 项目公司概况

（1）项目公司的基本工商注册信息，包括公司名称、成立时间、注册地址、注册资本、法定代表人、经营范围（包括工商登记经营范围及实际经营范围）等；可纳入合并范围的公司基本情况。

（2）项目公司最近两年及一期的经营业绩及主要财务指标（公司总资产、净资产、主营业务收入、毛利率、净利润、净利率）。

（3）公司或项目亮点及核心竞争力。

（4）未来3~5年业绩预计（销售收入、税后利润）。

2. 现有股权结构、公司股权及业务历史沿革

（1）现有股权结构。

（2）历次股权变更情况。

（3）主营业务变更情况。

（4）其他工商登记变更情况。

3．公司人力资源管理情况

（1）公司组织架构。

（2）部门设置及人员设置。

（3）各部门职责权限。

（4）员工结构，包括各部门的员工年龄结构、数量结构、文化结构。

（5）用工制度，如员工聘用手续、社保及公积金缴纳情况、工作时间、加班制度、休假制度等。

4．公司高管情况

（1）董事及高级管理人员、核心技术人员的简历和简介。

（2）高管薪酬及奖励情况。

5．公司产品/服务与技术

（1）产品/服务简介：产品/服务名称、性能、用途及应用范围。

（2）与现有同类产品服务相比的优缺点。

（3）产品/服务的市场占有率和发展前景。

（4）技术研发情况，包括研发团队、研发投入、研发成果、研发项目前景等。

（5）产品制造模式（自行加工或委托加工）或服务模式，制造产品的主要原材料及零配件，产品制造工艺流程或服务流程。

6．行业及上下游情况

行业现状及发展前景；行业所处的生命周期阶段；我国的经营环境和经营风险分析；公司在该行业的地位及影响，与行业内已上市或未上市的优秀同类企业进行对比分析的情况；公司主要供货商及其变化情况；原材料供应行业的现状及发展前景；公司主要客户及其变化情况。

7．市场营销情况

市场特性及市场潜力；市场占有率；销售情况分析；主要竞品及其策略研究；营销环境研究；新产品接受力与潜量研究。

8．公司财务情况

主体公司及纳入合并范围公司最近两年及一期的主要财务报表（含资产负债表、利润表、现金流量表）；应收及预付账款、其他应收应付款、应付及预收账款、存货及固定资产、无形资产、长期股权投资、长/短期借款、应付职工薪酬、应缴税费等主要项目的明细情况。损益类项目及其明细项目最近两年发生额变化情况。近两年产品/服务价格及原材料价格变化情况，审查购销合同等。

变动成本与固定成本构成及其变化情况；或有资产情况、或有负债情况等。

9．其他情况

（1）公司的不动产、重要动产及无形资产情况（土地权属清单、房产权属清单、车辆清单、专利权及专有技术清单）及资产抵押担保情况。

（2）公司涉诉事件，审查判决书或审理进度。

（3）公司股东、董事及主要管理者是否有违规情况。

（4）公司有无重大违法经营情况。

（5）上级主管部门对公司发展及上市工作情况说明。

（6）目前及未来 3～5 年公司经营可能面临的主要问题或困难及应对措施，目前公司面临的主要有利因素及其影响程度。

尽职调查中现场调查是关键部分，一般有以下要求。

（1）查看最近两年及一期的会计账务，按照其资产负债表及利润表各个项目逐一审查核实其会计记录的合法性、真实性、正确性和完整性。

（2）对于主要的实物资产必须核查。

（3）如果关联方对公司有重大影响则必须走访。

（4）走访对公司的发展或经营有重大影响的客户和供应商，或战略合作伙伴，不具备条件的进行电话沟通或函证。

（5）公司的经营、建设等关键问题涉及政府部门的，须咨询、走访相关职能部门。

（6）现场调查一般需要 10～30 个工作日，对于大型或复杂的项目，在客户的配合下可以延长调查时间和增加调查次数。

（7）现场调查的方式包括但不限于公司生产经营现场的观摩、现场资料的查阅、主要经营人员的访谈等。必要时可照相或摄像。具体要求如下：对生产现场进行观摩，了解产品工艺和流程，留意生产线的饱和度、机械设备的维护情况等；留意工作人员的工作面貌和情绪；在查库存时留意是否有滞销产品和积压原料；查看公司是否有安全隐患或环保等问题；考察公司内部控制制度，生产工作现场是否井然有序，部门配置是否健全、合理，是否有公示的各项制度。

（8）对公司财务的核实及调查中，须对公司账务的真实性做测试，对当期的账务进行账账、账表、账实核对，确认各会计科目余额是否正确。然后再对调查提纲的重点、疑点问题详细调查取证，调查过程中须对重要资料进行复印，并经过客户签字确认。

（9）分别与公司实际控制人、总经理、财务负责人、技术或生产负责人、一线生产工作人员等进行逐一沟通交流，以判断公司财务等相关资料的真实性、可靠性。与实际控制人的交谈尤为重要，应仔细观察以了解其业务能力、管理水平、社会诚信程度、员工信任度、事业进取心、身体健康状况，并侧面了解其家庭情况等。

2.4　尽职调查人员的职业素养

小到一个项目，大到一项事业，成败的关键在于团队和人员素质。尽职调查人员的素质如何，直接决定了尽职调查工作的质量。能够出色地完成调查工作任务，关键在于不断提高调查人员的素质。在思想观念日趋多元、知识更新不断加快的今天，优秀的尽职调查人员应当具备非常高的综合素质，包括良好的道德素质、复合的专业知识结构、缜密的逻辑思维能力、良好的沟通洞察能力、过硬的心理素质，及良好的团结协作精神等。

1．良好的道德素质

如果尽职调查人员具备的素质和能力是一座金字塔，良好的道德素质就是金字塔的根基。这是因为尽职调查必然客观地反映被调查企业的真实情况，必然要求尽职调查人员具备诚实守信的品格，有良好的职业道德，能排除干扰，客观公正，实事求是，弄清被调查企业的本来面目。如果尽职调查人员带有偏见，不负责任，经不起各种诱惑甚至主动索贿，即便在其他方面有很强的能力，也只会利用这些能力钻空子、说假话，给相关人员的决策乃至商业活动带来巨大的风险和损失。具体来说，良好的道德素质表现为诚信为本、操守为重、实事求是、秉公办事、不徇私情、胸怀坦荡、光明磊落、敢于担当、勇于负责、敬畏法律、保守秘密、有敬业精神等个人品质。这些都是尽职调查人员应当具备的基本素养。

尽职调查人员必须做到以下几点：①不参加被调查企业和其他相关人员的宴请、游玩和其他有偿服务。②不接受任何礼物。③不许诺任何条件。④不受任何人的干扰，包括亲属、朋友、同学、同事、上级等。⑤不拿企业和其他相关人员的额外财物。

2．复合的专业知识结构

尽职调查涉及多个学科，尽职调查人员需要熟练掌握会计学、审计学、金融学、法学、经济学、行为心理学、企业经营管理学、行业特征等专业性知识。

在现实中，只有极少数优秀的尽职调查人员才能够达到全面掌握各知识、技能的要求，在多数情况下尽职调查人员存在知识结构的缺陷。一些人员不懂得财务报表分析，更不清楚如何检查和交叉检验凭证、单据；一些人员缺乏法律知识，不了解企业的各种法律风险、违规违法特征；一些人员极为欠缺对行业的了解，被企业轻易蒙骗而毫无察觉；一些人员不擅长沟通交流，无法从观察、谈话中发现疑点。因此，要成为优秀的尽职调查人员，必须持续地学习各项专业知识，不断提升自己在各领域的专业能力。

3. 缜密的逻辑思维能力

为了弄清调查企业的真实情况，缜密的思维能力必不可少。尽职调查人员在错综复杂的经济活动中，面对大量的数字、凭证和访谈信息，首先要由此及彼、由表及里、由浅入深地进行归纳总结，其次要在短时间内做出正确的分析判断。尽职调查人员只有运用缜密的逻辑思维能力才能明察秋毫、鉴别真伪，得出客观公正的结论。例如，在人员访谈环节，尽职调查人员设计的提问必须环环相扣、前后关联，只有这样才有可能在被访者的回答中发现可疑之处；同样，在撰写尽职调查报告时必须思路清楚、条理分明、逻辑清晰。尽职调查人员在报告中写下的每一项结论，都必须以翔实可靠的事实和严谨的逻辑推理作为支撑。因此，缜密的逻辑思维能力也是尽职调查人员需具备的一项基本功。

4. 良好的沟通洞察能力

尽职调查不仅要查阅资料、报表、凭证和文档，还要同被调查企业及相关行业的各类人员打交道，所以良好的沟通能力是必备的。例如，财务专业和信息专业的人员往往比较内向，在进行财务报表分析和数据分析时专业、娴熟，但是一旦进入与被调查企业人员的访谈和交流环节，他们或许在应对上有些困难，所以，精通财务、审计、税务的人不一定是合格的尽职调查人员。一个合格的尽职调查人员应该是复合型人才，具备多方面的专业知识和技能，以及丰富的社会阅历和较强的交流沟通能力。只有熟练掌握和运用各类专业知识并辅以较强的交流沟通能力，才能够全面、透彻调查、分析目标企业的真实情况并得出正确的结论，为相关人员的决策提供真实可靠的信息。

沟通能力中较重要的是针对不同的对象采用不同的沟通方法。对被调查企业的管理层、基层员工、合作伙伴等不同对象的谈话方式和技巧都是不同的，要把握谈话的艺术和技巧，使被调查对象首先在心理上愿意积极配合完成调查。

在良好沟通的基础上，尽职调查人员要有非常强的洞察力，要有尽职调查职业的敏感性。在敏感性的基础上，能够很快找到比较容易产生问题和风险的环节。例如面对被调查企业提供的财务报表和文档，能够迅速找到切入点，从蛛丝马迹之中发现问题。在与被调查对象交往过程中，要能通过观察和倾听，非常敏锐地抓住很多疑点。尤其在和被调查企业实际控制人谈话的时候，能通过其语言、表情、动作和对问题的各种反应，判断其话语的真实性和企业的实际经营状况。当然，这种敏感性和洞察力要有牢固的专业知识和长时间的实践积累做基础。

5．过硬的心理素质

尽职调查工作的进展和调查质量在一定程度上取决于调查人员的心理素质。在现场尽职调查中，调查人员要破除畏惧困难的心理，对尽职调查工作不畏缩。工作要有计划，要依照被调查企业的不同情况制订不同的调查和访谈计划。在开展现场尽职调查时，重要的是要有坚持不懈的精神，要有不查到真相不罢休的韧劲。过硬的心理素质有助于尽职调查人员充分有效地完成战略计划。这就要求调查人员的情绪不容易受外界环境的影响，在情况突变时能保持冷静、随机应变、意志坚定。如果没有过硬的心理素质、较强的承受能力和坚持不懈的精神，是不可能完成工作的，所以调查人员应该强化心理能力的锻炼，培养良好的心理素质。

一位资深的尽职调查人员在总结成功经验时谈到，现场尽职调查的关键在于形成并坚持良好的习惯。细节决定成败，坚持可以总结为"9、8、7、6、5、4、3、2、1"，即坚持见过90%的股东和管理层，坚持早上8点到被调查企业，对企业里的至少7个部门进行调查，在企业连续待6天，对企业团队、管理、技术、市场、财务5个要素进行详细调查，与被调查企业4个下游企业交谈，调查3个以上同类企业或竞争对手，提问不少于2个关键问题，至少与被调查企业的普通员工吃过1次饭。

6．良好的团结协作精神

尽职调查工作往往需要两人或多人配合完成，这要求尽职调查人员之间达成良好的合作，需要整个调查团队集体的智慧和共同努力。尽职调查团队的成员不应该"单打独斗""各自为政"，而应该各展所长、分工配合、互相补充、团结协作。要做到技术与方法互相交流，遇到问题互相探讨，发现线索互相提醒，资料信息互相共享。

2.5　尽职调查人员的行为规范

1．语言规范

尽职调查人员的语言表达应充分体现专业性和高素质。尽职调查人员的语言规范包括以下方面。

（1）在尽职调查的过程中，全程用语规范，包括财务、法律、经营、管理等方面用语规范，以及企业所在行业的行业产品用语规范，这就需要尽职调查人员做足功课。

（2）尽职调查人员的言谈必须做到语言美，讲话谦和礼貌，态度不卑不亢，用"您好、请、谢谢、对不起、再见"等礼貌用语以示对被调查企业的尊重、友善、积极地进行有效交流。无论在任何场合、与任何人交谈，绝不能盛气凌人、语言粗俗，甚至使用谩骂、威胁、恐吓等语言。

2．着装规范

尽职调查人员的穿着代表了机构的形象，因此，机构一般会对尽职调查人员的着装有明确而具体的要求。一个人的着装将自我形象和自我价值彰显于外层，给人直观的印象和感受，必须认真对待。

尽职调查人员进入调查现场时，女士着装应端庄、稳重、大方、干练、符合商务人士形象礼仪要求；着干净、整洁、得体的应季服装，建议是职业套装。男士着装应干净、整洁，建议是得体西装。不适宜穿着的服装：无袖上衣，无袖T恤，短裤，超短裙，过于暴露的和紧身的服装。也不宜浓妆艳抹，使用味道浓烈的香水。

3．面貌规范

与着装一样，尽职调查人员的精神面貌也非常重要。良好的精神面貌对外可以赢得对方的尊重，对内可以获得自信。对尽职调查人员的面容要求：面容清洁干净、不浓妆艳抹、口腔清新、身上无异味。对精神面貌的要求：精神饱满、神采奕奕、注意力集中、态度积极。

4．装备规范

（1）公文包。尽职调查人员平时需要携带很多的东西。因此一名尽职调查人员应拥有一个实用的黑色皮包（尽量不要用别的颜色）。

（2）黑色签字笔。笔是尽职调查人员日常工作中常用的物品，但实践中反而是容易被忽略的一样东西。尽职调查人员经常需要记一些东西，也经常会遇到让相关人员签字的情形。因此，尽职调查人员至少要准备两支能畅写的黑色签字笔，并放在公文包固定的位置。

另外，尽职调查人员还要随身携带一个纸质的笔记本，因为相对于电子记事本，不用担心电量问题。有这样一个小本子，可随时把重要信息记录下来，查看起来比较方便。

（3）笔记本电脑。笔记本电脑是尽职调查人员的标配，其待机时间应长、小巧方便，尽职调查人员应提前将调查提纲、企业资料等存储好。根据企业情况，可随时调用计算机文件，同时也显示出尽职调查人员的专业性和职业素养。

（4）U 盘。尽职调查人员调查时，难免会遇到需要保存电子资料的时候，一个体积小、容量大的 U 盘会非常实用。

（5）手机。手机是尽职调查人员应随身携带的物品，基于尽职调查人员工作特点，建议买一个屏幕大、像素高、容量大、速度快的智能手机，便于随时拍摄、录音、录像、通信。

（6）无线路由器、移动电源。尽职调查人员在外工作，经常要用笔记本电脑连接网络，但不是每个业务场合都有 Wi-Fi，即便有网络也可能会出现网速很慢的问题或其他问题，这时候自带一个无线路由器就非常方便。

移动电源的重要性不用多说，现在手机已经成为尽职调查人员工作的重要工具。而一旦手机没电，就会严重影响尽职调查的取证工作。

（7）名片及名片夹。商务场合要互换名片，一个有质感的名片夹能体现尽职调查人员的身份与品位。如果没有名片夹，直接从包里拿出名片，有时候还夹着其他杂物，会给企业留下不良印象。名片夹中至少要有 20 张名片，要记得及时补充。

（8）汽车。并非所有尽职调查工作均需要用车。但是由于公交或地铁可能使衣服产生褶皱、满身大汗，可能会影响调查工作，在路况允许的情况下，开车是一个较好的选择。

（9）录音笔、电子记事本。录音笔主要用来调查、取证，尽职调查人员可配备一个，以在需要时能随时拿出来。

电子记事本作为一种新型记录方式，能管理个人信息，其通讯录、记事和备忘、日程安排、便笺、计算器、录音和辞典等功能不会让尽职调查人员手忙脚乱。电子记事本和纸质笔记本不能互相替代，两个都要有。另外，有了电子记事本，就不用再准备计算器等工具，但需要注意电量，应及时充电。

第 3 章　尽职调查的基本方法与工具

3.1　基本调查方法

尽职调查的方法主要分为基本调查方法和非常规调查方法，国内外的非常规调查方法有所差异。

国内外尽职调查方法众多，但在尽职调查过程中的基本调查方法是国内外尽职调查常用的手段。基本调查方法主要有现场调查、搜寻调查、官方调取、通知调查、秘密调查、委托调查。

1. 现场调查

现场调查主要有现场交谈和实地考察两种方式。现场调查因具有直观性、有效性、线索可循性等特点，成为常规尽职调查中常用的方法。现场交谈也称现场会谈或者现场参观，调查人员可以在条件允许的情况下自由选择约见人员。约见人员原则上选择企业不同部门不同层级岗位的主管人员，例如调查企业财务情况时可以选择财务经理、审计主管、人力资源部门主管、纳税筹划主管等。如果需要调查企业市场销售情况，可以选择约见公关部门经理、营销部门主管、客户售后部门一线员工、广告部门经理等。约见尽可能多的企业职工能在很大程度上保证调查信息的全面性和真实性。现场交谈的目的在于深入了解企业发展状况，明确企业发展战略目标以及未来发展的方向和思路，通过现场交谈可以从侧面了解企业文化、企业员工满意度、企业管理层控制等详细情况，有利于调查人员对企业高管的评价和认识。

实地考察也叫实地调研，这一调查方法又包括观察法、实验法和问卷法三种常用方法。实地调查收集到的资料等需要进一步整理分析才能转化为有参考价值的材料。

2. 搜寻调查

搜寻调查主要运用于政府工作以及法律询证过程，该调查方法主要通过有形渠道和无形渠道获得调查内容。有形渠道包括图像、影音资料等，媒介传播是十分有效的有形渠道。报纸杂志、图书文摘、新闻广播、录像、录音、微博、微信、峰会、论坛等都是搜寻调查获取信息的渠道。搜寻调查的优点在于信息来源广泛、信息量大，缺点是信息较为分散、难以系统全面地收集信息，同时很多所搜集的信息不具权威性。

3．官方调取

我国法律规定当事人在客观条件下无法自行收集证据时可通过向官方申请调取所需证据。例如调查一家企业经营状况时可以向人民法院递交调查函进入工商行政管理部门、税务管理部门及质量管理部门、环保部门等政府职能部门获得相关资料。

4．通知调查

通知调查是一种较为直接和便捷的调查方式，调查者口头或书面通知被调查人，向其说明调查目的和调查内容，要求其在一定时间内将所需信息收集整理后通报给调查者。

5．秘密调查

秘密调查是指在非公开、不为被调查对象所知的环境下展开的调查方式。秘密调查主要通过对企业内部人员、外部竞争对手、产业链中存在供给关系的商业群体调查取证，获得所需信息。

6．委托调查

当调查者与被调查企业或个人在空间上相距较远时，可以委托第三方机构进行调查。例如对某一客户进行现金和不动产情况的调查，可以向会计师事务所提出申请，并支付一定金额作为调查费用。由于委托调查需要签写调查令，调查令审核又需要一定时间，因此委托调查存在延误调查时机的不足。

3.2　国内外非常规的调查方法

国内外对非常规调查方法的使用侧重点有所不同，国内非常规调查将注意力放在被调查主体内部，主要使用非常规手段进入目标企业内部进行尽职调查，国外则注重对外部环境信息的收集和研究，通过一些特殊手段获得信息。

1．国内的非常规调查方法

（1）潜伏调查。潜伏调查是一种为了获得真实、准确、完整的信息，将调查人员或企业外部人员安置到被调查企业内部，深入获得隐秘信息的非常规调查方法。潜伏调查较直接的方式是通过应聘将调查人员放置到目标部门，这一方式的优点是获得信息高效且及时，缺点是存在调查人员被收买或被识破的风险。

（2）关键人员暗中调查。若进入被调查企业有难度，可以采用关键人员暗中调查法。这一方法的要点在于通过多种方式在企业投资收购之前，找到被投资企业的"重要人物"，获得第一手资料。这样一方面提高了调查效率，节约了时间，另一方面省去诸多不必要的调查工作。使用这一调查方法也存在一定的风险，事先约定好的互利关系可能因为重要人物道德约束而破裂，同时被调查企业内部人员可能因担心受到法律制裁而放弃合作，拒绝配合投资方开展尽职调查。

（3）相关企业调查。针对被调查企业的生产、销售、运营等状况，可以通过与其产业链相关的上下游企业接触获得调查信息。相关企业调查避免了直接从目标企业内部获取信息，降低了信息失真的风险；如运用得当，从相关企业渠道获得的信息可以大大提高调查结果的全面性和真实性。

（4）商请调查。对于隐瞒重大信息、涉嫌欺诈的企业，调查阶段可根据线索的疑难和复杂程度，商请专门机关、专职机构开展专业化调查。例如商请工商、审计、国资等部门调查涉嫌事实，商请有关部门调查应当说明原委，注意沟通，取得理想的效果。

2．国外的非常规调查方法

外围调查。外围调查多见于国外研究案例，主要通过对被调查企业外部环境及人员进行调查收集信息，从而被动获得被调查企业的内部信息。美国亚利桑那大学雷兹教授提倡的"垃圾研究"就是典型的外围调查。他认为垃圾桶绝不会说谎，什么样的人丢什么样的垃圾，从而有效地完成了市场调查。日本的常磐百货公司专门收集主妇丢掉的购物备忘录；有的公司派专人在顾客电梯中所公众谈话；有的企业在假期为员工配备相机、胶卷，以便拍下美丽的服装、鞋帽和有开发价值的日用品等。在尽职调查中，尽职调查人员除了直接进入目标企业获取所需信息，也可以通过外围调查的方式获取直接资料所无法反映的信息。这一方法的缺陷在于被加工后的信息可能带有主观性，其真实性有待验证。

3.3 查询工具

随着计算机技术和互联网的发展，信息化时代来临。以往很多难以实现的信息收集和整理，现在只需要通过在计算机前"点点鼠标，敲敲键盘"就能完成相应的查询和资讯获取。信息的透明化、公开化，是法治社会的必然要求，在此情势下越来越多的信息都可供公众无条件查询。

3.3.1　主体信息查询

1. 国家市场监督管理总局"全国企业信用信息公示系统"

全国企业信用信息公示系统于 2014 年 3 月 1 日正式运行，可查询全国企业、农民专业合作社、个体工商户等市场主体的工商登记基本信息。依据国务院《企业信息公示暂行条例》，市场主体的下列信息应当自产生之日起 20 个工作日在该系统内予以公示：（1）注册登记、备案信息，具体包括公司统一社会信用代码（注册号）、法定代表人、类型、注册资本、成立日期、住所地、营业期限、经营范围、登记机关、经营状态、投资人信息、公司主要备案的高管人员名单、分支机构、清算信息、行政处罚信息等；（2）动产抵押登记信息；（3）股权出质登记信息；（4）行政处罚信息；（5）其他依法应当公示的信息。

企业年度报告也将通过该系统予以公示，年度报告内容包括：（1）企业通信地址、邮政编码、联系电话、电子邮箱等信息；（2）企业开业、歇业、清算等存续状态信息；（3）企业投资设立企业、购买股权信息；（4）企业为有限责任公司或股份有限公司的，其股东或发起人认缴和实缴的出资额、出资时间、出资方式等信息；（5）有限责任公司股东股权转让等股权变更信息；（6）企业网站以及从事网络经营的网店的名称、网址等信息；（7）企业从业人数、资产总额、负债总额、对外提供保证担保、所有者权益合计、营业总收入、主营业务收入、利润总额、净利润、纳税总额信息。第（1）项至第（6）项规定的信息应当向社会公示，第（7）项规定的信息由企业选择是否向社会公示。

企业的下列信息也应自形成之日起 20 个工作日通过该系统公示：（1）有限责任公司股东或者股份有限公司发起人认缴和实缴的出资额、出资时间、出资方式等信息；（2）有限责任公司股东股权转让等股权变更信息；（3）行政许可取得、变更、延续信息；（4）知识产权出质登记信息；（5）受到行政处罚的信息；（6）其他依法应当公示的信息。

目前公示系统的部分功能已经开放查询，部分信息模块已经建成但需要由各地工商管理局配套跟进后逐步开放查询。

2. 各省、市级工商局网站

这些网站以前提供了全国企业信用信息公示系统包含的主要信息，如果用户不能在国家级的网站上查到，说不定在这些地方性的网站上查询会有所发现。

3．各省、市级信用网

这些网站是地方机构主导的，一般以企业信用体系建设推进办为主，如北京市企业信用信息网、浙江省企业信用网、信用浙江等。这些网站提供基本信息，但如需要更全面的信息，如年检信息、对外投资信息等，则可能需注册会员等。基本上各个地方都有类似的网站，优点在于在有些网站上可以通过法定代表人姓名查询到各企业信息。

建议大家到各省、市级的信用网看看，可能会有不少的收获。比如信用浙江，该网站除了提供上面提到的企业信息外，还汇总了除工商信息之外的其他二十多个部门的一些公示信息、纳税信息、企业资质等各种信息，还提供个人、事业单位、社会组织的相关信息或信用的查询和公示。

4．全国建筑资质查询系统

全国建筑资质查询系统包括设计、勘察、造价、监理、建筑、房产开发等资质信息的查询。对于需要查看主体特殊要求的可以登记查询。

3.3.2 涉诉信息查询

1．最高人民法院"中国裁判文书网"

根据《最高人民法院关于人民法院在互联网公布裁判文书的规定》，自2014年1月1日起，除涉及国家秘密、个人隐私、未成年人犯罪、调解结案以外的判决文书，各法院判决文书均应在中国裁判文书网上公布。因该网站为"裁判文书网"，故仅适用于已届判决阶段的案件。

2．各省级高级人民法院网站

2014年之前的判决文书或未判决的到哪里查询呢？一般省级高级人民法院都建有自己的网站，通过这些网站可以查询2014年之前的部分判决书、开庭公告、执行信息、开庭信息等，如北京法院网、上海法院网、浙江法院网等。

因为最高人民法院"中国裁判文书网"仅限于已判决文书的查询，且2014年1月1日之后才试行，而且数据取决于地方上报，而地方法院网站已经建立很多年了，部分法院的法律文书早就在网上公示，因此全国网查不到的，在地方法院网站或许可以查到。

3．中国法院网

按我国法院管辖的现状和公告要求，需要公告送达的，如果被告不属于本省的，一般要求在全国的报纸公告，一般是《人民法院报》，据此可以查询大量公告信息，了解调查对象的涉诉情况。

对于被告是省内的，到地方的法制网站查询公告，也可以了解到一些在地方法院的涉诉情况。

4．人民法院诉讼资产网

在人民法院诉讼资产网上可以查询全国范围内人民法院正在执行拍卖的资产情况，通过这个网站可以侧面了解涉诉当事人的一些信息。

5．阿里拍卖·司法

网上拍卖减少了拍卖费用，竞价方便，越来越多的法院把没有争议的资产通过这个方式进行拍卖，据此也可以侧面了解一些涉诉信息。目前全国绝大部分法院已经通过阿里拍卖·司法进行拍卖。

6．其他网站

如北大法宝、威科先行、律商网、无讼网、OpenLaw 裁判文书网等网站都有案例信息的收录，有些网站公布的信息甚至比官方网站更新、公布速度更快。

3.3.3　财产信息查询

1．自然资源部子网站的中国土地市场网

除自然资源部所示的全国范围内土地抵押、转让、招拍挂等信息外，可于中国土地市场网查询全国范围内的供地计划、出让公告、大企业购地情况等。用户无须注册。

2．国家知识产权局的中国专利信息网

中国专利信息网收录了 103 个国家、地区和组织的专利数据，以及引文、同族、法律状态等数据信息，可查询专利申请人、专利权利人、代理机构等的案件基本信息、审查信息及中国专利公布公告的信息。其中检索功能中还有多个分类：常规检索、表格检索、药物专题检索、检索历史、检索结果浏览、文献浏览、批量下载等。除了基础的检索功能，该网站还有数据分析功能，但是要使用数据分析功能就需要注册。

网站包括 1985 年 9 月 10 日以来公布公告的全部中国专利信息，包括：（1）发明公布、发明授权（1993 年以前为发明审定）、实用新型专利（1993 年以前为实用新型专利申请）的著录项目、摘要、摘要附图，其更正的著录项目、摘要、摘要附图（2011 年 7 月 27 日及之后），及相应的专利单行本（包括更正）。（2）外观设计专利（1993 年以前为外观设计专利申请）的著录项目、简要说明及指定视图，其更正的著录项目、简要说明及指定视图（2011 年 7 月 27

日及之后），及外观设计全部图形（2010 年 3 月 31 日及以前）或外观单行本（2010 年 4 月 7 日及之后）（均包括更正）。（3）事务数据。

3．国家市场监督管理局的中国商标网

在中国商标网上，根据查询提示可确定拟查询商标的商品分类。具体可查注册商标信息及申请商标信息。"商标注册信息查询"又分为商标相同或近似信息查询、商标综合信息查询和商标审查状态信息查询三类。

需要注意的是，该网站的查询内容仅供参考，具体的商标注册信息还应以国家知识产权局商标局编辑出版的《商标公告》为准。

4．中国版权保护中心

通过中国版权保护中心，可以查询计算机软件著作权的登记情况、著作权人、撤销情况、质押情况等信息。

5．企业域名

（1）ICP/IP 地址/域名信息备案管理系统。

可以通过 ICP/IP 地址/域名信息备案管理系统查询网站名称、域名、网站首页网址、备案/许可号、网站 IP 地址、主办单位等已经备案的网站或域名的所有人信息等情况。

（2）可通过其他一些域名注册的网站查询域名持有人的情况，比如通过中国万网，输入域名即可看到域名持有人信息及到期时间等信息。

6．各地住房保障和房产管理局、住房与城乡建设局网站

针对房地产开发企业，可以通过各地住房保障和房产管理局网站查询其预售许可证、楼盘在售情况、总面积、可售总面积、预定面积、已售套数、成交毛坯均价等开发楼盘的情况。

7．人民法院诉讼资产网/阿里拍卖·司法

之所以再次列举这两个网站，是因为其也是非常重要的企业财产信息的获取网站。

8．中国电子口岸官网

中国电子口岸是一个公众数据中心和数据交换平台，依托国家电信公网，实现工商、税务、海关、外汇、外贸、质检、银行等部门以及进出口企业、加工贸易企业、外贸中介服务企业、外贸货主单位的联网，将进出口管理流信息、资金流信息、货物流信息集中存放在一个集中式的数据库中，随时提供国家各行政管理部门进行跨部门、跨行业、跨地区的数据交换和联网核查，并向企业提供应用互联网办理报关、结付汇核销、出口退税、网上支付等实时在线服务。

3.3.4　投融资信息查询

1．中国人民银行征信中心

中国人民银行征信中心可供查询企业应收账款质押和转让登记信息，具体包括质权人名称、登记到期日、担保金额及期限等，以及租赁登记、所有权保留登记、保证金质押登记、存货/仓单登记、农业设施登记、林木所有权抵押登记等信息。

2．提供融资信息的相关网站

（1）中国证监会指定信息披露网站巨潮资讯网。

（2）中国外汇交易中心。

（3）和讯网。

（4）部分地方股权交易中心或产权交易中心网站，如浙江股权交易中心。

第二篇
财务尽职调查

第4章　财务尽职调查的基本内容

4.1　财务尽职调查概述

4.1.1　财务尽职调查的概念

财务尽职调查即由财务专业人员针对目标企业与投资有关财务状况进行的审阅、分析、核查等专业调查。

在企业的投资、并购等资本运作流程中，财务尽职调查是投资及整合方案设计、交易谈判、投资决策不可或缺的前提，也是判断投资是否符合战略目标及投资原则的基础。财务尽职调查对了解目标企业资产及负债、内部控制、经营管理的真实情况，充分揭示其财务风险或危机，分析盈利能力、现金流，预测目标企业前景能起到重大作用。

4.1.2　财务尽职调查的目的

本书的尽职调查主要是围绕企业尽职调查开展的，而在重组、并购的财务尽职调查中，调查人员对被重组方或被并购方的整体情况进行摸底，在中介机构的配合下，对被重组方或被并购方的历史财务数据、管理人员的背景、市场风险、管理风险、技术风险及资金风险做全面深入的审核，使得重组方或并购方尽可能充分地掌握被重组方或被并购方的情况，进而选择是否重组或并购。具体目的包括以下四点。

（1）充分揭示财务风险或危机。

（2）分析目标企业盈利能力、现金流，预测企业前景。

（3）了解目标企业资产及负债、内部控制、经营管理的真实情况，这是设计投资方案、交易谈判、判断是否投资的基础。

（4）判断投资是否符合战略目标及投资原则。

4.1.3　财务尽职调查的基本原则

项目小组在进行财务尽职调查过程中，应按与中国注册会计师有关的工作指引、证监会关于保荐工作的指导内容，坚持独立性原则、谨慎性原则、全面性原则、重要性原则四大原则。其中独立性原则是指项目财务尽职调查人员虽然服务于投资人，但业务上仍应按国家有关财务尽职调查的规范和办法进行工作，确保财务尽职调查报告的独立性。谨慎性原则，则要求在调查过程中保持谨慎，充分揭示投资、并购中的财务风险，认真仔细核对每项财务会计工作事项，并将财务尽职调查的工作计划、工作底稿及最终报告进行复核。全面性原则是指财务尽职调查要涵盖与企业有关的财务管理和会计核算的全面内容，不能有遗漏、缺失。所谓重要性原则，是指财务尽职调查人员针对目标公司所在的不同行业、不同发展阶段、不同财税政策水平，要依照财务尽职调查的风险水平进行调查，依据不同战略目标、不同收购与兼并原则进行重点提示，以期发现投资、并购过程中的重大缺陷。在进行财务尽职调查时，还应当考虑调查人员的专业胜任能力，并确保参与尽职调查工作的相关人员能够恪守独立、客观、公正的原则，具备良好的职业道德和较强的专业胜任能力。

4.2　财务尽职调查与财务报表审计的区别

在实务工作中，财务报表审计与财务尽职调查有诸多相同之处，两者差异也较难厘清。表 4-1 从九个方面比较了财务尽职调查与财务报表审计的差异。

表 4-1　　　　　财务尽职调查与财务报表审计的差异

项目	财务尽职调查	财务报表审计
工作出发点及基础	根据历史财务信息分析企业可持续财务状况和盈利能力，以交易及交易目的为基础	确保历史财务信息的真实与公允，以会计准则为基础
工作范围	财务及其他非财务领域：企业运营、人力资源、业务环境等，评价其潜在的财务影响	历史财务信息

项目	财务尽职调查	财务报表审计
工作方法、程序、要求	依据双方确定的原则开展尽职调查，如委托方无要求，一般情况下不需要进行系统测试、审查凭证或发函询证，也不需进行存货盘点，仅需询问、做出分析及有限度查阅	严格依据审计准则，需要执行各种审计程序，包括系统测试、审查验证、函证程序、存货监盘、询问和分析等
资料提供	目标企业根据与潜在投资者的沟通结果，考虑自身状况，判断可以提供的尽职调查资料	依据准则要求，客户应向注册会计师提供审计所需的所有资料，除非审计范围受限
报告内容	将所采用的调查程序与调查结果写入财务尽职调查报告，强调报告内容根据询问或查询获得，并未进行任何审计或验证，因此内容的可靠性不及审计，且报告形式灵活性较强，可以用 Word 或者 PPT 等形式	发表审计意见，审计报告必须包含是否"真实与公允"的意见，可靠性远比尽职调查高，且报告具有统一格式要求，规范性较高
报告使用	通常仅限于委托方使用，一般不会直接披露给目标企业	广泛，使用方包括内部及外部使用者
收费	通常会根据实际工作量及尽职调查结果调整收费金额及费用支付方	一般由委托方支付审计费用，不允许采用或有收费方式
责任	服务界定为相关财务咨询服务，通常只涉及双方关系人，即客户和服务提供人；工作结果不对信息提供可靠性保证；通常不对服务提供人的独立性提出要求，对结果承担的责任有限	通常涉及三方关系人，即责任方、预期使用者和服务提供人；以书面形式提出结论，能对相关信息提供某种程度的可靠性保证；服务提供人必须独立于审计业务中的其他两方，需对结果承担责任
其他	基本上通过聘请独立的专业机构进行，也可以不聘请专业机构，如由投资者的财务人员进行	必须聘请有相关资质的审计机构进行

从以上对比可以看出，虽然财务尽职调查与财务报表审计都是可由注册计师提供的专业服务，但两类业务的内涵与外延还是有较大的不同。

第 5 章　开展财务尽职调查

5.1　财务尽职调查的基本流程

根据完成财务尽职调查工作的时间顺序，当财务尽职调查项目小组在实施对目标公司的调查事务时，可将财务尽职调查的一般过程分为三个阶段，即业务承接和计划阶段、执行尽职调查程序阶段、财务尽职调查报告阶段。

5.1.1　业务承接和计划阶段

业务承接和计划阶段的主要工作是熟悉投资方或委托方的战略目标和收购目标，以期在今后的项目尽职调查过程中获得准确科学的尽职调查重点信息。此阶段需了解的内容包括投资方或委托方的组织架构、决策机制、人员配合、资金安排等重要信息；同时在安排尽职调查时，应重点梳理投资方或委托方与目标企业达成的框架协议的内容，并将重要的内容与委托方或投资方进行多轮确认。需要注意的是，调查机构与投资方或委托方达成委托财务尽职调查的协议，应将最终的评价尽职调查的标准描述清楚。协议中应明确初步调查目标、调查时间和调查范围等基本情况，并对项目目标、项目工作过程、重点调查领域和预计调查费用等做出说明和安排。由于各个企业性质不同，有些财务尽职调查需要对提供的数据、报表、图表等保密，因此部分委托方或投资方需要签订保密协议，这样不论投资是否成功，都可以保护自身的商业秘密和商业利益。同时，财务尽职调查小组也应当要求参与人员签署内部保密文件，以明确相关法律责任和义务。在以上准备阶段的法律文件准备好后，应建立财务尽职调查的内部文档管理制度，包括发文号、发文规范、组织机构图、职责清单、时间控制表、目标任务分解等，并安排专人负责文档的管理和资料的归档工作。

5.1.2　执行尽职调查程序阶段

在展开项目行动前，需要发函至目标公司，函件应说明委托关系或内部事务关系，进行本项财务尽职调查使用的方法和措施，如采取的是面谈、调查、查阅、实盘，还是其他的方法，并尽量在发函时一次性将后继行动阶段的内容与时间、分项任务负责人等信息传递至目标公司。具体的做法是提交财务尽职调查清单及需要目标公司提交的文件名、时间、递交人等，如果有特殊情况，可以安排与目标公司决策层会谈，编制和发放企业财务尽职调查问卷或调查资料清单等；如果有可能，可以专门解释本行动计划内容。在此基础上，按前期准备的行动计划召开内部或目标公司的澄清会或说明会。

双向交流过程中，可能会修订项目工作计划，包括修正项目目标、财务尽职调查程序、财务尽职调查重点、调查内容、财务尽职调查项目人员（含小组负责人和普通员工）、财务尽职调查项目的时间和地点安排、项目组组织人员的联系方式等。项目行动小组需要在修订计划得到委托方或者投资方以及目标公司共同批准后再实施修订后的计划，具体执行调查时，首先需要收集和分析目标公司的业务、财务、法律等资料，在此过程中，一般需要从四条基本途径获得关于目标公司的基本信息。一是由目标公司按清单内容提供如财务报表、业务合同、记账凭证、重要政府文件等正式材料，对于未明确的内容可以采取问卷或者会谈形式进行再确认。二是从法律尽职调查专业机构处取得分析目标公司的信息，比如法律尽职调查中在工商行政管理机构查询获得的目标公司工商注册信息、股东变更信息、注册资本的实缴信息等。三是通过对目标公司营业场所，包括办公室、厂房、生产线或其他主要实物资产的实地考察，进行实证、实账等核实和确认工作。四是通过目标公司的客户、供应商、行业主管部门、工商行政机构、税务机关、检察院、法院、房地产主管部门、技术监督部门、人民银行、基本户开户行等，搜集有关目标公司的各种信息。

行动准备阶段，财务尽职调查小组应当安排专门的信息分析师结合本次调查的目的进行重点外部资料的收集工作，并针对收集的信息进行分类整理，即将信息分为真实信息、冲突信息、待审核信息、错误信息四类，以便于后期工作的开展。该信息分析师应由本行业的专业财务人员担当，以进行专业的行业财务类的分析和研究，并按文档管理的规范进行工作日志的记录和每日的研讨工作，以保证更有效地开展财务尽职调查工作。

项目行动阶段，财务尽职调查小组、投资方或委托方与目标公司应参与本次财务尽职调查的全体人员要召开定期协调会，首次会议应将行动计划书的内容交由协调会研讨，以三方达成的一致意见作为后续工作开展的基础。项目行动阶段，根据行动计划书的安排，项目各子任务负责人应根据行动计划书和目标公司的实际情况，合理安排时间和人员，并按每日例会制度提交财务尽职调查项目负责人工作日志和工作底稿，以保证项目负责人可以全面完整地了解项目的进程。各子任务的负责人遇到无法解决的问题，如财实不符、报表失误等问题时，应先与委托方或投资方及目标公司的对接人员进行交涉和现场确认，以保证程序畅通、信息准确，此类重大问题的汇报，应采取书面形式，以确认工作凭证的合规性。

在现场的财务尽职调查结束前，财务尽职调查小组的负责人应根据文档记录和信息分析师的意见及各子任务负责人的工作底稿，向目标公司一次性提交《未决事项清单》，清单中应注明提交资料或核实事实的具体内容、提交时间、接收人姓名和限期补充的日期、不予提交的后果等。

5.1.3　财务尽职调查报告阶段

财务尽职调查报告中的关键内容，包括对目标公司财务情况全面的介绍、分析、比较，其重要性体现在对财务风险的确认与揭示方面。财务风险的确认与揭示是分析和结论，也是前期工作底稿的结论性意见，是建立在合规的工作底稿上的，即项目报告的每一份数据和信息都是有凭证支撑和证明的。提供的财务尽职调查报告，应包含以下四个部分：目标公司的背景介绍、重大发现、财务报表分析及收购风险提示。

整个财务尽职调查团队应当根据委托方或投资方的战略目标、投资策略，有针对性和选择性地陈述本次财务尽职调查的重点内容，包括财务事项的主要内容、形成的主要原因和过程，以及对投资、并购所产生的影响等；特殊情况下可以提出对主要投资、并购条款的建议和意见等，以供投资方或委托方决策时使用。财务尽职调查小组也可以根据委托方或投资方的要求，增加和省略某些部分，但不应当影响整个报告的完整性，切记不可提供虚假的报告内容。在撰写报告初稿时，应当将各子任务的项目负责人提交的子任务内容进行汇总，并结合各子任务之间的联系，充分吸收各子任务的调查成果。初稿中的结论性意见应当由各子任务负责人研讨确定，在充分咨询意见和建议后，可以采取二审制度进行表决，以便充分吸收各子任务负责人的意见。初稿完稿后，可以请第三方机构对其内容进行外审，也可以由内部各子任务负责人互审，依据咨询和审核的质量保证制度安排，对初稿内容进行复核。当初稿内容基本定稿时，财务尽职调查的总负责人应按协调会的制度安排，向委托方或投资方正式发函组织一次研讨会，研讨会应有投资方或委托方专业的财务人员、专业的业务人员、专业的法律人员，主要研讨结论性的意见和风险提示内容，并根据相关调整或关注的内容修订初稿，以期满足投资方或委托方的投资策略要求。其中，如果结论性的意见与投资方或委托方的意见有冲突，那么应该保证财务尽职调查的独立性和客观性，在事实的基础上，全面、完整、清楚地总结财务尽职调查报告工作，以维护投资方或委托方的权益。当财务尽职调查报告完成时，总负责人还应当根据文稿管理的要求，开展文稿管理中各程序性文件的签收工作以及各协调会的会议记录工作，做到有迹可循，有据可查。

在报告阶段，应该建立一套全面而灵活的报告制度，以既能规范报告的内容，也能满足不同客户的需要。在提供报告时，要严格遵守委托协议书所明确的范围，未经委托方书面授权许可，不得向任何第三方发放财务尽职调查报告。财务审慎调查报告要明确委托方和受托方所承担的责任。

以上就是财务尽职调查的基本流程，可以将三个阶段进行简单的概括，如图 5-1 所示。

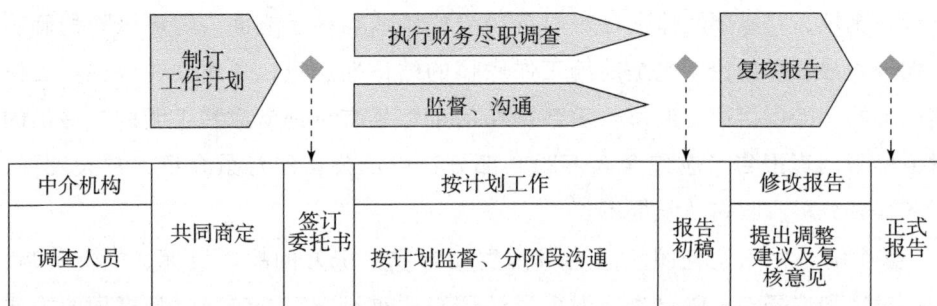

图 5-1　财务尽职调查基本流程

5.2　财务尽职调查方法

5.2.1　基本方法

（1）审阅：通过审阅财务报表及其他法律、财务、业务资料，发现关键及重大财务因素。

（2）分析性程序：对各种渠道取得的资料进行分析，以发现异常及重大问题，如采用趋势分析、结构分析等。

（3）访谈：与企业内部各层级、各职能人员，以及中介机构充分沟通。

（4）小组内部沟通：调查小组成员拥有不同背景及专业知识，相互沟通也是达成调查目的的方法。例如，在进行某企业基本情况的调查中，财务调查人员查阅了目标企业的营业执照及验资报告，注册资本为 3 600 万元，但通过与律师的沟通，得知该企业在工商登记的注册资本仅为 1 000 万元。又如，与业务调查人员沟通应收账款的信息、设备利用的信息等。

5.2.2　其他方法

（1）望：看生产的饱和程度、商品的装卸、厂区工作的秩序、办公区人员的工作情况、工位的饱和度等。

（2）闻：感受厂区员工的工作情绪、厂区办公区的卫生整洁程度、各类公示牌、走廊宣传栏的更新频率及张贴的内容、员工的精神面貌等。

（3）问：员工是否能清晰地表达出企业经营发展的历史、市场定位、战略和发展的吻合度、战略目标的包容度和完成度。

（4）切：现金流量的结构分析、现金流量对战略的支持满足度、现金流量的弹性。

5.3　财务尽职调查资料清单

5.3.1　公司成立和历史沿革的相关资料

1．公司的有关文件

（1）公司最初设立时的营业执照、有效并标明通过最近一年工商年检的营业执照和历次变更的营业执照。

（2）公司章程及历次修改情况。

（3）验资报告和变更注册资本的检资证明，及公司向投资者签发的出资证明书和资产评估文件（如以资产出资）。

（4）公司成立以来历次董事会/高层管理部门的重大事项决议。

（5）公司历年经注册会计师审计的财务报告。

（6）公司股本结构图以及自成立至最近历次股份变动的情况。

（7）公司股本转让及质押的情况说明和相关文件（如有）。

（8）公司股东名单、所持股份及变动情况（如有）。

（9）公司董事和高级管理人员所持股份说明及变动情况说明（如有）。

（10）与公司股份变更工商登记有关的文件（如有）。

（11）对于合资公司，中方如果是国有资产占有单位，需提供中方投入公司的资产评估报告、国有资产管理部门的立项批复、对评估结果的确认批复或国有资产管理部门对评估结果的核准文件或备案文件。

（12）公司分支结构的营业执照及设立分支机构的政府批准文件（如适用）。

（13）国有资产产权登记证（如适用）。

（14）公司投资者的营业执照、章程等组织文件或身份证明文件（就自然人股东而言）。

（15）公司的《企业名称预先核准通知书》及历次更名的《企业名称预先核准通知书》。

（16）国家有关部门给予公司的任何形式的补贴或优惠政策的批文。

2．政府及行业主管部门的批文

（1）公司成立时政府和主管机关批文，包括但不限于以下几项。

a. 项目建议书及有关政府部门对项目建议书的批复（立项审批）。

b. 可行性研究报告及有关政府部门对可行性研究报告的批复。

c. 审批机关对合资或合作合同和公司章程的批复。

d. 审批机关颁发的外商投资企业批准证书等。

（2）公司变更注册资本时政府和主管机关的批文。

（3）公司变更或增加经营范围时政府和主管机关的批文。

（4）政府对公司合同和章程历次变更的批准函（批复）。

（5）公司股份变动时涉及的所有批准文件。

（6）公司的外汇登记证、海关登记证、财政登记证。

（7）其他与公司历史有关的文件。

a. 有关公司兼并、重组的审批及确认情况。

b. 有关公司改制的批准及确认、变更登记情况。

c. 其他。

5.3.2 公司组织机构和经营管理的相关资料

（1）公司董事会。

董事会组成情况，包括董事长、董事的姓名、任期，以及董事的兼职情况。

（2）公司内部组织结构图及其说明。

（3）公司高层人员名单及情况简介（包括人事关系、行业经验等）、公司总经理的职责范围、总经理和副总经理及其他高级管理人员名单以及选举决议/委派书。

（4）公司所有分支机构的名单、与公司关系的情况说明。

（5）公司附属公司名单（如适用）。

（6）公司与下属公司关系说明（包括内部划拨价格、盈亏冲销、共用设备、公司内部的租赁与安排等）（如适用）。

（7）除合资或合作合同和公司章程以外，公司股东之间签订的与公司或公司的经营有关的意向书、备忘录、合同或协议。

（8）公司获得的政府部门颁发的，与公司的运营、产品、生产、出口和服务有关的全部执照、许可、批文和登记备案文件，包括但不限于以下几项。

a. 与产品生产有关的生产许可证、备案证明。

b. 所有关于外汇账户和外汇交易的政府批准和许可。

c. 所有关于进出口业务的政府批准和许可。

d. 公司拥有的其他资质证明文件。

（9）与公司业务相关的证书及奖项（如适用）。

a. 高科技企业、高新技术企业或其他政府认定、资助或扶持项目的证书/批复。

b. 其他与公司业务相关的证书及奖项。

5.3.3　公司资产和对外投资情况的相关资料

1. 公司重大资产状况

（1）公司资产清单和资产评估文件以及其他证明资产属于公司的文件。

（2）如公司股东对实物资产或其他非现金资产作价出资，证明此类资产完备的权属证书。

（3）公司对其他资产以分期付款、信贷、租赁等方式拥有或使用的全部合同文件。

（4）公司资产抵押清单及相关协议。

（5）租赁资产清单及协议。

（6）土地、房屋及在建工程资料。

（7）设备资料。

（8）所有固定资产取得的发票情况统计（包括列示于往来账项、存货等非固定资产及在建工程项目中的发票）。

2．公司对外投资情况（如适用）

（1）公司对外投资的股权结构图。

（2）公司持有其他公司股份或资产的全部权属证明文件，包括但不限于公司拥有股权的子公司或参股公司的章程、验资报告、其经最新年检的营业执照等。

（3）公司与其持股公司经营性与非经营性往来的文字说明及有关文件。

（4）公司长期投资清单，包括证明对其拥有股份或资产所有权的公司的成立时间、运营及筹建情况、公司对上述公司的持股比例等文件（包括成立时的批准文件、有效的并标明通过工商年检的营业执照、章程、合同、验资报告、资金担保等）。

（5）公司从其持股公司获取利润或为其提供资金担保等情况的有关文件。

（6）公司资产结构图（包括公司股东、公司下属企业、挂靠企业）及产权关系。

（7）公司的其他投资的相关文件。

5.3.4 公司土地使用权、房产的相关资料

1．土地使用权

（1）公司所有的土地/场地使用权证清单，包括土地/场地使用权证证号、土地/场地位置、获得方式、面积、用途、期限等。

（2）所有土地的不动产权证、租赁登记证明、抵押登记证明等。

（3）土地/场地使用权出让、租赁、转让所涉及的出让金、租金、转让费和土地使用费的付款收据。

（4）全部转让土地的批准文件、合同和国有土地使用证。

（5）与土地/场地使用权有关的协议和批准文件（如土地使用权出让合同、转让合同、租赁协议、抵押协议、划拨土地的划拨文件等）。

（6）上述土地使用权的评估文件。

（7）上述土地使用权的抵押和任何载有约束性条款的文件。

2．房产

（1）公司所有的房屋所有权证清单，包括房屋所有权证证号、房屋坐落、面积、用途、所有权人、幢数。

（2）公司房屋所有权和使用权证书或其他证明文件。

（3）与房屋有关的协议（如房屋购买、租赁协议及与房屋租赁相关的租赁登记文件、业主的租赁许可及不动产权证、房屋抵押协议和抵押登记证明）。

（4）支付房屋房款或租金的收据。

（5）公司拥有、占有或使用土地和房屋的示意图。

（6）上述房产的评估文件。

（7）上述房产权利的抵押和任何载有约束性条款的文件。

（8）确认提供的房屋所有权证上所列的内容与现状是否相符。如有变更（如房屋已拆除，或出售）而未在房屋所有权证上做记录的，需以列表的方式证明变更情况，包括幢号、面积、变更原因、变更时间。

（9）公司目前是否有在建工程，如有，需提供相关建设用地规划许可证、建设工程规划许可证、不动产权证、开工许可证及竣工验收证明等相关文件。

5.3.5　公司财务状况及重大债权债务的相关资料

（1）公司开设账户（包括外汇账户）的银行清单，包括银行名称、地址及所提供贷款的全部合同文件及上述贷款担保人的情况及担保文件。

（2）公司债权总额及清单，具体包括以下内容。

①重大债权清单（金额为人民币 50 万元以上，包括欠款方名称、欠款额、到期日、追讨情况和有无抵押、担保）及相关合同，包括但不限于未在账目中披露的所有债权。

②公司重大债务清单（金额为人民币 50 万元以上，包括债权方名称、到期日、尚未清偿的数额、债权人追讨情况和有无抵押、担保）及有关合同，包括但不限于以下情况。

a. 如有目前尚未清偿完毕的银行或其他金融机构（包括境内外金融机构和企业）的借款，需提供所有借款合同（包括人民币或外币借款）或相关非正式协议、文件，并提供一份这些合同或文件的清单。

b. 公司作为担保方而且目前尚未解除担保义务的，就公司的全部或部分资产、财产、业务订立或设立的可能影响公司全部或部分资产、财产、业务的所有抵押、留置、质押或其他担保协议和文件，担保合同所对应的所有主合同，及有关上述担保权益在政府机构登记的有关文件。另外，需列出担保合同清单。

c. 未在公司账目中显示的其所欠的所有债务的详情。

（3）公司债权债务文件清单及相关文件。

（4）公司提供担保总额、清单及相关文件。

（5）公司设定抵押总额、清单及相关文件。

（6）公司国外贷款合同文件。

（7）国家外汇管理局对公司外汇担保和贷款的批文。

（8）公司有关债权债务争议的有关文件（如有）。

（9）独立注册会计师就公司财务管理制度、会计制度、外汇支出及其他有关重大财务问题的信函，以及公司相应的回复（如有）。

（10）近三年经审计后的公司财务报告（包括资产负债表、利润表等）及利润分配和亏损弥补方案等。如果没有，则提供未经审计的财务报告及相关资料。

（11）公司拥有的所有相关的不动产及其他有形或无形资产的评估报告（如有）。

（12）外债登记证（包括外债签约情况表及外债变动反馈表）、对外担保登记书、对外担保反馈表及外汇（转）贷款登记证（如有）。

5.3.6 公司合同的相关资料

（1）公司正在履行的重大合同清单（金额在 50 万元以上的）。

（2）已履行完毕但存在争议的合同清单（包括签约方、合同名称、标的）。

（3）金额、合同期限、重大事项、合同履行情况、相关争议等主要情况说明及合同副本。

（4）有关租赁、信贷、担保、抵押或赔偿的合同、其他财务协议。

（5）有关提供设施和服务的合同。

（6）有关代理、经销、专营权、特许或限制性交易的合同。

（7）任何载有非正常条款（包括非正常负担或非正常市场价格）的合同。

（8）以分期付款方式购买资产或重大设备的采购（或购置）合同。

（9）保险合同、保单、付款凭证。

（10）公司近三年前十名交易对象的清单及交易情况说明。

（11）一般/标准销售、采购合同样本。

（12）有关进出口业务的文件、进出口代理商的名称及与该等代理商签订的有关合同、有关产品或原料的资料及大致年销售额。

（13）近三年前十大供应商（及其各自所占总供应量的百分比）、前十大客户（及其各自所占总销售额的百分比）及所有经销商和代理商和其他代理人的名单。

（14）与同业竞争方签订的有关定价协议或其他合作、联盟协议。

（15）战略合作协议（投资协议、代购协议、合作协议或联营协议）清单及所有合同（如有）。

（16）近三年公司与代工企业签署的购销合同清单及典型合同样本（如有）。

（17）承包、管理、顾问协议。

（18）原材料供应及基础服务协议。

（19）现行有效的与水、电、气、热等公共设施管理部门签订的公共设施服务协议。

（20）运输协议。

（21）技术转让、技术合作、技术研究和开发、技术服务等合同或协议。

（22）现行有效的技术许可或技术进出口合同及登记/备案文件。

（23）知识产权（著作权、商标、专利、域名、非专利专有技术）实施、许可、使用、转让或其他相关协议。

（24）保密协议。

（25）重大建设/建筑合同。

（26）收购、合并或出售公司权益、业务或资产的合同或协议。

（27）其他含有非正常条款的合同或协议。

（28）其他对公司有重大影响的合同、协议或其他书面文件及公司认为应提供的其他文件。

（29）公司在非正常业务营运中订立的重大合同、协议和意向书；公司的合同管理制度说明和有关文件。

5.3.7　公司无形资产的相关资料

（1）公司专利权、非专利技术、商标权、著作权、特许权等无形资产的取得文件或资料（包括各项证书、受让或许可协议等）。

（2）企业合并形成的商誉的相关资料。

5.3.8 公司业务情况

（1）公司主要产品所在行业国际国内情况及发展前景。

（2）公司所在行业的国际国内主要竞争对手及各自的市场占有率情况。

（3）公司主要业务的核心技术及公司的竞争优势。

5.3.9 公司税务的相关资料

（1）公司适用的税种、税率及缴纳和欠税情况说明。

（2）过去三年中公司所做的纳税或减免税证明的详细情况（包括外国和我国中央及地方征收的一切税种）。

（3）适用于公司的有关税务待遇、协定条例、政策声明、指示或通知等。

（4）税务机关关于公司过去三年完税的证明。

（5）公司过去三年因税务问题而受到的任何处分和处罚的情形。

（6）公司享受税收优惠待遇的详情及有关批文，以及对近期已进行或将进行的国家税制改革已经或将对公司税务产生的影响及分析。

5.3.10 关联交易和同行竞争的相关资料

（1）公司与其关联企业的关联交易的内容、数量和金额。

（2）公司为其董事或关联方做出的贷款、承诺或担保。

（3）任何董事或关联方可享受到任何利益的公司合同。

（4）过去三年与任何董事或关联方之间转让资产的详细情况。

（5）公司向其董事、子公司或联营公司所做的任何贷款或担保的详细情况。

（6）过去三年中公司与任何董事和各子公司之间的任何资产或财产转让的详细情况。

（7）过去三年中公司与各子公司之间签订的任何委托、买卖、许可、租赁等方面的协议。

（8）公司与股东、公司内部各子公司之间同业竞争情况的书面说明。

（9）公司对可以预见到的、公司上市后将持续进行的关联交易做的详细说明。

5.3.11 信息披露文件

（1）公司历年经审计的财务报告。

（2）其他信息披露文件。

5.3.12　环境保护的相关资料

（1）公司的环境影响评价报告书/表及环境保护主管部门对环境影响评价报告的批复。

（2）公司的下列证件。

①排污许可证。

②环境保护设施合格证。

③排污标准合格证。

④环境监测报告。

⑤排污费缴纳凭证。

⑥大气污染、噪声污染、工业固体废物申报登记文件（如有）。

（3）如公司最近三年有新建或改建项目，需提供环境保护部门对这些项目的环境影响报告书/表的审批文件。如前述项目中有已完工的，需提供有关环保部门对该项目环保设施的验收文件。

（4）如公司在最近三年改装或拆除有关防治污染设施、设备，需提供有关环保部门的批准验收文件。

（5）确认公司最近三年是否有因违反环保法律、法规或涉及环保问题而已经发生、正在发生或有明显迹象表明可能发生诉讼、仲裁、行政调查或罚款。如有，需提供有关文件（如行政处罚通知书、判决书、裁决书）。

5.3.13　产品生产的相关资料

（1）公司产品质量认证证明及证书（如有）。

（2）产品生产许可证或其他类似许可或登记证明（如有）。

（3）公司生产经营所遵循的强制性或自愿性的产品质量标准或其他生产性标准（包括国际、国内和行业标准等），并列出该标准的清单。

（4）确认公司最近三年是否受过技术监督部门的行政处罚。如有，需提供有关文件。

（5）公司产品的流程图，并详细说明产品的生产和制造的整个程序（从原材料的采购到产品出厂）。

（6）公司主要生产设施的清单，并说明其主要功能。

（7）公司产品需遵守国家或行业的定价政策。

5.3.14　竞争与前景的相关资料

公司已面临和将面临的国内外市场上的主要同业竞争对手的名单、情况及其经营资料。

5.3.15　其他资料

（1）公司劳动和人事管理制度，包括职工工资管理、医疗保险、养老保险、职工劳动合同、各项规章制度等文件。

（2）公司社会保险缴纳证明及支付凭证。

（3）关于环保政策或法律法规执行的情况及环保主管部门的批文或处罚。

（4）公司受到有关部门行政处罚的文件（如有）。

（5）公司及其下属企业的完整结构图，包括所有的子公司、分公司及其法定代表人，及非法人企业和组织。结构图应标明控股及持股关系、持股份额、其他持股人名称及持股数量（如有）。

（6）公司的介绍性资料，包括其历史发展、重大事件，公司的生产制度、品质控制制度、管理制度、销售途径、市场营销策略、客户情况、产品定价策略、原材料的采购政策、研发政策、培训制度、产品介绍、公告及公司评级或排行等资料。

（7）确认公司是否加入任何强制性或自愿性质的行业协会或类似组织，如有，请说明详情并提供相关的资料。

（8）公司正在进行或将进行的主要投资项目的详情（包括项目立项批文、意向书、可行性研究报告及相关合同）。

（9）公司所知的可能会对其未来业务或前景产生实质性影响（不论积极或消极的）的将出台的国家政策、法律法规或其他信息。

（10）公司过去三年以及未来三年的营业计划，包括公司的规模、资产及业务的拓展计划和可行性探讨。

（11）公司股东的有关情况（如果其为公司），包括但不限于各股东的营业执照、重要批准文件、公司章程及其历次修改、股东间的协议、股东公司的董事名单等。

（12）公司与其直接股东及其最终获益股东之间的股权关系结构图。

5.3.16　财务报表的相关资料

（1）资产负债表。

（2）利润表。

（3）现金流量表。

（4）所有者权益变动表（或股东权益变动表）。

（5）财务报表附注。

第6章　财务尽职调查的重要内容

6.1　公司基本情况

6.1.1　设立与发展历程

1．设立的合法性

取得公司设立时的政府批准文件、营业执照、公司章程、合资协议、评估报告、审计报告、验资报告、工商登记文件等资料，核查其设立程序、工商注册登记的合法性、真实性。

2．历史沿革情况

查阅公司历年营业执照、公司章程及历次修改情况、工商登记与工商年检等资料，了解其历史沿革情况。

3．股东出资情况

（1）了解公司名义股东与实际股东是否一致。

（2）关注自然人股东在公司的任职情况，以及其亲属在公司的投资、任职情况。

（3）查阅股东出资时的验资资料，调查股东的出资是否及时到位，出资方式是否合法，是否存在出资不实、虚假出资、抽逃出资等情况。

（4）核查股东是否合法拥有出资资产的产权、出资资产权属是否存在纠纷或潜在纠纷，以及其出资资产的产权过户情况。对以实物、知识产权、土地使用权等非现金资产出资的，应查阅资产评估报告；对以高新技术成果出资入股的，应查阅相关管理部门出具的高新技术成果认定书。

4．主要股东情况

（1）了解股东直接持股和间接持股的情况。

（2）了解主要股东（公司股东）的主营业务、股权结构、生产经营等情况；

主要股东之间的关联关系或一致行动情况及相关协议；主要股东所持公司股份的质押、冻结和其他限制权利的情况；控股股东和受控股股东、实际控制人支配的股东持有的公司股份重大权属纠纷情况；主要股东和实际控制人最近三年内变化情况或未来潜在变动情况。

（3）调查主要股东是否存在影响公司正常经营管理、侵害公司及其他股东的利益、违反相关法律法规等情形。

5．重大股权变动情况

（1）查阅与公司重大股权变动相关的股东会、董事会、监事会（以下简称"三会"）的文件以及政府批准文件、评估报告、审计报告、验资报告、股权转让协议、工商变更登记文件等，核查公司历次增资、减资、股东变动的合法、合规性。

（2）核查公司股本总额、股东结构和实际控制人是否发生重大变动。

6．重大重组情况

（1）了解公司设立后发生的合并、分立、收购或出售资产、资产置换、重大增资或减资、债务重组等重大重组事项。

（2）取得重大重组事项三会决议、重组协议文件、政府批准文件、审计报告、评估报告、中介机构专业意见、债权人同意债务转移的相关文件、重组相关的对价支付凭证和资产过户文件等资料。

（3）分析重组行为对公司业务、控制权、高管人员、财务状况和经营业绩等方面的影响，判断重组行为是否导致公司主营业务和经营性资产发生实质变化。

6.1.2　组织结构、公司治理及内部控制

1．公司章程

（1）查阅公司章程，调查其是否符合《中华人民共和国公司法》（以下简称《公司法》）、《中华人民共和国证券法》（以下简称《证券法》）及证监会和交易所的有关规定。

（2）关注董事会授权情况是否符合规定。

2．组织结构

（1）取得公司内部组织结构图。

（2）考察总部与分（子）公司、董事会、专门委员会、总部职能部门与分（子）公司内部控制决策的形式、层次、实施和反馈的情况，分析评价公司组织

运作的有效性。

（3）判断公司组织机构是否健全、清晰，其设置是否体现分工明确、相互制约的治理原则。

3．三会设立及职责履行

取得公司治理制度规定，包括三会议事规则、董事会专门委员会议事规则、总经理工作制度、内部审计制度等文件资料；核查公司是否依法建立了健全的股东大会、董事会、监事会、独立董事、董事会秘书制度；了解公司董事会、监事会，以及战略、审计、提名、薪酬与考核等专门委员会的设置情况，及公司章程中规定的上述机构和人员依法履行的职责是否完备、明确。

4．独立性情况

（1）查阅公司的相关资料，结合公司的生产、采购和销售记录实地考察其供、产、销系统，调查分析公司是否具有完整的业务流程、独立的生产经营场所以及独立的采购、销售系统，调查分析其对供、产、销系统和下属公司的控制情况。

（2）计算公司关联采购额和关联销售额分别占其同期采购总额和销售总额的比例，分析是否存在影响公司独立性的重大或频繁的关联交易，判断其业务独立性。

（3）对于商标权、专利权、版权、特许经营权等无形资产以及房产、土地使用权、主要生产经营设备等主要财产，调查公司是否具备完整、合法的财产权属凭证以及是否实际占有；调查商标权、专利权、版权、特许经营权等的权利期限情况，核查这些资产是否存在法律纠纷或潜在纠纷；调查金额较大、期限较长的其他应收款、其他应付款、预收及预付账款产生的原因及交易记录、资金流向等；调查公司是否存在资产被控股股东或实际控制人及其关联方控制和占用的情况，判断其资产独立性。

（4）调查公司高管人员是否在控股股东、实际控制人及其控制的其他企业中担任除董事、监事以外的其他职务，公司财务人员是否在控股股东、实际控制人及其控制的其他企业中兼职，高管人员是否在公司领取薪酬，是否在控股股东、实际控制人及其控制的其他企业领取薪酬；调查公司员工的劳动、人事、工资报酬以及相应的社会保障是否独立管理，判断其人员独立性。

（5）调查公司是否设立独立的财务会计部门、建立独立的会计核算体系，具有规范的财务会计制度和对分公司、子公司的财务管理制度，是否独立进行财务决策、独立在银行开户、独立纳税等，判断其财务独立性。

（6）调查公司的机构是否与控股股东或实际控制人完全分开且独立运作，是否存在混合经营、合署办公的情形，是否完全拥有机构设置自主权等，判断其机构独立性。

5．独立董事制度

（1）核查公司是否建立独立董事制度，并判断公司独立董事制度是否合规。

（2）核查公司独立董事的任职资格、职权范围等是否符合相关部门的有关规定。

6．业务控制

（1）与公司相关业务管理及运作部门进行沟通，查阅公司关于各类业务管理的相关制度规定，了解各类业务循环过程，评价公司的内部控制措施是否有效实施。

（2）调查公司是否接受过政府审计及其他外部审计，如有，核查该审计报告所提问题是否已得到有效解决。

（3）调查公司报告期及最近一期的业务经营操作是否符合监管部门的有关规定，是否存在因违反工商、税务、审计、环保、劳动保护等部门的相关规定而受到处罚的情形及对公司业务经营、财务状况等的影响，并调查该错误是否已改正，不良后果是否已消除。

（4）对公司已发现的由风险控制不力导致的损失事件进行调查，了解事件发生过程及对公司财务状况、经营业绩的影响，了解该业务环节内部控制制度的相关规定及有效性，事件发生后公司所采取的紧急补救措施及效果，追踪公司针对内控的薄弱环节所采取的改进措施及效果。

7．会计管理控制

（1）核查公司以下内容：会计管理是否涵盖所有业务环节；是否制定了专门的、操作性强的会计制度；各级会计人员是否具备了专业素质；是否建立了持续的人员培训制度；有无控制风险的相关规定；会计岗位设置是否贯彻"责任分离、相互制约"原则；是否执行重要会计业务和电算化操作授权规定；是否按规定组织对账等。

（2）评价公司会计管理内部控制的完整性、合理性及有效性。

6.1.3　同业竞争与关联交易

1．同业竞争

分析公司、控股股东或实际控制人及其控制的企业的财务报告及主营业务构成等相关数据，必要时取得上述单位的相关生产、库存、销售等资料，并通过询问公司及其控股股东或实际控制人、实地走访生产或销售部门等方法，调查公司控股股东或实际控制人及其控制的企业实际业务范围、业务性质、客户对象、与公司产品的可替代性等情况，判断是否构成同业竞争，并核查公司控股股东或实际控制人是否对避免同业竞争做出承诺以及承诺的履行情况。

2．关联方与关联方关系

（1）通过与公司高管人员谈话、咨询中介机构、查阅公司及其控股股东或实际控制人的股权结构和组织结构、查阅公司重要会议记录和重要合同等方法，按照《公司法》和企业会计准则的规定，确认公司的关联方及关联方关系，调档查阅关联方的工商登记资料。

（2）调查公司高管人员及核心技术人员是否在关联方单位任职、领取薪酬，是否存在由关联方单位直接或间接委派等情况。

3．关联交易

（1）核查关联交易是否符合相关法律法规的规定，是否按照公司章程或其他规定履行了必要的批准程序。

（2）核查定价依据是否充分，定价是否公允，与市场交易价格或独立第三方价格是否有较大差异及其原因，是否存在明显属于单方获利性交易。

（3）计算向关联方销售产生的收入占公司主营业务收入的比例、向关联方采购额占公司采购总额的比例，分析是否达到了影响公司经营独立性的程度。

（4）计算关联方的应收、应付款项余额分别占公司应收、应付款项余额的比例，关注关联交易的真实性和关联方应收款项的可收回性。

（5）分析关联交易产生的利润占公司利润总额的比例是否较高，是否对公司业绩的稳定性产生影响。

（6）调查关联交易合同条款的履行情况，以及有无大额销售退回情况及其对公司财务状况的影响。

（7）分析关联交易的偶发性和经常性。对于购销商品、提供劳务等经常性关联交易，分析增减变化的原因及是否仍将持续进行，关注关联交易合同重要条款是否明确且具有可操作性以及是否切实得到履行；对于偶发性关联交易，分析对当期经营成果和主营业务的影响，关注交易价格、交易目的和实质，评价交易对公司独立经营能力的影响。

6.1.4　业务发展目标

1．发展战略

取得公司中长期发展战略的相关文件，包括战略策划资料、董事会会议纪要、战略委员会会议纪要、独立董事意见等相关文件，分析公司是否已经建立清晰、明确、具体的发展战略，包括战略目标，实现战略目标的依据、步骤、方式、手段及各方面的行动计划。

2．经营理念和经营模式

了解公司的经营理念和经营模式，分析公司经营理念、经营模式对公司经营管理和发展的影响。

3．历年计划执行及实现情况

取得公司历年发展计划、年度报告等资料，调查各年计划的执行和实现情况，分析公司高管人员制订经营计划的可行性和实施计划的能力。

4．业务发展目标

（1）取得公司未来 2~3 年的发展计划和业务发展目标及其依据等资料，调查未来行业的发展趋势和市场竞争状况，并通过与高管人员及员工、主要供应商、主要销售客户谈话等方法，调查公司未来发展目标是否与公司发展战略一致。

（2）分析公司在管理、产品、人员、技术、市场、投融资、并购、国际化等方面是否制订了具体的计划，这些计划是否与公司未来发展目标相匹配，是否具备良好的可实现性。

（3）分析公司未来发展目标实施过程中存在的风险，如是否存在不当的市场扩张、过度的投资等。

（4）分析公司未来发展目标和具体计划与公司现有业务的关系。如果公司实现上述计划涉及与他人合作，核查公司的合作方及相关合作条件。

6.1.5　高管人员调查

1．任职情况及任职资格

通过查阅有关三会文件、公司章程等，了解高管人员任职情况，核查相关高管人员的任职是否符合法律法规规定的任职资格，聘任是否符合公司章程规定的任免程序和内部人事聘用制度；调查高管人员相互之间是否存在亲属关系。对于高管人员任职资格需经监管部门核准或备案的，应获得相关批准或备案文件。

2．经历及行为操守

（1）通过与多位高管人员谈话、查阅有关高管人员个人履历资料、查询高管人员曾担任其他上市公司的财务及监管记录、咨询主管机构、与中介机构和公司员工谈话等方法，调查了解高管人员的教育经历、专业资历以及是否存在违法、违规行为或不诚信行为，是否存在受到处罚和对曾任职的破产企业负个人责任的情况。

（2）取得公司与高管人员所签订的协议或承诺文件，关注高管人员做出的重要承诺，以及有关协议或承诺的履行情况。

3．薪酬和兼职情况

（1）调查公司为高管人员制定的薪酬方案、股权激励方案。

（2）调查高管人员在公司内部或外部的兼职情况，分析高管人员兼职情况是否会对其工作效率、质量产生影响。关注高管人员最近一年从公司及其关联企业领取收入的情况，以及所享受的其他待遇、退休金计划等。

4．报告期内高管人员变动情况

了解报告期内高管人员的变动情况，内容包括但不限于变动经过，变动原因，是否符合公司章程规定的任免程序和内部人事聘用制度、程序，控股股东或实际控制人推荐高管人选是否通过合法程序，是否存在控股股东或实际控制人干预公司董事会和股东大会已经做出的人事任免决定的情况等。

5．高管人员持股及其他对外投资情况

（1）取得高管人员的声明文件，调查高管人员及其近亲属以任何方式直接或间接持有公司股份的情况，近三年所持股份的增减变动以及所持股份的质押或冻结情况。

（2）调查高管人员的其他对外投资情况，包括持股对象、持股数量、持股比例以及有关承诺和协议；核查高管人员及其直系亲属是否存在自营或为他人经营与公司同类业务的情况，是否存在与公司利益发生冲突的对外投资，是否存在重大债务负担。

6.1.6 风险因素及其他重要事项

1．风险分析与评价

（1）多渠道了解公司所在行业的产业政策、未来发展方向。

（2）分析对公司业绩和持续经营可能产生不利影响的主要因素以及这些因

素可能带来的主要影响。对公司影响重大的风险，应进行专项核查。

（3）评估公司采购、生产和销售等环节存在的经营风险，分析公司获取经常性收益的能力。

（4）调查公司产品（服务）的市场前景、行业经营环境的变化、商业周期或产品生命周期、市场饱和或市场分割、过度依赖单一市场、市场占有率下降等情况，评价其对公司经营是否产生重大影响。

（5）调查公司经营模式是否发生变化、经营业绩不稳定、主要产品或主要原材料价格波动、过度依赖某一重要原材料或产品、经营场所过度集中或分散等情况，评价其对公司经营是否产生重大影响。

（6）调查公司是否存在因内部控制有效性不足导致的风险、资金周转能力较差导致的流动性风险、现金流状况不佳或债务结构不合理导致的偿债风险、主要资产减值准备计提不足的风险、主要资产价值大幅波动的风险、非经常性损益或合并财务报表范围以外的投资收益金额较大导致净利润大幅波动的风险、重大担保或诉讼等或有事项导致的风险等情况，评价其对公司经营是否产生重大影响。

（7）调查公司是否存在财政、金融、税收、土地使用、产业政策、行业管理、环境保护等方面法律法规变化引致的风险，评价其对公司经营是否产生重大影响。

（8）调查是否存在可能严重影响公司持续经营的其他因素，如自然灾害、安全生产、汇率变化、外贸环境变化、担保、诉讼和仲裁等情况，评价其对公司经营是否产生重大影响。

2．重大合同

核查公司的重大合同是否真实、是否均已提供，并核查合同条款是否合法、是否存在潜在风险。对于公司有关内部订立合同的权限规定，核查合同的订立是否履行了内部审批程序、是否超越权限决策，分析重大合同履行的可能性，关注不能履约、违约等事项对公司产生或可能产生的影响。

6.2　业务与技术情况

6.2.1　行业及竞争概况

1．行业类别

根据公司主营业务确定其所属行业。

2．行业宏观政策

收集行业主管部门制定的发展规划、行业管理方面的法律法规及规范性文件，了解行业监管体制和政策趋势。

3．行业概况及竞争情况

了解公司所属行业的市场环境、市场容量、市场细分、市场化程度、进入壁垒、供求状况、竞争状况、行业利润水平和未来变动情况，判断行业的发展前景及行业发展的有利和不利因素，了解行业内主要企业及其市场份额情况，调查竞争对手情况，分析公司在行业中所处的竞争地位及变动情况。

4．行业经营模式

（1）调查公司所处行业的技术水平及技术特点，分析行业的周期性、区域性或季节性特征。

（2）了解公司所属行业特有的经营模式，调查该行业采用的主要商业模式、销售模式、盈利模式。

5．行业产品链

（1）分析该行业在产品价值链中的作用，通过对该行业与其上下游行业的关联度、上下游行业的发展前景、产品用途的广度、产品替代趋势等进行分析论证，分析上下游行业变动及变动趋势对公司所处行业的有利和不利影响。

（2）根据财务资料，分析公司出口业务情况，如果出口比例较大，调查相关产品进口国的有关进口政策、是否存在贸易摩擦，以及进口国同类产品的竞争格局等情况，分析出口市场变动对公司的影响。

6.2.2　采购情况

1．市场供求

通过与采购部门人员、主要供应商沟通，查阅相关研究报告和统计资料等方法，调查公司主要原材料、重要辅助材料、所需能源动力的市场供求状况。

2．采购模式

调查公司的采购模式，查阅公司产品成本计算单，定量分析主要原材料、所需能源动力价格变动、可替代性、供应渠道变化等因素对公司生产成本的影响，调查其采购是否受到资源或其他因素的限制。

3．主要供应商

（1）取得公司主要供应商（至少前 10 名）的相关资料，计算最近三个会计年度公司向主要供应商的采购金额，及向其采购金额占公司同类原材料采购金额和总采购金额的比例（属于同一实际控制人的供应商，应合并计算采购额），判断是否存在严重依赖个别供应商的情况，如果存在，是否对重要原材料的供应做出备选安排。

（2）取得公司同前述供应商的长期供货合同，分析交易条款，判断公司原材料供应及价格的稳定性。

4．采购与生产的衔接

（1）调查公司采购部门与生产计划部门的衔接情况、原材料的安全储备量情况，关注是否存在严重的原材料缺货风险。

（2）计算最近几期原材料类存货的周转天数，判断是否存在原材料积压风险，实地调查是否存在残冷背次原材料。

5．存货相关制度

通过查阅制度文件、实地考察等方法，调查公司的存货管理制度及其实施情况，包括但不限于存货入库前是否经过验收、存货的保存是否安全，以及是否建立存货短缺、毁损的处罚或追索等制度。

6．关联采购

（1）与公司主要供应商沟通，调查公司高管人员、核心技术人员、主要关联方或持有公司 5% 以上股份的股东在主要供应商中所占权益的情况，判断是否发生关联采购。

（2）如果存在影响成本的重大关联采购，抽查不同时点的关联交易合同，分析不同时点的关联采购价格与当时同类原材料市场公允价格是否存在异常，判断关联采购的定价是否合理，是否存在大股东与公司之间的利润输送或资金转移情况。

6.2.3　生产情况

1．生产流程

取得公司生产流程资料，结合生产核心技术或关键生产环节，分析评价公司生产工艺、技术在行业中的领先程度。

2．生产能力

取得公司主要产品的设计生产能力和历年产量等有关资料并进行比较，与生产部门人员沟通，分析公司各生产环节是否存在瓶颈制约。

3．主要无形资产

（1）取得公司专利、非专利技术、土地使用权、水面养殖权、探矿权、采矿权等主要无形资产的明细资料，分析其剩余使用期限或保护期情况，关注其对公司生产经营的重大影响。

（2）取得公司许可或被许可使用资产的合同文件，关注许可使用的具体资产内容、许可方式、许可年限、许可使用费，分析未来对公司生产经营可能造成的影响；调查上述许可合同中，公司所有或使用的资产是否存在纠纷或潜在纠纷的情况。

（3）取得公司拥有的特许经营权的法律文件，分析特许经营权的取得、期限、费用标准等，关注对公司持续生产经营的影响。

4．成本优势分析

（1）查阅公司历年产品（服务）成本计算单，计算主要产品（服务）的毛利率、贡献毛利占当期营业利润的比重，与同类公司数据比较，分析公司较同行业公司在成本方面的竞争优势或劣势。

（2）分析公司主要产品的盈利能力，分析单位成本中直接材料、直接人工、燃料及动力、制造费用等成本要素的变动情况，计算公司产品的主要原材料、动力、燃料的比重，存在单一原材料所占比重较大的，分析其价格的变动趋势，并分析评价可能给公司销售和利润带来的重要影响。

5．生产质量管理

（1）与公司质量管理部门人员沟通、取得质量控制制度文件、实地考察，了解公司质量管理的组织设置、质量控制制度及实施情况。

（2）获取质量技术监督部门的文件，调查公司产品（服务）是否符合行业标准，报告期是否因产品质量问题受过质量技术监督部门的处罚。

6．生产安全管理

（1）取得公司安全生产及以往安全事故处理等方面的资料，调查公司是否存在重大安全隐患、是否采取保障安全生产的措施。

（2）调查公司成立以来是否发生过重大的安全事故以及受到处罚的情况，分析评价安全事故对公司生产经营、经营业绩可能产生的影响。

7．环保情况

（1）调查公司的生产工艺是否符合环境保护的相关法规，调查公司历年来在环境保护方面的投入及未来可能的投入情况。

（2）现场观察三废的排放情况，核查公司有无污染处理设施，若有，则分析其实际运行情况。

（3）调查公司是否存在因环保问题受到处罚的情况。

6.2.4 销售情况

1. 销售模式及品牌情况

（1）了解公司的销售模式，分析其采用该种模式的原因和可能引致的风险。

（2）了解公司的市场认知度和信誉度，评价产品的品牌优势。

（3）了解市场上是否存在假冒伪劣产品，如有，调查公司的打假力度和维权措施实施情况。

2. 产品的市场地位

（1）调查公司产品（服务）的市场定位、客户的市场需求状况，分析是否有稳定的客户基础等。

（2）搜集公司主要产品市场的地域分布和市场占有率资料，结合行业排名、竞争对手等情况，对公司主要产品的行业地位进行分析。

（3）搜集行业内产品定价的普遍策略和行业龙头企业的产品定价策略，了解公司主要产品的定价策略，评价其产品定价策略合理性。

（4）调查报告期公司产品销售价格的变动情况。

（5）获取或编制公司报告期按区域分布的销售记录，调查公司产品（服务）的销售区域，分析公司销售区域局限化现象是否明显，产品的销售是否受到地方保护主义的影响。

3. 主要客户

（1）获取或编制公司报告期对主要客户（至少前10名）的销售额（属于同一实际控制人的销售客户，应合并计算销售额）占年度销售总额的比例及回款情况，分析是否过分依赖某一客户。

（2）分析公司主要客户的回款情况，是否存在以实物抵债的现象。

（3）如果存在会计期末销售收入异常增长的情况，追查相关收入确认凭证，判断是否属于虚开发票、虚增收入的情形。

4. 关联销售

（1）调查主营业务收入、其他业务收入中是否存在重大的关联销售，关注高管人员和核心技术人员、主要关联方或持有公司5%以上股份的股东在主要客户中所占的权益。

（2）抽查不同时点的关联销售合同，分析不同时点销售价格的变动，并与同类产品当时市场的公允价格比较；调查上述关联销售合同中，产品最终实现销售的情况。如果存在异常，分析其对收入的影响，分析关联销售定价是否合理，是否存在大股东与公司之间的利润输送或资金转移现象。

6.2.5 技术及研发情况

1．研发模式和机制

取得公司研发体制、研发机构设置、激励制度、研发人员资历等资料，调查公司的研发模式和研发系统的设置和运行情况，分析是否存在良好的技术创新机制，是否能够满足公司未来发展的需要。

2．技术水平

（1）调查公司拥有的专利、非专利技术、技术许可协议、技术合作协议等，分析公司主要产品的核心技术，考察其技术水平、技术成熟程度、同行业技术发展水平及技术进步情况。

（2）对公司未来经营存在重大影响的关键技术，应当予以特别关注和专项调查。

3．研发潜力

（1）取得公司主要研发成果、在研项目、研发目标等资料，调查公司历年研发费用占公司主营业务收入的比重、自主知识产权的数量与质量、技术储备等情况，对公司的研发能力进行分析。

（2）与其他单位合作研发的，应取得合作协议等相关资料，分析合作研发的成果分配、保密措施等问题。

6.3 财务情况

6.3.1 财务报告及相关财务资料

1．财务报告核查及总体评价

（1）取得最近两年及一期的资产负债表、利润表及现金流量表。

（2）对财务报告及相关财务资料的内容进行审慎核查。

2．合并、分部、参股事项的核查

（1）对于公司财务报表中包含的分部信息，应获取相关分部资料，进行必要的核查。

（2）对于纳入合并范围的重要控股子公司的财务状况，应同样履行充分的审慎核查程序。

（3）对于公司披露的参股子公司，应获取最近一年及一期的财务报告及审计报告（如有）。

3. 存在重要并购事项的特殊核查

如公司最近收购兼并其他企业资产或股权，且被收购企业资产总额或营业收入或净利润超过收购前公司相应项目20%的，应获得被收购企业收购前一年的利润表，并核查其财务情况。

6.3.2　会计政策与会计估计

1. 政策选择

通过查阅公司财务资料，并与相关财务人员和会计师沟通，核查公司的会计政策和会计估计的合规性和稳健性。

2. 变更影响

如公司报告期内存在会计政策或会计估计变更，重点核查变更内容、理由及对公司财务状况、经营成果的影响。

6.3.3　财务比率分析

1. 盈利能力分析

计算公司各年度毛利率、资产收益率、净资产收益率、每股收益等，分析公司各年度盈利能力及其变动情况，分析母公司报表和合并报表的利润结构和利润来源，判断公司盈利能力的持续性。

2. 偿债能力分析

计算公司各年度资产负债率、流动比率、速动比率、利息保障倍数等，结合公司的现金流量状况、在银行的资信状况、可利用的融资渠道及授信额度、表内负债、表外融资及或有负债等情况，分析公司各年度偿债能力及其变动情况，判断公司的偿债能力和偿债风险。

3. 营运能力分析

计算公司各年度资产周转率、存货周转率和应收账款周转率等，结合市场发展、行业竞争状况、公司生产模式及物流管理、销售模式及赊销政策等情况，分析公司各年度营运能力及其变动情况，判断公司经营风险和持续经营能力。

4. 综合评价

通过上述比率分析，与同行业可比公司的财务指标比较，综合分析公司的财务风险和经营风险，判断公司财务状况是否良好，是否存在持续经营问题。

6.3.4　与损益有关的项目

1.　销售收入

（1）了解实际会计核算中该行业收入确认的一般原则以及公司确认收入的具体标准，判断收入确认具体标准是否符合企业会计准则的要求，是否存在提前或延迟确认收入或虚计收入的情况。

（2）核查公司在会计期末是否存在突击确认销售的情况，期末收到销售款项是否存在期后不正常流出的情况。

（3）分析公司经营现金净流量的增减变化情况是否与公司销售收入变化情况相符，关注交易产生的经济利益是否真正流入企业。

（4）取得公司收入的产品构成、地域构成及其变动情况的详细资料，分析收入及其构成变动情况是否符合行业和市场同期的变化情况。

（5）如公司收入存在季节性波动，应分析季节性因素对各季度经营成果的影响；参照同行业其他公司的情况，分析公司收入的变动情况及其与成本、费用等财务数据之间的配比关系是否合理。

（6）取得公司主要产品报告期价格变动的资料，了解报告期内的价格变动情况，分析公司主要产品价格变动的基本规律及其对公司收入变动的影响。

（7）关注公司销售模式对其收入核算的影响及是否存在异常，了解主要经销商的资金实力、销售网络、所经销产品对外销售和回款等情况。

（8）核查公司的产品销售核算与经销商的核算是否存在重大不符。

2.　销售成本与销售毛利

（1）根据公司的生产流程，搜集相应的业务管理文件，了解公司生产经营各环节成本核算的方法和步骤，确认公司报告期成本核算的方法是否保持一致。

（2）获取报告期主要产品的成本明细表，了解产品单位成本及构成情况，包括直接材料、直接人工、燃料和动力、制造费用等。如果报告期内主要产品单位成本大幅变动，应进行因素分析并结合市场和同行业企业情况判断其合理性。

（3）对照公司的工艺流程、生产周期和在产品历史数据，分析期末在产品余额的合理性，关注期末存货中在产品是否存在余额巨大等异常情况，判断是否存在应转未转成本的情况。

（4）计算公司报告期的利润率指标，分析其报告期内的变化情况并判断其未来变动趋势；与同行业公司进行比较分析，判断公司产品毛利率、营业利润率等是否正常，若存在重大异常，应进行多因素分析并进行重点核查。

3．期间费用

（1）取得销售费用明细表，结合行业销售特点、公司销售方式、销售操作流程、销售网络、回款要求、售后承诺（如无条件退货）等事项，分析公司销售费用的完整性、合理性。

（2）对照各年营业收入的环比分析，核对与营业收入直接相关的销售费用变动趋势是否与前者一致。两者变动趋势存在重大不一致的，应进行重点核查。

（3）取得公司管理费用明细表，分析是否存在异常的管理费用项目，如存在，应通过核查相关凭证、对比历史数据等方式予以重点核查。

（4）关注控股股东、实际控制人或关联方占用资金的相关费用情况。

（5）取得财务费用明细表，对公司存在较大金额银行借款或付息债务的，应对其利息支出情况进行测算，结合对固定资产的调查，确认大额利息资本化的合理性。

4．非经常性损益项目

（1）取得经注册会计师验证的公司报告期加权平均净资产收益率和非经常性损益明细表，逐项核查是否符合相关规定，调查非经常性损益的来源、取得依据和相关凭证及相关款项是否真实收到、会计处理是否正确，并分析其对公司财务状况和经营业绩的影响。

（2）结合业务背景和业务资料，判断重大非经常性损益项目发生的合理性和计价的公允性。

（3）计算非经常性损益占当期利润的比重，分析由此产生的风险。

6.3.5　与资产状况有关的项目

1．货币资金

（1）取得或编制货币资金明细表。

（2）通过取得公司银行账户资料、向银行函证等方式，核查定期存款账户、保证金账户、非银行金融机构账户等非日常结算账户的形成原因及目前状况。对于在证券营业部开立的证券投资账户，还应核查公司是否及时完整地核算了证券投资及其损益。

（3）抽查货币资金明细账，重点核查大额货币资金的流出和流入，分析是否存在合理的业务背景，判断其存在的风险。

（4）核查大额银行存款账户，判断其真实性。

（5）分析金额重大的未达账项的形成原因及其影响。

（6）关注报告期货币资金的期初余额、本期发生额和期末余额。

2．应收款项

（1）取得应收款项明细表和账龄分析表、主要债务人及主要逾期债务人名单等资料，并进行分析核查。了解大额应收款的形成原因、债务人状况、催款情况和还款计划。

（2）抽查相应的单证和合同，对账龄较长的大额应收账款，分析其发生的业务背景，核查其核算依据的充分性，判断其收回风险；取得相关采购合同，核查大额预付账款产生的原因、时间和相关采购业务的执行情况。调查应收票据取得、背书、抵押和贴现等情况，关注由此产生的风险。

（3）结合公司收款政策、应收账款周转情况、现金流量情况，对公司销售收入的回款情况进行分析，关注报告期应收账款增幅明显高于主营业务收入增幅的情况，判断由此引致的经营风险和对持续经营能力的影响。

（4）判断坏账准备计提是否充分、是否存在操纵经营业绩的情形。

（5）分析报告期内与关联方之间往来款项的性质，是为正常业务经营往来，还是无交易背景下的资金占用。

3．存货

（1）取得存货明细表，核查存货余额较大、周转率较低的情况。结合生产情况、存货结构及其变动情况，核查存货报告期内大幅变动的原因。

（2）结合原材料及产品特性、生产需求、存货库存时间，实地抽盘大额存货，确认存货计价的准确性；核查是否存在大量积压或残冷背次情况，分析提取存货跌价准备的方法是否合理、提取数额是否充分；测算发出存货成本的计量方法是否合理。

4．对外投资

（1）查阅公司股权投资的相关资料，了解其报告期的变化情况；取得被投资公司的营业执照、报告期的财务报告、投资协议等文件，了解被投资公司的经营状况，判断投资减值准备计提方法是否合理、提取数额是否充分、投资收益核算是否准确。对于依照法定要求需要进行审计的被投资公司，应该取得相应的审计报告。

（2）取得报告期公司购买或出售被投资公司股权时的财务报告、审计报告及评估报告（如有），分析交易的公允性和会计处理的合理性。

（3）查阅与公司交易性投资相关的资料，了解重大交易性投资会计处理的合理性；取得重大委托理财的相关合同及公司内部的批准文件，分析该委托理财是否存在违法违规行为。

（4）取得重大项目的投资合同及公司内部的批准文件，核查其合法性、有效性，结合项目进度情况，分析其影响及会计处理合理性。

（5）了解集团内部关联企业相互投资，以及间接持股的情况。

5．固定资产

（1）取得固定资产的折旧明细表和减值准备明细表，通过询问生产部门、设备管理部门和基建部门，以及实地观察等方法，核查固定资产的使用状况、在建工程的施工进度，确认固定资产的使用状态是否良好，在建工程是否达到结转固定资产的条件，了解是否存在已长期停工的在建工程、长期未使用的固定资产等情况。

（2）分析固定资产折旧政策的稳健性以及在建工程和固定资产减值准备计提是否充分，根据固定资产的会计政策对报告期内固定资产折旧计提进行测算。

6．无形资产

（1）对照无形资产的有关协议、资料，了解重要无形资产的取得方式、入账依据、初始金额、摊销年限及确定依据、摊余价值及剩余摊销年限。

（2）无形资产的原始价值是以评估值作为入账依据的，应该重点关注评估结果及会计处理是否合理。

7．投资性房地产

（1）核查重要投资性房地产的种类和计量模式。采用成本模式的，核查其折旧或摊销方法以及减值准备计提依据；采用公允价值模式的，核查其公允价值的确定依据和方法。

（2）了解重要投资性房地产的转换及处置的确认和计量方法，判断公司现行的会计处理方法是否合理，分析其对公司经营状况的影响程度。

8．银行借款

查阅公司主要银行借款资料，了解银行借款状况，公司在主要借款银行的资信评级情况，是否存在逾期借款。有逾期未偿还债项的，应了解其未按期偿还的原因、预计还款期等。

9．应付款项

取得应付款项明细表，了解应付票据是否真实支付、大额应付账款的账龄和逾期未付款（若存在）的原因、大额其他应付款及长期应付款的具体内容和业务背景、大额应交税金欠缴（若存在）的情况等。

10．对外担保

取得公司对外担保的相关资料，计算担保金额占公司净资产、总资产的比重；调查担保决策过程是否符合有关法律法规和公司章程等的规定；分析一旦发生损失，对公司正常生产经营和盈利状况的影响程度；调查被担保方是否具备履行义务的能力、是否提供了必要的反担保。

11．资产抵押

调查公司重要资产是否存在抵押、质押等情况，分析抵押事项对公司正常生产经营情况的影响程度。

12．诉讼及其他

调查公司是否存在重大仲裁、诉讼和其他重大或有事项，并分析该等已决和未决仲裁、诉讼与其他重大或有事项对公司的重大影响。

6.3.6 现金流量表

（1）取得公司报告期现金流量的财务资料，对公司经营活动、投资活动和筹资活动产生的现金流量进行全面分析。

（2）核查公司经营活动产生的现金流量及其变动情况，判断公司资产流动性、盈利能力、偿债能力及风险等。

（3）如果公司经营活动产生的现金流量净额持续为负或远低于同期净利润，应进行专项核查，并判断其真实盈利能力和持续经营能力。

（4）对最近三个会计年度经营活动产生的现金流量净额的编制进行必要的复核和测算。

6.3.7 税务信息

1．税收缴纳

查阅公司报告期的纳税资料，调查公司及其控股子公司所执行的税种、税基、税率是否符合现行法律法规的要求及报告期是否依法纳税。

2．税收优惠

取得公司税收优惠或财政补贴资料，核查公司享有的税收优惠或财政补贴是否符合财政管理部门和税收管理部门的有关规定；调查税收优惠或财政补贴的来源、归属、用途及会计处理等情况；关注税收优惠期或补贴期及其未来影响；分析公司对税收政策的依赖程度和对未来经营业绩、财务状况的影响。

第7章 财务尽职调查的常见问题

7.1 常见的财务粉饰问题及调查方法

7.1.1 虚增资产

对于虚增资产问题，应考虑：应收（其他应收）账款是否真实、有效，是否如实计提坏账准备，大额待处理财产损溢、长期待摊费用、开办费等是否存在应作为当期费用的情况。重点关注以下科目或行为。①存货：通过现场盘点确认实际存货价值。盘点存货前，应对存货进行截止测试，如对货到单未到、单到货未到的情况要重点关注，核查所有存货是否都已入账、所有在途存货是否都已进行了账务处理。②固定资产：现场查看固定资产现状，通过追溯核实固定资产购置原始发票等方式判断固定资产现值。③虚构采购：一般大额的采购都会有合同，先看合同是否真实合理，对应的存货入库是否有采购员、仓库保管员、公司管理层等相关人员的签字，是否有付款记录，运费是否支付。对那些无法执行或只能执行小部分的合同，则应予以剔除。

7.1.2 隐性负债

隐性负债又称民间融资，通常在财务上体现为股东的现金投入，针对隐性负债问题，可重点关注以下几个科目。①财务费用：通过该科目下的应付利息，查寻民间融资的可能性。②其他应付款——股东借款：企业大部分隐性负债是以股东的名义投入公司的，如果该科目股东往来金额比较大，并且余额经常变动，且股东在外并没有其他关联方，那么该款项为隐性负债的可能性较大。③资本公积：追踪核实资本公积的来源与去向。

7.1.3 抽逃注册资金

抽逃的注册资金一般挂在其他应收款、应收账款或预付账款科目。如果公司其他应收款或应收账款科目下股东往来频繁且余额较大、账期较长，又不能说明合理缘由，则存在抽逃注册资金的可能。

7.1.4　虚增收入

（1）报税收入，通过 ABC3000 电子申报缴税系统核查真实性，注意剔除关联方交易；非报税收入，应重点核实收入凭证附件是否真实。如是否有对方的收条、收款的记录（非现金）、运费的支付、仓库的出库记录、询证的回函等，还可通过大额款项支付方式估计收付款是否真实。如果大额款项通过现金方式支付，则要质疑其合理性，因为大额现金支付既不符合金融制度，也不安全。

（2）虚开增值税发票，一般通过增加应收账款来实现。应关注该款项是否长期没有收回，若是，则说明公司对该款项并不看重，虚开增值税发票的可能性较大。

（3）挂靠收入，代开发票、代收货款，再将款项支付给对方，一般支付款项时，将其反映在其他应收款中，或者通过报销费用的方式支付，该问题可通过对比业务收入和业务统计以进行核查。

7.1.5　隐瞒成本

在查证隐瞒成本的问题时，要关注成本的计算方法是否正确，如品种法、分步法、分批法的选用是否恰当，完工产品与在产品的分配是否合理，商业企业采用毛利率法时是否根据期末存货盘点调整成本，成本结转是否存在随意性。

7.1.6　隐瞒费用

通常公司因融资需要提供的财务报表反映的费用要比真实的少，而纳税申报中提供的财务报表，反映的费用一般比较真实，两者不一致时较大值更可信。另外，有些费用可能反映在其他科目中，比如业务员的提成、给客户的回扣等大额费用，一般计入其他应收款，应分情况进行处理。

7.2　制药行业的财务考虑

问题一：药品复杂的分销渠道为制药企业带来了一系列的财务报告风险，包括销售确认、分销商返利和奖励、销售折扣及退回，以及其他与销售有关的准备计提等。具体可重点考虑以下两方面。

（1）阅读和理解销售合同的重要条款，收入变动的驱动力是决定收入确认及相关事项的关键要素。

（2）当经销商存货过多，超过预计的消费者购买量时，不仅会增加退货风险，还会对未来销售的可持续性造成极大影响。掌握分销商的库存水平比较困难，这加大了合理估计销售折扣准备金及销售退回等事项的难度。

药品的分销渠道如图 7 - 1 所示。

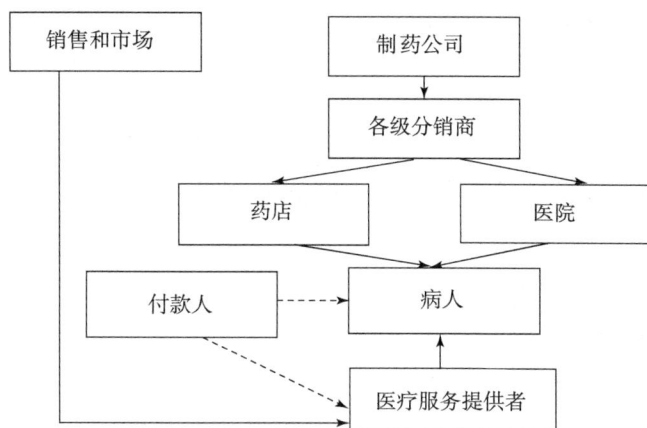

图 7 - 1　药品的分销渠道

问题二：销售奖励的会计处理不尽相同，在考虑产品盈利性时应一并考虑，具体如表 7 - 1 所示。

表 7 - 1　　　　　　　　　对销售奖励会计处理的考虑

激励计划	描述	利润表项目
合同价格条款	更短期内付款被赋予按销售合同上所示的折扣价格购买产品的权利 给予合格的分销商三种售价选择。分销商可以根据所选的信用条件（包括 30 天内、30～60 天、超过 60 天）选择价格。更多优惠的价格适用于更短期的付款条件。一旦约定好付款条件，分销商须严格执行。如未履行约定的付款条约，生产企业随后将对（free of charge，免费商品）进行调整并重新评价付款条款	销售成本
标准的免费商品条款	增值税发票所列示的价格为销售价格 折扣给予购买了商品并未超过合同约定应收账款期限的分销商 免费的商品也视为销售并且在交付 FOC 时已支付增值税销项税额。进项税额并未记录和扣除	销售成本

激励计划	描述	利润表项目
奖励进口商的额外商品	额外的商品将奖励给进口商。奖励幅度根据不同产品类型的进口合同制定。一般来说，对那些市场销售较好的药品给予的奖励幅度较大。奖励的商品将在进口商进口时给付	净销售收入
给予分销商的价格折扣	（1）给予的销售折扣基于四项指标，包括： 分销商对进口商的目标购买量； 分销商的存货水平； 付款条件； 销售渠道、招标等。 （2）每月通过准备金账户预提 （3）约定的销售折扣将直接从应收账款金额中扣除	净销售收入

注：很多时候，上述金额取决于管理层的估计和判断。

问题三：研究阶段和开发阶段的费用处理。

研究阶段是指为了获取新的技术和知识等而进行的有计划的调查。有关研究活动的例子包括：为获取知识而进行的活动；对研究成果及其他知识点的研究、评价和最终选择等。这一阶段具有计划性和探索性。企业在此阶段发生的有关支出应予以费用化，计入当期损益。

开发阶段是指在进行商业性生产和使用前，将研究成果和其他知识应用于某计划或设计，以生产出具有实质性改进的材料、装置和产品等。有关开发活动的例子包括：含新技术的工具、家具、模具和冲具的设计；不具有商业性生产经济规模的试生产设施的设计、建造和运营等。这一阶段具有针对性，并且形成成果的可能性较大，在满足一定条件下，所发生的支出可资本化。

问题四：影响未来销售和盈利性的考虑。

对现有产品来说，影响未来销售和盈利的因素包括：相关政策影响、与现有产品有关的专利或合作到期日、市场上出现的类似产品的替代性、相关治疗方式的改变和医学新进展等。

对新产品来说，影响未来销售和盈利的因素主要涉及新产品的开发进度和后续的资金需求。

7.3 剥离引发的思考

7.3.1 剥离的类型

剥离的主要类型包括两种，一是部分业务从交易范围内被剔除，二是收购方收购被剥离业务。剥离的主要类型如图 7 - 2 所示。

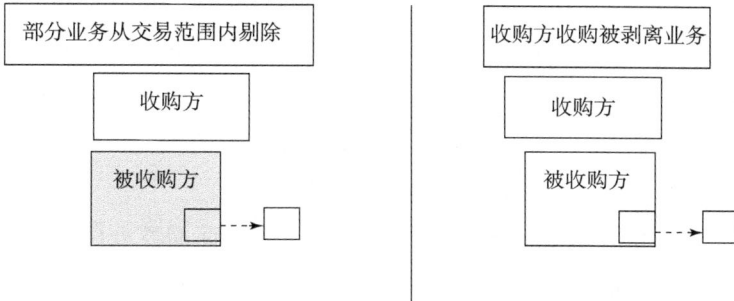

注：被剥离的有可能是公司、业务单元、资产和人员等。

图 7 - 2　剥离的主要类型

7.3.2　剥离带来的问题

剥离带来的问题具体如表 7 - 2 所示。

表 7 - 2 剥离带来的问题

问题	具体事项
产品开发	母公司提供特定系统的技术支持、与母公司共享的生产平台、未来开发能力的潜在限制
知识产权	对知识产权的所有权及使用条款的考虑、对知识产权转移到新公司的限制，对新公司未来潜在的销售目标公司业务所涉及的知识产权使用权条款的限制
采购和供应	目标公司从母公司的涵盖生产及间接支出等方面的集团采购合同中获益；潜在的由于购买力下降而丧失规模经济效益；由母公司提供采购支持；如继续向母公司供应原料或加工，需要和母公司协商供应和加工合同，母公司可能会希望弥补日常管理费用，并要求一定的毛利。因而，原料或加工价格可能高于历史水平。同时，结算条款的改变还影响营运资金
市场和销售	共享全国及区域销售营业部、市场营销活动及客户服务
基础设施	共享销售处、管理处，以及设计，测试生产、物流仓储及其他设施
后台支持	（1）母公司向目标公司提供的各种支持，如资金管理，财务（例如固定资产会计处理，应付账款及应收账款，工资，法定报告等），法务及税务 （2）与母公司共享关键系统（如技术、采购、生产和质量、财务等）、基础设施及硬件 （3）某些业务的处理是与母公司签约的第三方完成的
管理人员借调/派遣	（1）部分目标公司的管理人员是与母公司签订劳动合同的（因此可能并不需要转入新公司） （2）部分与目标公司签约的员工是服务于其他集团业务的（新公司未必保留这些员工）

7.3.3 实务中剥离调整事项处理的新发展

在以国际财务报告准则（International Financial Reporting Standards，IFRS）为基础编制的境外申报财务报表中反映剥离调整事项时，可能存在境内外会计准则执行差异。我国新企业会计准则实施以后改制上市的大型、特大型国有企业，在按照我国新企业会计准则编制的境内申报财务报表上，对于剥离调整事项的处理，已逐步采用 IFRS 下通常使用的处理方式。下面简要介绍 IFRS 下的境外申报财务报表（或会计师报告）中对剥离调整事项的一般处理原则。

将改制前的原国有企业所涉及的业务范围分为以下三类，分别采用不同的处理原则处理。

（1）拟注入拟上市公司的业务（一般是原国有企业的主营业务，以下简称"核心业务"）

（2）与核心业务存在一定联系，主要为核心业务提供水电、原料供应等后勤支持性质的服务，但根据改制方案规定不纳入拟上市公司的业务和实体（以下简称"非核心业务"）；核心业务和非核心业务可统称为"相关业务"。

（3）与核心业务没有直接联系的业务和实体，例如"办社会"的学校、医院、公检法等辅助机构（以下简称"无关业务"）。但无关业务与核心业务之间也可能发生往来和交易。

上述各类业务中，无关业务和非核心业务不进入拟上市公司，通常留在改制后的存续企业，在改制基准日（或者拟上市公司和存续企业签订的其他协议规定的日期，下同），通常应由新成立的拟上市公司与存续企业签订服务协议。此时应注意：拟上市公司按照该协议接受存续企业的服务，在申报财务报表时应当将其作为关联方交易披露。

IFRS 下的境外申报财务报表对无关业务和非核心业务的剥离处理方法一般如下。

对于无关业务，通常其相关的资产、负债和损益均不纳入申报财务报表，视同在申报财务报表报告期中的最早一期期初已经被剥离出去。

对于非核心业务，可以在以下两种方法中选择一种。

（1）按照真实的交易和企业架构变化情况反映在申报财务报表中，即以改制方案规定的重组基准日（或重组实施日，即重组后的股份有限公司设立日）为界，该日期前非核心业务的相关资产、负债、收入、费用和损益仍应当反映在相应时点或时期的申报财务报表中，该日期后就不再列入申报财务报表。在申报财务报表中，与非核心业务相关的资产和负债在重组基准日（或重组实施日）移交（剥离）给改制后的存续企业，拟上市公司在该日期按照股东收回投资的方式进行非核心业务剥离的会计处理，即借记股东权益类科目，贷记相关剥出资产、负债科目，并将这一剥离事项按照其真实的发生情况反映在境外申报财务报表中。我国新企业会计准则实施以后改制上市的大型、特大型国有企业，在按照我国新企业会计准则编制的境内申报财务报表上，对于不纳入上市范围的非核心业务的剥离调整，多数也已采用这一方式处理，从而在很大程度上消除了此方面原先存在的境内外会计准则执行差异。

（2）在申报财务报表的整个报告期内均不将非核心业务的相关资产、负债、收入、费用纳入申报财务报表，视同非核心业务在申报财务报表报告期中的最早一期期初已经移交（剥离）给改制后的存续企业。这种方法目前在实务中比较罕见。

7.4　企业价值和价值调整需关注的情况

7.4.1　财务数据的准确性

常见的调整事项：收入确认的提前或延迟、经销商返利或奖励的完整性、存货的管理、研发费用的资本化和或有负债等。

方案：了解目标公司的产品和仔细阅读销售条款等。

7.4.2　盈利的可持续性

常见的调整事项：历史上实际发生但不可持续的价格成本因素；未来会发生但不适用历史的因素；一次性事项，如资产处置、大规模融资等。

方案：在会计调整的基础上，分析非经常性因素的影响，了解目标公司可持续的盈利能力。

7.4.3　盈利预测

常见问题：盈利预测缺乏充分的历史数据和相关文件支撑、新项目的利润增长不确定性较高、对成本节约过于乐观。

方案：就盈利预测中重要产品的市场前景和重要假设（价格、利润率、销量、市场规模、市场竞争和行业政策等）征询行业专家意见。建议在交易中引入附带股权调整或最低利润保障的条款。

7.4.4 视同借款事项

常见问题：财务报表上的负债通常只包括银行借款、债券等项目，而估值需要考虑的债务性事项相对广泛，包括未按照规定缴纳的社保费用、各种非贸易性的应付款、表外事项、或有负债或其他。

方案：关注视同借款项目，和管理层、律师沟通是否存在潜在或有负债等。

7.4.5 卖方在尽职调查过程中是否愿意提供关键性信息

常见问题：目标公司财务信息质量不足以提供可靠或足够详细的信息，卖方不愿意提供关键信息，尤其是当买卖双方存在竞争或依存关系时。

综上，财务尽职调查是交易中不可或缺的一个环节，交易中的财务尽职调查应该与交易结构设计、估值模型和购买协议准备等关键交易因素紧密结合。财务尽职调查中发现的问题，只有最终在估值模型、交易结构或者购买协议中的保护性条款中反映才能保护购买方的利益。

7.5 新三板项目财务尽职调查中的典型问题

7.5.1 财务舞弊的问题

拟挂牌企业首先应是一个公众企业，对公众企业的基本要求就是真实，对公众企业管理层的基本要求就是诚信。在财务尽职调查过程中如果发现企业存在严重的财务舞弊行为，或者业绩造假、资质造假、专利造假等相关问题，项目组应该及时停止该项目。

7.5.2 财务规范的问题

运行规范，是企业挂牌新三板的一项基本要求，而财务规范是运行规范的重要内容。拟挂牌企业大多数是中小型的民营企业，在会计基础方面大多主要存在两个方面的问题：一方面是有"规"不依，记录、凭证、报表的处理不够规范，甚至出现错误，内容无法衔接或不够全面；另一方面是"内外"不一，由于存在融资、税务等多方面需求，普遍存在拥有几套账的情况。这不仅让企业的运行质量和外在形象大打折扣，还会影响企业的挂牌。财务尽职调查人员应该帮助拟挂牌企业对企业的财务工作进行规范，严格执行相关的会计准则，并使企业负责人充分认识到财务规范不是成本，而是收益。

7.5.3 关联交易的问题

新三板挂牌对企业的收入和利润没有硬性的指标要求，但是要求企业必须具备独立面向市场的能力，其盈利不能依赖于关联企业。

关联交易的财务尽职调查的关键是此类关联交易不能影响企业的独立性，不能影响企业的独立盈利能力。事实上，实务中很多关联交易难以避免，如拟挂牌企业已租赁关联方房产多年、用水用电由专业提供水电的关联方提供、多年从关联方采购一些特殊原材料等。此类关联交易难以消除，因此做到价格公允、程序合规也是完全可以的，在这种情况下，尽职调查人员要对相关问题进行充分的解释说明和披露。但是，如果企业的业绩，特别是主营业务的业绩严重依赖关联交易，项目组则应该及时终止该项目。

7.5.4 资金占用的问题

资金占用问题主要表现为两个方面：一是在实践中很多中小微民营企业很难从银行等金融机构获得外部融资，即使获得了也要花费相当高的成本；而调用关联企业暂时盈余的资金，对于实际控制人而言，则是更容易做到的事情，因而很多拟挂牌企业与其控股股东、关联企业之间资金往来会较为频繁。二是很多拟挂牌企业在发展的初期会存在"企业、个人不分"的问题，即企业的资产、账户与个人的财产、账户有一定的混用现象。从财务会计制度的角度讲，这一做法导致企业不具有清晰的财产边界，从企业治理的角度讲，这一做法导致企业不具备相对完善的治理结构。

从挂牌的角度来看，对于资金占用的问题，关键是规范和披露，不将问题带到挂牌后。财务尽职调查人员应该帮助拟挂牌企业建立相关的制度和措施，同时拟挂牌企业一定要遵守制定的相关制度而不能将这些制度当作摆设，杜绝不规范的资金拆借、资金占用的情况。拟挂牌企业对此一定要充分重视，在规范以后再发生类似问题将很难合理解释，会给挂牌企业和承做新三板项目的证券公司带来不必要的麻烦。

7.5.5 现金采购或现金销售占比较大的问题

现实中，现金采购或现金销售占比较大的企业不在少数，且集中于某几个行业，如涉农类行业、餐饮行业、部分以个人为主要客户的软件行业等，这些行业中的企业大多数会面临大量的现金交易，这不是一个企业的问题，而是由行业特点决定的。但问题是，如果这类企业要挂牌，其收入和成本确认、收入和成本的可追溯性、审计的可靠性应如何保证。虽然行业特点如此，但这又是挂牌过程中必须解决的问题。

从挂牌的角度看，在递交材料时，企业首先应该把自身的现实情况说清楚，即为什么现金采购或现金销售占比较大，有什么客观原因。其次证券公司要帮助拟挂牌企业设计切实可行的有利于降低现金收付比例的内控制度，并督促企业严格执行。

第8章 财务尽职调查案例展示

8.1 基本情况

根据财务尽职调查的相关规定，主办券商对 A 汽车股份有限公司截至 2019 年 9 月 30 日的财务状况进行尽职调查，以供其在全国中小企业股份转让系统挂牌时使用。

本次尽职调查的目的：真实、准确地描述公司截至 2019 年 9 月 30 日的财务状况，判断其是否符合全国中小企业股份转让系统规定的挂牌条件，为投资者做出投资判断提供参考。

公司基本情况如表 8 – 1 所示。

表 8 – 1　　　　　　　A 汽车股份有限公司基本情况

公司名称	A 汽车股份有限公司		
注册号	—	注册资本	2 520 万元
实收资本	2 520 万元	法定代表人	—
员工人数	437	注册日期	2010 年 3 月 17 日
公司类型	股份公司	公司性质	民营
主营业务	汽车销售、维修、汽车配件销售，以及汽车保险代理业务		
公司简介	本公司主要从事品牌乘用车整车销售、售后服务及汽车装潢业务等其他售后市场服务业务，是一家以 4S 店为主要商业模式的汽车经销集团。截至 2019 年 9 月 30 日，已开拓 6 家子公司，其中 5 家为 4S 店，1 家为汽车检测服务公司。公司的业务主要通过子公司 4S 店实施，报告期内营业收入主要来自 5 家 4S 店		

8.2 尽职调查程序

项目立项后，主办券商与公司董事、监事、高级管理人员、财务人员及部分员工进行了交谈，查阅了中介机构出具的审计报告及法律意见书，查阅了公司章程、三会（股东大会、董事会、监事会）会议记录、公司各项规章制度、会计凭证、会计账簿、工商行政管理部门年度检查文件、纳税凭证等，了解了公司生产经营状况、内控制度和发展规划等。

8.3 分析过程

8.3.1 公司财务报表及指标分析

公司财务报表

（1）合并资产负债表。

报告期内公司资产规模不断扩大，公司合并资产负债表具体如表 8 − 2 所示。

表 8 − 2　　　　　　　　　合并资产负债表　　　　　　　单位：万元

项目	2019 − 09 − 30	2018 − 12 − 31	2017 − 12 − 31
货币资金	6 098.26	2 865.63	2 707.66
应收票据	5.00	—	—
应收账款	390.51	468.40	274.84
预付款项	2 582.55	2 443.98	900.73
其他应收款	150.08	2 750.57	2 305.73
存货	4 214.63	2 711.42	1 970.29
其他流动资产	266.27	—	1.83
流动资产合计	13 707.30	11 240	8 161.08
固定资产	4 113.60	3 056.30	2 499.21
在建工程	72.66	534.17	—
无形资产	1 912.48	1 946.44	995.98
长期待摊费用	5.44	7.16	10.74
递延所得税资产	6.71	9.20	5.06
非流动资产合计	6 110.89	5 553.27	3 510.99
资产合计	19 818.19	16 793.27	11 672.07
短期借款	4 185.80	3 719.72	3 705.13
应付票据	8 620.00	3 850.00	2 500.00
应付账款	525.98	731.97	196.36
预收款项	191.21	643.60	396.04

续表

项目	2019 - 09 - 30	2018 - 12 - 31	2017 - 12 - 31
应付职工薪酬	79.09	64.32	54.32
应交税费	29.85	71.60	166.06
其他应付款	2 667.37	2 357.90	1 289.17
流动负债合计	16 299.30	11 439.11	8 307.08
非流动负债合计	—	—	—
负债合计	16 299.30	11 439.11	8 307.08
股本	2 520.00	1 500.00	1 500.00
资本公积	—	2 990.42	1 700.40
盈余公积	—	33.42	14.80
未分配利润	- 552.78	- 772.63	- 573.15
归属于母公司股东权益合计	1 967.22	3 751.21	2 642.05
少数股东权益	1 551.67	1 602.95	722.94
股东权益合计	3 518.89	5 354.16	3 364.99
负债和股东权益合计	19 818.19	16 793.27	11 672.07

（2）合并利润表。

报告期内公司营业收入缓慢增长，净利润持续为负，公司合并利润表如表 8 - 3 所示。

表 8 - 3　　　　　　　　　　合并利润表　　　　　　　　单位：万元

项目	2019 年 1—9 月	2018 年	2017 年
一、营业收入	31 473.09	30 641.21	30 099.06
减：营业成本	28 660.24	28 087.92	27 629.91
税金及附加	48.28	48.28	51.31
销售费用	1 666.37	1 659.49	1 567.68
管理费用	551.87	448.31	296.05
财务费用	593.76	504.66	518.47
资产减值损失	- 7.64	5.24	8.26
二、营业利润	- 39.79	- 112.69	27.38
加：营业外收入	67.26	27.85	17.41
减：营业外支出	5.07	7.78	70.98
三、利润总额	22.40	- 92.62	- 26.10
减：所得税	71.65	118.20	50.33
四、净利润	- 49.25	- 210.83	- 76.43

（3）主要财务指标。

以报告期内的合并资产负债表以及合并利润表的财务数据为基础计算出各项财务指标，具体如表8-4所示。

表8-4 主要财务指标

序号	指标	2019年1—9月	2018年	2017年
一、盈利能力				
1	销售毛利率（%）	8.94	8.33	8.20
2	销售净利率（%）	-0.16	-0.69	-0.25
3	净资产收益率（%）	-0.25	-3.94	-2.27
二、偿债能力				
4	资产负债率（%）	82.24	68.12	71.17
5	流动比率	0.84	0.98	0.98
6	速动比率	0.42	0.53	0.64
7	权益乘数	5.63	3.14	3.47
三、营运能力				
8	资产周转率	1.59	1.82	2.58
9	应收账款周转率	80.97	65.42	109.51
10	存货周转率	7.47	11.30	15.28

（1）盈利能力分析。报告期内，公司销售毛利率分别为8.20%、8.33%、8.94%，毛利率较为稳定。报告期内综合毛利率呈小幅逐步上升趋势，主要是因为公司及子公司所在经营区业务的发展，销售规模逐步扩大，客户及经销的品牌汽车保有数量逐步增长，毛利率较高，代办保险手续、上牌服务及金融信贷服务业务等后市场服务业务收入规模不断增长。

（2）偿债能力分析。报告期内，公司资产负债率分别为71.17%、68.12%、82.24%，公司资产负债率较高并总体呈上升趋势，主要由于公司业务规模扩大和新增两家4S店开始营业，公司采购整车及零配件大幅增加。由于公司采购整车需要全额预付款，公司应付票据及短期借款不断增加。

报告期内，公司流动比率分别为0.98、0.98、0.84，处于较低水平，主要由于公司业务规模扩大，采购存货增加，应付票据及短期借款不断增加，流动资产和流动负债增长幅度相对均衡，且公司无长期负债。

由于公司流动资产中存货及用于采购存货的预付账款占比较高，造成报告期内公司速动比率处于较低水平，分别为0.64、0.53、0.42。

公司资产负债率、流动比率和速动比率指标与同行业公司接近，公司经营性现金流较好，有效地保障了公司偿债能力。

（3）营运能力分析。报告期内，公司资产周转率分别为 2.58、1.82、1.59，公司资产周转率较快，主要由于公司汽车销售周转较快。资产周转率在报告期内有升有降，资产周转率下降主要由于公司新增两家 4S 店固定资产增加，以及公司业务规模扩大、存货和预付款增加、总资产增加，而新增 4S 店处于市场开发阶段，收入规模较小。

公司应收账款周转率分别为 109.51、65.42、80.97，应收账款周转速度较快，主要由于公司以预收款销售为主，应收账款余额较小。

公司存货周转率分别为 15.28、11.30、7.47，存货周转速度较快，主要由于公司根据销售预测情况制订采购计划，并将采购订单细分到月度及每周进行采购，合理控制了公司存货量。

8.3.2　毛利率变动趋势及原因分析

A 公司毛利率变动趋势如表 8-5 所示。

表 8-5　　　　　　　　　毛利率变动趋势　　　　　　　　单位：万元

项目	2019 年 1—9 月	2018 年	2017 年
营业收入	31 473.09	30 641.21	30 099.06
主营业务收入	30 778.55	30 285.43	29 714.41
其中：整车销售	28 370.80	27 587.17	27 778.92
售后服务	2 063.65	2 372.75	1 478.18
汽车装潢	344.10	325.51	457.31
其他业务收入	694.54	355.78	384.65
营业成本	28 660.24	28 087.92	27 659.91
主营业务成本	28 647.53	28 080.99	27 623.39
其中：整车销售	27 110.23	26 208.56	26 455.76
售后服务	1 175.75	1 674.57	880.03
汽车装潢	361.55	197.86	287.60
其他业务成本	12.71	6.93	6.52
销售毛利率（%）	8.94	8.33	8.20
主营业务毛利率（%）	6.92	7.28	7.04
其中：整车销售（%）	4.44	5.00	4.76
售后服务（%）	43.03	29.42	40.47
汽车装潢（%）	-5.07	39.22	37.11
其他业务毛利率（%）	98.17	98.05	98.31

报告期内，公司整车销售毛利率较为稳定，波动较小；公司销售毛利率较低，主要由于近年来随着汽车行业销量不断增加，行业竞争加剧，各汽车厂家通过授权建设更多的4S门店提高市场占有率，汽车经销商不断增加，汽车销售价格逐年走低。因为汽车经销商受汽车厂家纵向垄断地位、议价能力较差以及整车制造成本增加的影响，所以整车销售毛利率较低成了行业的普遍特征。

公司报告期内售后服务毛利率略有波动，主要受 2018 年度子公司 B 公司维修服务毛利率的影响，由于维修服务业务类别较多，定价差异较大，2018 年度低附加值的养护服务收入较多，公司 2019 年汽车装潢业务毛利率波动较大，一方面由于汽车装潢业务由母公司经营，2019 年销售价格下降、成本上升，合并抵销毛利率为 13.81%；另一方面由于子公司从母公司采购部分装潢业务作为促销费用计入销售费用，合并抵销收入和销售费用减少。

8.3.3　财务风险分析

（1）公司连续亏损的风险。

公司 2017 年、2018 年和 2019 年 1—9 月的净利润分别为 − 76.43 万元、− 210.83 万元和 − 49.25 万元。公司的主营业务包括整车销售、售后服务等，受行业经营模式的影响，整车销售毛利率普遍偏低，售后服务对 4S 店的利润贡献较大。但售后服务需要整车销售达到一定的规模，其利润贡献才能体现。

4S 店对汽车展厅建设、维修养护车间建设、岗位人员配备要求较高，市场推广发生的广告宣传费较多，造成 4S 店销售费用和管理费用较多。

（2）公司存货积压或发生大幅减值的风险。

报告期内，公司存货余额分别为 1 970.29 万元、2 711.42 万元、4 214.63 万元，占总资产的比例分别为 16.88%、16.15%、21.27%，公司存货余额呈增长趋势。而公司存货余额中整车余额占比较高，根据公司内部相关资料截至 2019 年 9 月 30 日，公司存货中整车余额为 3 814.93 万元，占存货余额的比例为 90.52%。报告期内，公司整车存货周转情况良好，周转速度较快，周转时间平均在 30 天左右，截至 2019 年 9 月末，公司整车余额中库龄在 6 个月以内的占比 97.64%，公司整车不存在大量积压的情形，公司存货不存在大幅减值的情形。

但是随着公司业务规模扩大，公司存货将进一步增加，如果市场环境发生重大不利变化或公司存货管理水平不能相应提高，公司将面临存货大幅积压的情况，进而造成公司存货发生大幅减值的风险，并影响公司的盈利能力。

（3）整车销售依赖汽车供应商返利的风险。

报告期内，公司收取汽车供应商返利（销售折让）情况如表 8 - 6 所示。

表 8 - 6	销售折让情况		单位：万元
项　目	2019 年 1—9 月	2018 年	2017 年
返利（销售折让）	1 313.37	1 340.67	1 318.6
整车毛利额	1 260.57	1 378.61	1 323.16
返利占整车毛利额的比例（%）	104.19	97.25	99.66
综合毛利额	2 812.84	2 553.29	2 469.14
返利占综合毛利额的比例（%）	46.69	52.51	53.40

报告期内，受行业特点的影响，公司 4S 店的整车销售毛利主要来源于汽车供应商的返利，该部分占公司综合毛利额的比例较高，公司业绩对汽车供应商的返利存在依赖。汽车经销行业备案制度和一家 4S 店只能经营一种品牌汽车的相关行业管理政策，造成汽车供应商获得纵向垄断地位，经销商话语权较弱和议价能力差。汽车供应商为控制汽车经销商按要求完成业绩目标、提高市场占有率，通常以较高的价格对经销商销售整车，并按照各自的商务政策，对各 4S 店在约定考核期间按提货量、销售量、售后服务情况、客户满意度调查结果等因素计算给予 4S 店返利（销售折让）。

报告期内，公司下属 4S 店按照汽车供应商考核要求，考核目标完成情况良好，报告期内持续获得了供应商的返利。汽车供应商对返利制定了明确的商务政策，公司通过提高营销水平和加强服务质量完成汽车供应商的考核目标，能够持续获得相应的返利，公司对返利的依赖是稳定的。但是，如果未来汽车经销行业管理未发生有利于经销商的变化，且公司不能较好地完成汽车供应商的考核目标，公司下属 4S 店面临不能获得汽车供应商返利的风险，这将对公司正常经营和盈利能力造成不利影响。

8.4　结论

综上所述，A 汽车股份有限公司具有较好的市场环境，公司主营业务明确，经营状况良好，规模不断发展壮大，具有一定的市场前景，商业模式稳定可持续，具备持续经营能力，符合挂牌条件。

第三篇
法律尽职调查

第 9 章　法律尽职调查概述

9.1　法律尽职调查的概念

法律尽职调查是指在公司并购、证券发行、融资及对外投资等重大公司行为中，由法律专业人员进行的对目标公司或者发行人的主体合法性存续、企业资质、资产和负债、对外担保、重大合同、关联关系、纳税、环保、劳动关系等各方面，从法律的角度进行的审慎和适当的调查和核查，并在此基础上进行法律分析，出具尽职调查报告，为委托人做出法律判断提供依据。

9.2　法律尽职调查的目的和意义

进行法律尽职调查是为了解决信息的不真实及信息不对称的问题。每一种尽职调查都必须遵循一定的规范及操作流程，采取各种必要及可能的手段、方法和途径，通过搜集相关数据和信息，并对之按照合法合规性的要求进行分析、判断和评估。实务中，客户通常要求调查人员在尽职调查结束后，就尽职调查中发现的某些问题出具专项法律意见书，尽职调查报告正是调查人员后续出具法律意见书的基础和依据。

具体而言，法律尽职调查的目的和意义主要包括以下几个方面。

（1）确认企业是否依法设立、有效存续，历史沿革、公司治理结构（股东大会、董事会、监事会是否建立并正常运转）、经营等方面的合法合规性，避免历史遗留问题演变成现实的法律风险。

这也涉及企业是否合法规范运作的问题。例如，企业合法规范经营是挂牌要求的一个重要方面，如果尽职调查发现企业在这些方面存在法律上的瑕疵，就要对企业设立的相关程序、法律文件进行规范、梳理，以避免将来可能产生的争议和纠纷。如很多企业的土地、房产因历史原因还没有办理相关权证。

（2）对企业存在的法律问题和法律风险进行相应评估，以确定企业股份的准确估值。

在并购调查中，对目标公司进行尽职调查，就是要发现潜在的法律风险及可能带来的并购隐性成本，以便在并购成功后减少后续的成本支出；同时，也为了在并购价格的谈判中对目标公司的股权价值做出准确的估值，从而避免并购后风险和成本的大幅度增加。

一个企业的实际价值不是由其注册资本或者净资产决定的，它是一个有机整体，是各种生产要素及资源的有效组合，它包含了多方面内容，涉及多方面因素，是一个综合评判的结果，并且与并购者在并购时的价值取向有关。企业的实际价值会涉及财产权利、债权债务、对外担保、人力资源、知识产权、管理团队、未来发展前景以及由此组合而成的企业的自我发展、盈利能力及未来的成长性。通过全面、专业、细致的尽职调查，可以挖掘企业潜在的价值，发现潜在的法律风险，从而帮助投资人做出理性的判断，而不仅仅根据交易对手的主观陈述。

（3）法律尽职调查可帮助投资人判断能否实现投资目的及评估投资的合理性及其风险成本；对目标公司存在的法律风险和瑕疵进行准确的量化分析和评估，以确定达成并购目的需要支出的最终成本，包括规范需要的成本、补救需要的成本及重新形成生产能力需要的成本等。

9.3　法律尽职调查的原则

法律尽职调查的原则，是指开展尽职调查工作必须遵循的指导准则。调查人员应当根据委托方的并购目的，遵循尽职调查的原则开展工作。法律尽职调查工作应当遵循的原则具体如下。

9.3.1　保密性原则

一般而言，与尽职调查有关的所有信息都属于保密的范围，包括：律师因从事尽职调查从委托方、资料提供方等相关方取得的资料、文件；与尽职调查项目的其他中介机构往来的邮件、传真；尽职调查过程中了解到的有关委托人、调查对象等相关方的信息。

《律师职业道德和执业纪律规范》第三十九条规定："律师对与委托事项有关的保密信息，委托代理关系结束后仍有保密义务。"因此，律师在尽职调查结束后仍有保密义务。在实践中，为避免增加律师的义务和责任，一般对保密义务规定期限，如委托协议终止后两年内，保密条款的有关规定继续有效。

9.3.2 客观性原则

《律师从事证券法律业务规范（试行）》第三十条规定："律师应当客观、全面及时地进行尽职调查，坚持尽职调查的独立性和完整性，做到调查内容真实、准确。"因此，律师作为进行尽职调查的主体，必须在尽职调查中坚持客观性原则，对于所审核的资料、内容及发现的问题，应当本着实事求是的原则予以披露、提出整改意见，客观地反映企业的真实情况，不得受制于委托人或尽调对象的立场及要求做出虚假的表述和歪曲事实的行为。律师应坚持实事求是的原则，在没有充分依据的情况下不得随意主观猜测或形成主观臆断；否则，将严重背离尽职调查的目的和宗旨，也会误导相关方做出错误的判断，甚至会导致律师对此承担法律责任。

9.3.3 独立性原则

在我国，法律尽职调查工作通常由律师完成。尽管律师受当事人委托进行法律尽职调查，但是律师并不从属于委托人，其地位是独立的。律师在开展具体的尽职调查工作及出具尽职调查报告时不受委托人的意志影响，应当尊重客观事实并依据法律做出结论，其意见是独立的。这种独立性表现在：尽职调查工作中，律师尽到勤勉尽职义务之后若仍不能发表肯定性意见时，就应当发表保留意见甚至否定性意见，并说明相应的理由、法律依据及其对发行上市、发债或者并购的影响程度。律师进行核查和验证时，同样必须保持执业的独立性，既不受委托人意志的影响，也不受其他中介机构的干预。律师在不损害委托人合法权益的前提下，独立决定办理法律事务的内容、方法和程序。当然，律师办理法律尽职调查时应注意取得委托人、相关行政部门的理解、配合与支持。

9.3.4 全面和重点相结合原则

尽职调查涉及的内容庞杂，种类繁多，需要采取多种方法、途径及手段，目的是形成对企业全面、完整的了解。《信息披露违法行为行政责任认定规则》规定，律师在从事尽职调查时不得有虚假记载、误导性陈述、重大遗漏及不正当披露。其中的不得有重大遗漏就是要求对企业的信息披露必须完整，关联的信息要互相印证。对于出现互相矛盾的地方，必须进行进一步查证，追根究底，找出问题的原因所在；特别是一些重要的信息，如企业经营资质、资产权属情况和知识产权等方面，必须完整无遗漏。

在全面性原则的要求下，律师应当对目标企业或者资产的所有情况都要了解，但是出于对效率等因素的考量，必须抓住重点问题。针对不同的调查目的、不同的企业、不同的行业及企业的不同发展阶段，法律尽职调查应该有所侧重。就种子期的企业而言，因为其法律关系十分简单，所以重点应集中于其创业团队、知识产权、行业前景、商业模式分析等领域；而对于比较成熟的企业，尤其是上市前的基金项目，因为其成立时间相对较长，其牵涉的法律关系更加复杂，隐藏的风险点更多，所以应该进行全面调查，但重点应是比照拟上市地的上市规则开展调查。

9.3.5　规范性原则

法律尽职调查作为一项专业性的法律服务工作，其程序、操作流程、方式、法律文书的制作等各方面都有严格的法律规定。从事尽职调查工作的律师首先必须熟悉这方面的法律法规、工作指引及制作相应法律文书的格式及内容要求，并严格按照要求进行，从而保证尽职调查及其报告的合法性和有效性。

9.3.6　审慎性原则

《证券法》要求律师在法律尽职调查中应尽到勤勉尽责义务。《律师事务所从事证券法律业务管理办法》（证监会令第 41 号）第十二条规定："律师事务所及其指派的律师从事证券法律业务，应当按照依法制定的业务规则，勤勉尽责，审慎履行核查和验证义务。"这个义务贯穿尽职调查的全过程，要求律师尽职调查时以事实为依据，根据相关法律的规定进行调查和判断。需要特别说明的是，虽然律师在出具法律意见时通常要求企业承诺并保证律师发表法律意见所必需的、真实的、完整的文件或资料已经提供，一切足以影响律师发表意见的事实和文件均已向律师披露，并无任何隐瞒、虚假或误导之处，但是，前述承诺与保证并不能免除律师在法律尽职调查中应尽的勤勉尽责义务。对于在法律尽职调查过程中通过专业知识和专业判断能够发现的问题，如企业并没有提供有些文件或完整的资料，企业所提供的文件存在虚假的可能，即使有企业的承诺与保证，律师仍应勤勉尽责地进行独立核查并承担相应的责任。

根据《律师事务所证券法律业务管理办法》第十四条、第十五条及《律师证券法律业务执业规则》第六条的规定，律师在出具法律意见时，对与法律相关的业务事项应当履行法律专业人士特别的注意义务，对其他业务事项履行普通人一般的注意义务。这就要求律师在为出具法律意见而进行尽职调查时，必须对与法律相关的业务履行法律专业人士特别的注意义务，具备一定的法律专业知识及尽职调查经验；而对于其他从会计师事务所等中介机构、公共机构获得的文书、材料在核查、验证时也应尽到普通人一般的注意义务，而不是完全将责任推给这些中介机构，一旦涉及虚假的信息，律师也要承担相应的法律责任。

9.3.7 及时性原则

尽职调查所了解的信息应该是企业最新的资料和信息。随着时间的推移，很多情况会发生变化，如合同履行出现争议、借款无法偿还、担保出现代偿等，所以律师只能对一个相对固定的时间段企业提供的资料及通过其他渠道获得的资料、信息进行如实的披露和描述，并据此得出法律意见。如果尽职调查的周期较长，经过一段时间后企业情况发生了新的变化，或者出现了新的情况，律师也需要根据新的情况对尽职调查报告进行补充、修正，一般更新的周期为 3～6 个月。而一般情况下，尽职调查应当在一个确定的时间段内完成，不能拖得太久；否则，就应当对相关内容进行及时的更新、补充，以确保信息的准确性。

9.4 法律尽职调查的途径及方法

为了掌握及了解企业的真实情况和详细信息，律师需要从多方面、多角度进行调查、搜集资料，并通过各种资料及信息的对照、比较，发现存在的问题，印证律师的判断，并检验被调查对象的诚信及提供资料的真实性。所以尽职调查所采取的方法应是多样的，这才可以避免单一方法所带来的遗漏及缺陷。

律师在尽职调查中采用的调查方法包括：查阅文件、档案，与相关人员面谈或通过电话沟通，进行问卷调查，向相关管理部门或行业协会咨询，从政府登记机关查阅、复制登记资料，进行实地调查或现场考察，通过公开信息渠道了解线索等。一般尽职调查律师常用的调查方式如下。

9.4.1　初步提供

首先，通过向企业提供尽职调查清单和尽职调查问卷的方式，要求企业提供与主体资格相关的材料、资产所有权的权属证书、经营资质、公司章程、重大合同等各方面的初步资料。

律师在收到被调查企业按尽职调查清单提供的证照、股东会决议、董事会决议、验资报告、重大合同、完税凭证、支付凭证和收回问卷等资料后，要按照时间顺序和内容对资料进行分类和编号，然后仔细查阅，编制查阅清单，将其作为尽职调查报告的附件及律师工作底稿的附件。

9.4.2　收集与核查公开资料

对通过各种渠道，如银行、税务、会计师事务所、业内专家、同行业上市公司的公开报表及行业研究报告等取得的资料进行分析，并与行业协会等会议、业内期刊、行业报告等资料做比较。

律师开展尽职调查，应当认真审核、对比相关资料，如发现相关资料存在矛盾或不一致的情况，应当要求被调查对象予以核实，进一步追查，或商请其他中介机构协助调查，以保证尽职调查的准确性。应当注意收集完整的调查资料，对于因客观原因无法获得的与本次尽职调查目的有重大关系的文件资料和证据，应当在有关具有法律效力的文件中明确说明，以防范执业风险。对于尽职调查工作中获悉的委托方或调查对象的相关资料，应明确仅用于完成该次尽职调查工作，不得对外泄露，应遵循保密协议的规定，严格履行保密义务。

9.4.3　查阅、复制企业登记资料

向政府登记机关查阅登记资料是律师进行独立性调查的常用方法。其目的是核实企业提供的相关资料的合法性、准确性和完整性。根据我国现行的企业工商登记管理制度的规定，企业成立时必须在工商行政管理部门进行注册登记，企业登记事项如发生变更，也必须在一定的期限内及时到原登记部门办理变更登记。因此，律师可以到企业所在地工商登记机关进行查询，了解企业的设立情况、历史沿革、企业性质、章程、注册资本和股东、企业的法定代表人等基本信息以判断企业是否合法成立、有效存续。但是，目前我国各地登记机关在公开登记资料方面的做法各有差异。有的地方甚至禁止非诉讼律师查阅企业工商档案，这给律师尽职调查造成很大的不便。有的情况下，律师只能请求企业

出具介绍信并陪同律师前往政府登记机关，向主管部门查阅、复制其登记信息、资料。这样，有些律师为了省事，要求企业自己派人去工商部门打印登记信息，不亲自前往，导致难以保证所提供档案的真实性。

根据我国现行法律、法规的规定，不动产的转让或抵押必须进行相应的登记。从不动产登记机构处，律师可以了解企业的土地及房产权属情况、各种物权担保和抵押、限制性保证和法定负担等情况。

律师可通过政府职能部门获取或调取企业的相关资料，如海关、税务机关、金融管理机关、外汇管理部门、环保管理部门、供电部门、供水部门、土地及城建管理部门等。相对而言，企业在政府职能部门登记的信息、留存的档案，具有一定的公信力和可信度，是值得律师信赖的资料，也可以作为印证其他渠道获得资料的依据。但由于现实情况的局限性，政府有关部门可能不会配合律师的调查工作，而且各地的情况也不尽相同。但随着各地政府对尽职调查的重视，律师可以通过协调取得各地政府职能部门的协助达到调查及收集资料的目的。

9.4.4 访谈企业相关负责人

在审核企业基础资料的同时，还要根据尽职调查的进展及要求，准备好相应的问题，通过跟企业实际控制人、法定代表人、财务负责人以及技术负责人的当面沟通印证已获取资料及信息的真实性，同时发现遗漏、缺失的资料和信息。再者，通过访谈解决目前无法获得资料、信息以及相关内容缺失的问题，也为进一步要求企业提供补充资料提供线索。

访谈一般是为了解决某个具体问题，获得对某个具体问题的答案，就相关问题与企业内部各层级职能人员及其他相关内外部人员的当面交流，充分沟通；到项目公司下游客户、上游供应商、竞争对手走访及咨询，并在取得访谈对象同意的前提下对访谈对象做好访谈笔录，形成书面的文字记录。

现场会谈时，应当分别约见尽可能多的、不同层级的成员，包括财务部门、市场销售部门、行政部门、生产部门及研发部门的主管等，从企业各个方面、不同角度了解企业的情况。会谈的主要目的在于了解企业经营战略和发展思路、企业文化、团队精神、企业的内部管理及控制、企业涉讼及行政处罚、控股股东及董监高诚信情况等。往往需要通过面对面的谈话才能发现解决问题的线索，再顺藤摸瓜深入挖掘事实。

以下是尽职调查律师在访谈中准备的一些常见问题，以供参考。

1．高管访谈

（1）公司的股权结构，董事会的组成。

（2）公司的短、中、长期的战略规划。

（3）公司的发展方向。公司未来的市场定位和业务组合。对公司未来发展的构想和建议。

（4）公司在市场的地位。如何看待公司目前的发展状况。公司的成功与不足之处。

（5）目前，公司采取的战略。

（6）目前，公司的主要竞争对手有哪些。公司与竞争对手比较，各自利弊如何。

（7）未来五年行业的发展前景及方向。哪些因素构成影响行业发展的重要因素。

（8）公司的核心竞争力。如何保持并充分发挥公司的核心竞争力。

（9）目前是否有策略联盟。如何看待策略联盟或合作伙伴。

（10）公司成本控制的策略是什么，实施的效果如何。

（11）公司目前涉足的领域有哪些，怎么看待公司在各领域的经营情况；在各领域，公司的下一步发展有何规划。

2．采购部门访谈

（1）公司的主要采购模式，近两年各种采购模式所发生的采购金额及占采购总金额的比重。

（2）公司近两年采购的主要原材料的名称，各自的采购金额及分别占采购总金额的比重。

（3）公司原材料的主要供应商名称、区域分布及向其采购的金额占公司采购总金额的比重及其变化。

（4）公司主要原材料的供应情况、前十大供应商，是否存在替代品，价格变动情况及对本公司产品价格的影响及公司的对策。

（5）公司近两年主要产品成本中原材料所占比重。

（6）公司在采购方面有哪些优势。

（7）公司如何进行品质管理。

3．质量控制部门访谈

（1）公司产品的质量控制措施及相应的质量控制制度。

（2）公司主要客户对公司产品的品质有何要求。

（3）公司主要产品品质的国家标准、行业标准及公司产品目前执行的标准。

（4）公司主要产品品质所达到的水平。

（5）近三年公司产品质量纠纷及其处理结果。

（6）公司在产品品质控制方面的优势及风险。

（7）公司产品售后服务情况。

（8）部门内部的相关文件。

（9）质量控制部门与其他部门的业务合作。

（10）公司的特色及核心竞争力。

4．研发部门访谈

（1）公司研发体系的设置、研发模式及研发流程。

（2）公司研发部门的设置及其职责。

（3）公司现有的技术水平及技术优势。

（4）公司主要技术的取得方式、核心技术介绍及其来源。

（5）公司的技术储备情况。

（6）公司主要产品所处的技术阶段。

（7）公司主要产品的技术含量、可替代性。

（8）公司的研发优势、技术成果、研发方面存在的风险。

（9）公司针对研发团队采取的激励措施，研发团队的人才结构及其稳定性。

（10）公司现有的技术开发平台及设施。

（11）公司现有专利的保护期、到期后对公司的影响，商业秘密保护状况。

（12）公司与其他公司开展的技术合作情况（技术合作协议、合作成果的分配、保密措施）。

（13）公司拥有的非专利技术情况。

（14）公司如何介入主要客户的研发，双方的合作及合作成果的共享。

（15）公司是否有稳定、连续的新产品以保持公司利润的稳定增长。

（16）公司与上下游产业的合作。

（17）公司新产品的研发周期如何。

（18）如何界定公司的主要技术所处的环节。

（19）公司的主导产品如何进行更新换代。

（20）进入本行业的技术壁垒。

（21）近三年的研发费用占公司销售额的比重。

（22）研发团队的人才培养、培训。

（23）评价主要竞争对手的技术水平与本公司的差异。

（24）公司的商标、发明、认证、许可、特许经营权、软件等情况。

5．销售部门访谈

（1）公司所处行业的市场容量及近三年的变化趋势。

（2）公司在行业中的市场占有率、行业排名及近三年的变化。

（3）进入本行业的主要障碍。

（4）行业发展的有利因素和不利因素。

（5）行业的周期性、区域性和季节性特征。

（6）行业的管理体制、行业协会。

（7）行业内主要企业的业务模式，本公司的业务模式。

（8）公司的主营业务、主要产品、主要产品的销售群体及销售区域。

（9）公司主要产品的产能产量、销量、销售价格及其变动情况，近三年主要产品销售额占公司年度销售额的比例。

（10）行业及本公司主营业务的利润水平、近三年的变化及其未来变动趋势。

（11）行业的主要客户、公司的主要客户、客户的市场份额、客户的地理分布情况。

（12）产品的可替代性。

（13）公司产品的出口情况及未来的规划。

（14）公司主要竞争对手及竞争优势分析。

（15）公司上下游产业的发展前景及其分析及公司与上下游的关联度。

（16）公司主要客户的简单介绍。

（17）产品的定价策略。

（18）公司的其他业务领域以及客户开拓情况。

（19）近三年是否收到客户的评级、奖励及书面评价。

（20）从客户角度分析公司产品的优势、公司在客户采购中的比例。

（21）本部门的主要职能与公司其他部门的业务合作和权限划分。

6．财务部门访谈

（1）公司会计报表合并范围、流程、原则及方法。

（2）公司现行会计政策及近三年会计政策的重大变更，如：①收入确认和计量方法；②发出存货的计价方法；③长期股权投资的核算方法；④固定资产的分类和折旧计提政策；⑤投资性房地产的种类和计量模式；⑥无形资产的摊销方法；⑦借款费用的确认依据及方法等。

7. 人事部门访谈

（1）职工总数及按教育程度的分类。

（2）公司人员的招聘程序及招聘渠道。

（3）职工的考核方式及程序。

（4）职工的激励机制及奖惩措施。

（5）职工流动的比率及原因。

（6）职工的培训计划和培训措施。

8. 生产部门访谈

（1）公司的生产模式介绍。

（2）公司生产流程、生产的关键环节介绍。

（3）描述公司的生产工艺（工艺流程图）、生产技术及其在行业中的领先度并举例说明，主要产品生产技术的成熟程度。

（4）公司主要产品图片，近三年的产能、产量、产能利用率。

（5）公司生产的季节性，是否存在生产瓶颈。

（6）公司在产品生产制造环节的弹性制造能力。

（7）公司如何在生产过程中进行品质控制和成本控制。

（8）主要生产设备、厂房的取得方式，主要设备的先进程度、使用年限、成新率等。

（9）公司在产品制造过程中掌握的专有技术或工艺，公司在制造方面的优势和不足。

（10）公司制造部门的设置及其主要职责，公司业务重组前后公司制造部门的变化。

（11）生产人员的组织、班次的划分情况。

（12）行业及客户针对生产环节、生产工艺、生产技术的要求。

（13）制造部门与公司其他业务部门之间的业务衔接。

（14）公司的安全生产、环境保护情况。

（15）主要设备、房产是否存在抵押贷款，是否购买保险。

（16）公司房产的所有权情况（租赁合同的签署与公证）。

（17）公司的特色及核心竞争能力。

9.4.5 实地考察

实地走访生产车间了解生产情况，跟现场的生产车间负责人进行充分的沟通，了解产品从原材料到成品的生产流程，以及生产工艺及运行、技术使用及革新情况、生产管理情况；走访技术研发部门，向技术研发负责人了解技术研发情况、进度及突破方向；查看仓库，了解企业原材料及产成品的库存情况，获得第一手的资料。

实地考察应侧重调查企业的生产设备运转情况、生产组织情况、生产流程及工艺水平、实际生产能力、产品结构情况、订单、应收账款和存货周转情况、固定资产维护情况、周围环境状况、用水情况、用电情况、排污情况、职工的工作态度及纪律、现场管理、安全生产制度及执行情况等，通过直接到生产现场考察，获得企业生产第一现场的相关信息。

9.4.6　寄送询证函

询证函是由注册会计师（或其他鉴证业务执行人）以审计者的名义向被询证人发出的，用以获取被询证人对被审计者相关信息或现存状况的声明。

银行询证函是向银行发函询证银行存款、银行借款、托管证券、应付票据等情况的函证，金融机构应当按照财政部、中国人民银行有关文件的规定做出答复。

律师也可以通过发询证函的方式向公司所属政府各职能部门核实情况，这也是尽职调查极为重要的信息来源。通过发函询证可以了解公司目前是否享受当地政府所给予的各种优惠政策，特别是税收方面的优惠，可了解公司在劳动及人事、环境保护方面是否存在违规行为及是否受到过行政处罚等。通常，律师会申请出具相应的证明文件，如完税证明，在劳动及人事、环境保护方面未受到行政处罚的证明等，以作为制作尽职调查报告的重要基础性文件。

9.4.7　走访行业协会、商会及行业主管部门

走访当地的行业协会、商会及行业主管部门，可以对该行业的现状和发展情况有充分了解，同时也可以了解该企业在本行业的地位及真实经营情况，从而有效地印证企业所陈述或提供资料的真实性及企业的诚信度。

9.4.8　要求管理层出具声明书、承诺函

对于有些仅通过企业提供资料无法予以核实的问题，或者穷尽当前可能采用的手段仍无法了解其真实情况的问题，律师可以通过取得公司及其管理层出具的、表明其提供文件和资料内容属实且无虚假记载、误导性陈述或重大遗漏

的"谈话笔录""声明书""承诺函"方式来解决。要求管理层出具声明书、承诺函等可以敦促其提供遗漏的重大资料，加强其责任心和法律风险意识，并承担未提供资料及保障资料真实性的责任。但这种方法只能在无法搜集相关资料的情况下作为一种兜底的调查方法使用，律师不能以此来替代其应从事的调查、验证工作。

9.4.9　秘密调查

秘密调查指在被调查人不知道的情况下进行的调查。该种方式下，律师主要通过接触客户的关联企业、竞争对手、商业伙伴或个人、行业协会等渠道获取有价值的信息。采用秘密调查，可以摆脱利益的干扰，很可能获得真实信息。秘密调查也可以作为其他信息来源渠道的印证、验证方法之一。

9.4.10　委托调查

律师在征得委托人同意的情况下，对于一些非法律方面的问题，也可以通过委托专业的中介机构进行部分或全部信息的调查。如对客户的财务调查可以委托注册会计师进行；对于租赁物，也可以委托资产评估师进行资产评估，形成专业的评估报告；对于交易对手的信用状况，可以委托专业的征信机构等进行信用调查并形成结论。

9.4.11　其他方法

其他方法是指对诸如电话交谈、网络查询等方法的综合运用，通过各种渠道信息的互相印证，尽最大能力了解涉及尽职调查目的的重要信息。律师可以通过互联网公开披露的信息检索到一些情报、资料，进一步了解情况；通过各种媒介搜寻有价值的资料，这些媒介包括报纸、杂志、新闻媒体、论坛、峰会、书籍、行业研究报告、官方记录等。搜寻调查时应注意信息渠道的权威性、可靠性和全面性。

通过多种渠道、方法及途径进行尽职调查，其中一个目的就是可以对一些重要的内容和信息进行互相印证，保证信息的真实性，发现问题以便验证问题。特别是涉及企业资产、负债、合法性及资质等一些重要的问题，必须确保通过尽职调查全面、真实地了解情况，不得有任何失误；否则，将对尽职调查的实质性目的产生影响，甚至影响客户对被调查对象的判断和对交易机会的把握。

9.5　律师从事法律尽职调查的要求

法律尽职调查是一项专业的法律服务项目，由于其涉及面广而且工作量大，所以对律师的要求比较高，需要律师有丰富的尽职调查经验。法律尽职调查是大部分非诉讼业务的前置业务和基础性工作，法律尽职调查的工作成果直接关系到相关法律业务是否可行和下一步业务的推进，而且企业及项目中存在的部分问题都可通过尽职调查来揭示，所以对律师从事法律尽职调查提出了很高的要求。

1．丰富的尽职调查经验

很多刚开始从事非诉讼业务的律师面对尽职调查的清单和一堆材料时不知从何下手，不知如何分类收集的材料，不知如何有条不紊地推进尽职调查工作，以及在尽职调查工作中遇到问题和当事人的咨询时不知如何答复等。律师在从事尽职调查工作时，要不断地挖掘问题、发现问题、解决问题，解答当事人提出的各种疑难法律咨询，帮助企业规范、完善其相应的制度和手续等，这就要求尽职调查团队的负责人必须是在尽职调查方面拥有丰富经验的律师，对每个重点、关键点及疑难问题能提出指导性的意见和解决方案。

2．较高的责任心

法律服务是一项非常严谨的工作，不允许律师出现半点差错，哪怕是一个错（别）字、一个数字或一个标点符号的错误；否则，会因小失大，甚至给当事人造成巨额的损失。当事人对律师的工作成果的标准较高，如果发现问题，他们就会认为这个律师不够专业。所以从事尽职调查的律师必须具有高度的责任心，不能犯简单或低级的错误，否则会很容易被当事人淘汰。

3．充分的耐心

尽职调查涉及的内容繁杂，特别是股权融资尽职调查涉及面非常广，这就要求律师在从事该项工作时必须具备充分的耐心。不但要做到心中有数，还要准备好相应的书面清单、提纲，以供随时核对，一轮尽职调查完成后要及时汇总、反馈，发现遗漏的地方，及时做好记录。根据尽职调查的工作量及复杂程度，一般建议由两名以上的律师同时配合工作，其中一位全面负责，以通过互相审核来达到无缝的覆盖，这就要求律师必须具备充分的耐心。

4．追究到底的专业精神

大部分企业存在不同程度的企业治理及管理方面不完善、不规范的地方，包括很多上市公司，在尽职调查中会暴露很多已经存在的违法违规行为。基于保护隐私的心理及掩盖问题的目的，被调查企业总是企图隐藏自己的问题，即使在和律师事务所签订有保密协议的前提下，也不愿意将自己的问题充分与律师沟通。所以，这就要求律师在从事尽职调查工作时有一双敏锐的眼睛，能及时发现疑问并追究到底，直到了解事实。这样也有助于律师作为专业人员为企业进行相应的法律风险评估、规范，并提出建设性的解决方案和补救措施，避免问题的长期存在直至演变成真正的法律风险和危机，从而给企业带来实际的损失。

5. 深厚的法律理论功底和丰富的实践经验

通过尽职调查，律师可以发现企业存在的法律问题，评估业务合作、投资活动的可行性，根据企业实际情况对双方合作的交易架构设计提出专业意见与建议。这对律师的法律理论和实践经验提出了较高的要求和考验。尽职调查及其需要解决的问题，往往涉及民法、合同法、公司法、担保法、刑法和劳动法等多方面专业的法律知识和实务经验，这就要求律师不但要熟悉这些领域的法律法规、司法解释，还要大量研究这方面的案例判例，这样才会在交易架构设计时提出合法合规的建设性意见和建议。

6. 精益求精的职业精神和敬业精神

尽职调查时精益求精的职业精神主要体现在事必躬亲，对尽职调查工作应该有精细化的要求，制定具体的操作流程，规范操作的程序和法律文书的撰写要求。对于委托方关注的问题要进行透彻的解读，并提出不同的可比较的方案以供参考，切忌粗略化的操作和回避问题。

9.6　律师从事法律尽职调查的优势与特点

法律尽职调查是律师的一项专业性工作，但券商或其他一些调查机构、咨询公司、会计师事务所也会接受当事人的委托，对企业进行一些其他的专项尽职调查工作，如财务尽职调查、业务尽职调查等。作为专业的法律人，律师在从事法律尽职调查方面有较大优势。

首先，大部分律师毕业于法律专业，经过了全面、系统的法律理论教育，较好地掌握了系统的法学基本理论和大量的案例实践经验，所以会有比一般人更强烈、更敏锐的法律意识和法律思维。这种法律意识和法律思维不是一朝一夕就能养成的，是经过多年的法律教育、学习及大量的法律实践活动、案例研讨积累起来的。因此，律师在从事法律尽职调查时对每个具体问题和细节在法律上的认识、思考及其敏感性比一般人要专业得多、深刻得多、周到得多，这也有助于他们在从事法律尽职调查工作时发现问题、认识问题并能提出妥善的解决方案。

其次，律师大量的诉讼及非诉讼的实践经验，特别是一些资深的律师经过多年的执业，参加过各种专业的培训，使他们对问题的认识更深刻、更专业，使他们能够凭借敏锐的目光和专业的嗅觉，在一般人无法发现或者意识不到问题时发现问题。多年的诉讼实践，使律师对企业经营活动及对外交往中哪些节点容易发生法律风险，哪些潜在的法律风险在何种条件下容易演变成实际的纠纷、诉讼以及发生的概率等，都有相对准确的判断，同时也使其具备了对这些法律风险进行防范和解决的专业技能。

最后，律师大量的尽职调查工作、制作尽职调查报告实践及同行之间的交流与合作，也让他们不断地积累经验，不断地丰富专业阅历，从而保证尽职调查工作的全面性、规范性、专业性。反复的实践经验使得律师可以从企业的一个小问题中发现大问题，并通过现在的问题预测将来的法律风险，从而将潜在的风险作为现实的课题予以解决。比起今后可能发生的实际诉讼来说，防患于未然显然成本更低，更有助于企业发展。

第 10 章　开展法律尽职调查工作

10.1　律师如何参与尽职调查

10.1.1　法律尽职调查的基本步骤

　　法律尽职调查是一项专业性很强的律师工作和业务。律师除了需要具备扎实的法律专业知识和丰富的经验外．还应当具备丰富的尽职调查知识和经验，能认真细致地收集、整理、辨析及审核企业大量的资料，以便发现企业经营过程中存在的不规范问题及法律风险和瑕疵。为了达到良好的工作效果，律师从事尽职调查时应当遵循一定的程序、方法，按照一定的步骤进行操作。

　　（1）根据尽职调查对象的情况、目标和任务，组建律师尽职调查团队或中介机构尽职调查小组，小组成员包括律师、会计师及券商或者投资公司的人员，尽职调查小组的成员应当进行明确的分工。如果尽职调查涉及的问题专业且复杂，则可能需要多名一专多能的律师参与，比如既懂财务、经济，又懂知识产权的专业律师，另外需要一名总协调、总负责的经验丰富的律师。如果涉及其他方面的专业问题，也可以根据实际情况的需要由更多的专业律师或其他专业人员共同参与，分工协作。

　　（2）律师应就委托进行尽职调查的目的、任务、工作周期要求、目标企业的基本情况、服务内容等与委托人进行前期的充分沟通。了解目标企业是否符合本次经济活动相关法律规定或触及并购企业的红线，从而做出是否接受委托的决定。

　　（3）在初步沟通的基础上，确定好调查目标、调查清单、调查问卷、调查重点内容、调查对象和调查途径等，以确定尽职调查的初步方案和步骤。

　　（4）在向调查对象发送尽职调查清单、尽职调查问卷的同时签署保密协议，为正式入场开展尽职调查工作做好铺垫。尽职调查清单必须反映本次尽职调查的目的，并根据调查对象的具体情况做出适当调整，以适应实际的需要；同时，鉴于尽职调查清单涉及的内容庞杂，一些表达不容易理解，律师应在提供尽职调查清单的同时向企业人员逐页逐条解释，并聆听其关于清单的问题和疑惑。

（5）根据尽职调查清单，对调查内容逐项收集资料、核查、审阅，并详细记载发现的问题、存在的疑点。

在完成上述步骤后，律师应对前期的工作做好适当部署，如联系调查对象做好初步电话沟通；以邮件、QQ 或其他方式发送尽职调查清单，以便对方有充分的时间准备相应的资料；对尽职调查清单中不易理解的部分再次解释，核对已提供的资料及无法获得的资料。总之，律师应在初步达成合作协议后及时做好尽职调查的前期工作，以保证现场尽职调查工作的顺利进行。

10.1.2　律师接受尽职调查委托的手续

律师承办尽职调查业务应当办理以下手续。

（1）律师承办尽职调查业务必须经由其所在的律师事务所统一接受委托，统一指派。对于疑难、复杂的尽职调查，律师事务所应当指派专业、经验丰富的律师参与或者作为负责人进行把关。根据法律的有关规定，律师个人不得以任何形式或名义私自接受委托。

（2）律师事务所同意接受委托的，应由律师事务所负责人或授权代表签订委托合同，办理委托手续。接受委托后，如无正当理由，律师事务所不得随意解除委托。

（3）委托合同的内容由律师事务所和委托人协商确定，并由双方签署并加盖公章。委托合同应具备的实质性内容有：承办律师、委托事项、服务范围、工作方式、工作成果的形式及交付方式、双方权利义务、服务期间、律师费用的数额及支付方式、违约责任、合同变更和解除、争议的解决等条款。

（4）由于尽职调查工作涉及企业很多方面的经营信息和技术信息，为了解决企业此方面的顾虑，而且满足律师执业纪律的要求，双方应当在开展尽职调查之前签署"保密协议"，确定双方在工作中有关保密的权利与义务，以利于被调查对象打消顾虑，积极配合，提供真实的资料并如实地提供律师所需的信息，从而达成律师尽职调查的目的。

尽职调查既可以作为其他业务中的一部分工作，也可以作为其他业务中的前置工作，还可以作为一项独立的法律业务。

律师事务所可以单独就尽职调查法律业务接受委托，也可以在接受其他法律业务的委托中包括尽职调查的内容。

10.2   法律尽职调查中的交流与沟通

10.2.1   交流与沟通的目的、作用及意义

尽职调查是为了获得企业经营的真实信息，解决交易双方在交易过程中信息不对称的问题。由于尽职调查涉及企业及其控股股东、实际控制人、董监高的很多隐私问题，如企业真实的财务状况、占用资金情况、偷漏税情况、违法经营问题、控股股东及董监高的违法犯罪情况等，因此，出于自我保护的目的，被调查企业可能不愿意积极配合，消极应付，不愿披露某些方面的真实信息。这样就会影响尽职调查所获资料的真实性，从而无法达到尽职调查的效果和目的。所以，在尽职调查前后与被调查企业的控股股东及其有关方面的负责人进行交流和沟通就显得尤为重要。律师可通过晓之以理、明之以法的方式，让被调查企业充分了解尽职调查的目的、相应法律法规及主管部门的要求，以及其对开展业务合作、融资的重要性和必要性，告知被调查企业一旦不配合律师开展尽职调查或提供虚假信息可能面临的法律后果和商业风险等。事实上，律师在开展尽职调查工作前和尽职调查工作进行中，往往需要花费大量的时间和精力与被调查企业的实际控制人及有关负责人进行反复沟通，争取其支持与配合，以保证尽可能顺利地全面获取所需资料，从而保证尽职调查的有效开展与顺利推进，圆满完成任务。因此，交流和沟通对尽职调查工作的顺利开展及达成尽职调查目的具有非常重要的意义。

10.2.2   尽职调查开始前的交流与沟通

尽职调查，从纵向看，是核查企业从成立之初至被调查日的情况；从横向看，涉及的内容涵盖了企业生产经营、对外投资、债权债务、抵押担保等人、财、物等各个方面。

为了提高尽职调查的效率，保证尽职调查的顺利进行，必须事先跟被调查企业的相关人员进行充分的沟通，以取得其理解与支持。因此，在开展全面尽职调查之前必须完成以下工作。

1. 与被调查企业相关人员进行初次沟通

初次沟通时，律师一般会对被调查企业的控股股东、总经理或者财务负责

人就尽职调查的目的做出详细的说明，并解答对方的疑问，争取对方的理解。特别是在提供材料、人员配合、前往政府部门或机构搜集资料的配合等方面，离不开企业的支持与配合。

2．获取所需资料

在初次沟通后，如果获得对方的许可，则可考虑要求对方提供初步资料，如企业的营业执照、相关的经营许可证、企业经营情况介绍、股权架构等。

10.3　法律尽职调查中的交流与沟通的具体内容

一旦正式开始尽职调查，律师就要进入被调查企业现场，需要跟被调查企业有关部门及负责人对接，所以这一阶段的交流与沟通主要以当面交流与沟通为主。

当面沟通的好处显而易见，通过对被调查企业提供资料的初步审核，律师在做好问题记录的同时可以及时要求其补充。如果有表述比较抽象或模糊的地方，可以当面予以解释说明，方便双方之间的互动，这大大提高了尽职调查的工作效率。

针对在尽职调查中，和企业控股股东、实际控制人或主要负责人当面沟通的重要性与必要性，以下几个要点以供参考。

（1）与被调查企业实际控制人及相关负责人的第一次面谈及后续工作安排。

初次见面的双方存在陌生感，所以彼此在交流中会有一定的隔阂。第一次面谈中，律师首先应当为双方的交流创造良好的气氛，很多话题及问题不要急于展开，可随着不断的熟悉而步步深入。可由对方作为主人先介绍一下企业的基本情况，如业务范围、营业收入、利润情况、债权债务、抵押担保、涉诉情况及未来发展规划等。我方可以介绍本次前来尽职调查的目的、任务，需要对方在哪些方面予以配合、支持；也可以了解一下对方对本次尽职调查的一些想法、期待，以及对尽职调查的看法等，了解对方通过本次尽职调查需要达到的目的、要解决的问题。在此基础上，我方可以针对性解释一下尽职调查的作用及其重要性、必要性。

其次，应当对我方提供的尽职调查清单逐页逐项向对方解释。譬如什么叫作重大经营合同、同业竞争及关联交易等。

初步沟通后，就可以切入主题了。作为专业的律师业务，法律尽职调查涉及的内容面广、量大，相关文件涉及较多专业术语，准确理解确实具有一定的难度。这就需要律师进行相关解释，以保证对方配合提供资料时能够充分了解，密切配合，保证资料及信息的准确性，沟通的有效性和高效性。

对尽职调查清单逐条解释是律师首次到现场工作的重要内容之一，这直接关系到后续工作的顺利配合与推进。这个环节需要双方进行充分的沟通，并且将责任落实到对接的每个人，明确工作的截止日期，以确保整个尽职调查工作的有序推进，不因个别工作的拖延而延误整体的进度。

很多尽职调查会出现以下情况：见面谈得热火朝天，或就某个问题谈得很深入，但缺乏对全局的把握，没有对前后工作进行妥善的安排，导致一旦律师离开，工作就无法推进。所以，律师在第一次现场面谈或访问时必须做好详细的规划：一要提出存在的问题、研讨解决的方案及收集补充的材料；二要充分交流，做好尽职调查工作的后续安排，将工作落实到人。

最后，根据双方交流的情况，适当深入交流目标企业存在以及可能存在的问题，并在事后通过其他手段进一步追踪了解全部的情况。至少要提及尽职调查可能涉及的主要方面，如控股股东的银行征信报告、新三板业务中涉及的一些红线问题，如股权代持、同业竞争与关联交易、控股股东及企业的涉讼情况、近两年企业受过的行政处罚等。虽然不可能在第一次见面时解决全部问题，但至少要让对方有心理准备。

（2）将与被调查企业的实际控制人及相关负责人的第二次或第三次当面交流资料进行全面的整理，针对发现的问题及时进行方案的整改，以符合业务的合规性要求。

譬如在新三板业务中，整改的依据主要有两点。

①必须符合全国中小企业股份转让系统相关法律法规的要求。

企业的有些做法，虽然并不违法，但不符合资本市场的要求。资本市场对企业的某些方面提出了更高的要求，以确保企业在进入资本市场后不存在潜在的争议和法律风险，以及由此导致的企业经营及股权结构的不稳定性和不确定性。

②必须本着为被调查企业节省整改成本的原则，在合法的范围内尽量减少其成本开支。

在符合法律要求的前提下，律师应该为企业充分考虑，尽量减少其整改的成本支出，在对整改的各种方案进行综合比较、考虑并全面衡量的情况下向企业推荐最优或次优的方案。这样既符合合法合规性的要求，又能遵从高性价比、低成本的要求，更容易为被调查企业所认可和接受，并得到其配合。

（3）与券商、会计师事务所等其他中介机构进行沟通、交流。

　　无论是通过尽职调查来了解并购对象的情况，还是通过尽职调查提供法律意见书解决企业挂牌新三板问题，法律尽职调查往往只是整个尽职调查工作中的一部分。实务中，律师可能与券商、会计师事务所、资产评估机构等中介机构的人员一起工作，或者在并购中与财务经理、投资经理等组成一个团队联合开展工作。所以，律师开展尽职调查只是整个尽职调查的其中一环。不同的调查主体，其关注重点可能不同。譬如在尽职调查中，律师和会计师会要求被调查企业提供企业历史沿革、资产权属的相关证明、重大合同等资料；而券商从全局的角度把握，也需要在倾听律师和会计师专业意见的基础上形成自己的结论。所以，在尽职调查的不同阶段各方需要召开阶段性的交流会，就已发现的问题进行论证，发表各自的专业意见，达成共识，以便为下一阶段的工作开展提供指导性意见及明确方向。

　　这种交流会没有固定的形式要求或者次数要求，首次交流会一般会在被调查企业已提供了大部分材料且律师已完成初步尽职调查并发现了问题，并将问题梳理、整理成形之后召开。对于会中存有疑惑的问题，通过会后调查，在下次会议中进行解答，如果仍不能解答，则重点在实地考察中求证。最后根据会议讨论结果，编写《企业准备资料清单》《重点考察问题汇总》《尽职调查行程安排》。

　　（4）与企业相关负责人的访谈。

　　访谈前要制定访谈提纲，防止遗漏，可参考《重点考察问题汇总》。至少要提前两天制定日程安排表，并告知目标企业访谈时间、主要内容等，同时提供材料准备清单，要求目标企业按实际情况准备。

　　访谈时要保持平等合作、谦虚尊重的态度。在索要材料时，要注意把握语气，采取正确的方式方法。

　　访谈的同时应当制作笔录，笔录内容包括：参加人员及其职务、访谈时间、访谈地点、主要访谈内容；记录时要注意细节，涉及名称、数据等信息要经过核实无误再进行记录；对重要内容要做好特别标记。

　　访谈记录要及时整理并作为重要文件予以存档。访谈内容要全面，逻辑清晰、条理分明，不可简单罗列；搜集的资料要归类整理，并登记入册。

　　在谈话的过程中，如发现事先没有提出准备的新资料，需及时记录补充。

10.4　法律尽职调查中沟通的技巧与策略

　　沟通需要一定的技巧与策略，这样才能顺利高效地达到尽职调查的目的，下面是一些技巧与策略。

1. 渐次推进法

渐次推进法又称分步推进法。初次见面时一般是礼节性寒暄，主要涉及以下内容的简单介绍：企业及尽职调查团队双方的情况，尽职调查工作的内容、基本要求，工作流程、步骤及时间安排，工作计划等。

由于尽职调查工作的特殊性，需要完成对企业各方面信息的收集，工作量大，内容庞杂。有些内容是当事人不愿意透露的，这就需要律师进行事先规划：每一次见面要推进到哪个层次，如何推进，如何挖掘更深层次的内容。第一次沟通时尽量获得对方的基本信任，尽量消除对方对尽职调查工作不必要的顾虑，从而为第二次、第三次深入沟通打好基础。

在第二次、第三次沟通时，就要根据前期沟通的情况、双方之间的信任度及熟悉程度确定需要了解的内容。譬如新三板企业，特别关注涉及全国中小企业股份转让系统的十大红线问题等。这种情况下，通过适当的前期沟通，慢慢切入主题，引导被调查对象主动披露这方面的内容和线索，以便律师深入了解企业经营可能存在的问题。

2. 单刀直入法

一旦第一次、第二次沟通的效果不错，律师就应该趁热打铁，及时试探被调查对象是否存在其他不为自己所知的信息，如企业及其控股股东、董监高是否存在违法经营的问题、股权代持问题、占用资金问题，三年内遭遇过的行政处罚及其原因等。问题越早暴露越好，这样有利于律师有充分的时间应对并提供整改方案。

3. 互相配合、分工协作

尽职调查工作有时仅仅是律师一方的工作，有时是和其他中介机构人员一起工作。如果尽职调查是在券商的领导下统筹开展的，则律师需要在工作中与其他各方互相配合、分工协作。这样一方面可以实现信息及资料共享，另一方面也可以实现多角度的论证，并在向企业索取资料、了解信息及挖掘问题时实现分工协作，以最大限度地实现尽职调查目的。

4. 多层次、多渠道、多方法、多角度

尽职调查工作的方法多样，不应局限于向企业索取资料，律师还可以通过在被调查企业配合下向政府主管部门查档、复制获取公开的企业资料，以及通过网络查询、寄送询证函、向被调查企业竞争对手了解情况、咨询行业协会等各种渠道获取信息，并对获取的信息进行互相比对，以确认信息的真实性。

第 11 章　法律尽职调查重要内容

11.1　主体资格

公司主体资格，是指公司独立经营、对外承担民事责任的资格和能力。独立经营，是指公司具备独立面向市场，自主组织生产和经营，自主销售产品和服务以获取收入及利润，自我生存及自我发展的能力。独立承担民事责任，即公司法人以自己所拥有的财产承担它在民事活动中的债务，以及法定代表人或公司的其他人员在法定代表人委托下所进行的民事活动中给他人造成损害的赔偿责任。独立即任何法人的债务只能由它自己承担，国家、投资者和法人组织内部的成员不对法人的债务负责，因而，公司法人必须拥有必要的财产作为保证。

对公司主体资格的审核，主要审核内容包括公司的营业执照（正副本）、贷款卡、财政登记卡（正副本）、企业征信报告、对外贸易经营许可证（如有）、外汇登记证及其他批准证书或许可证（如有）；与环境和质量、安全等有关的证件或许可、认证文件；现行有效的高新技术企业认定证书、高新技术产品认定证书、国家重点新产品证书（如有）；与企业生产经营有关的其他授权文件或证明文件；公司已经取得的所有政府许可文件、证书和行业相关资质文件等；生产经营资质等公司自主经营及承担责任所必备的基本条件、资质及相关证书，最新的公司章程等。

通过对公司主体资格相关资料的审核与了解，可以初步了解被调查公司的基本架构与轮廓，可对公司当前是否合法存续并有效存续形成初步的判断与印象，为进一步开展尽职调查奠定基础。

关于公司主体资格情况的尽职调查报告的内容主要涉及以下几个方面。

1. 公司为依法设立的有限责任公司

公司系由南京×××、自然人×××、××作为发起人于××××年××

月××日发起设立的，现持有注册号为"32010040391××××"的企业法人营业执照；注册资本和实收资本均为×××万元；法定代表人为×××；所在地为南京市六合区××路××号；经营范围为：××××。

根据公司目前持有的企业法人营业执照、公司章程和工商登记资料记载，公司目前的基本信息如表 11 - 1 所示。

表 11 - 1　　　　　　　　　　　公司基本信息

项目	具体内容
公司名称	××市××有限公司
注册号	32010040391××××
公司所在地	南京市六合区××路××号
法定代表人	×××
注册资本	×××万元
实收资本	×××万元
公司类型	有限责任公司
经营范围	××××（依法须经批准的项目，经相关部门批准后方可开展经营活动）
成立日期	×××年××月××日
营业期限	×××年××月××日至×××年××月××日
登记机关	×××

2. 公司合法存续

（1）根据公司的说明、本所律师核查及控股股东的承诺，公司及其前身××公司自设立以来，在经营过程中不存在违法违规行为，不存在受到工商行政处罚的情形。

（2）根据公司及其前身××公司的工商登记资料及公司年度报告公示文件，并经本所律师核查，公司及其前身××公司已通过了自设立以来的历次工商年检（按照工商年检的要求及时提交了年度报告）。

（3）根据公司说明并经本所律师核查，截至本法律意见书出具之日，公司作为一方当事人的合同、协议不存在可能导致公司主体资格终止的内容；公司不存在营业期限届满、经营资质到期终止或无法获得、股东大会决议解散、因合并或者分立而解散、不能清偿到期债务被宣告破产、违反法律法规被依法责令吊销营业执照或者关闭等需要终止的情形。

笔者认为，公司系依法设立并合法存续的有限责任公司，截至本法律意见书出具之日，不存在法律、法规、规范性文件及《公司章程》规定的需要终止的情形，具备本次×××的主体资格。

3．公司持有的登记证书及相关经营资质

×××现持有"营业执照"，统一社会信用代码为××××××××××
×××××××，营业期限自×××年××月××日至×××年××月×
×日。

×××现持有"开户许可证"，编号为 3010 - 0396×××，开户银行为
中国银行南京市××支行，账号为 5226093×××。

×××现持有的贷款卡，流水号为 320101001305×××。

根据公司生产经营的产品及服务内容，公司已经相应取得了主管部门核发
的下列行业资质证书：

×××经营许可证，许可经营范围：×××，经营期限自×××年×
×月××日至×××年××月××日为止。

经本所律师核查，××公司具备其生产经营产品和服务所需要的相关资质
证书，系合法合规经营，并且在后续的营业执照期限内具备相应的条件能获得
持续的经营资质许可。

综上所述，通过和被调查对象的初步对接，根据其提供的关于公司主体资
格的基础资料，大致对公司当前的情况有了了解。

11.2　设立和存续

（一）公司的设立

公司是否依法设立，直接关系到公司的产生及存在是否具有合法性。很多
公司在设立时聘请专门负责注册公司的公司，将公司设立全权交给其代为办理，
包括代为填写相关资料、代为起草（常常是直接购买或下载）公司章程（模
板）、代为出资及代为验资（出资后再抽走，按出资金额及周期支付一定比例的
报酬）等。每一家公司及其股东都有着不同的设立公司的目的、业务发展规划。
股东之间关于权利义务的分配，尤其是一些重要的事项，如股东会、董事会的
召开，名额的分配与产生，重要问题的表决方式，以及许多个性化且重要的事
项，本应当在公司章程重要的部分得到充分体现，却因为一份千篇一律的公司
章程模板而根本未有涉及。如果股东之间存在相同或近似的经营理念、经营目
标，并且互相之间能够很好地包容，公司的发展可能很顺利。但若以后出现一
些问题，而公司章程中没有明确规定处理办法，各方又无法达成一致意见时，

就会产生股东纠纷甚至导致公司陷入僵局。所以，公司章程是尽调律师应重点关注的内容之一。

几乎所有尽职调查的初始工作都会要求公司提供全套的工商登记资料，律师查阅、复制或扫描这些资料。对参与尽职调查的律师来说，规范操作的要求是在企业相关人员的陪同下，携带企业开具的介绍信前往企业登记注册所在地的工商行政管理部门对其工商登记资料进行查阅、复制，并要求工商部门对全部资料加盖骑缝章后取回。这样做一方面可以保证登记资料的真实性和整个查阅程序的合法合规，另一方面可以防止企业为了达到目的而造假。

1. 重点关注内容

对于企业工商登记信息的查阅、审核，重点应关注以下内容。

（1）公司设立程序、工商注册登记的合法性、真实性，相关信息、重要法律文件的完整性，以发现其中存在的问题。

（2）公司设立时全体股东的出资是否及时到位，出资方式是否合法，是否存在出资不实、虚假出资、抽逃出资等情况。

根据《公司法》及其司法解释的规定，公司出资不实，其他股东有权要求其出资到位，否则可以要求该股东承担违约责任，公司章程对此有相应规定的，按规定处理；另外，股东出资不实的，其他股东应对该股东出资不实承担连带责任。由此可见，出资不实会给股权结构及股东利益带来不稳定性及不确定性。股东如果存在抽逃出资的情况，则根据法律规定，应及时将抽逃的资金归还公司，并承担由此给公司造成的损失，包括按照银行同期贷款利率支付相应的利息。

（3）货币出资是否经过验资并由会计师事务所出具验资报告。根据法律规定，股东一旦出资并完成了转移手续，该部分股东资产就成了公司资产，以便公司独立对外承担相应的法律责任。验资，则是股东出资的必经步骤，可以证明股东已按照公司章程履行了自己的义务。

根据新《公司法》对公司注册登记制度的改革，注册资本由"实缴制"改为"认缴制"，新注册的公司已不再需要提交验资报告。但一些特殊的行业的企业，如需要获取行业特定经营资质的企业，只有根据该行业的部门规章及管理规定进行验资以证明出资到位且符合行业经营资质要求，才有权在取得行业经营资质后被允许从事该方面的经营。

（4）作为出资的非货币财产是否经过了评估作价，审阅评估报告；非货币财产是否已过户到公司名下，是否由公司实际占有并使用。

对于非货币财产出资，首先需要评估作价，出具资产评估报告（对于拟挂牌新三板的公司来说，必须选择具有合法资格的资产评估机构出具的资产评估报告才有效）；其次需要将非货币财产过户至公司名下。《公司法》第二十七条规定："对作为出资的非货币财产应当评估作价，核实财产，不得高估或者低估作价。法律、行政法规对评估作价有规定的，从其规定。"第二十八条规定："……以非货币财产出资的，应当依法办理其财产权的转移手续。"

《最高人民法院关于适用〈中华人民共和国公司法〉若干问题的规定（三）》第九条规定："出资人以非货币财产出资未依法评估作价，公司、其他股东或者公司债权人请求认定出资人未履行出资义务的，人民法院应当委托具有合法资格的评估机构对该财产评估作价。评估确定的价额显著低于公司章程所定价额的，人民法院应当认定出资人未依法全面履行出资义务。"第十条规定："出资人以房屋、土地使用权或者需要办理权属登记的知识产权等财产出资，已经交付公司使用但未办理权属变更手续，公司、其他股东或者公司债权人主张认定出资人未履行出资义务的，人民法院应当责令当事人在指定的合理期间内办理权属变更手续；在前述期间内办理了权属变更手续的，人民法院应当认定其已经履行了出资义务；出资人主张自其实际交付财产给公司使用时享有相应股东权利的，人民法院应予支持。

"出资人以前款规定的财产出资，已经办理权属变更手续但未交付给公司使用，公司或者其他股东主张其向公司交付、并在实际交付之前不享有相应股东权利的，人民法院应予支持。"

从以上规定可以看出，律师核查公司股东是否已全面、适当地履行了出资义务时，特别是根据约定以非货币财产出资的，应从以下几个方面进行审查。

①是否已委托具有合法资格的评估机构对非货币财产评估作价。

②是否已将非货币财产过户至公司名下。

③是否已将非货币财产实际交付给公司使用。

只有股东全部履行了以上义务，才是股东正确地履行了财产的出资义务。

（5）公司国有资产是否经过专门的评估机构评估并出具了评估报告。

公司中存在国有资产的，需要对国有资产来源进行审核，即审核国有资产是由发起人投入的，还是通过股份转让而来的。若将国有资产股权转让给其他自然人、法人，则需要对该部分股权的出资进行审核；如果国有资产出资表现为非货币资产出资，则需要专门的评估机构出具评估报告；如果国有资产出资表现为货币出资，应该有相应的验资报告。

（6）外资企业及国有企业的设立应取得相关政府部门的审批，并审阅相关的批准文件。

对于外资企业审批权限的规定，按照《外商投资产业指导目录》分类，鼓励类、允许类项目1亿美元以下，限制类项目5 000万美元以下（转制企业以评估后的净资产值计算）的外商投资股份公司的设立及其变更（包括限额以下外商投资上市公司其他有关变更），由省级商务主管部门负责审批，但涉及对外商投资有专项规定的行业、特定产业政策、宏观调控行业以及外国投资者对上市公司进行战略投资的，仍按对应的特定政策办理或按有关规定报商务部审核。

因此，除法律、行政法规以及国务院决定对特定行业注册资本最低限额另有规定外，外商投资企业改制为股份有限公司，其注册资本无须一定要达到人民币3 000万元。

（7）是否存在股东、董监高、关联方占用资金的情况。

有的公司股东兼管理者，把自己设立的公司当成"专属银行"，不同的公司就是自己不同的"钱袋子"，想用钱时随时取现。这种行为违反了公司资产独立原则。尽职调查的一项重要内容，就是要了解公司股东（特别是控股股东）、董监高及其关联企业是否占用公司的资金。

（8）是否存在股东以与公司主营业务无关的无形资产出资的情形，出资的无形资产是否经过了评估，是否存在评估价格高估的情形。

作为企业资产的一部分，无形资产对构成企业的核心竞争力起着越来越重要的作用。特别是对于一些新兴产业的企业而言，如软件、高端装备制造、生物医药等高新技术企业，无形资产有时比有形资产更重要。但一些企业为了增加注册资本，或者为了取得某种行业资质，通过夸大无形资产的价格或改变评估价格的方式，或者购入根本没实际使用价值的专利等来虚增注册资本，这就需要律师在尽职调查时对无形资产进行仔细审核。

首先，应了解该无形资产的来源是否合法，是股东出资的还是企业购买的，是否有相应的评估报告。其次，应仔细了解用于对企业出资的无形资产与企业实际从事的主营业务有无密切关系。若该无形资产对企业经营没有价值或价值很小，或企业从来没有使用该无形资产，或无形资产投入企业后未产生相关效益，则可认定相关股东并未真正履行出资义务或未足额出资。最后，建议解决方案是由有资质的评估机构对该无形资产重新评估以确定其实际价值，不足部分应由以该无形资产出资的股东以货币形式补足；如果该股东无力以同等金额的货币补足，则只能通过法定的程序履行减资手续。

2. 需要审查的文件、资料

（1）公司（包括其分支机构）名称预核准通知书。

（2）公司设立时的公司章程。

（3）公司设立时的验资报告（有无代验资问题）。

（4）公司（包括其分支机构、子公司）设立时的批复、批准文件（如有）。

（5）公司（包括其分支机构）设立时的企业法人营业执照（正、副本）。

（6）股东以非货币资产出资的，对非货币资产的评估报告（如有）。

（7）以非货币资产（实物、知识产权、土地使用权等）出资的，该等非货币资产过户到公司名下的证明文件（如有）。

（8）以国有性质的实物资产出资（如有），对作为出资的实物所进行的国有资产评估报告以及国有资产管理部门出具的对国有资产评估结果的确认或备案文件（如有）。

（9）公司设立时的出资合同或股东协议、发起人协议（如有）。

（10）公司设立时的股东名册（如有）。

（11）公司设立时法定代表人签发的股东出资证明书（如有）。

（12）公司（包括其分支机构）设立时的其他登记文件，包括但不限于以下几类。

a. 统计登记证（如有）。

b. 企业国有产权登记证（如有）。

c. 外汇登记证（如有）。

d. 财政登记证（如有）。

（13）公司设立时的董事会和监事会构成文件。

（14）其他有关公司发展历史的背景文件，包括但不限于公司的前身组建，公司历史上的重大事件的简要说明等（如有）。

（15）公司与其母公司、子公司、关联公司或其前身的关系网络图及其清单（如有）。

（16）公司法定代表人、董事、监事的任职资格声明、任职文件及其身份证明。

（17）公司（包括其分支机构）设立至调查日的所有工商登记档案。

（18）当地工商网站上披露的公司（包括其分支机构）基本登记信息资料。

（19）访谈调查笔录和其他有关文件。

由于公司主要通过向各地工商行政管理部门提交文件的方式设立，所以该部分的内容及资料保管在工商部门。要了解公司设立情况，应通过向公司所在地工商部门查询、复制其工商档案全部信息的方式实现。

（二）公司的存续

公司的存续，反映的是一个公司发展的进程。自公司成立以后，由于各种情况变化，包括主观的及客观的情况变化，需要对公司的有关要素进行相应的变更。例如为了扩大市场、引进人才等需要增资扩股，需要引进新的股东，需要整合外部的战略资源为公司所用；公司办公地址的迁移与变更，公司经营范围、名称的变更等。发生上述变更时，需要及时变更工商登记的相关信息，以向社会公示。为了验证公司的历史演变是否合法合规以及是否符合公司章程的要求，就需要对相关资料进行审核。对公司存续的尽职调查的内容如下。

1．调查的主线

（1）目前的股权结构是怎样形成的。

（2）目前的主营业务及资产是如何形成的。

2．调查内容

（1）公司设立以来的变更情况，如地址、名称、股东、经营范围。

（2）公司成立以来股权结构的变化及增资扩股情况。

（3）公司成立以来主要发展阶段，及每一阶段变化发展的原因。

3．资料审核

律师应对公司的存续及其相关资料进行审核，具体内容如下。

（1）"三会"文件：公司在变更过程中是否按照公司章程召开股东会会议，是否按照公司章程规定提前通知全体股东，股东到会人数是否符合要求，表决程序是否合规，决议是否经过半数或超过 2/3 股东同意，是否存在法定无效的情形。

（2）政府批准文件、评估报告、审计报告、验资报告、股权转让协议等。

（3）重大股权变化。

a. 历次增减资、股东变动的合法、合规性；股本总额、股东结构和实际控制人是否发生重大变动。

b. 公司增资扩股过程中是否存在违法行为，有无因未考虑其他股东优先权而被撤销的情形；增资控股的股本若为非现金是否经过资产评估，相关财产是否已过户到公司名下。

c. 历次股权转让的背景或原因，受让方资金来源（是否存在股东受让股权的资金直接或间接来自本公司的情形），转让的法律程序是否完备，是否存在纠纷或潜在纠纷。

d. 新进入股东（尤其是自然人股东）的身份及背景，投资的合理性，新进入股东与该公司及其实际控制人、公司高管、相关中介机构的关系。

e. 转让价格或定价依据是否合法，是否属于关联交易或存在利益输送的情形。

f. 股权转让相关损益安排，股权转让款是否已实际支付，股权转让完成后公司股权架构及实际控制权的变化。

g. 股权转让涉及国有资产或集体企业资产的，是否履行国有资产或集体企业资产转让的程序，操作不规范的要取得省级国资委、省政府的确认。

h. 股权转让还应关注历次股权转让过程中纳税义务的履行情况，是否存在潜在税务风险。

i. 某些情况下还应说明该股权转让对公司财务结构、公司战略以及未来发展方向等方面的影响。

j. 在股权转让后是否相应修改了公司章程和股东名册中有关股东及其出资额的记载，是否履行了相应的工商登记信息变更手续；若未及时履行上述法定义务，可能产生公司股东和目标公司之间的潜在纠纷。

（4）重大资产变化。

a. 调查目的：判断重组行为是否导致目标公司主营业务和经营性资产发生实质变更。

b. 调查内容："三会"文件、重组协议文件、政府批准文件、审计报告、评估报告、中介机构专业意见、债权人同意债务转移的相关文件、重组相关的对价支付凭证和资产过户文件。

（5）公司变更完成后是否履行了相应的工商变更登记程序及相关文件。

4．调查方法

（1）查阅工商登记信息中关于变更的内容，重点关注历次股权变更时的验资报告和资产评估报告。

（2）访谈相关人员。

5．存续期间合法合规的总体要求

根据《首次公开发行股票并上市管理办法》的规定，对存续期间合法合规的总体要求为：

（1）股东历次出资到位，不存在虚假出资、委托持股、信托持股、职工持股及工会持股的情形。

（2）股权清晰，主要股权没有重大权属纠纷。

（3）最近三年实际控制人没有发生变化。

（4）最近三年主营业务没有发生重大变化。

11.3　公司独立性

（一）公司独立性的概念及目的

根据《首次公开发行股票并上市管理办法》《全国中小企业股份转让系统股票挂牌条件适用基本标准指引（试行）》以及其他相关法律法规的规定，企业上市或挂牌新三板的主要条件之一就是企业资产完整，业务及人员、财务、机构独立，具有完整的业务体系和直接面向市场独立经营的能力，与控股股东、实际控制人及其他关联企业间不存在同业竞争以及严重影响公司独立性或者显失公允的关联交易。

独立性问题主要分为以下两类。

（1）对内独立性不够，这是改制不彻底造成的，表现为对主要股东的依赖，体现为关联交易、同业竞争、资金占用和资产独立性等问题。

（2）对外独立性不够，主要表现为存在对主要客户、原材料、市场等第三方的依赖。

（二）调查目的

对公司独立性调查的目的，就是了解、确认公司具备独立的自主经营能力，没有对股东、单一大客户及其他方面的依赖性，具备自主经营、自负盈亏、自我积累、自我发展的能力，能充分利用公司所有的生产要素持续地为社会提供产品和服务以获取营业收入及利润的能力。

11.4　股东资格

股东的资格问题，涉及公司股权的合法性及稳定性问题，调查人员主要通过审阅以下材料了解与把握。

（1）公司章程。

（2）验资报告。

（3）股东名册。

（4）关于股东背景的情况说明（说明个人股东是否为中共党员，是否为公务员、国有企业领导干部及负责人，是否为国有企业职工，是否为证券公司从业人员，是否为一人公司股东、机构股东，是否为外商投资企业、金融企业、信托公司、融资性租赁公司等，视情况而定）。

（5）自然人股东居民身份证、护照或其他合法证件；自然人股东的个人征信报告。

（6）中方法人股东的企业法人营业执照、社团法人登记证（如存在）。

（7）外国法人股东的审阅注册证书及对注册证书的公证认证文件（如适用）。

（8）关于股权是否存在的股权质押情况的说明，如存在股权质押的，审阅以下文件。

①关于股权质押情况的简要说明（主要说明股权质押的发生原因、各方为股权质押签署的协议或文件及其履行状况）。

②股权质押所担保的主债权文件。

③股权质押协议。

④记载股权质押的股东名册。

⑤股权质押的工商登记文件（如有）。

⑥其他与股权质押有关的任何文件。

（9）关于公司是否存在集资入股情况的说明，如有此类情况，审阅以下文件。

①关于集资入股情况的简要说明。

②有关集资入股所取得的政府批准文件。

③参与集资的人员名册。

④集资金额明细。

⑤关于集资用途的书面说明。

⑥其他与集资有关的任何文件。

对于集资入股的问题，要从其合法性方面审查有限责任公司股东数是否突破 50 人，股份有限公司股东数是否突破 200 人，是否存在非法吸收公众存款甚至集资诈骗的问题。

（10）关于公司股东是否存在代持股/信托的说明，如有此类情况，审阅以下文件。

①有关代持股/信托情况的简要说明（主要说明代持股/信托的发生原因、各方为代持股/信托签署的协议或文件及其履行情况）。

②代持股协议/信托协议和其他履行证明文件。

③可转换债募集说明书。

④关于可转换债券持有人情况的说明。

11.5 业务、质量、技术及商业模式

公司的业务、质量和技术，是一个公司的核心，是公司赖以生存和发展的基础，所以是尽职调查的核心内容。

关注公司的业务、质量和技术，目的是准确了解公司所提供的产品和服务是否有市场，质量是否符合市场及采购方的要求，技术是否先进及符合市场的需要，是否构成公司的核心竞争力且不可替代，或者公司在技术方面有自己专有技术及独特的优势，后续是否还存在较大的发展空间等。更深层次的目的是要了解公司是否确立了一个成熟的为市场所接受的商业模式，并因此而产生一定数额的销售额以及稳定的现金流；公司确定的盈利模式是怎样的，以及以上模式是否具有可持续的成长性。

新三板挂牌有很多具体的要求，但其核心问题是通过尽职调查确认公司未来是否具有持续经营能力及可持续的成长性，关注的内容都是围绕这个主题展开的。

通过查阅公司业务制度、实地考察公司经营过程涉及的业务环节、对主要供应商和客户访谈等方法，结合公司行业特点，了解公司关键业务流程。具体包括但不限于以下情况。

（1）供应链及其管理，公司对供应商的依赖程度及存在的经营风险。

（2）主要产品的生产流程或服务流程、生产工艺、质量控制、安全生产等。

（3）营销体系，包括销售方式、是否有排他性销售协议等壁垒、市场推广计划、客户管理，公司对客户的依赖程度及存在的风险。

（4）公司研发能力及研发投入情况，产品的研发和质量控制体系；核心产品或服务的研发流程、周期以及更新换代计划。

（5）根据产业链分工情况，调查公司是否将营运环节交给利益相关者，如是，阐明其合作关系或商业联盟关系以及风险利益分配机制及分配方案。

（6）重要资本投资项目（如规模化生产、重要设备投资等）的投资流程，包括投资决策机制、可行性和投资回报分析等。

（7）其他体现所处行业或业态特征的业务环节。

公司的业务、质量、技术及商业模式具体又可以分为以下几个方面。

（一）业务总体情况

（1）公司对目前从事的主要业务的具体说明，包括以下方面。

①公司所经营的业务种类；公司成立以来业务类型、种类、发展情况、生产能力、盈利能力、销售收入、产品结构的主要变化情况。

②各业务在公司盈利中所占比例。

③公司的业务流程。

④公司所从事的主要业务的主管部门或行业协会（包括地方主管部门和国家主管部门）。

⑤公司是否存在超出核准经营范围经营的情况；如有，请详细说明。

（2）载明公司经营业务所需的所有资质（包括但不限于资格、登记、备案、许可、特许经营、同意或其他形式的批准）的清单及对应的文件（包括证书和年检记录情况、年费缴纳情况），该等资质是否存在被吊销、撤销或不被延长情形的书面说明。

（3）公司所拥有的特许经营权清单及其相对应的特许经营协议。

（4）与公司目前所从事的业务、所进行的项目、项目审批的权限和具体运作等方面相关的特殊政策、行业规定文件。

（5）公司持有的全部证照。具体包括公司最新的营业执照正副本；经营及业务资质证书，如特定行业准入证书；荣誉证书；省级或国家级高新技术企业认定证书、高新技术产品认定证书、国家重点新产品证书等；政府批准文件、许可批文等。这些都是公司正常生产经营所必需的法律文件，也是行业门槛和公司跟其他同类公司、其他公司相比的竞争优势，构成公司生产及经营资质的特定内容和许可，也是公司未来成长性的保证。

（6）与进出口经营权有关的批文、与进出口业务有关的文件，包括但不限于进出口业务合同、代理商名称及与其签订的合同（如有）。

（7）详细说明公司采用的主要商业模式、销售模式、盈利模式。

（8）关于公司销售情况的有关文件，包括：

①公司关于按照产品分类的销售模式的说明。

②按产品分类的物流模式的说明及其证明文件。

③按产品分类的资金流模式的说明及其证明文件。

④按产品分类的订单模式的说明及其证明文件。

⑤按产品分类的发票模式的说明及其证明文件。

（9）公司关于主要材料的说明，包括：

①原料名称、类别。

②按材料和类别说明供应商名单（前十名），向其采购金额分别占采购总额的百分比，公司对该等材料供应商是否具有依赖性的说明。

③按照原材料分类，与供应量居前十位供应商签订的合同及其履行情况的说明。

④公司的原材料是否需在进口环节纳税情况的说明；如需，抽查进口合同、报关纳税文件的样本。

（10）关于生产流程的有关文件，包括：

①公司的主要生产设备供应商清单，与前十位供应商签订的合同及是否正常履行的说明。

②公司关于对主要设备供应商是否具有依赖性的说明。

③公司生产过程中签订的水、电、热、气合同及履行情况说明。

（11）如公司对主要客户、供应商存在依赖性或该等客户、供应商存在高度集中情况，请公司提供对以下事项的说明文件：

①存在依赖或高度集中情况的产品类别。

②相关营业额、现金流、利润额及所占公司同类数据的比例。

③公司在同等条件下寻找类似客户、供应商的可能性。

（12）公司出具的关于未来运营模式变化的说明及其相关证明文件。

（13）审计报告。

（14）访谈调查笔录和其他有关文件。

（二）业务和产品

（1）公司所从事的主要业务及业务描述，各业务在整个业务收入中的重要性及占比。

（2）该业务的发展前景。

（3）公司主要产品（服务）的毛利率，与同类公司数据比较，在成本方面的竞争优势或劣势。

（4）主要业务近年来变化情况，包括销量、收入、市场份额、销售价格，各类产品在公司销售收入及利润中的比重及未来发展趋势。

（5）公司产品系列，产品零部件构成细分及明细。

（6）公司产品结构，分类介绍公司所生产主要产品情况和近年来销售情况；产品需求状况。

（7）上述产品的产品质量、技术含量、功能和用途、应用的主要技术、技术性能指标、产品的竞争力等情况；针对的特定消费群体。

（8）公司质量管理的组织设置、质量控制制度及实施情况。

（9）上述产品所获得的主要奖励和荣誉称号。

（10）公司对提高产品质量、提升产品档次、增强产品竞争力等方面将采取哪些措施。

（11）公司新产品开发情况。

（三）技术、研究与开发

（1）公司现在所使用技术和生产工艺的先进程度、成熟程度、特点、性能和优势；公司生产工艺、技术在行业中的领先程度，公司主要产品的设计生产能力和历年产量。

（2）公司研究机构的情况，包括成立的时间，研究开发实力，已经取得的研究开发成果，主要研究设备、研究开发手段、研究开发程序、研究开发组织管理结构等情况。

（3）公司技术开发人员的结构，工程师和主要技术开发人员的简历。

（4）与公司合作的主要研究开发机构名单及合作开发情况；合作单位主要情况介绍。

（5）公司自主拥有的主要专利技术、自主知识产权情况，包括名称、用途、应用情况、获奖情况及年费缴纳情况。

（6）公司每年投入的研究开发费用及占公司营业收入的比例。

（7）公司正在研究开发的新技术及新产品，新产品的开发周期，未来计划研究开发的新技术和新产品。

（8）公司采取的是何种技术标准，如是国家标准、行业标准还是企业标准；公司的企业标准与国家标准之间的对照与区别；公司是否参与制定了国家标准与行业标准或者对之产生了什么样的影响等。

（四）商业模式

商业模式是指公司如何使用其拥有的关键资源、核心要素，通过有效的业务流程形成一个完整的运行系统，并通过这一运行系统向客户提供产品或服务，满足客户需求并向客户提供价值，从而获得收入、利润和现金流。

在20世纪50年代就有人提出了"商业模式"的概念，但商业模式在40年后（20世纪90年代）才开始被广泛使用和传播。在分析商业模式过程中，主要关注公司在市场中与用户、供应商、其他合作方的关系，尤其是彼此间的物流、信息流和资金流。有一个好的商业模式，取得成功就有了 50% 的概率。简单地讲，商业模式就是一个公司是以什么样的方式实现盈利和赚钱的，构成赚钱的这些服务和产品的整个体系即为商业模式。换而言之，商业模式是公司进行赖以生存的业务活动的方法、体系，决定了公司在价值链中的位置。

商业模式是一种包含了一系列要素及其关系的概念性工具，用以阐明某个特定实体的商业逻辑。它描述了公司所能为客户提供的价值以及公司的内部结构、合作伙伴网络和关系资本等用以实现（创造、推销和交付）这一价值并产生可持续盈利的要素。

关注公司的商业模式，就是关注公司持续经营能力一个重要方面。

11.6　公司财务和内部控制制度

财务制度就是企业的神经系统。财务情况是一个企业经营业绩的具体和集中的反映，也是尽职调查关注的重点。如果涉及 IPO 或者新三板挂牌，一般应当由持有证券资格的会计师事务所完成，律师对其调查的结论性意见也应当予以一定的关注。

俗称的"财务三张表"，就是通常所说的资产负债表、利润表和现金流量表。"三张表"是一个企业财务管理的缩影。

（一）资产负债表

资产负债表反映企业的资产、负债和所有者权益。

1. 查看注册资本的情况及企业的成长性

首先查看所有者权益。查看"实收资本"数额，将其与企业注册资本数额相比较，检验注册资本是否到位。

用企业本期净资产增加额除以上期净资产总额，再用每年比率相加除以企业自注册成立起至调查日的"累计年份"得出净资产的年平均增长率进行分析。

注意"资本公积"的数额，若过大，则进一步了解其构成。防止企业在不具备法定资产评估条件的情况下，通过虚假评估来虚增"所有者权益合计"，借此来调整"资产负债率"，蒙骗债权人或潜在债权人。

"实收资本"是企业承担有限责任的根本保证，也是企业各类债权人高度重视的一个要素。所以，中介机构出具的《年度报表审计报告》一般都将"实收资本"的情况首先予以反映和评价。

2. 查看企业资产的管理情况

对企业所有资产的管理是否安全和完整，各项管理制度是否健全，特别是

《内部会计控制规范——基本规范》以及相关具体规范的执行情况，内部控制的设计是否合理，执行是否有效等情况进行核实。

3. 查看企业资产负债率和各项流动性比率，了解企业对长期债权人利益的保证程度

用"负债合计"除以"资产总计"，求出"资产负债率"，通过"资产负债率"可以了解到企业对长期债权人利益的保障程度，该比率越大，表明长期债权人的风险越大。

（二）利润表

利润表反映企业的生成经营规模和实现利润的情况。剖析利润表中各相关项目之间的勾稽关系，可以获取有用的决策信息；采用结构百分比法分析相关项目之间的勾稽关系，可以获取企业大量的有用信息。

（1）通过"主营业务利润"与"主营业务收入"，可以了解到企业主营业务的毛利率，借此了解到企业的产品或劳务的技术含量和市场竞争力。

（2）通过"主营业务利润"与"其他业务利润"，可以了解到企业的主营业务是否突出，并借此对企业未来获利能力的稳定性做出相应的判断。

（3）通过"销售费用、管理费用、财务费用"与"主营业务利润"，则可分别了解到企业销售部门、管理部门的工作效率以及企业融资业务的合理性。

通过同类企业之间的横向比较及企业各会计期间的纵向比较，可以进一步挖掘企业降低"销售费用、管理费用、财务费用"的潜力，提高工作效率，并对企业的融资行为做出审慎的安排。

（4）通过"营业利润、投资收益、营业外收入、营业外支出""利润总额"，可以对企业获利能力的稳定性及可靠性做出基本的判断。"投资收益"反映的是建立在资本运营前提下的投资回报，其占企业实现利润的比例越大，说明企业的主营业务获利能力越差。只有企业的"营业利润"占"利润总额"的比重较大时，企业的获利能力才较稳定、可靠。

有些上市公司为了精心维护、营造"壳资源"，通过政府补贴或关联交易的方式提高上市公司的利润水平，以确保上市公司的配股及融资能力，不断从证券市场募集资金。这样做必定是不稳定、不可靠的。对此，企业股东或潜在股东对类似情况相当关注。所以，审计人员在审计时应特别注意审核企业是否存在这种情况，特别关注"非经常性损益"，注意查看"营业外收入、营业外支出"及会计报表附注等方面的资料。

（三）现金流量表

现金流量对企业至关重要，它是企业顺畅运行、获取竞争力的根本保证。

现金流量表反映企业现金来源、现金使用和现金库存的情况。

1．现金流量净增加值

现金流量净增加值指标表明本会计年度现金流入与流出相抵的结果。正数表明本期现金流入大于流出，负数表明本期现金流出大于流入。由负数变为正数表明现金流量状况在改善。

2．经营活动产生的现金流量净额

经营活动产生的现金流量净额指标表明企业经营活动获取现金流量的能力。

在正常情况下企业的现金流入量主要依靠经营活动来获取。通过将该指标与"净利润"指标相比较，可以了解到企业净利润的现金含量，净利润的现金含量则是企业市场竞争力的根本体现。如果企业的净利润大大高于"经营活动产生的现金流量净额"，则说明企业利润的含金量不高，存在大量的赊销行为以及应收账款收账风险，同时某种程度上存在着利润操纵之嫌。在了解该指标的过程中，审计人员还可以了解到企业相关税费的缴纳情况。

3．投资活动产生的现金流量净额

投资活动产生的现金流量净额指标反映企业固定资产投资及权益性、债权性投资业务的现金流量情况。其现金流出会对企业未来的市场竞争力产生影响，其数额较大时，审计人员会特别关注，他们对企业相关的投资行为的可行性将做相应的了解和评估。

4．筹资活动产生的现金流量净额

筹资活动产生的现金流量净额指标一般反映企业从银行及证券市场筹资的能力。

该指标的构成项目反映企业偿还银行借款本、息及支付股利的现金流出情况，而这正是企业筹资信誉的根本体现。当本期的筹资活动现金流入量过大时，往往会对以后会计期间的现金流量及资金成本产生一定的压力。对此，审计人员应特别关注企业的筹资目的及履行情况。如果本期借入的银行借款大部分用来偿还银行借款本、息，则说明企业银行借款使用效益不佳，存在"倒贷"现象。

5．现金流量表附注

现金流量表附注虽为"附注"，但其所提供的信息非常重要。通过该部分相关项目与其他报表相关项目之间的核对，可以对企业所制定的固定资产折旧、无形资产摊销、坏账准备的计提、待摊费用的摊销等会计政策的执行情况做出相应的推断，对企业会计核算及会计信息披露的质量做出相应的判断。同时，通过观察"处置固定资产、无形资产和其他资产的损失（减收益）"项目，可了解企业的非正常损益的发生情况及其对企业利润水平的影响。而通过"投资损失（收益）"与现金流量表主表中"分配股利、利润或偿付利息支付的现金""取得投资收益收到的现金"的比较，可对企业投资收益的现金含量做出分析和判断。

通过对企业"财务三张表"的仔细审阅与解读，可以对企业经营情况有直接和概括的了解；另外，除了"财务三张表"以外，律师还需对以下具体内容进行尽职调查。

（1）业务收入情况、成本结构及其变动情况和变动原因，毛利率及其变动趋势和变动原因，公司的现金流情况、利润来源及其构成等。

（2）公司主营业务成本构成情况，主营业务收入占总收入的比例，公司管理费用构成情况。

（3）最近三年公司的审计报告，独立注册会计师就公司近三年公司财务管理制度、会计制度、外汇支出及其他有关公司或子公司重大财务问题的信函以及公司相应的回复（如有）。

（4）公司最近三年会计政策的变化及原因（如有）；公司销售费用构成情况。

（5）公司主要支出的构成情况。

（6）公司最近三年应收账款周转率、存货周转率、流动比率、速动比率、净资产收益率、毛利率、资产负债率等财务指标。

（7）公司最近三年资产负债表、利润分配表、利润表及现金流量表。

（8）公司的重大资产（包括主要生产设备、机器设备、办公设备、备品、备件、主要运输工具、存款等）的清单，内容应包括：所有权人、取得方式、使用地点、设备原值、已用年限、累计折旧、设备净值；该等重大资产的购买合同及付款发票，权属登记证明文件。

（9）公司的设备簿中，处于海关监管状态的设备清单、购买合同、付款凭证、纳税及减免税税收凭证等。

（10）公司拥有的其他重要资产的证明文件。

（11）公司拥有的非经营性资产的种类、数量、剥离计划。

（12）公司以融资租赁、借款合同、分期付款等方式取得的重大资产清单及其相关合同。

（13）公司因租赁（或者无偿占用）取得的重大资产清单、租赁（无偿占用）合同及有关履行情况说明。

（14）列载于公司财务记录但因特殊原因（如出租、出借、出质、留置，被查封、冻结、扣押或者采取其他强制措施等）不在公司掌握和控制范围内的资产清单及其相关文件。

（15）债权人和债务人名单，及相关的债权、债务数量清单，债权、债务合同或者证明发生债权债务关系的其他文件。

（16）关于公司是否存在拖欠任何情况下应偿还的债务，或者被拖欠任何无法收回的债务的情况说明，及相关文件。

（17）公司接受债务人担保/反担保的有关的法律文件，包括抵押、质押或其他担保清单，设置有任何抵押权、质权或其他担保权的任何协议，及其相应的公证、登记证明，提供担保方的章程、与签订担保合同有关的内部授权审批决议、审计报告和其他相关文件。

（18）公司出具的关于记载于其财务账簿和财务记录以外的应承担的其他重大责任或债务的说明及其相关文件。

（19）对公司未来主要收入和支出有重大影响的因素。

（20）公司执行的各种税率情况。

需要注意的是，作为尽职调查律师，应该能够读懂"财务三张表"，并在读懂的基础上引用其结论性意见，并且在引用的同时明确声明：涉及财务、审计方面的数据、信息，律师依赖专业机构做出的报告和专业结论，律师只是引用，并不对此承担法律责任。

11.7 关联交易

1. 什么是关联交易

关联交易简单地说就是企业关联方之间的交易，包括业务及资金的交易、往来。而什么是关联方呢？根据规定，在企业财务和经营决策中，如果一方控制、共同控制另一方或对另一方施加重大影响，以及两方或两方以上同受一方控制、共同控制或重大影响，则构成关联方。这里的控制，是指有权决定一个企业的财务和经营政策，并能据以从该企业的经营活动中获取利益。所谓重大影响，是指对一个企业的财务和经营政策有参与决策的权力，但并不决定这些政策。参与决策的途径主要包括：所持有的股份在股东会中产生实质性的影响；在董事会或类似的权力机构中派有多数代表，参与政策的制定过程，互相交换管理人员等。凡以上关联方之间发生转移资源或义务的事项，不论是否收取价款，均被视为关联交易。

关联交易是公司运作中经常出现的而又易于产生不公平结果的交易。关联交易在市场经济条件下广泛存在。关联交易本身具有两面性。从积极的角度看，可以节约大量商业谈判等方面的交易成本，具有高效、优质、持续、稳定等优点；而从消极的角度看，由于关联交易方可以运用行政力量撮合交易的进行，从而有可能使交易的价格、方式等在非竞争的条件下出现不公正情况或财务扭曲，易导致债权人利益受损。关联交易往往沦为利润转移、粉饰业绩、侵害中小股东权益、影响公司独立性的工具，这也直接导致无论是对上市公司还是非上市公众公司的关联交易的总体要求是规范而非绝对禁止。

根据财政部颁布的《企业会计准则——关联方关系及其交易的披露》中，关联方交易是指在关联方之间发生转移资源或义务的事项，而不论是否收取价款。

2．调查内容

根据证监会颁布的《公开发行证券的公司信息披露内容与格式准则第 1 号——招股说明书》，发行人应披露的关联交易主要包括以下方面。

（1）购销商品。

（2）买卖有形或无形资产。

（3）兼并或合并法人。

（4）出让与受让股权。

（5）提供或接受劳务。

（6）代理。

（7）租赁。

（8）各种采取合同或非合同形式进行的委托经营等。

（9）提供资金或资源。

（10）协议或非协议许可。

（11）担保。

（12）合作研究与开发或技术项目的转移。

（13）向关联方人士支付报酬。

（14）合作投资设立企业。

（15）合作开发项目。

（16）其他对发行人有影响的重大交易。

根据中国证券业协会颁布的《股份转让公司信息披露实施细则》，关联交易是指公司及其控股子公司与关联人之间发生的转移资源或义务的事项，包括但不限于下列事项。

（1）购买或销售商品。

（2）购买或销售除商品以外的其他资产。

（3）提供或接受劳务。

（4）代理。

（5）租赁。

（6）提供资金（包括以现金或实物形式）。

（7）担保。

（8）管理方面的合同。

（9）研究与开发项目的转移。

（10）许可协议。

（11）赠与。

（12）债务重组。

（13）非货币性交易。

（14）关联双方共同投资。

3．调查程序

（1）对（法人）控股股东（或主要股东）情况调查。

a．要求控股股东填报控股股东基本情况调查表，取得控股股东的营业执照、工商登记表及其他相关文件，取得经当地税务部门和财务部门书面确认上报的其最近三年及一期的财务报告（或审计报告），对调查表内容进行核实验证。

b．与控股股东的管理层进行会谈（会谈记录），重点关注控股股东是否存在人员、财务状况不良、盈利能力不足及发展前景黯淡等问题，取得控股股东拟采取措施和发展规划的说明，确认其独立生存能力。

c．调查控股股东组织机构设置及对外投资情况，了解其控股子公司和参股公司，以及通过托管、输出管理、意向收购或投资的企业的基本情况。

（2）若控股股东存在实际控制人（政府除外），调查其基本情况。

（3）调查其他股东的基本情况。

（4）了解公司的合营企业、联营企业情况。

（5）了解关联个人情况。

（6）关联关系调查。

a. 根据以上调查情况，并取得公司董事会关于关联方关系的书面说明，明确各关联方与公司的实质关联关系，包括但不限于与关联方存在的股权关系、人事关系、管理关系及商业利益关系。

b. 通过上述调查，并与公司管理人员会谈（会谈记录），共同确认上述关联方对公司进行控制或重大影响的方式、途径及程度。

c. 根据以上调查情况，编制关联交易关联方及关联关系表。

（7）关联交易调查。

a. 要求公司填报关联交易调查表，并取得关联交易协议、定价依据决议等相关文件和资料。

b. 抽查公司各类合同，并与注册会计师沟通（口头交流、笔记）检查是否存在未报或遗漏的关联交易。

c. 审查关联交易的必要性、合理性：审核关联交易发生的背景资料（包括可行性研究报告、独立财务报告等）、品种、内容，了解协议内容及履行情况，判断该等关联交易的必要性、合理性，是否存在替代方案。

d. 审查关联交易的公允性：审查关联交易协议的条款，审查其定价的依据、标准，参照同类产品或服务的市场价格，审查其内容是否公允，有无侵害公司利益的条款。

e. 检查关联交易是否履行了法定批准程序：检查上述关联交易是否按公司章程、规章制度履行相应规定的决策程序、审批程序，重点关注需股东大会批准关联交易的决议内容，及向关联方累计年度购买量占其同类业务采购量 5% 以上或对关联方年度销售收入占其同类业务销售收入 5% 以上的关联交易，是否存在董事会或管理层越权现象，关联股东是否在作出股东大会决议时回避。

（8）调查公司为控股股东及其他关联股东提供担保的情况：审查公司章程中关于对外担保的条款和规定，审查公司对外担保是否通过股东会决议，关联方是否回避；获取所有担保合同，检查为控股股东及其他关联股东提供担保的有关协议，审查其是否存在不合理、不合规的条款。

（9）获取公司与关联方为避免或减少关联交易所签订的协议、承诺和采取措施的说明，检查该等协议、承诺和措施的可行性和实际履行情况。

（10）查阅公司就与各关联方签订的且仍然有效的重大协议或合同期满后的处理方式所做出的说明，与公司负责人会谈（会谈记录），讨论其可行性及可能给公司造成的影响。

（11）取得公司书面承诺（全体董事签字），确认公司对关联交易是否进行了充分的披露，是否不存在重大的遗漏或重大隐瞒。

4．调查文件

主要的调查文件如下。

（1）法人控股股东基本情况调查表。

（2）关联人情况调查表。

（3）关联交易与同业竞争管理办法。

（4）关联交易协议。

（5）关联交易决策程序（董事会、股东会会议资料）。

（6）定价依据。

（7）关联方的相关资料（自然人身份证复印件，法人营业执照、章程及股权结构）。

以上材料需公司加盖公章（骑缝章）。

11.8 主要资产

公司的清产核资是一项重要的工作，关系到公司净资产及其股票的估值问题，特别是对于那些重资产运行的公司。一般而言，公司资产主要包括土地、房产、主要生产设备以及车辆等。

核查公司的资产，主要应调阅、核对公司所有资产的权利证书，包括不动产权证、行驶证等，以及采购、转让、赠与、土地出让合同等的相关合同，以及土地出让金缴纳情况、过户手续及其证明文件等，从而判断资产的取得是否合法、转让过程有无瑕疵，以及年费的缴纳是否及时、资产权利的行使是否存在法律障碍等。

（一）土地权益

（1）公司使用的自有土地清单，包括对土地性质、面积、坐落、取得方式和购买协议、购买价格（租赁价格）、使用权利、权利性质、权限年限、抵押情况等进行详细的说明。

（2）公司的建设项目清单，包括项目情况的简单说明及具体项目所用土地情况的说明。

（3）如果公司的土地为出让地、划拨地、集体建设用地、农用地、租赁地，需审阅相关合同及证明。

（4）如果公司使用的土地目前尚未确权或存在权属纠纷，请公司说明相关情况及有关政府确认土地权属的批复或其他确权文件。

（二）房产权益

（1）公司所拥有及正在使用的房屋及建筑物等物业设施清单及其情况说明，包括坐落、四至、建筑面积、占地面积、权属、原值、净值、累计折旧、取得方式、抵押情况及所对应的土地权属等。

（2）房产所对应的房屋所有权证、房屋共有权证、他项权利证和房屋权属登记簿复印件。

（3）公司所拥有的房屋及建筑物等物业设施情况。

（4）公司主要在建工程情况，包括名称、投资计划、建设周期、开工日期、竣工日期、进展情况以及政府部门的许可、批准文件。

（5）对于自建房产但尚未领取房屋所有权证书的房屋，需审阅该房屋所对应的工程规划文件。

（6）如果房屋系通过购买二手房方式取得，需审阅房屋原始权属证明、购房合同和购房款项支付凭证。

（7）如房屋系通过购买商品方式取得，需审阅出售房的预售/销售许可证明，购房合同及购房款项支付凭证。

（8）对以租赁方式取得的房产，需审阅公司正在使用的租赁房产清单（如有）、租赁房产的不动产权证（如果没有领取土地使用证，需审阅土地规划许可证或政府批准用地或确权文件）、房屋租赁合同以及房屋租赁合同的登记证明等。

（三）主要生产设备及车辆

（1）公司主要固定资产的构成情况，包括主要设备名称、品种、类别、原值、净值、数量、使用及折旧情况、技术先进程度以及采购合同、发票。

（2）按生产经营用途、辅助生产经营用途、非生产经营用途、办公用途、运输用途和其他用途分类，确定固定资产分布情况。

（3）车辆名称、类别、型号、数量、新车采购或二手车转让、相应的合同、协议及付款凭证、已使用年限、当前车况等。

11.9　知识产权

（一）调查重点

公司的知识产权包括专利，商标，版权，商业秘密，特许经营权，以及公司现在所使用的技术和生产工艺的先进程度、成熟程度、特点、性能和优势等。对于轻资产运营的高新技术企业来说，这些都构成了企业的核心竞争力，也决定着企业的可持续发展及未来发展潜力，是尽职调查需要重点核查的内容之一。

对于知识产权的核查，应重点关注以下几个方面。

（1）权利的确定。

特别是对诸如专利权、商标权等权属关系的审查，其中不但包括权利证书上的登记状况、权属关系（有无共有人、担保、授予第三人许可使用权等）的确认，还需要调查权利的期限、可能发生无效或被取消的风险、有无第三人侵权、权利被保护的范围。企业如果还有多项准备申请的发明，则需审查是否是职务发明，商标则需审查是否已注册、是否属于驰名商标等相关信息。

另外还应注意审查知识产权的有效性。如对于专利问题，应审查企业是否按时缴纳年费以维持其专利的有效性，必要时可通过查询专利登记簿来确定尽职调查时的法律状态，审查其是否无效，或因其他原因失去专有权。对于注册商标，则要特别注意审查商标有效期及其是否在期限届满前申请续展并获批准。

（2）或有债务。

虽然知识产权的使用能给权利人带来利益，但有些情况下也可能会给权利人带来一些或有债务。比如，当某一专利侵害了第三人的合法权利时，有可能被行政机关或法院采取保全措施或被原告要求损害赔偿。另外，对于《中华人民共和国专利法》第六条、第八条规定的职务发明、共同发明、委托发明等特殊情况下的实施专利时的专利使用费，也必须了解相关的合同条款，以免将来在并购完成后需要由收购方支付巨额的专利使用费。

（3）合同风险。

被收购方与第三方签订的与知识产权相关的授权许可合同、共同开发合同、委托开发合同、特许经营合同等合同，有没有对被收购方不利的条款、收购行为对合同会产生什么样的影响、合同中关于权利义务继承的条款等都需要尽调律师认真研究。有的合同规定，由于权利人的变化合同即时解除或相关条件随即发生变更，遇到这种情况就需要考虑是否应该事先与合同相对方进行沟通以争取对方的书面同意，由变更后的主体承继原来的合同权利义务。

（4）对知识产权的尽职调查有其局限性。

特别是专利类的知识产权，比如发明专利，即使其权利在调查期间是有效的，也会因新技术的产生失去其新颖性和独创性而被法院判定无效。所以收购方在决定收购时，应该有选择性地挑选生命力较强的专利作为收购目标。而对于为收购方提供尽职调查服务的律师来说，也必须事先提醒收购方知识产权尽职调查的局限性。

（二）调查的材料及具体内容

（1）企业知识产权登记清单，包括本企业所有、与共有人共同所有及本企业只具有使用权的专利、商标、软件、著作权、商业秘密、专有技术、与企业/商品相关的网络域名等，以及相关的权利证书、缴费凭证、变更手续通知书、登记簿副本、他项权协议及登记备案文件、使用许可或转让协议、合同等法律文件，双方是否存在纠纷或争议等，正在申请的知识产权清单，使用许可合同、共同技术开发合同、委托合同、权利转让合同等。

（2）掌握核心技术的重要人物，作为企业出资部分的知识产权。

（3）企业内部关于职务发明的规章制度，企业关于商业秘密保护的规章制度。

（4）与知识产权相关的股东会（大会）决议、董事会决议、重要的会议记录。

（5）企业知识产权管理部门人员名单、知识产权管理规章制度。

（6）过去或现在发生的知识产权诉讼、仲裁情况说明、判决书以及行政机关的处罚通知书。

（7）聘请的律师事务所、知识产权代理机构等知识产权顾问单位的名单及相关的委托合同。

（三）调查方法及途径

对于知识产权的核查，主要采取以下几种方式。

（1）查阅并验证权属证明文件。

（2）网络检索。

（3）咨询专利代理机构。

（4）查询专利公报、登记簿副本。

（5）走访政府部门或单位。

11.10 税务

1. 调查目的

确定公司是否依法纳税；公司是否存在重大税收优惠依赖，是否存在违反税法的情形以及可能给公司经营带来的影响。

2．调查内容

（1）公司及其控股子公司执行的税种、税率是否符合现行法律、法规和规范性文件的要求。若公司享受税收优惠、财政补贴等政策，该政策是否合法、合规、真实、有效，是否有相关的政府文件支持，具体的优惠政策、优惠税率及幅度等。

（2）公司近两年是否依法纳税，是否存在被税务部门处罚的情形。

3．调查程序

（1）核查公司报告期的纳税资料的原件并取得复印件，调查公司及其控股子公司所执行的税种、税基、税率并取得公司的说明，判断公司纳税是否符合现行法律、法规的要求及报告期是否依法纳税。

（2）核查公司税收优惠或财政补贴文件的原件并取得复印件，判断公司享有的税收优惠或财政补贴是否符合税收管理部门和财政管理部门的有关规定，调查税收优惠或财政补贴的性质、来源、归属、用途及会计处理等情况，关注税收优惠期或补贴期及其未来影响。

（3）走访税务主管部门，取得公司是否依法纳税的说明书或证明。

4．调查文件

（1）报告期的纳税资料（公司及其控股子公司的税务登记证明、纳税登记表及税收转账专用完税凭证或税收缴款书）。

（2）公司及其控股子公司所执行的税种、税基、税率的说明。

（3）财政补贴及收款凭证。

（4）税收优惠及相关文件。

（5）税务主管部门书面证明（无重大违法违规证明）。

11.11　环境保护问题

1．调查内容

一直以来，环保问题都是 IPO 及新三板挂牌审核重点关注的问题。目前涉及环保问题的主要审核内容如下。

（1）招股说明书是否详细披露了发行人生产经营与募集资金投资项目是否符合国家环保要求，最近三年的环保投资和相关成本费用支出情况，环保设施实际运行情况以及未来的环保支出情况。

（2）保荐人和发行人律师是否对发行人的环保问题进行详细核查，包括是否符合国家环保要求，是否发生环保事故，发行人有关污染处理设施的运转是否正常有效，有关环保投入、环保设施及日常治污费用是否与处理公司生产经营所产生的污染相匹配等。

（3）曾发生环保事故或因环保问题受到处罚的，除详细披露相关情况外，保荐人和发行人律师还需要对其是否构成重大违法行为出具意见。

2. 审核内容及材料

（1）公司生产工艺、流程是否符合环境保护相关法律法规，公司在环境保护方面的投入及未来可能的投入情况。

（2）建设项目清单（包括已建、在建和拟改扩建项目）。

（3）建设项目所涉环境影响报告书、环境影响报告表或者填报环境影响登记表。

（4）环保部门（省级以上）对公司拟投资项目出具的证明或环保影响评价报告及其审批文件。

（5）环保设施检测报告（表）或者环境保护验收调查报告（表）。

（6）建设项目环保验收批准文件。

（7）公司出具的关于环保设施建设、运转使用情况的说明。

（8）公司出具的关于产品及其生产过程中是否含有或使用禁用物品的说明（如有）。

（9）关于环境事故的情况说明（如有）。

（10）环保部门对公司做出的任何命令、罚款、整改或调查的有关通知文件（如有）。

（11）因环保事项而引发的诉讼、仲裁、行政复议事项（包括但不限于侵害赔偿等）的文件决定书、判决书、仲裁裁决及其履行、执行的最新状况说明（如有）。

（12）公司排放的主要污染物应达到的国家或地方规定的排放标准及污染物排放水平的说明。

（13）处置固体废物的情况说明。

（14）水污染物排放许可证或临时排污许可证。

（15）大气排污许可证。

（16）排放污染物申报登记表。

（17）排污核定通知书。

（18）排污费缴纳通知单。

（19）排污费缴纳凭证。

（20）公司涉及危险品情况的说明。

（21）危险物处置协议（如有）及处置方的资质证明文件。

（22）危险废物转运联单及跨市转移批准文件。

（23）环保部门出具的环保核查意见。

（24）访谈调查笔录和其他有关文件。

3．调查程序

（1）取得国家环保主管部门的书面证明，确认公司的生产经营活动符合有关环境保护的要求，公司最近两年是否存在因违反有关环境保护方面的法律法规而被处罚的情况。

（2）取得环保主管部门（省级以上）对公司拟投资项目出具的证明或环保评价报告，确认公司拟投资项目符合有关环境保护的要求。

（3）与公司进行会谈（会谈记录），并实地考察，了解公司生产过程中"废"的排放情况及其他污染情况，取得国家或地方有关该行业、企业的排污标准及公司污染排放指标，检查是否在国家规定范围之内。

（4）与公司进行会谈（会谈记录），了解公司近三年治理污染采取的具体措施及资金投入，讨论对公司产品成本及未来生产经营的影响，并分析其可能产生的风险。

11.12 重大合同

（一）重大合同概述

重大合同是相对而言的，是根据企业经营性质及行业、生产经营规模、采购及销售规模、与企业主营业务的关联度、合同金额、合同内容的重要性及对企业的影响等因素综合考虑而确定的。

重大合同按内容分类，一般主要包括业务合同（采购合同、销售合同）、借款合同、抵押担保合同、建设工程合同、租赁合同、技术研发合同等。

（二）调查内容及材料

对合同的审查并不是作为一个孤立的环节进行的，而应与对目标公司各方面情况的调查过程相融合。在调查过程中，对于不同性质、反映目标公司不同情况的合同，应有不同的审查重点。首先应当要求交易对方提供尚未履行完毕的合同及其情况说明，该说明应当包括合同金额、合同相对方、合同性质、合同履行情况等。

重大合同的定义和范围根据不同项目的要求有比较大的差异，以私募案例为例，常见的重大合同包括以下方面。

（1）标的额在 100 万元以上（具体标的额由企业根据实际情况确定）的买卖合同，工程建设合同，设计，委托加工合同，承包合同，及重大建筑设备采购与安装合同；主要业务合同的分类、样本和抽样（按类型分别提供一份样本和三份抽样）。

（2）主要机器、设备购买合同或与机器、设备供应商之间的其他协议或安排；如没有书面合同，需详细说明供货条款和条件（包括付款和交货条件）。

（3）与原材料供应及燃料、能源供应、设备配件相关的框架协议、合同或说明。

（4）公司与其销售的主要商品品牌持有人签订的销售商品的代理协议、特许经营合同或类似合同安排。

（5）与供应商或与客户订立的代理、经销、批发、零售金额超过公司最近会计年度的年收入 5% 的所有协议、合同、契约。

（6）公司与关联人之间的任何合同。

（7）与公司主要资产有关的或受其约束的任何销售或购买选择权协议。

（8）与其他自然人、企业或经济组织签订的知识产权方面的协议、合同，如专利及商标许可协议、转让协议、专有技术转让协议、特许经营许可协议、著作权相关协议、专利交叉许可协议、商业秘密保密协议等。

（9）对公司具有重大限制的合同（如不竞争协议、限制销售和市场划分的协议等）。

（10）在公司及其任何动产上设置限制动产转让、出租或使用的合同，包括但不限于动产出租合同的书面文件，公司与第三人所签订的任何限制、禁止将动产出租、出售或转让的文件，公司承诺在一定期间或满足一定条件时将动产出租或转让给第三人的文件或合同等；涉及土地、房屋等不动产产权变动的合同、协议。

（11）关于购买或出售证券的协议（包括股票、债券和政府国债）。

（12）在正常经营业务以外的合同（无金额限制）。

（13）所有与政府机构或其他公司、团体或组织之间订立的履行期超过一年的合同。

（14）所有公司承担保密和禁止披露信息义务的合同（无金额限制）。

（15）期限在一年以上的雇佣、咨询协议（如与机构签署的聘请咨询顾问协议等）（无金额限制）。

（16）自成立以来的重大兼并、合并、收购、资产出售、剥离、划转的协议，资产置换、合资合作、联营、合伙协议，战略合作、委托管理协议等。

（17）有关进出口业务合同，包括直接与境外第三方签署的合同，及与进出口代理人签署的协议。

（18）为其他公司、自然人等提供抵押、质押及保证担保的合同。

（19）借款合同。

（20）除前述重大合同外，其他对公司主体地位、生产经营有重要影响的任何协议和合同。

（21）关于所有重大合同的履行和违约情况说明的表格。

（22）公司对重大合同的管理制度（包括台账及审核签发制度等）。

（23）合同负责人、承办人认为重大的其他合同。

（三）如何审查合同

审查合同主要从以下几个方面着手。

（1）审查合同的有效期限。

（2）审查合同的主要条款是否存在缺漏。

（3）目标公司在协议项下应享受的权利和承担的义务，权利义务是否基本对称和平衡。

（4）基于有关合同，目标公司的行为受到哪些限制。

（5）合同为目标公司设定了哪些义务及违反义务须承担的法律责任。

（6）违约责任是怎样约定的。

（7）该合同是否可转让。

（8）合同在什么情况下可以解除或终止，及其具体条件。

（9）是否有特别的表决、审批及通过程序条款。

（10）争端的解决方式：若是涉外合同，应重点关注是否有仲裁条款；若没有，一旦涉讼，审查成本是多少、判决结果能否得到顺利执行。

（11）除了合同约定的权利义务外，目标公司是否会面临其他风险以及风险的大小等。

通过对企业重大合同及其履行情况的全面审阅、调查，可以基本了解企业生产经营、对外投资、借款及担保情况，以及合同履行中存在的法律风险，从而对企业基本的经营状况做出适当的评估与判断。

第 12 章　法律尽职调查要点分析

12.1　常见非诉讼尽职调查要点分析

12.1.1　债券发行与承销尽职调查

企业通过发行债券的方式进行融资，是企业直接融资方式之一。目前债券的种类有企业债、公司债、短期融资券、中期票据、中小企业私募债等十多种常用形式。发行的方式分为公开发行和非公开发行两种，两者的要求存在一定的差别，相对来说，公开发行的监管及要求更高一些。

发行债券的安全性来自债务人的还款能力及还款保障，为此，对债券发行人进行尽职调查的目的就是了解企业是否符合关于债券发行的基本条件，如企业的发行人资格、经营规模、利润、资金用途、利率等，主要内容如下。

（1）发行人的企业工商登记资料、企业信用报告（人民银行或企业开户行）。

①企业工商档案信息（由律师在企业人员的陪同下前往企业注册地工商行政管理部门查询，应加盖工商行政管理部门章和骑缝章）。

主要内容如下所示。

a. 公司成立资料（股东协议、公司章程、股东名单、董事名单、资产评估报告、出资及验资报告）。

b. 历史沿革（历届股东、董事、法定代表人、注册资本等的变更，股东会决议，验资报告等）。

c. 最近三年的企业年度报告。

②企业信用报告（由律师在企业人员的陪同下携带贷款卡到人民银行或开户行打印）。

③土地登记信息。

④当地法院、税务机关、海关、质监部门、环保部门、消防部门等提供的与企业相关的信息。

（2）发行人基本情况（发行人提供的信息须加盖企业公章，由企业保证其真实性）。

①企业营业执照、贷款卡、机构信用代码证、企业征信报告、企业信用评级报告、年度报告、不动产权证。

②公司治理结构（"三会一层"设立及运作情况，公司组织结构图，董事长、总经理、副总经理及财务负责人等的分工）。

③法定代表人学历及工作简历、身份证复印件、签字样本（在身份证复印件上签名）。

实际控制人学历及工作简历、身份证复印件、签字样本（在身份证复印件上签名）。

财务负责人学历及工作简历、身份证复印件、签字样本（在身份证复印件上签名）。

④公司股东名单、身份证复印件、签字样本（在身份证复印件上签名）；公司设有董事会的，董事会成员名单，各成员身份证复印件、签字样本（在身份证复印件上签名）。

⑤最新的公司章程（和/或章程修正案）。

⑥发行人与其母公司、子公司等投资关系的完整结构图（从最上游直至最下游的所有企业）。结构图应标明控股/持股/控制关系、持股份额、其他持股人的详情。

⑦公司拥有的主要子公司的详细清单，该清单的内容包括：下属企业的名称、成立时间、注册地址、注册资本、股权状况（股东名称、出资额、持股比例，或控制关系）、企业性质、经营范围、主营业务、最近一期财务情况、是否合并报表。

⑧有关公司及其下属企业主体资格的法律文件。

⑨公司现阶段和以往享受过的优惠政策。

⑩公司在过去三年内进行的（境内和境外）投资、出售、收购、兼并、增资、减资、合并、分立、重大改组、变更情况。

⑪公司与股东、高管的关联交易（如有，请详细说明）。

⑫公司现有对外股权质押、抵押及提供担保的合同及说明；相应股东会或董事会决议（如有）。

⑬公司现有银行贷款、对外借款及还款情况。

⑭内部审批程序（发行企业债、同意对外抵押担保等的股东会或董事会决议）及相关文件。

（3）发行人业务情况。

①公司所处的行业现状，包括市场集中度、主要竞争对手及潜在竞争者、市场份额、市场份额变动情况及趋势、在行业中所处的地位（提供行业研究报告）分析；公司在行业中的地位及优势说明、主要竞争对手分析。

②竞争优势及劣势分析。

③公司的发展规划，包括发展战略、整体经营目标及主营业务的经营目标、产品研发计划、人员扩充计划、技术开发与创新计划、市场开发与营销网络建设计划、再融资计划、收购、兼并及对外扩充计划、深化改革和组织结构调整的规划、国际化经营的规划等。

④公司实现上述业务目标的主要经营理念或模式。

⑤公司本次募集资金运用对实现上述业务目标的作用。

⑥公司经营范围及业务的构成情况、资产状况、债权债务情况、最近 3 年公司主要业务收入及盈利构成及变化情况、公司近 3 年的主要业务及其生产能力。

⑦最近三年或更长时间内公司主要业务市场分布及市场占有率的变化情况、公司目前的营销情况及主要策略、公司主要业务的市场前景预测。

⑧主要原材料的来源及供应情况。

⑨未来三年主营业务调整及发展计划。

（4）发行人对外投资情况。

①公司最近三年的主要投资项目及完成情况。

②未来三年内的主要投资项目及回报预测。

③公司最近三年内兼并、收购、资产重组等方面的情况说明。

④公司未来三年内兼并、收购、资产重组等方面的计划及方案。

（5）财务状况（最近三年及一期审计报告）。

①公司财务制度、流动资金管理办法、信用政策、应收账款回收政策。

②公司及其主要子公司最近三年经审计的年度财务报表（包括资产负债表、利润表、现金流量表及报表附注）及最近一期未经审计的财务报告。

③公司及其主要子公司上年和本年（截至最新一期）的月度或季度财务报表（如为季度报表，应至少提供最近连续五期以上的报表）。

④最新一期资产负债表流动资产及流动负债主要项目明细（存货、应收账

款、应付账款、预收账款、预付账款、其他应收/应付款、短期投资）及流动性分析。

⑤公司长、短期债务明细（余额、期限、偿还计划）及以往偿还记录。

⑥公司未来一年内融资计划（贷款、发行债券等）。

⑦公司未来一年内股权变动计划（增资扩股、股票回购等）。

⑧公司未来一年内股利、分红计划。

（6）其他。

①公司有关的法律诉讼、仲裁及行政处罚等事项的《声明书》及《承诺与保证书》。

②股东或实际控制人对公司的支持情况。

③公司及下属子公司担保、抵押及其他或有负债情况说明。

④银行授信额度。

⑤政府优惠政策。

（7）本期债券发行情况。

①本期募集资金拟投资项目的可行性研究报告及其立项批文（包括批准机关的权限、项目可行性研究报告的编制单位、以债还贷情况，如果募集资金不足，需说明弥补资金缺口的途径）。

②本期募集资金拟投资项目的简介、募集资金使用计划及管理制度。对于募集资金拟投入项目，如果该项目是由公司下属独立的项目公司负责管理运营，需说明公司拟以何种方式（例如，股权投资、贷款或其他合法的方式）将募集资金投入项目，并提供相关的文件。

如果募集资金投向中含替换银行贷款，需提供拟替换贷款的相关贷款合同，提前还款需银行同意提前偿还贷款的证明。

③本期企业债券募集说明。

④本次发债募集资金拟投项目的资金来源构成及实施情况。

⑤发行企业债的可行性分析报告。

⑥资金使用计划及有关偿债计划。

⑦本期债券提供情况，如办理抵押，需提供抵押手续办理资料。

募投项目涉及土地、环境等有关报批事项的，提供有关主管部门批准的文件（不动产权证和符合环境保护要求的证明文件等）。

（8）担保情况。

①物的担保情况。

a. 担保物（抵押物、质押物）名称、种类及基本情况，如地理位置、面积等。

b. 担保物产权证明，如不动产权证等。

c. 担保物价值评估报告。有公开市场交易价格的（如上市公司股权），提供担保物数量说明和其 60 个和 20 个交易日交易平均价格。

d. 担保物权属人与融资人非同一机构的，提供担保物权属单位同意以担保物进行抵押或者质押为融资提供担保的股东会或董事会决议。

e. 政府主管部门办理的担保手续。

②保证担保（参照发行人提供有关证照资料）。

（9）关于非公开发行公司债券项目承接负面清单。

为做好非公开发行公司债券的承销业务风险控制管理工作，根据《公司债券发行与交易管理办法》等相关法律法规及自律规则，以及 2015 年 4 月 17 日中国证券业协会第五届常务理事会第三十四次会议表决通过并于 2015 年 4 月 23 日发布了《非公开发行公司债券项目承接负面清单指引》，于 2019 年进行最新修订承销机构项目承接不得涉及负面清单限制的范围，内容主要涉及以下方面。

①最近 24 个月内公司财务会计文件存在虚假记载，或公司存在其他重大违法行为。

②对已发行的公司债券或者其他债务有违约或迟延支付本息的事实，仍处于继续状态。

③存在违规对外担保或者资金被关联方或第三方以借款、代偿债务、代垫款项等方式违规占用的情形，仍处于继续状态。

④最近 12 个月内因违反公司债券相关规定被中国证监会采取行政监管措施，或最近 6 个月内因违反公司债券相关规定被证券交易所等自律组织采取纪律处分，尚未完成整改的。

⑤最近两年内财务报表曾被注册会计师出具保留意见且保留意见所涉及事项的重大影响尚未消除，或被注册会计师出具否定意见或者无法表示意见的审计报告。

⑥因严重违法失信行为，被有权部门认定为失信被执行人、失信生产经营单位或者其他失信单位，并被暂停或限制发行公司债券。

⑦擅自改变前次发行公司债券募集资金的用途而未做纠正。

⑧本次发行募集资金用途违反相关法律法规或募集资金投向不符合国家产业政策。

⑨除金融类企业外，本次发行债券募集资金用途为持有以交易为目的的金融资产、委托理财等财务性投资，或本次发行债券募集资金用途为直接或间接投资于以买卖有价证券为主要业务的公司。

⑩本次发行文件存在虚假记载、误导性陈述或重大遗漏。

⑪存在严重损害投资者合法权益和社会公共利益情形。

⑫地方融资平台公司。本条所指的地方融资平台公司是指根据国务院相关文件规定，由地方政府及其部门和机构等通过财政拨款或注入土地、股权等资产设立，承担政府投资项目融资功能，并拥有独立法人资格的经济实体。

⑬主管部门认定的存在"闲置土地""炒地""捂盘惜售""哄抬房价"等违法违规行为的房地产公司。

⑭典当行。

⑮未能同时满足以下条件的担保公司：

a. 经营融资担保业务满 3 年。

b. 注册资本不低于人民币 6 亿元。

c. 主体信用评级 AA 级（含）以上。

d. 近三年无重大违法违规行为。

⑯未能同时满足以下条件的小贷公司。

a. 经省级主管机关批准设立或备案，且成立时间满 2 年。

b. 省级监管评级或考核评级最近两年连续达到最高等级。

c. 主体信用评级达到 AA 级（含）以上。

采用国际通行的负面清单管理模式，进一步实现了我国债券发行的科学化、合理化和规范化的管理，有利于提高债券发行的效率。

12.1.2　企业改制尽职调查

（一）企业改制概述

企业改制指依法改变企业原有的资本结构、组织形式、经营管理模式或体制等，使其在客观上适应企业发展新需要的过程。

改制也指企业所有制的改变。通常我们所提到的企业改制是指国有企业的改制，但广义上也包括其他性质企业的改制，比如集体企业的改制、股份合作制企业的改制、中外合作企业的改制等，甚至包括更多类型的非企业单位的改制，比如事业单位改制。企业改制的目标包括有限责任公司和股份有限公司，特别是随着企业上市的需求增大，很多企业将股份有限公司作为自己的改制目标。

　　国有企业的改制方案应由职工大会或职工代表大会同意；重要的国有独资企业的改制必须要经国有资产管理机构审核，并报本级政府批准，重要的国有独资企业按照国务院的规定确定。而私有企业的改制则应由董事会或股东大会通过。

　　企业改制的目标是建立现代企业制度，现代企业制度中具有典型性和代表性的是公司制，公司制改造的实行，可以实现产权主体的多元化，也会带来产权结构的多元化。公司制企业指由自然人或法人单独或组合建立的一种企业形式。公司具有法人性、营利性等特点，具有独立的法人资格，拥有独立的财产权利，独立承担责任，独立面向市场自主经营、自负盈亏，自我发展。

（二）企业改制尽职调查内容

　　本书所指的企业改制是狭义的改制，仅指企业从有限责任公司改制为股份有限公司。企业改制的尽职调查应当关注以下方面。

　　（1）企业的设立及历史沿革。

　　（2）对"基本运营结构"的核查，包括但不限于下列文件。

　　①企业目前的股本结构或出资人出资情况的说明。

　　②有关企业目前管理结构、薪酬体系的文件。

　　③有关企业内部管理制度与风险控制制度的文件。

　　（3）对"股权情况"的核查，包括但不限于下列相关文件。

　　①有关企业的股权结构及其演变过程的证明文件。

　　②股权有无质押或其他形式权利行使障碍的证明文件。

　　③有关股东出资方式、出资金额的证明文件。

　　④股东以非货币财产出资的财产权属证明文件及权属变更登记文件。

　　（4）对"有形资产情况"的核查，包括但不限于下列文件。

　　①企业及其附属机构房屋产权及重要设备的清单。

　　②企业及其附属机构有关房屋及重要设备租赁的文件。

　　③企业及其附属机构有关海关免税的机械设备（车辆）的证明文件（如有）。

　　④企业其他有形资产的清单及权属证明文件。

　　（5）对"土地使用权及其他无形资产情况"的核查，包括但不限于下列文件。

　　①企业及其附属机构对各项软件、产品等无形资产所拥有的知识产权清单，包括专利权、商标权、版权及其他知识产权。

②所有与知识产权有关的注册登记证明及协议。

③企业及其附属机构不动产权证、租赁土地的协议。

④企业及其附属机构签署的重大知识产权或专有技术相关协议。

（6）对改制企业所签署或者有关联关系的"重大合同情况"的核查，包括但不限于下列文件。

①任何与企业及其附属机构股权有关的合同。

②任何在企业及其附属机构的动产或不动产设定的所有抵押、质押、留置权等担保权益或其他权益限制相关的合同。

③企业及其关联机构的兼并、分立、合并、歇业清算、破产的相关合同。

④企业及其附属机构签署的所有重要服务协议。

⑤企业及其附属机构签署的所有重要许可协议、特许安排及附有条件的买卖合同。

⑥企业及其附属机构签署的所有重要能源与原材料或必需品等供应合同。

⑦企业及其附属机构签署的所有重大保险合同。

⑧企业及其附属机构改制前签署的任何与合并、联合、重组、收购或出售有关的重要文件。

⑨企业及其附属机构与主要客户签订的其他与其经营有重大影响的合同。

⑩其他重要合同，如联营合同，征用土地合同，大额贷款或拆借合同，重大承包经营，租赁经营合同，或投资参/控股及利润共享的合同或协议等。

（7）对改制企业"重大债权债务"的核查，包括但不限于下列文件。

①有关公司应收款、其他应收款的真实性及权利的完整。

②应付款项是否与业务相关，有无异常负债。

③有无或有事项及或有负债。

④有无因债权债务事项而可能引发的纠纷。

（8）对涉及的"重大法律纠纷、行政处罚等情况"的核查，包括但不限于下列相关文件。

①企业未了结的诉讼、仲裁、行政处罚、索赔要求及政府部门之调查或质询的详细情况。

②企业违反或被告知违反卫生、防火、建筑、规划、安全等方面之法律法规、通知或诉讼的情况。

③企业所知晓的将来可能使之涉及诉讼、仲裁、行政处罚、索赔要求、政府部门的调查或质询的事实。

（9）对改制企业"人员基本情况"的核查，包括但不限于下列相关文件。

①企业高级管理人员的基本情况。

②企业和职工签订的劳动合同样本。

③企业工会组织的情况和与工会签订的集体劳动合同或协议。

④企业职工福利政策。

⑤企业缴纳社会保险费的情况。

（10）对企业"环境保护"的核查，包括但不限于下列相关文件。

①项目立项和建设、竣工过程中的专家环境评估报告和环保部门的批准。

②环保部门的整改通知、处罚决定。

③生产过程中的环保设备、工艺、制度、保障。

（11）对企业"纳税情况"的核查，包括但不限于下列相关文件。

①企业应纳税的税种、税率、税收优惠政策的依据、批准。

②纳税记录、完税证明、欠交税款、行政收费。

③税务机关的催收通知或决定。

（三）企业改制尽职调查与工作底稿

律师应当在尽职调查前及调查过程中制作必要的工作底稿。工作底稿应当真实、完整、记录清晰并适宜长期保存。形成完备的工作底稿是考核律师尽职调查工作的一项核心内容，工作底稿的制作不仅是律师工作过程的完整体现，同时也是防范律师执业风险的重要手段。律师开展尽职调查的工作底稿应当包括但不限于下列内容。

（1）与改制企业设立及历史沿革有关的资料，如设立批准证书、营业执照、合同、章程等文件或变更文件的复印件。

（2）重大合同、协议及其他重要文件和会议记录的摘要或副本。

（3）与委托人及被调查对象相互沟通情况的记录，对委托人与被调查对象提供资料的检查、调查访问记录、往来函件、现场勘察记录、查阅文件清单等相关资料及详细说明。

（4）委托人、被调查对象及相关人员的书面保证或声明书的复印件。

（5）对保留意见、疑难问题所做的说明。

（6）其他与出具《尽职调查报告》相关的重要资料。

12.1.3　IPO 尽职调查

企业要通过 IPO 走向资本市场，必须严格按照相关法律法规的要求进行尽职调查，以确定企业是否符合《证券法》及证监会、交易所的各项规定，是否存在实质性的法律障碍以及是否具有整改合规的可能性。

目前，关于 IPO 业务尽职调查的相关法律规定主要包括：2003 年 4 月 22 日试行的《律师从事证券法律业务规范》"第四章 尽职调查"、2007 年 5 月 1 日施行的《律师事务所从事证券法律业务管理办法》"第三章 业务规则"、2006 年 5 月 29 日施行的《保荐人尽职调查工作准则》等的规定。

IPO 尽职调查，主要就以下问题展开调查与资料收集。

（1）发行人基本情况调查。发行人基本情况调查包括：改制与设立情况、发行人历史沿革情况、发起人和股东的出资情况、重大股权变动情况、重大重组情况、主要股东情况、员工情况、发行人独立情况、内部职工股（如有）情况、商业信用情况。

（2）发行人业务与技术调查。发行人业务与技术调查包括：发行人行业情况及竞争状况、采购情况、生产情况、销售情况、核心技术人员、技术与研发情况。

（3）同业竞争与关联交易调查。同业竞争与关联交易调查包括：同业竞争情况、关联方及关联交易情况。

（4）高管人员调查。高管人员调查包括：高管人员任职情况及任职资格、高管人员的经历及行为操守、高管人员胜任能力和勤勉尽责、高管人员薪酬及兼职情况、报告期内高管人员变动、高管人员是否具备上市公司高管人员的资格、高管人员持股及其他对外投资情况。

（5）组织结构与内部控制调查。组织结构与内部控制调查包括：公司章程及其规范运行情况，组织结构和股东大会、董事会、监事会运作情况，独立董事制度及其执行情况，内部控制环境，业务控制，信息系统控制，会计管理控制，内部控制的监督情况。

（6）财务与会计调查。财务与会计调查包括：财务报告及相关财务资料、会计政策和会计估计、评估报告、内控鉴证报告、财务比率分析、销售收入、销售成本、销售毛利、期间费用、非经常性损益、货币资金、应收款项、存货、对外投资、固定资产、无形资产、投资性房地产、主要债务、资金流量、或有负债、合并报表的范围、纳税情况、盈利预测。

（7）业务发展目标调查。业务发展目标调查包括：发展战略、经营理念和经营模式、历年发展计划的执行和实现情况、业务发展目标、募集资金投向与未来发展目标的关系。

（8）募集资金运用调查。募集资金运用调查包括：历次募集资金使用情况、本次募集资金使用情况、募集资金投向产生的关联交易。

（9）风险因素及其他重要事项调查。风险因素及其他重要事项调查包括：风险因素、重大合同、诉讼和担保情况、信息披露制度的建设和执行情况、中介机构执业情况。

12.1.4　私募股权及风险投资尽职调查

私募股权（Private Equity，PE）及风险投资（Venture Capital，VC）尽职调查，是指投资人在与目标企业达成初步合作意向后，经协商一致，投资人对目标企业与本次投资入股有关的事项进行现场调查、资料分析的一系列活动。其目的是确定目标企业未来成长预测的假设基础的合理性以及目标企业对投资人不存在隐蔽的重大风险，并且保护投融资双方免受其他利益相关方的起诉。虽然尽职调查并不能保证能够发现所有的潜在风险，却是投融资双方尽其可能使投资交易更公平、更有效率的一种有效措施。

私募股权及风险投资尽职调查一般包括对目标企业的财务尽职调查、业务尽职调查和法律尽职调查，有时还会就某个特定的项目进行专项尽职调查，譬如人力资源尽职调查、知识产权尽职调查、债权债务尽职调查及环境保护尽职调查等。其目的是深入、准确地了解目标企业真实的经营状况，为私募股权是否投资及股权如何估价提供帮助。

一旦进入正式的调查流程，PE 的调查团队从人员组成上来说包括自己的调查团队、外聘的注册会计师团队、律师团队，有的甚至还有外聘的行业咨询公司、技术顾问，有的甚至还聘用私家侦探来调查企业家的背景。调查的内容包括公司的财务、法律、业务、行业、团队等，基本上全面覆盖。调查的方法有内部调查和外部调查，包括各种访谈、求证、函证、查阅等。PE 为什么要花那么多钱、时间和精力来做尽职调查呢？主要就是因为 PE 要往企业投入资金，很小的、没有发现的风险都可能导致投资失败。发现了风险而决定承担，最后失败了，是判断失误和能力的问题，某种程度上是可以原谅的；没有发现风险而盲目投资，最后失败了，是没有尽职和尽责的问题，是不能接受的。

在长期为私募股权提供尽职调查法律服务的过程中，笔者从实战及实用的角度出发，在总结经验教训的基础上形成了一套尽职调查方案。

第一，私募股权的投资理念是投资即投入，投资就是投团队，尤其要看准投资团队的领头人。对于目标企业团队成员的要求是：目标远大，脚踏实地；

富有激情，和善诚信；专业敬业，社会责任。

第二，寻找优势行业中的优势企业。

优势行业是指具有广阔发展前景、国家政策支持、市场成长空间巨大的行业；优势企业是在优势行业中具有核心竞争力，细分行业排名靠前的优秀企业，其核心业务或主营业务要突出，核心竞争力要突出，要超越其他竞争者。通过尽职调查，确认企业所处行业是否属于国家鼓励发展的行业，是否得到国家相关产业政策的支持，企业在该行业中是否处于领先的行业地位等。

第三，弄清三个模式。

每个企业的生存和发展都有其独特的商业模式，而商业模式中又以以下三个模式较为重要。弄清了三个模式，就可以了解目标企业是如何获利的，也就基本了解了企业立足及发展的根本。其中，业务模式是企业提供什么产品或服务，业务流程如何实现，包括业务逻辑是否可行，技术及工艺是否可行并先进，是否符合消费者心理和使用习惯等，企业的人力、资金、资源是否足以支持企业运营。而盈利模式是指企业如何挣钱，通过什么手段或环节挣钱，盈利模式是否得到市场和消费者的认可。再者，营销模式是企业如何推广自己的产品或服务，销售渠道、销售激励机制如何等。好的业务模式必须能够盈利，好的盈利模式必须能够推行。

第四，关键指标的把握。

PE 投资的重要目标是目标企业尽快改制上市，大都为财务投资，因此一般会非常关注目标企业近三年的盈利能力和成长性。另外，净利率是销售净利润率，反映了一个企业的盈利能力和抗风险能力。增长率有助于企业降低投资成本，让投资人获取更高的投资回报。把握前四个指标，则基本能确定项目的可投资性。

第五，厘清五个结构。

企业的架构关系到企业基本的运作模式，其是否规范有效决定着企业长期发展的稳定性及效率，主要包括以下方面。

（1）股权结构：主次分明，结构合理。

（2）高管结构：人才配置合理，优势互补，团结协作。

（3）业务结构：主营业务突出，不断研发新产品及具备源源不断地研发新产品的能力、潜力和机制。

（4）客户结构：既不太分散又不至于太集中，减少对单一大客户的依赖，大多数客户都有实力。

（5）供应商结构：既不太分散又不太集中，质量有保证，供应有保障。

第六，对于目标企业的全面了解，应该抽丝剥茧，层层深入，这样才能通过现象了解其内涵，才能通过不同层面的资料审核，了解企业具备的生存能力及持续发展的潜力。

考察六个层面是对目标企业的深度了解，任何一个层面存在的关键性问题都可能影响企业的改制上市。当然，有些企业存在一些细小瑕疵，可以通过规范手段予以改进。

（1）历史合规：目标企业的历史沿革合法合规，在注册验资、股权变更等方面不存在重大历史瑕疵。

（2）财务规范：财务制度健全，会计标准合规，坚持公正审计。

（3）依法纳税：不存在偷税漏税方面的问题。

（4）产权清晰：企业的产权（含专利、商标、房产等）清晰到位，不存在纠纷。

（5）劳动合规：严格执行劳动法规。

（6）环保合规：企业生产经营符合环保要求，不存在搬迁、处罚等隐患。

第七，落实七个关注。

七个关注是对目标企业细节的关注。如果其中存在问题，可以通过规范、引导的办法加以改进。但其现状是评价目标企业经营管理的重要依据。

（1）制度汇编：查看企业的制度汇编可以迅速认识企业管理的规范程度，有的企业制度不全，更没有制度汇编。

（2）例会制度：询问企业的例会（含总经理办公会例会、董事会例会、股东会例会）情况，能够了解规范管理情况，也能了解企业高管对股东是否尊重。

（3）企业文化：通过了解企业的文化建设能知道企业是否具有凝聚力，是否具备长远发展的可能。

（4）战略规划：了解企业的战略规划情况，可以知道企业的发展有无目标，查看其目标是否符合行业经济发展的实际方向。

（5）人力资源：了解企业的员工培训、激励计划，可以了解企业是否能充分调动全体员工发展业务的积极性和能动性，考察企业的综合竞争力。

（6）公共关系：了解企业的公共关系策略和状况，可以知道企业是否具备社会公民意识，是否注重企业形象和品牌，是否具有社会责任意识。

（7）激励机制：一个优秀的现代企业应该有一个激励员工、提升团队的机制或计划，否则，企业难以持续做强做大。

第八，分析八个数据。

在厘清四个关键指标的基础上，有必要分析以下八个数据。分析八个数据是对目标企业进行的深度分析、判断。

（1）总资产周转率。总资产周转率表明多少资产创造多少销售收入，表明企业类型是资产（资本）密集型还是轻资产型。该项指标反映资产总额的周转速度，周转越快，企业的销售能力越强。企业可以通过薄利多销的办法加速资产的周转，带来利润绝对数的增加。计算公式：总资产周转率＝销售收入÷平均总资产。

（2）资产负债率。资产负债率是负债总额除以资产总额的百分比，也就是负债总额与资产总额的比例关系。资产负债率反映在总资产中有多少资产是通过借债来的，也可以衡量企业在清算时保护债权人利益的程度。资产负债率的高低能体现一个企业的资本结构是否合理。计算公式：资产负债率＝负债总额÷资产总额×100%。

（3）流动比率。流动比率是流动资产除以流动负债的比率，反映企业的短期偿债能力。流动资产是容易变现的资产，流动资产越多，流动负债越少，则短期偿债能力越强。计算公式：流动比率＝流动资产÷流动负债。

（4）应收账款周转率和应收账款周转天数。应收账款周转率反映应收账款的周转速度，也就是年度内应收账款转为现金的平均次数。用时间表示的周转速度是应收账款周转天数，也叫平均收现期，表示企业从取得应收账款的权利到收回款项，转换为现金所需要的时间。一般来说，应收账款周转率越高、平均收账期越短，说明应收账款收回速度越快。否则，企业的营运资金会过多地停留在应收账款上，影响正常的资金周转。计算公式：应收账款周转率＝销售收入÷平均应收账款；应收账款周转天数＝360÷应收账款周转率。

（5）销售毛利率。销售毛利率表示每一元销售收入扣除销售产品或商品成本后，有多少可以用于各期间费用和形成利润，是企业销售净利率的最初基础。计算公式：销售毛利率＝（销售收入－销售成本）÷销售收入×100%。

（6）净值报酬率。净值报酬率是净利润与平均股东权益（所有者权益）的百分比，也叫股东权益报酬率。该指标反映股东权益的收益水平。计算公式：净值报酬率＝净利润÷平均股东权益×100%。

（7）经营活动净现金流。经营活动净现金流，是企业在一个会计期间（年度或月份，通常指年度）内经营活动产生的现金流入与经营活动产生的现金流出的差额。这一指标说明经营活动产生现金的能力。一般来说，企业财务状况越好，经营活动净现金流越多，所需资金越少；反之，财务状况越差，经营活动净现金流越少，所需资金越多。一个企业经营活动净现金流为负，说明企业需筹集更多的资金满足于生产经营所需，否则企业正常生产经营将难以为继。

（8）市场占有率。市场占有率也可称为"市场份额"，是企业的产品在市场上所占份额，也就是企业对市场的控制能力。企业市场份额的不断扩大，可以使企业获得某种形式的垄断，这种垄断既能带来垄断利润又能保持一定的竞争优势。一个企业若获得市场 25% 的占有率，一般就被认为控制了市场。市场占有率对企业至关重要，一方面它是反映企业经营业绩最关键的指标之一，另一方面它是企业市场地位直观的体现。市场占有率是由企业的产品力、营销力和形象力共同决定的。

第九，走好九个程序。

要做好一个投资项目，有很多程序要走，而且对于不同的目标企业所采取的程序应该有所不同，应分别对待，但是以下九个程序是应该坚持履行的。

（1）收集资料：通过多种形式收集企业资料。

（2）高管面谈：高管面谈是创业投资非常重要的环节。依据经验，通过高管面谈往往能很快得出对目标企业业务发展、团队素质的印象。

（3）企业考察：对企业的经营、研发、生产、管理、资源等实施实地考察；对高管以下的员工进行随机或不经意的访谈，能够得出更深层次的印象或结论。

（4）竞争调查：梳理市场中的竞争格局和对手的情况。通过各种方式和途径对竞争企业进行考察、访谈或开展第三方评价，对比分析市场中的各种竞争力量及其竞争优劣势。对竞争企业的信息和对比掌握得越充分，投资的判断就会越准。

（5）供应商走访：了解企业的采购量、信誉，有助于判断企业真实产量、声誉；同时也从侧面了解行业竞争格局。

（6）客户走访：了解企业产品质量和受欢迎程度，了解企业真实销售情况，了解竞争企业情况；同时，客户自身的档次和优质情况也有助于判断企业的市场地位，以及市场需求的潜力与可持续程度。

（7）协会走访：了解企业的行业地位和声誉，了解行业的发展态势。

（8）政府走访：了解企业的行业地位和声誉，了解政府对企业所处行业的支持程度。

（9）券商咨询：针对上市可行性和上市时间等问题咨询券商，对判断企业成熟度有重要作用。

第十，报告十个内容。

尽职调查报告是对前期工作的总结，是最终决策的依据。要写好尽职调查报告，应至少报告以下十个方面的主要内容。

（1）企业历史沿革：股权变动情况，重大历史事件等。

（2）企业产品与技术：企业业务情况、技术来源。

（3）行业分析：行业概况、行业机会与威胁，竞争对手分析。

（4）优势和不足：企业有哪些优势，哪些是核心竞争力；存在的不足或缺陷，有无解决或改进办法。

（5）发展规划：企业的近期、中期发展规划和发展战略，以及发展规划的可实现性。

（6）股权结构：股权结构情况，合理性分析。

（7）高管结构：高管人员和技术人员背景情况，优势、劣势分析。

（8）财务分析：企业近年各项财务数据或指标情况及分析。

（9）融资计划：企业发展计划和融资计划及融资条件。

（10）投资意见：投资经理对项目的总体意见或建议。

每个团队都有自己分析、评价项目的办法和秘诀，上述方案只是其中的一种。但总体来说，审视投资对象时大部分尽职调查内容是相似的，因为从并购的目的、动机等各方面考察，都有相似性。但每个尽职调查团队根据自己积累的经验会有差异化的做法，主要看这种做法是否能更好发现尽职调查中存在的风险，获得更加准确的信息与数据，从而更好地为决策服务。

12.1.5　信托尽职调查

信托尽职调查，是指信托产品各方达成初步合作意向后，经协商一致，信托公司或委托人委托律师或公司内部法务作为尽职调查主体，就本次信托相关的各类事项开展的现场调查、信息收集、资料分析等一系列活动并出具尽职调查报告。

鉴于法律尽职调查的重要性和专业性，加之法律意见书是信托计划发行中的重要文件和必备文件，法律尽职调查已经成为信托尽职调查的重要环节，律师事务所成为信托项目法律尽职调查的重要主体。据调查，超过50%的信托公司在信托项目操作过程中会聘请专业律师事务所开展法律尽职调查。

1. 信托项目法律尽职调查的范围与边界

信托业务实践的发展，对信托项目法律尽职调查以及信托综合法律服务都提出了更高的要求。但需要注意的是，信托项目法律尽职调查毕竟只是信托项目操作的一部分，所以合理界定信托项目法律尽职调查的范围与边界十分重要。

（1）项目及交易对手的合法性是法律尽职调查的基础服务内容。与诸多其他类型的尽职调查相同，项目及交易对手的合法性是信托法律尽职调查的基础服务内容。法律尽职调查的内容包括交易对手的工商登记情况、存续、变更、资质、持有证照、年度报告、对外投资、治理结构、固定资产、财务状况、涉诉情况、重大债权债务、对外签订的重大合同等方面。项目的产权合法性、交易对手的主体合法性等诸多方面都是律师的工作要点。

和信托公司的项目负责人充分沟通，有利于把握信托公司的尽职调查要求，发现资料收集过程中可能出现的遗漏，这对准确把握尽职调查的范围十分重要。

（2）对信托项目合规性的适度把握。

由于信托项目的合规性规定分布于各个文件之中，加之各地监管机构对信托项目合规性的把握尺度存在差异，所以律师在实施法律尽职调查以及出具法律意见书时，应当按照中国银行保险监督管理委员会等相关机构关于合规性的基本要求，对项目的合规性进行阐述及界定，并就做出相应结论的依据做出详细的说明。

（3）对项目操作方案的尽职调查需超前考虑。

信托项目操作方案涵盖交易结构设计、项目操作、风险控制措施落实、后期管理等诸多方面。律师在进行法律尽职调查时，要充分考虑后期项目操作的可行性及需要，对后期项目操作的可行性和操作路径进行调查。

例如，房地产股权信托的主要价值是在合规的前提下满足"四证不全"房地产项目的资金需求，但房地产股权信托在后期司法处置方面，得到司法部门支持的难度大于贷款信托。

贷款信托在后期司法处置得到司法部门支持方面，应该比股权信托更为有利。但贷款信托在净资本占用方面可能高于股权信托，会加大信托公司的经营成本。这些因素都是需要综合考虑的。

再如，房地产股权信托中，如果交易对手是上市公司，出于业绩合并计算的要求，一般不允许信托公司对项目公司的持股比例超过50%。甚至有的上市公司对其自身持股比例的要求更高，这些问题都应当在尽职调查时予以充分考虑，避免出现违规的局面。

所以，股权比例如何设置，增资过程如何完成，这都是需要律师在前期法律尽职调查中进行调查和充分考虑，并与交易对手充分沟通的。

（4）风险控制措施和后期管理措施的落实。

风险控制措施的落实是信托公司风险防范的核心。所以律师需核实风险控制措施的具体落实情况，以免造成被动。

业内已经发生过在法律尽职调查时对抵押、质押等风险控制措施落实情况尽职调查的缺位，导致信托项目资金虽然已经募集到位，但由于抵押等风险控制措施迟迟无法执行，募集资金在账面闲置，信托计划拖延几个月方才成立，信托公司名誉受损的情况。这都是需要注意并引以为戒的。

（5）信托项目风险处置方面的尽职调查，在于确定风险处置与司法处置的相关程序。

由于信托项目风险控制与风险化解的需要，信托公司目前对信托项目的风险处置甚为重视。在法律尽职调查中，律师的主要工作是落实司法处置相关程序。具体来说，如果是贷款信托，需要落实强制执行公证的办理、强制执行证书的出具程序、司法强制执行的受理程序等。如果是股权信托，则需落实发生风险后的救济方式，例如，股权转让、股权处置、资产处置、诉讼等。

对司法处置相关程序进行事先尽职调查的目的在于，通过律师对后续风险处置的预先调查，大大降低信托公司的项目后期处置风险，保证司法处置的效率与及时性。

2. 信托项目的实际需要是信托项目法律尽职调查的重要依据

信托项目法律尽职调查并不仅仅是对项目和交易对手具体情况的调查，而是信托项目操作的一部分。这是信托项目法律尽职调查的现实定位。所以，准确把握项目的实际需要十分重要。

对于单一信托而言，法律尽职调查的核心是交易对手的情况及合规性、信托公司的法律风险等。律师需根据尽职调查的情况，在合同文本中制定具有针对性的风险规避方式（例如原状返还等）。

如果是集合信托计划，由于向社会大众发行，信托公司将直面兑付风险，尽职调查的核心则是交易对手（融资方）的合法性、项目的合法性。需要注意的是，集合信托项目的调查深度超过单一信托。

另外还需引起注意的是，由于信托项目的实际操作需要，在尽职调查过程中，根据信托项目的实际情况与需要，主动扩大调查范围有时候是必要的。

鉴于包括信托法律尽职调查在内的信托法律服务已经呈现出"综合法律服务"的发展趋势，组织专业法律服务团队、以团队方式为信托公司提供综合法律服务，将是律师事务所提供信托法律服务的发展方向和趋势。

12.1.6　并购重组尽职调查

公司并购分为资产并购和股权并购两种。资产并购就是根据公司业务及发展的需要对目标公司的某些资产或部分资产进行收购。资产并购的关键是对资产的权属、采购方式、使用年限、当前性能、维修保障等各方面的情况进行充分的了解、评估，以保证准确的估价和合理的定价，更多是对并购对象资产现状进行全面的考察与评估，以确定适当的评估价值。而股权并购，则是对目标公司的部分或全部股份进行收购，进而达到全部拥有该公司、控股或参股的目的。本文所论述的并购是指对公司股权的并购。

公司并购的基本流程主要包括收购方形成并购决策、选择目标公司、尽职调查、交易路径和交易结构方案设计、公司估值、谈判及交易、并购后的交接与整合等几个主要环节。

主要根据并购的目的、行业及其公司特点等，确定尽职调查的以下重点。

1. 目标公司的主体资格

审查目标公司的主体资格是为确保并购的合法有效，具体包括审核交易各方是否依法成立并合法存续，是否具有进行交易的行为能力，是否可以与之进行交易。

审查目标公司的主体资料主要是了解公司设立情况、历史沿革、注册登记情况、股东情况、注册资本交纳情况、年审情况、公司的变更情况、有无被吊销或注销、停业整顿等情况。

2. 目标公司的成立合同、章程

对目标公司章程进行审查时，应关注下列内容。

（1）章程内容的合法性、完整性，现行章程及曾生效的章程。

（2）章程中是否有反收购条款；如有，则查明具体内容。

（3）章程内容是否有特别程序条款；如有，则评估其意义。

（4）注意该合同与章程中是否有下述防御收购的条款、内容或规定。

①绝对多数表决。

公司章程可能规定，有关兼并、收购或者其他可能导致公司控制权转移的重大交易都需要经过公司股东绝对多数（具体比例）的同意方可以实施，评估其对收购的影响及代价。

②禁止更换董事或轮任董事制。

有的公司章程会规定除董事个人因违法犯罪或故意危害公司利益外，董事不能在任期届满前被更换。而轮任董事制则是将董事会成员分成几组，每组任期两年，每年在股东会上将其一组董事改选，使得董事会成员中总有组不断地变化的制度。这样，即使是控制了公司的多数股份，在轮任董事制下，也不能保证在下届股东年会上获得对董事会的控制权。

③高薪补偿被辞退的高级管理人员。

有的公司章程规定，公司高级管理人员如总经理、副总经理非因自身的过失被公司辞退，应当得到一笔极为丰厚的解职费或补偿。

④股东权利计划。

股东权利计划有很多不同的类型，但其基本的内容大概相似，即公司股东在取得公司股份时，同时取得另一种权利，该权利在出现某种冲突或引发某种事件，如收购、兼并时，可以开始由股东行使。该权利的内容是股东能够以略高于公司同类股票的发行价格的价格购买公司股票。这样，股东就可能以远远低于当时市场价的价格买进公司股票。这无疑会大大增加并购方的收购成本。

股东权利计划一般都规定，发行该权利的公司可以象征性的价格赎回该权利。而拥有该权利的股东，若变成并购方，则不得不行使该权利。

审查公司合同与章程中有无上述内容的规定旨在正确分析目标公司被并购的难易程度，以及并购费用是否会增大或增大到什么程度。

3. 目标公司的董事会决议、股东大会决议、纪要等

在兼并和善意收购的情况下，目标公司的董事会和股东大会自然是同意并购的，而同意的话，依照公司的规定，是一定要有相应的董事会和股东大会决议的。这个程序必不可少。律师要注意调查、审查有关的董事会与股东大会决议是否依法做出，有无达到法定的或章程中规定的同意票数，投票权是否有效等，以确保程序上无瑕疵。

4. 目标公司有形财产，即指目标公司的土地及房产设备等有形资产

土地与房产的价值取决于权利如何。分配做商品房的土地和房产与分配做酒店、办公楼的土地和房产的价值会大相径庭：70 年的土地使用权及其上的房产与 10 年的土地使用权及其上的房产的价值会差异甚大；已抵押的土地与房产其转让会受到限制，而未抵押的土地与房产则不受限制等。因此，需要事先对土地与房产的权利状况加以注意。例如，经过批准同意的土地、房产的用途如何，权利是否完整，有无瑕疵，有无可能影响该权利的对价，如有，是否已付清，有关权利的证明书是否已取得，有无出租或抵押，出租或抵押的条件如何等。

律师对此审查的意义在于事先发现或理顺目标公司的产权关系，事先发现问题并提出解决问题的办法，确保并购方取得的目标公司的财产清楚明白，权利完整无瑕疵，无法律上的后遗症。

5．知识产权

在一些目标公司中，以知识产权形式存在的无形资产较部分有形资产可能更有价值。专利、商标和设计都可通过注册而得到保护。版权、技术诀窍和其他形式的保密信息，虽然不能注册但同样能够受到法律的保护。对于所有知识产权的细节是直接拥有还是通过许可而使用，都应当予以审查以保证并购方在收购之后能继续从中受益。对于注册的知识产权，还包括对注册和续展费用支付情况的审查，专利的到期日期应当予以注意。对于贸易商标和服务商标、专利，应当确认注册权人或允许使用人的适当情况，因为不使用就会失效。对于根据许可而享有的权利，应当对相关许可证或注册使用人协议进行审查，以确保不存在有关因控制变化而终止的规定等。还应当询问是否存在有关侵权的诉讼，包括目标公司提起的保护其权利的诉讼，以及针对目标公司的、声称该公司侵犯了第二方权利的诉讼。

6．目标公司的租赁情况

目标公司租赁情况，包括出租与承租两个方面。目标公司在出租或承租时与承租人与出租人的承、出租协议是否合法有效，协议中是否有目标公司的控制权的相关规定，如发生变化，出租或承租关系就会终止或受到限制的规定，如果因此而终止或受限制对并购方会带来什么不利影响或后果等，这些也都与并购方在并购后如何操作有直接利害关系，因而事先的审查与相关措施也是十分必要的。

7．关键合同与合同承诺

大多数公司都有若干对其成功至关重要的关键合同，通常这些合同包括长期购买或供应合同、合资企业合同，或技术许可合同等。

在这些合同中合作方的身份和良好地位对长期合作关系是很重要的。因此此类合同一般都会规定，在一方公司情况发生变化且直接影响此类合同的继续履约时，变化的一方在转让其此类合同中的权利义务前，要取得合同另一方的同意或批准，或在另一合作方控制权发生变化时允许终止合同。如果控制权转移到具有不相宜或者竞争利益的另一方时，这种终止即可行使。

既然目标公司的发展十分有赖于交易完成后这些合同能否继续履行，买方将希望取得这样的保证，即不存在上述有关控制权转移时有可能终止合同的权利，或者如果存在这种权利，不行使这种终止权利。另外还应对上述关键合同进行审查，以确保不存在异常的或者义务多于权利的规定，不存在可能影响买方商业自由经营的限制性保证，不存在重大赔偿条款以及不存在违反《中华人民共和国反不正当竞争法》或其他法律法规的规定。

买方还希望确定，目标公司在近期没有做出与买方自己的业务计划不相一致的合同承诺，诸如承诺向新的生产线或新企业，或合资企业提供资本、卖掉关键专利和版权，与供应商或客户签订新的长期合同，向雇员许诺新的高额报酬或股份期权安排等。

如果目标公司过于依赖一家供应商或客户，那么与相关企业或个人发生争执或者相关企业或个人对目标公司的转让不满意，也是一种潜在的风险。因此买方将希望确保在交易完成前或者作为交易的条件，签订一个可靠的长期合同或框架协议，或者调查并谈判可供替代的购销渠道。类似的情形还可能发生在企业过于依赖某个人的专业技术知识或经验的时候，这时买方可能希望确保与相关雇员签订长期服务合同，或者安排该关键人员的保险，以承保因该雇员生病或去世造成的损失。

另外，还要特别注意贷款、抵押合同、担保合同、代理合同、特许权使用合同等，看看其中是否有在目标公司控制权发生变化时，就得提前履行支付义务，或终止使用权或相关权利等的规定。审查此类规定，就是要权衡并购完成后是否会因并购而使并购人丧失某些预期权益或权利。

8. 目标公司的职工安排

如果目标公司有很多职工，传统做法是可以只审查适用于大多数职工的标准劳动合同文本，而对于董事、企业高管和专门重要职员则必须逐一审查其聘用协议或者服务协议的内容。

在这方面，主要问题是所提供的福利水平以及终止合同前所需要的通知时间及可能的赔偿。这不仅影响潜在的终止合同赔偿支出，而且在继续聘用的情况下可能预示着补足与聘用条件的重大差异，需要花费很多钱。至于提供个人福利，如汽车、抵押、补贴、股份期权或资金等，可能也需要花费资金。目标公司还可能承受没有资金来源的退休金和其他承诺，还可能做出有关职工或职业前途的许诺，因此必须对合同本身及其他相关方面做详细的审查。

9. 目标公司的债权债务情况、税收情况、环境责任等

目标公司的债务有已知的债务和潜在的债务。潜在的债务主要包括或有负债，税收与环境责任都属于或有负债中的内容。

税收可能是产生潜在责任的重要方面，特别是在国家税收政策发生变动时，或者目标公司不甚清楚诸多税收时。在目标公司或故意或不知而未予纳税的情况下，税务机构自然会要求接管目标公司的并购方来承担或补足纳税的责任，这就使并购方支付了并购费用后，还得再追加税收费用而增大并购的成本。而且欠缴税款还会带来罚款的问题，使得补税之外还需支付罚款。

环境问题随着人类文明的发展，以及人们对自身居住环境越来越重视而在现今成为一个极为重要的问题。环境要求、环境责任也为各国环境法律所明确、所完善。若企业违反环境法的规定，不仅要承担环保责任，还要接受罚款，情节严重的可能会因此而停产、歇业、整改，限期治理。如果这些处理结果是在并购方取得目标公司后产生的，并购方就不得不承担这些责任，而这些责任带给并购方的损害不仅是沉重的，甚至可能是致命的。

这就需要并购方认真仔细地了解目标公司的纳税情况，包括已纳税情况、有无欠缴款、有关目标公司方面的税收国家是否有调整，存在哪些优惠性的规定等；了解环保情况，包括目标公司的经营产品、经营场地与环保的关系，与目标公司有关的环保的规定，公司设立时如何通过环保审查，目标公司现在有无违反环保规定，对空气和水的排放、废物存储的处置，对有关许可证和许可的遵守，有毒危险物质对场地和地下水的污染等，环保部门有无发出整改制裁通知等。在可能的情况下，若对这部分责任投保（无论是并购方还是目标公司投保），就可以极大地减少并购方的风险。

10．重大诉讼或仲裁

目标公司是否有诉讼或仲裁程序影响目标公司，包括实际进行的、即将开始的或者有可能产生的仲裁或诉讼。这些诉讼或仲裁有多少宗，涉及的标的额多大，进展情况如何，可能的结果会如何等。律师审查这些不仅是因为其涉及大量责任和法律费用，还因为这可能会导致并购方的并购精力不是投入公司经营管理方面，而是投入大量的无穷的官司纠纷上。当然，合理数量的诉讼可被视为正常的业务状态。如果只是些小额的人身伤害赔偿要求等，这通常由雇主责任保险的承保人及其律师处理。但有时调查显示出存在某一类可能会引起巨大开支的索赔要求，诸如环境污染、产品责任或雇主责任等方面的索赔，这些可能带来较多的成本且不能投保。在这样的情况下，并购是否还应继续进行，就需要认真斟酌。

11．必要的批准文件

在我国，国有股权的转让，一定要事先取得国有资产管理部门的同意和批准。因此，凡涉及国有资产和股权转让的并购，都需要事先审查目标公司有无批准的文件，该批文的真实、合法、有效性；如无此批文，则并购难以达成。

以上十一项内容基本涵盖了律师尽职调查的内容，每一项内容都不一定由律师亲身做调查，比如，财务、税收、人力资源可以分派到并购方的其他部门，比如人力资源部、财务部。但是，律师必须掌握这些调查的情况，全面统筹，并且要根据这些情况给相关部门和人员提供相应的指导及法律咨询意见。

12. 根据并购的目的，确定尽职调查的重点

如果兼并方想通过利用目标公司的现有营销渠道来扩展市场，则应了解其现有的营销和销售组织及网络、主要客户及分布状况、客户的满意程度和购买力、主要竞争对手的市场占有率；在产品方面，则应了解产品质量、产品有无竞争力、新产品开发能力；还要了解目标公司在生产、技术、市场营销能力、管理能力以及其他经营方面与本公司的配合程度。除要对上述情况进行调查外，更重要的还要查明兼并后原有的供应商及主要客户是否会流失。

如果兼并的目的是利用被兼并企业现有的生产设备及其他生产设施，则应注意了解这些生产设施是目标公司自己的还是租赁的、合同及发票等法律文件、其账面价值和重置价值、目前的使用情况、是否有其他用途等。除此之处，还可以将自己设立的同类工厂与目标公司相比较，看一看在资金上、时间上的损失程度，这样能够从目标公司那里得到那些由自己设立同类企业所得不到的好处。

另外，针对不同行业的目标公司，法律尽职调查应该有所侧重。比如，房地产开发企业，目标公司的土地、土地出让金是否足额缴纳、项目审批及规划许可等"四证"是尽职调查的重点；高科技企业，知识产权是尽职调查的重点；化工企业，行业准入、安全生产、是否进行过环境测评、环保措施是否到位以及是否因污染被提起民事诉讼或者受到过行政处罚等是尽职调查的重点。

12.1.7　海外并购尽职调查

我国企业在赴海外进行并购时，往往会忽视或不够重视并购前及并购中的尽职调查，特别是法律尽职调查，这样就造成企业在完成并购并正式接手后才发现这样或那样的问题，从而大大降低了并购的预期。

并购前期、中期的尽职调查可以达到以下的效果。

（1）首先，通过尽职调查可以详细了解目标企业所在国的政治环境、法治环境，评估并购可能面临的代价、风险及成本，以全面评估并购目的实现的可能性、并购的必要性，从而指导并购工作的开展。

（2）其次，通过尽职调查可以了解目标公司的业务和运营环境；通过对目标公司及其行业的尽职调查，可以充分了解该公司的业务状况、运营的外部和内部环境。特别是通过初步尽职调查可以对目标公司有一个综合的判断，了解并购是否符合公司的战略目标，能否达到预期的目的。

（3）最后，可以发现与交易有关的重要问题（包括交易价格）以及影响达成最终交易的重要因素。

通过详尽的尽职调查，可以对并购的合理价格进行准确的评估，对隐含的法律风险及成本进行充分的了解。

譬如，对资源行业的并购交易进行尽职调查时需考虑的重要因素包括以下方面。

（1）比邻基础设施是否方便使用：投资项目是否可在经济便捷的方式下利用铁路、港口、能源、供水及公路等基础设施。

（2）审批程序或时间表：环境部门的批准，权属问题，土地所有者的许可及外国投资审核委员会的批准程序。

（3）技术考虑因素：对于储备和矿藏的验证，等级/质量的鉴定以及延长矿产生产周期的潜在可能性。

（4）或有负债：纳税义务、环境保护责任以及对雇员负有的义务。

（5）其他潜在问题：保留管理团队，成本结构，碳税开征的影响。

综上所述，我国企业开展海外并购，鉴于与不同国度、不同地域的巨大差异性，为了保证并购的成功及付出较小的代价，事前及事中的尽职调查尤为重要，有时往往对并购成功以及并购后目标的达成起着决定性的作用，应当引起企业的高度重视。借鉴国外同行的经验与教训，聘请专业的中介机构参与并购的全过程，特别是专业的投资咨询公司、会计师事务所及律师事务所进行专业、深入的尽职调查，是企业海外并购的必修课。

12.1.8　资产重组尽职调查

企业开展资产重组，首先需要对企业真实的经营状况、财务状况及资产状况有比较明确、清楚的了解，这样才能有针对性地制定资产重组方案。资产重组的尽职调查应当包括以下主要内容。

1. 明确重组资产的范围

（1）机器设备。

机器设备是每一资产并购案中必然包括的主要资产。随着时间的推移，企业会不断地调整产品结构以适应市场及消费者的需要，从而在满足市场需求的过程中获得自身的发展，逐渐形成自己的主营业务、次营业务，并且发现新的市场需求，发展出新的产品和业务。同时，对一些没有市场竞争力的产品就要逐步压缩、减产，甚至逐渐淘汰。有时行业的替代及调整也会迫使企业及时、果断地调整自己的产品结构，否则就会被市场淘汰。在此过程中，企业一些不再需要的机器设备就成了鸡肋，一方面无法再为企业带来收益，另一方面还在不断折旧，甚至时间久了就会变成废物。企业如果能抓住产业集中所带来的机会，及时处理冗余的机器设备，则可以盘活这部分资产将其变现，或者通过资产置换的方式获得自己所需的其他机器设备或资源。因此，首先，应对企业目前的机器设备使用及折旧状况进行详尽的调查，为制定企业资产重组方案提供依据。

（2）房屋及建筑物。

投资公司根据自己未来的发展规划及业务结构采购生产设备，同时，也应根据业务发展的需要拟制购买、建造房屋或建筑及租赁房产的范围、面积及结构。拟购买、建造及租赁的房屋或建筑物的范围、面积及结构应当满足利用所购置机器设备进行生产经营活动的需要，包括厂房、经营场所、办公室等。因此，应对现有的建筑物的状况进行全面的调查，包括目前所有及租赁的房屋、建筑物的详细状况，判断其是否能满足目前的生产需要及未来若干年发展的需要，做好提前规划，也为资产重组提供依据。

（3）公用工程。

根据拟购买的机器设备和并购后拟生产的产品、从事的业务及规模拟制购买公用工程的范围。公用工程应当满足生产规模的需要，包括上下水、供变电、污水或污染物的处理、场地、道路、通信、其他辅助设施等。

（4）土地使用权。

根据拟购买的房屋和公用工程的占地情况拟制购买土地使用权的范围。同时查明目标公司取得所有权的方式，用途，剩余年限，以及是否存在被政府收回、征收、搬迁的情况，进行相应的成本核算。

（5）知识产权。

根据资产并购后投资公司拟安排生产产品或从事业务的需要，在了解目标公司知识产权总体情况的基础上拟制购买知识产权的范围。这里的知识产权包括目标公司的专利权、商标权、著作权、技术诀窍等，也包括目标公司拥有的用电权、取水权、用水权、排污权、用气权等许可权利。对那些自己所有的知识产权进行全面的梳理，特别是那些自身不用且又具有一定市场价值的权利，应及时通过许可他人使用、转让的方式实现其价值。

（6）存货。

一般情况下投资公司会根据自己并购后拟生产的产品或拟从事的业务确定购买存货的范围，并会坚持与生产或经营无关的存货不能纳入转让的范围，确定需要采购的原材料范围及品种。存货包括原料、材料、燃料、在制品、产成品、低值易耗品、办公家具等。

（7）债权。

从原则上说，投资公司会排斥受让目标公司的债权资产。但是有时为了维护并购后与经销商的渠道关系，对目标公司的销货应收款会进行有条件的受让。但应对目标公司的债权进行评估，同时，也对自身的债权经过评估后通过出售资产包的方式变现，以免变成呆账、坏账。

（8）拟制三项资产明细表。

在尽职调查阶段应当根据目标公司资产的具体情况和双方关于转让范围的意见制作固定资产、土地使用权、知识产权三项资产的转让明细表，将其作为并购及重组谈判和起草相关合同的基础。

（9）拟制存货单价明细表。

在尽职调查阶段应当制作存货单价明细表，列明存货的名称、预估数量、单价，将其作为双方进一步谈判存货转让单价的基础。

资产并购交易的标的是资产，因此投资公司在尽职调查阶段首先必须搞清楚目标公司全部有形资产和知识产权的范围和用途，即目标公司的资产都是用来生产哪些产品或从事什么业务的，并根据了解的情况和自己的并购目的，拟制并购资产的范围。从企业并购的实务来看，关于并购资产的范围，有时在尽职调查前的意向协议中就会做出原则性的约定，并通过尽职调查阶段进一步明确，最终在并购合同或协议中确定。在实务中之所以要首先就目标公司资产的范围进行尽职调查，并在调查的基础上尽早确定，是因为并购资产的范围不仅直接关系到以后尽职调查的范围，而且是双方谈判并购价格的基础。

2．确定资产的权属

资产并购中双方交易的是资产的所有权，因此，投资公司在尽职调查阶段必须查清并购资产的权属，核查相应的权属证书。由于资产并购是大宗交易，投资公司为了防避风险，关于资产权属问题不能单单依靠出让方的承诺，还要在尽职调查阶段进行实地查验。如果双方已经就交易资产的范围达成一致，有关资产权属的尽职调查可限制在该范围之内。关于资产权属的尽职调查可根据需要围绕以下几个方面开展。

（1）查验资产的证照。

根据我国有关法律的规定，土地所有权、房屋及建筑物的所有权、船舶及航空器、车辆、商标、专利的权属以登记为权属凭证。因此，在尽职调查阶段可以通过查验这些资产证照的方法确认其权属。

（2）厘清企业改制中的产权关系。

在我国企业并购活动中许多目标企业是从国有企业改制而来的，企业资产是由国有企业原始取得的。但在一些企业中，改制往往不彻底或产权不够清晰。如在改制中企业的部分资产和业务通过作价民营化，但剩余部分没有作价民营化；某些资产企业只有经营管理权或者托管权，尚未取得所有权；还有的企业的改制文件用词不准确，并未提及或明确产权的转移和转移后的权属。投资公司应当在尽职调查阶段根据目标企业资产原始取得的情况，要求目标企业披露企业改制的有关资料，如果需要，还应当向企业改制的负责部门和国有资产管理部门进行查验并取得相关确认文件。

（3）厘清企业分立、合并中的产权关系。

有些目标企业几经合并、分立，而合并、分立必然会涉及企业资产权属的变更，但是由于这些企业往往由一方控制或存在其他关联关系，所以它们往往不重视资产权属的界定。凡是在尽职调查中发现目标企业曾经发生过合并、分立的，应当认真厘清合并、分立中的产权关系。

（4）租赁资产及融资租赁资产。

有关租赁资产尽职调查的内容包括以下两项。

a. 目标公司正在使用的资产中是否有从他人处租赁或者融资租赁来的及相关合同。

b. 目标公司的资产是否有出租给他人使用或者无偿提供他人使用的及相关合同。

目标公司租入的资产，其产权为出租人所有的，不能作为转让资产；目标公司出租的资产为目标公司的资产，依法可以转让，但是需要签订相关合同。而融资租赁则要明确是否到期、租赁费支付情况、取得所有权的条件、对价支付是否完成及违约条款。

（5）股东出资资产的权属。

在有些目标公司中，股东以非货币资产向公司缴付出资，特别是控股大股东以房地产、机器设备等作价向公司出资。对此投资公司原则上无须过问作价的高低，但是应当通过尽职调查确认其是否有产权不清或界定不明及是否已经过户的情况。

（6）母子公司、兄弟公司资产分属情况。

在有些情况下，目标公司分别注册登记几家母子公司或兄弟公司，交易双方初步拟定的并购资产，有的可能登记为甲公司所有，有的可能登记为乙公司所有。在这种情况下，投资公司需要在尽职调查阶段厘清并购资产的权属登记，与不同的资产所有者分别订立资产转让合同。有的目标公司一部分并购资产登记在其分公司的名下，在这种情况下，投资公司可以视全部资产为目标公司所有，与目标公司订立一份资产转让合同受让全部资产。

（7）动产的权属问题。

从企业并购的实务看，与目标公司动产资产的权属问题相关的资产主要包括以下五项。

第一，目标公司接受委托为委托方加工产品或修理设备，委托方提供的原料、材料、半成品、产成品和修理物等。

第二，目标公司为委托加工商品而交付在外的原材料或委托修理的机器设备。

第三，目标公司购买原材料带进来的尚未返还的包装物。

第四，目标公司为销售产品赊出在外的包装物。

第五，目标公司投入渠道的资产。

在实务中对这类资产多采用目标公司披露、投资公司做相应核查的办法予以确认。

（8）是否有产权争议或者诉讼的问题。

一方面通过询问的方式，了解目标公司资产是否存在争议或诉讼；另一方面，应通过网络查询、法院实地了解的办法了解其是否存在争议或诉讼。

3. 鉴定资产的品质和效能

资产并购交易的标的是资产，并购资产的品质和效能直接关系到投资公司投资的目标能否实现；同时也关系到并购后技术改造的投入和资产转让价格的谈判和确定。关于并购资产品质和效能的尽职调查应由投资公司的相关专家完成，这是因为投资公司的专家对本行业的设备、技术、工艺很了解。同时最好落实调查的责任人，明确其在调查中承担的责任。

4. 知识产权的价值

从企业资产并购的实践来看，多数情况下并购资产中包括目标公司的知识产权。为此，投资公司需要在尽职调查阶段对目标公司的各项知识产权在并购后的使用价值做出判断，以确定哪些知识产权是业务所依赖的，哪些没有太大的价值，哪些根本不需要，从而确定购买的范围。

知识产权是一种无形资产，跟公司业务密切相关并具有实用价值，并不是越多越好。譬如，投资公司准备在并购后生产自己品牌的产品，目标公司商标的使用价值就不大。投资公司应当在尽职调查阶段掌握目标公司全部知识产权的信息，并在此基础上进行筛选，对是否受让这些资产、以何等价格受让这些资产、并购后如何使用这些资产做出明智的选择。

5. 供销渠道及产品销售情况

资产并购交易的标的虽然是资产，但是取得资产并不是投资公司的根本目的，投资公司的目的是借助这些资产从事经营活动，并通过经营活动占领市场获取利润。因此，在资产并购的尽职调查阶段，投资公司有必要进一步了解目标公司的原料、能源、运输资源及渠道和价格，有必要了解目标公司产品的销售渠道和产品在目标市场的销售情况，从而在并购前最终确定并购后的经营方案，最大限度地继承和利用目标公司的供销渠道及产品市场份额。

6. 目标公司出让资产的有效程序

目标公司出让资产的有效程序直接关系到投资公司并购交易的安全，所以投资公司应当在尽职调查阶段掌握目标公司出让资产的有效程序，并在操作中督促目标公司履行相关程序。目标公司出让资产的程序问题主要根据资产权属的性质以及公司章程的规定确认。如果目标公司为国有或集体所有制企业，或者国家持有目标公司10%以上的股份，转让资产应当报经当地的国有资产管理部门批准，并且其价格应当通过评估并经国有资产管理部门确认，以招拍挂的方式操作；如果目标公司为国有或集体所有制企业，转让资产应当经本公司职工大会或职工代表大会通过；如果目标公司既非国有也非国家持股企业，转让资产应当根据目标公司章程的规定经公司股东会批准即可；如果投资公司为外国企业，除履行上述程序外，并购价格应当经过评估，并购合同应当报经当地商务部门批准。并购程序的有效性关系到并购行为的有效性，进而直接影响投资公司的并购安全。

7. 固定资产的账面净值情况

固定资产的原值减去累计折旧为固定资产的账面净值，从原则上来说，并购资产的净值多少与投资公司无关，投资公司关注的是以转让价格登记取得的初始成本。但是投资公司在尽职调查阶段在一定程度上了解并购资产中固定资产的净值，对双方协商并购资产中固定资产的价格、判断目标公司对资产转让价格的预期、了解固定资产的构建时间及使用情况等都有所帮助。

8. 并购资产是否设立抵押或质押

从企业并购的实践来看，大多数目标公司的土地使用权和固定资产都因向银行贷款而抵押给银行。对此，投资公司应当在尽职调查阶段掌握目标公司资产抵押的情况、贷款抵押合同的内容、贷款的数额及还款余额，特别应了解是为目标公司自己的债务抵押，还是为第三人的债务抵押。根据民法典的相关规定，抵押财产转让的，抵押权不受影响，抵押权人对转让的抵押财产具有物上追及的法律效力。对此，投资公司为了防避并购风险，必须查明目标公司资产抵押或质押的情况，并与目标公司及债务人磋商切实可行的解决方案。

9. 目标公司在建工程的情况

在并购实务中，凡是已经目标公司验收合格的建设工程，无论其在目标公司财务账目如何登记，一律归为固定资产转让。对在建工程，应当查明情况，掌握合同内容，工程质量、进度及工程款付款进度，并据此与目标公司磋商以转让建设工程承包合同的方法并购在建工程项下的资产。目标公司在建工程项下的资产不是已经完成的部分工程形成的资产，而是目标公司在建设工程承包合同项下已经支付的款项。

10. 目标公司员工的情况

从法律原则上说，在资产并购的情况下，目标公司的员工与投资公司无关，但是投资公司也必须从我国的国情出发，关注目标公司员工的处理方案，特别是在目标公司出售资产后将进入清算程序或停产的情况下。对此，投资公司应当关注目标公司对员工的经济补偿，防止员工因得不到经济补偿金而闹事，影响并购后目标公司的生产经营活动。同时投资公司也应当关注目标公司员工的构成，并以此拟定并购后员工的聘用方案，使投资公司既不介入目标公司与员工之间的关系，又能以另行订立劳动合同的方法录用目标公司的基本员工。

11. 目标公司已经生效但未履行或尚未履行完毕的合同

投资公司应当在全面了解目标公司已经生效但未履行或尚未履行完毕的合同的基础上，将这些合同分为以下五类。

第一类：合同的主要权利义务已经履行完毕，处于保修期间的合同。比如工程已经交付并在转让资产之中，但目标公司仍留有保修金的合同。这类保修合同应当以转让的方法处理，以保证投资公司并购后享有保修的权利。

第二类：公司原料、材料、能源等生产资料的采购合同。如果并购后目标公司仍使用这些能源，且合同的条件大致合理，投资公司就应当认同产品的原有销售渠道，投资公司就应当同意受让这些合同。

第三类：目标公司产品的销售合同。在一般情况下，为了使用目标公司产品的原有销售渠道，投资公司都应当受让这些合同，同时也可以在办理合同转让手续时对合同的条款做适当的变更。

第四类：向银行贷款与其订立的借款合同或抵押贷款合同。如果投资公司为了节约现金流，可以考虑以受让这类合同作为支付并购价款的一种方式，实务中可以将贷款合同连同抵押合同一并转让。

第五类：除上述四类外单纯构成目标公司债权或债务的合同。投资公司原则上不受让这些合同。

12. 目标公司转供和共用情况

在一些国营目标企业，由于历史的原因会有企业对员工家属房、附属企业、兄弟公司甚至社会转供水、电、气或其他能源的情况，有的目标企业与其他企业共用场地、道路、水源等。这些情况是企业办社会项目的遗留，它们的存在往往增加了目标企业生产经营活动的负担。投资公司应当在尽职调查阶段了解这些情况，并拟制解决方案。从实践经验来看，如果在尽职调查阶段发现这些问题，投资公司应将其解决作为并购的一个条件，会同目标企业或当地政府共同协商将其处理，如果留待并购后处理往往难上加难。

从上述资产并购尽职调查的主要内容可见，资产并购的尽职调查主要围绕资产进行，包括资产的范围、质量与效能、所有权和处分权等，而基本不涉及股东权益和目标公司的核算过程。掌握资产并购尽职调查的内容，对做好资产并购的尽职调查工作具有重要的指导意义。

12.1.9 项目融资尽职调查

项目融资，是指贷款人向特定的项目提供贷款协议融资，对于该项目所产生的现金流量享有偿债请求权，并以该项目资产作为附属担保的融资类型。

专家认为项目融资是以特定项目的资产、预期收益或权益作为抵押而取得的一种无追索权或有限追索权的融资或贷款。该融资方式一般应用于现金流量稳定的发电、道路、铁路、机场、桥梁等大型基建项目，其应用领域正逐渐扩大，例如已应用到大型石油化工、房地产等项目上。它是一种以项目的未来收益和资产作为偿还贷款的资金来源和安全保障的融资方式。

对需要融资的项目进行尽职调查，主要应针对以下方面的内容。

（1）需要融资的项目公司的基本情况。

①工商行政管理部门盖章的工商登记最新查询资料原件。

②经年检的企业法人营业执照副本复印件。

③法定代表人身份证明、法定代表人本人签字样本。

④法定代表人授权书及其授权代理人的身份证复印件。

⑤公司章程（合资、合作企业还需提供合资、合作合同）。

⑥验资报告（资产评估报告，如有）。

⑦最近一期财务报表和最近三年经审计的财务报告。

⑧《公司章程》规定相关事项需董事会或股东大会审议的，提供董事会或股东大会的相关决议、授权书及董事会成员认定书和签字样本。

⑨对外担保以及未决诉讼等重大事项声明书。

⑩中国人民银行信贷登记系统查询资料、被查询企业授权公司查询的书面授权书。

⑪贷款证（卡）复印件及密码。

⑫贷款申请书。

⑬纳税记录证明文件（核实收入及担保能力）。

⑭关系人和关联交易情况说明。

⑮项目涉及房地产或土地抵押的，抵押率不超过 70% 的证明材料（对抵押房产作价评估）。

⑯项目其他（建设）资金到位方案及落实来源的证明材料。

⑰现金流量测算（确定未来还款能力）。

⑱公司经营状况。

⑲公司的资产状况。

⑳经营资质。

（2）项目的基本情况。

①立项情况，包括可行性研究报告、商业计划书、前期规划、项目取得政府批文情况、证照办理情况、已经投入的资金情况、项目预算、项目后续资金准备情况、项目融资计划书等。

②项目开工建设情况。

③项目的财务状况，如项目预算、财务报表。

④项目未来收益预测及保证。

⑤项目预售许可证及销售许可证取得情况，销售进展情况。

12.1.10　融资租赁尽职调查

（一）融资租赁概述

融资租赁是集融资与融物、贸易与技术更新于一体的新型金融产业。由于其融资与融物相结合的特点，出现问题时租赁公司可以回收、处理租赁物，因而在办理融资时对企业资信和担保的要求不高，所以非常适合中小企业融资。由于融资租赁既帮助企业解决了购买大型设备自有资金不足的融资问题，抓住了市场机会，又为融资租赁企业提供融资业务的渠道，所以近年来融资租赁业务获得了快速的发展和业务增长。

（二）融资租赁尽职调查概述

融资租赁的法律风险，主要在于租赁物质量存在问题、租赁物降价、承租方不按时支付租金等方面，鉴于融资租赁合同期一般较长，所以如何进行相应的法律风险管理需要专业的律师进行深入的思考，而首先就应当从尽职调查开始。

针对融资租赁的法律风险管理，尽职调查主要从承租企业、租赁资产担保企业相关情况及租赁资产出售方等几个方面开展，表 12 - 1 是融资租赁尽职调查资料清单的详细内容。

表 12 - 1　　　　　　　　融资租赁尽职调查资料清单

序号	资料类别与名称	备注
一	承租企业资料	
（一）	基本情况	
1	企业情况简介	包括：历史沿革、隶属情况、机构设置、人员情况、经营情况、企业规模等
2	营业执照正副本	
3	公司章程、出资协议、验资报告	
4	企业法定代表人、主要经营管理人员简历、信誉状况及身份证复印件	包括：法定代表人证明书及授权书、法定代表人签字样本
5	股东持股情况，关联企业控股、参股关系图	
6	企业组织机构结构图	
7	企业人员结构情况（员工总数及结构）	职称结构（高级、中级、初级）、学历结构（研究生、本科、大专）及年龄结构
（二）	信用情况	
8	主要信贷关系	包括：开户情况（开户日期、开户银行、账户类别）、信用等级、综合授信、信用记录、企业征信报告等

序号	资料类别与名称	备注
9	贷款卡（复印件）及最新查询记录	
10	主要资产抵押/质押情况	说明抵押/质押资产名称、评估价值、抵押/质押权利人、抵押/质押原因
（三）	经营情况	
11	公司经营及销售情况	主营业务变迁，主营产品结构、技术水平、市场竞争力等经营情况及近三年销售情况介绍
12	本年工作总结和下一年工作计划	包括：企业发展经营计划及重大投资计划
（四）	财务状况	
13	近三年审计报告、最近一期财务报表及财务报表附注	
14	长期投资明细表	包括：被投资企业名称、注册资本、股权占比，主要子公司经营情况
15	银行借款明细表	包括：贷款银行、金额、用途、期限、利率、担保方式、还款计划、贷款形态（指是否被列为不良贷款）等
二	项目及租赁资产资料	
（一）	项目情况	
1	项目基本情况介绍	
2	项目可行性报告及国家相关部门的批准文件（复印件）	
3	环评报告批复（复印件）	
4	用地报告批复（复印件）	
5	项目竣工验收报告	
6	项目所在区域市场分析	
7	项目中长期盈利预测	
8	项目其他相关批复	
（二）	租赁资产情况	
9	本项目拟租赁标的资产详细清单	
10	本项目拟租赁标的资产的意向用户购货协议（厂商租赁销售）	
11	拟租赁标的资产的权属证明（售后回租）	证明拟租赁资产所有权归属承租企业、无担保抵押/质押情况及其他所有权受限情况
12	拟租赁资产初始购买合同及原始发票（售后回租）	

序号	资料类别与名称	备注
13	承租人售后风险监控操作规范（厂商租赁销售）	承租人将拟租赁资产售出后对终端用户进行管理和监控
14	租赁资产财产保险单正本（售后回租、厂商租赁销售）	签订租赁合同后承租企业需将租赁资产保险受益人变更为租赁公司
（三）	授权情况	
15	承租企业董事会决议及授权	批准采用租赁方式融资并授权管理层
16	担保企业对本项目租赁标的资产提供担保责任的意向函	
17	国有资产监督管理委员会或上级主管部门批复承租人有权开展售后回租业务售后回租）	
三	担保企业资料	
（一）	项目情况	
1	企业情况简介	包括：历史沿革、隶属情况、机构设置、人员情况、经营情况、企业规模等
2	经年检的营业执照	
3	公司章程、出资协议、验资报告	
4	企业法定代表人、主要经营管理人员简历、信誉状况及身份证复印件	包括：法定代表人证明书及授权书，法定代表人签字样本
5	股东持股情况，关联企业控股、参股关系图	
（二）	信用情况	
6	主要信贷关系	包括：开户情况（开户日期、开户银行、账户类别）、信用等级、综合授信、信用记录等
7	贷款卡（复印件）及最新查询记录	
8	主要资产抵押/质押情况	说明抵押/质押资产名称、评估价值、抵押/质押权利人、抵押/质押原因
（三）	经营情况	
9	公司经营及销售情况	主营业务变迁、主营产品结构、技术水平、市场竞争力等经营情况及近年销售情况介绍
10	本年工作总结和下一年工作计划	包括：企业发展经营计划及重大投资计划
（四）	财务状况	
11	近三年审计报告、最近一期财务报表及财务报表附注	

序号	资料类别与名称	备注
12	银行借款明细表	包括：贷款银行、金额、用途、期限、利率、担保方式、还款计划、贷款形态（指是否被列为不良贷款）等
（五）	授权情况	
13	担保企业董事会决议及授权	同意对本项目租赁标的资产提供担保责任并授权管理层
四	租赁资产出售方相关资料（如有）	新设备直接租赁、厂商租赁销售

12.1.11 股权质押融资尽职调查

（一）股权质押融资概念

所谓股权质押融资，是指公司以取得现金为目的，通过股权质押融资取得资金用于弥补流动资金不足或解决公司其他方面的资金需求。股权质押融资不是一种标准化产品，在本质上更体现了一种民事合同关系，在具体的融资细节上由当事人双方合意约定。正常情况下，无论股票是否处于限售期，均可作为质押标的。限售股质押，在限售期先于行权时间结束的，应当认定质押合同有效。

（二）股权质押融资的尽职调查

股权质押融资，即通过股权质押的方式获得来自银行或其他金融机构的贷款，为了确保质押的股权的真实性、合法性及其价值相当，需要对质押的该部分股权乃至该股权所在企业进行详细的尽职调查，以保证贷款的安全性和可靠性。

股权质押融资针对两类不同的企业，即上市公司和非上市公司。上市公司由于受到相关上市公司严格规范的信息披露要求，很多信息可以通过公开的渠道获得且具有相当的可信度，一般只需要针对一些重要的方面或可能被忽略的方面进行重点的核查即可。而针对非上市公司的尽职调查，则要困难和复杂许多，譬如资料及信息的真实性问题、当事人刻意隐藏相关资料的问题等，需要律师以敬业的精神、专业的经验及高度的责任感认真对待，仔细挖掘。

以下是一份针对上市公司的股权质押融资尽职调查清单的范本。

一、客户基本材料（尽职调查材料应加盖企业的公章）

借款人或保证人的以下资料。

法人营业执照副本（影印件）；事业单位法人证书（影印件）（经年检合

格，执照或证书在有效年限内）。

法定代表人身份证明（影印件）。

法定代表人授权委托书、签字样本（原件及影印件）。

贷款证（卡）（影印件）（含年审记录情况和密码）。

上三年度及最新一期财务报告（最近月报或季报）经会计师事务所审计的审计报告。

财务报表（资产负债表、利润表、现金流量表、所有者权益变动表及附注），企业成立不足两年的，提供与其成立年限相当的财务报表。

有限责任公司、股份有限公司、合资合作企业或承包经营企业的董事会（或股东会）或发包人同意设立股权质押融资、同意申请信贷的决议、文件或具有同等法律效力的文件或证明。

公司或有负债及对外担保及未决诉讼情况说明。

公司基本情况介绍（电子版）。

公司章程（影印件）。

律师事务所的法律意见书（或有）。

二、授信业务材料（借款人）

缴存保证金额度的意向性文件。

质押财产的权属证明文件、股票名称及持股证明、持股数量及性质、本次拟质押融资的股票数量。

持股股票目前的状态（是否已处于质押状态，以及已出质的股票数量，是否处于限售状态等）。

股份有限公司、有限责任公司、中外合资企业、中外合作企业出质的，须提供董事会（或股东会）关于同意质押担保的文件。

三、其他说明事项（融资资金的用途）

还款来源。

融资企业的介绍、经营情况分析及实际控制人简介。

由此可见，股权质押融资关注的重点还是企业经营情况的基本面、债权债务状况及资金用途、还款能力等方面，确保债务履行的及时性、安全性。

除了以上上市公司股权质押融资尽职调查的内容以外，如果是非上市公司，至少还需要对以下内容予以关注。

（1）公司对外质押、抵押、保证等担保情况。

（2）公司及股票出质人的银行征信报告。

（3）公司固定资产及无形资产权属证、状态。

（4）公司及股票出质人涉讼及执行情况。

（5）资金用途的具体项目；若是房地产开发项目，则需提供"四证"及进展情况。

通过对股权质押公司的全面细致的尽职调查，以保证股权质押融资还款的安全与保障，是股权质押融资开展的前提及必要条件之一。

12.1.12　担保公司或对外担保尽职调查

对外担保既是专业的担保公司的一项经营业务，也是很多公司为了获得银行贷款、融资而必须提供的一项增信措施，目的是发放贷款的银行或者提供融资的出资方获得一种资金安全的保障。

为了银行顺利地发放贷款，或者是公司能顺利获得贷款方、资金出借方的融资，担保公司需要为其提供保证担保。根据《中华人民共和国担保法》第十六条之规定，这种保证担保的方式有一般保证和连带责任保证两种，两者在保证人承担责任的顺序上和保证生效的条件上存在差别，从而在法律风险上也有所不同。而一般贷款方都会要求担保公司提供连带责任保证担保。

从专业的担保公司角度，担保作为其一项经营业务，公司须最大限度地规避相应的信用风险；而对于为其他公司融资提供担保的非专业公司来说，公司也要最大限度地减少作为担保方承担的代偿风险。这就需要对被担保方进行尽职调查，以明确其所提供信息的真实性及担保风险所在和大小。

担保公司对被担保方进行尽职调查时，一般从以下几个方面开展。

（1）被担保方的基本情况。

被担保方基本情况包括企业名称、成立时间、地址、注册资本、经营范围；工商登记信息（企业沿革，包括企业近三年主营业务、股权、注册资本等企业基本情况的变动及变动原因简述）、企业类型（高新技术企业/劳动密集型企业）、股权结构、近年主要业绩及大事记等。

其他信息，如企业发展方向及战略，经营资质获取情况，企业获得技术和其他证书、荣誉等。

（2）被担保方经营管理情况。

被担保方经营管理情况包括但不限于管理层人员组成、学历、资历、素质、管理现状评价（对内部组织架构、决策程序、人事管理、财务管理、激励机制、管理薄弱环节等做简要分析说明）等。

（3）被担保方产品市场及行业状况。

①企业产品及制造方法介绍：主要介绍企业产品种类、产品用途，属自主生产、委托加工还是其他形式。

②企业生产状况：主要说明企业生产设备状况、生产管理基本模式和产能状况。

③产品技术状况：主要说明产品技术来源、技术的先进性表现、生产工艺先进性、技术人员构成、有无产品的技术研发机构等。

④市场需求及产品发展前景：包括产品的市场占有率、市场发展空间、市场需求状况等，以及企业研究开发成果、新产品生产能力、安全生产状况、环保问题等。

⑤产品所在行业分析：行业发展趋势，进入该行业的政策限制、基本条件，行业的周期分析及预测。

⑥产品竞争分析：包括企业的主要竞争对手的说明、该企业所在的行业地位、质量管理体系实施情况、企业的主要竞争优势表现。

⑦营销策略：主要说明本企业在产品的销售体系建立、价格政策确立、售后服务模式等方面所采取的措施。

⑧主要客户群体分析：说明企业的前十大供应商及客户的情况，分析客户变动原因及对企业的影响。

（4）被担保方信用情况。

企业信用情况、股东信用情况、现有贷款记录，可以通过到所在地人民银行或企业开户行打印企业征信报告及股东个人征信报告的方式获得。

（5）被担保方财务分析。

偿债能力分析：分析偿债能力时，不要忽略未在报表中反映的或有负债，如各种赔款、诉讼未决事项及对外担保等责任引起的负债。

经营能力分析：分析时，注意剔除企业非正常经营业务带来的收益，应着重分析企业主营业务的获利能力。

成长能力分析：分析时，应区分企业增长是由经营管理水平的提高带来的，还是外部经济环境变化或其他原因而产生的。

销售收入分析：核实销售收入真实情况、涉及销售收入的其他重要情况说明等。

上下游情况分析、现金流分析、财务分析综合结论等。

（6）被担保方风险性分析。

风险性分析主要包括政策性风险分析、技术性风险分析、经营管理风险分析、市场风险分析、财务风险分析、道德风险分析等方面。

（7）被担保方贷款用途及还款来源。

（8）被担保方信用结构方案。

（9）结论（影响决策的提示：技术方面、销售方面、资产方面、人才方面、管理方面、政策方面）。

对于被担保人的担保，又称债务人的担保，应当着重从债务人的还款能力角度出发，全面考察构成其还款能力的诸方面的要素及其组合，现实中还应结合债务人企业的生产经营情况、债权债务、资产状况等各方面的情况进行综合判断。

12.1.13　长期业务合作客户尽职调查

企业在长期的发展过程中，一般会通过对外合作积累一些稳定合作的客户，他们对于企业来说都是必不可少的支持与帮助，为企业发展提供源源不断的资源。通过合作，双方都获得了互利共赢的市场机会，在合作中生存，在合作中共同发展，因此，企业一般都会珍视和这些客户稳定的合作关系。但在开展合作的初期，企业会面临一个互相磨合、建立彼此信任的过程，在这个过程中往往会面临一些不确定的因素，需要企业引起足够的重视。这就需要对客户进行初步的尽职调查以明确未来持续合作的可行性，降低法律风险。

合作客户的尽职调查，目的是通过一些方法和途径尽可能多地了解合作客户的一些相关信息，如经营情况、负债情况、诚信评价、对外担保情况、未来发展规划、涉讼、仲裁及行政违规情况等，从而形成对合作对象全面、客观的评价与判断，以确定合作的规模、方式、付款方式、注意事项及可能的法律风险。一般而言，对合作对象的尽职调查分为以下几个方面。

（1）合作客户的基本情况。

工商登记信息，包括但不限于公司的设立、历史演变、历次变更、增资扩股信息。

企业基本资料，如营业执照、企业征信报告等。

公司的经营资质、经营许可证、各类荣誉证书、获奖证书。

（2）合作客户的行业情况及在行业中的排名情况。

行业发展现状，行业未来发展前景及发展空间，行业最新发展趋势，公司在行业的地位、排名及评价，可以通过行业协会或竞争对手、合作伙伴去了解。

（3）合作客户的股权结构。

通过对股权结构的分析，确定公司的控股股东、实际控制人。

（4）合作客户的组织结构图及管理架构。

公司董监高及其组成人员，明确其在公司管理中的职责分工。

（5）合作客户的经营状况。

公司经营的产品或提供的服务、产品结构、产品的可替代性及竞争力、年销售收入及其组成、利润情况、生产技术及工艺先进程度、技术研发的投入及后续改进等。

（6）合作客户的财务状况。

公司近三年的审计报告及最近一期的财务报表。

（7）合作客户资产状况。

公司固定资产，如土地、房产、主要生产设备等；无形资产，如专利、注册商标、专有技术、著作权、特许经营权等。

（8）合作客户对外的债权债务情况。

公司最新的债权债务情况统计，对外负债及或有负债，债务清偿情况及清偿计划，账龄，负债产生的原因；公司对外债权情况，偿还计划，收回的可能性分析，产生的原因等。

（9）合作客户对外担保情况。

公司资产对外抵押、质押情况，和其他企业之间互保情况，相关合同和协议。

（10）合作客户重大经营合同、贷款合同、担保合同等。

审查供应及销售合同、技术研发合同、贷款合同及担保合同（如有）等，了解合同的主要条款是否完备，双方的权利义务设置是否合理，合同履行情况，是否产生过争议及争议是如何解决的。

（11）合作客户及控股股东、董监高近三年涉及的诉讼、仲裁及行政处罚情况。

由于其中会涉及公司经营中的一些商业秘密问题，所以应通过公开的渠道获得；对于一些需要公司配合提供的资料，则尽量跟公司负责人做好充分的事先沟通，对尽职调查的重要性及必要性做出充分的说明。

随着企业外部经营环境的变化，特别是经济情况不稳定时，很多企业会面临外部违约或遭遇经济诈骗，为了保证企业正常的对外经济交往和经营活动，对合作客户的尽职调查显得尤为重要，至少可以在一定程度上防范风险。

12.1.14　资产证券化尽职调查

（一）资产证券化概述

资产证券化是以特定资产组合或特定现金流为支持，发行可交易证券的一种融资形式。通俗而言，资产证券化就是指将缺乏流动性，但具有可预期收入的资产、现金流，通过在资本市场上发行证券的方式予以出售，以获取融资，以提高资产的流动性。这里的"资产证券化"仅指狭义的资产证券化。

自 1970 年美国的政府国民抵押贷款协会首次发行以抵押贷款组合为基础资产的抵押支持证券——房贷转付证券完成首笔资产证券化交易以来，资产证券化逐渐成为一种被广泛采用的金融创新工具并得到了迅猛发展，在此基础上，现在又衍生出诸如风险证券化产品。传统的证券发行以企业为基础，而资产证券化则是以特定的资产池为基础发行证券。在资产证券化过程中发行的以资产池为基础的证券就称为证券化产品。资产证券化是指将缺乏流动性的资产转换为在金融市场上可以自由买卖的证券的行为，使资产具有流动性。资产指的是任何公司、机构和个人拥有的任何具有商业或交换价值的财产。资产的分类很多，如流动资产、固定资产、有形资产、无形资产，动产、不动产等。

（二）资产证券化尽职调查

1. 原始权益人尽职调查

（1）行业尽职调查。

①所属行业发展阶段。企业是否能够健康持续发展与企业所处行业环境有着极大的关系。如果企业所处行业属于朝阳行业，那么企业拥有较好的发展预期；如果企业所处行业属于夕阳行业，那么企业未来的发展前景将极不乐观。

②行业发展情况。通过网络、对经营管理层访谈或其他渠道，如某些行业研究人员等了解行业的基本情况以及发行人的行业地位，重点关注原始权益人盈利模式、核心竞争优势、市场份额等。

（2）主营业务及财务情况尽职调查。

通过访谈及对企业最近三年及一期审计报告或财务报表的审核查验，了解企业近年来盈利能力、负债情况、现金流稳定情况。通过企业"三表"对重点财务指标进行分析，并尽可能与同行业其他企业指标情况进行横向对比，形成对企业发展能力、偿债能力及盈利能力等的客观判断。对企业的财务分析仅停留在三表层面是不够的，一定要细微观察审计报告中财务附注部分，从中发现企业是否涉及关联交易、对外担保及诉讼事件等。

2. 担保人尽职调查

对担保人的尽职调查，除了所处行业及主营业务财务情况尽职调查外，还需额外关注企业是否存在大额对外担保事项。目前，企业之间互保现象广泛存在，如果担保人涉及大量对外担保，即使其自身保持了较好的发展和较强的盈利能力，一旦外部环境发生变化，被担保企业因为经营不利或其他因素而无法按期偿还款项时，担保企业难以置身事外，往往会被拖累。

3. 基础资产尽职调查

企业资产证券化基础资产类型主要有两大类：一类是债权类资产，如小额贷款、应收账款、租赁债权等；另一类是收益权类资产，如路桥收费，供水、热、电收费收益权等。

（1）债权类基础资产。

对于债权类基础资产，尽职调查从以下方面进行。①首先，审核原始权益人合同权利的真实性、有效性、合法性和完整性，且原始权益人必须已经充分履行己方义务，确保债务人在法律层面上无任何理由不履行债务责任。②其次，审核债务人有哪些抗辩权。审核抗辩权是为了最大限度地减少未来因债务人行使抗辩权而导致现金流入不稳定。如对于汽车租赁债权，承租人除了享受以保证金冲抵最后一期租金外，是否存在其他抗辩权。③再次，审核基础资产是否附带抵押、质押等担保负担或其他权利限制，如已设置担保负担或其他权利限制，需关注拟采取的解除限制措施的法律效力及生效要件。④最后，审核基础资产合同的可转移性，债权人是否有权利在无须取得债务人同意的前提下将债权转移，或是否存在第三人享有债权主张权。

（2）收益权类基础资产。

"收益权类资产往往依附于单一的经营实体或独立的实物资产而获取经济利益，譬如路桥收费、水电气公用事业、公园景区、物业租金等，其未来现金流的名义金额无法确定"（引自大公国际资信评估有限公司）。对于收益权类资产证券化项目的尽职调查如下。首先，要关注经营主体收益权的合法合规性。如主题公园的经营者，是否合法拥有土地使用权、项目建设及验收文件、安保与消防文件等。再如发电设备的经营者是否有《并网协议》《年度购售电合同》《并网调度协议》等。其次，要关注经营主体的稳定性和可替代性。基础资产未来现金流的稳定流入取决于经营主体持续良好的运营管理。同时，关注收益权的取得是否需要经营主体获得相关部门的授权与行政许可，授权或许可到期时间不得早于产品设计结束时间。另外，还应结合经营主体所在行业特点分析同类竞争者出现的可能性。最后，要关注未来收益权是否处于抵押状态。

（三）资产证券化涉及的主要法律法规

《中华人民共和国信托法》，2001 年 4 月 28 日第九届全国人民代表大会常务委员会第二十一次会议通过。

《信贷资产证券化试点管理办法》，2005 年 4 月 20 日公布。

《信贷资产证券化试点会计处理规定》，财政部于 2005 年 5 月 16 日公布。

《证券公司资产证券化业务管理规定》，中国证券监督管理委员会于 2013 年 3 月 15 日公布。

《深圳证券交易所资产证券化业务指引》，深圳证券交易所于 2014 年 11 月 25 日修订。

12.1.15　PPP 项目尽职调查

PPP（Public – Private – Partnership）模式，是一种公私合作模式，是公共基础设施中的一种新的项目融资模式。在该模式下，政府鼓励私营企业、社会资本参与合作，参与公共基础设施的建设。

PPP 模式本质上是政府与社会资本合作，为提供公共产品或服务而建立的全过程合作关系。PPP 模式以授予特许经营权等为基础，以利益共享和风险分担为特征，通过引入市场竞争和激励约束机制，发挥双方优势，提高公共产品或服务的质量和供给效率。即建立政府与企业"利益分享、风险共担、全程合作"的模式，形成"政府监管、企业运营、社会评价"的良性互动格局。PPP 模式的核心是在公共服务领域引入市场机制，因此，它不仅是单纯的融资方式，也是一种机制和制度设计。

2015 年 5 月，中华人民共和国国家发展和改革委员会（以下简称"国家发展改革委"）建立了首个国家部委层面 PPP 项目库，向社会公开推介了第一批 PPP 项目；同年 12 月，国家发展改革委发布了第二批 PPP 推介项目，共计1 488 个项目、总投资 2.26 万亿元，涵盖农业、水利、交通设施、市政设施、公共服务、生态环境等多个领域。

作为一种基础设施的建设模式，PPP 模式是从 BOT（Build – Operate – Transfer）、BOTT（Build – Own – Operate – Transfer）等模式演变而来的，但是又有所不同。PPP 模式是在政府特许经营模式下，由政府、社会资本及建设方共同参与的基础设施建设，涵盖了从项目立项、融资，到项目建设、运营的全过程，是政府、社会资本及建设方、运营方多方深度介入的一种合作模式，其特点是参与方众多、涉及融资规模大、建设及运营周期长。可想而知，在此过程中涉及合同法、公司法、行政法、投融资法等各方面的法律关系，所以产生的法律风险不但节点多，而且更为复杂。因此，PPP 项目中的尽职调查显得尤为重要和必要。

一般的 PPP 项目尽职调查至少应涵盖以下几个方面的内容。

（1）项目基本文件。

①政府立项批文（包括国家发展改革委、环保、城建、国土等部门）。

②可行性研究报告及其批复文件。

③交易结构。

④投融资结构及政府相关部门同意项目公开招商融资的批文；是否已有意向投资方。

⑤若项目已进行其他法定程序，则需提供相关的证明文件。

⑥与城市发展总体规划的匹配性。

⑦项目实施机构。

⑧项目拟用的工艺、技术。

⑨规划用地的使用权证明，现有房产及其他设施的权属证明。

⑩建设规划情况：建设期及经营等。

⑪项目基本投资情况：项目总投资、资金来源、投资周期及投资回报、商业模式等。

⑫政府是否愿意参股项目公司及如何参与；若参股，由哪个单位代表政府方股东权利。

⑬土地征收及清理费（包括失地补偿费用）；搬迁及地上物补偿费用；土地整理费用；电力接入系统（含临电）费用；外部生产供水管线费用；外部生活供水管线费用；外部排水管线费用；厂区外部道路费用。

核查上述费用总计。

此外，核查有无对投资补助的政策或贷款贴息政策。

⑭项目是否已经进驻建设，目前处于哪个阶段。

⑮PPP 项目享有哪些税收优惠政策。

⑯土地系划拨还是出让。

（2）交易结构。

①盈利模式是否已确定：使用者付费，可行性缺口补助等。

②政府承诺确定：在多大范围内不再批准建设类似项目。

③是否收费及收费标准，价格调整启动机制。

④各项保证金：履约保函、运营维护保、采购保证金等。

⑤相关部门对本项目的书面文件：各种会议纪要、发改、税务、国土、规划、物价、环保、电力等部门的征求意见函及回复函。

⑥项目是否存在其他收费模式，如广告经营权等。

（3）运作方式。

运作方式确定：BOT。

（4）物有所值评价及财政承受能力。

①商业用水、电、气收费标准。

②政府前五年的财政收入数据。

③该项目后期运营工作人员的工资待遇。

④有无预期收益率。

⑤物有所值评价小组成员确定。

⑥评审小组、谈判小组成员确定。

⑦其他涉及财政的说明。

（5）对社会资本方的要求。

①主体要求：资质、项目负责人等。

②业绩要求确定：有无特别要求。

③财务要求确定。

④其他要求。

（6）采购方式选择

①有无意向准许社会资本介入；若有，有何资质要求。

②是否已经选定社会资本，是否有法定文件支持。

③是否已经开工建设，项目设计规划。

④融资意向单位，洽商的会议纪要。

⑤资格预审安排，条件及程序的设置，评审标准的确定。

⑥公开招标或磋商，PPP 模式的投标形式设置、评分标准设置。项目合同法律安排、融资协议法律安排、保险合同法律安排、建设工程合同法律安排、监理合同法律安排、项目公司股东协议法律安排、公司治理体系法律安排。

（7）保障措施。

①是否设立 PPP 中心，或者设立 PPP 项目领导小组。

②实施程序安排。

（8）时间推进安排。

①工程建设里程碑时间节点设置。

②如安排了时间节点，如何保证按时推进。

③其他说明。

（9）项目移交安排。

①移交委员会人员构成确定。

②移交委员会职责确定：最后恢复性大修的程序、方法和具体要求；性能测试程序、方法和具体要求；移交程序、方法和具体要求；设施及人员等安置清单。

③设置移交的先决条件：大修、测试结果、年限、设施设备等情况。

④未完成合同的承继；备品备件；质保期；资料移交，包括图纸等建设、运营、维修、保养过程中的资料；保密范畴的确定。

（10）项目实施机构认为需要提供的其他文件和说明。

12.1.16　房地产项目转让与合作开发尽职调查

（一）房地产项目转让

1. 概述

房地产开发项目，一般是指已经批准立项，取得完备的不动产权证，并在土地上做了一定投资，完成了土地上的"三通一平"和勘探、设计等基础工作，经过报建批准，取得施工许可证，具备开工条件的建设工程项目。房地产开发项目转让，是指权利人将其拥有的建设工程项目转让给受让人，双方就转受让该建设项目确立权利、义务关系的民事行为。

开发商在从事房地产项目开发的时候，会基于各种原因，将进行到一定阶段的建设项目进行转让，有些是因为资金链问题，有些是销售措施不力导致进展慢，销售周期太长造成资金回笼慢，还有些是因为对该项目的未来前景不看好等。总之，通过房地产项目的转让，可以实现资源的有效配置与重组，提高土地、资金的利用率和效率。因此，房地产项目转让是开发商的一种市场行为。

2. 尽职调查

房地产项目转让，从转让形式看可以分为项目公司股权转让和在建工程资产转让两种，这两种转让方式存在转让标的不同、法律风险不同、税率不同及权利义务不同等区别。资产转让只需要对土地及在建工程等相关项目进行评估后双方依据评估价格进行交易价格的磋商并达成一致协议，缺点就是出让方税负很高。

项目公司股权转让涉及对项目公司股权的准确估值的问题，为了避免不必要的法律风险及确定合理的转让价格，需要对项目公司开展转让前的尽职调查工作。

（1）对项目公司的合法存续及经营情况进行调查。

①公司的基本资料。

公司是否合法设立，是否正常经营，有无因违法经营存在被吊销营业执照、被勒令停止经营的情况，公司股东是否主体适格（实际出资人与登记股东是否一致，出资是否按时足额缴纳），转让标的是否适格（股权有无抵押登记或被查封），对外转让是否合法（是否符合法律及公司章程的程序和实体规定），应到公司住所地公司登记机关查询工商登记信息。

一般为某个项目开发而设立的公司，其存续时间不会太久，所以相对来说其设立与历史沿革会比较简单。如果项目公司设立时间较长，则需要关注其历次变更的合法合规性问题，以确认其是否合法存续并有效运营。

②公司的资质登记及年检情况。

各资质等级公司应当在规定的业务范围内从事房地产开发经营业务，不得无资质或超越资质等级进行项目开发。建设行政主管部门负责公司的资质登记及年检工作，并确定公司具备承担目标房地产项目开发的资质。

③公司的经营情况。

如公司年度报告、财务及审计报告、纳税情况等，审查公司对外签署的合同及其履行情况，尤其是公司的对外担保情况。

（2）拟转让项目的主体调查。

①审查房地产项目的合法性。

a. 项目的所有权证和批文，包括以下方面。

Ⅰ. 项目的不动产权证以及土地转让合同和土地出让金缴纳发票。

Ⅱ. 项目的建设用地规划许可证或规划意见书。

Ⅲ. 项目的建筑工程规划许可。

Ⅳ. 开工证等。

b. 项目所在地的规划情况（包括控制性规划和详细性规划）。

c. 项目的可行性批复。

d. 项目的规范性调查。

e. 项目以前的经济活动的调查。

其他如国有土地出让合同及拆迁补偿合同，国家或地方发改委立项文件或可行性方案批复，预售许可证，大产权证或小产权证，规划审核意见书或规划部门对方案的批复，项目各类市政配套部门的征询意见，项目的方案文本、扩展文本或施工图，项目的地质勘探报告，项目的各类验收报告，项目面积测绘资料等。收购项目的报批报建或施工的不同阶段需提供以上的不同文件，由浅到深，由略到细。

通过对以上文件的尽职调查主要可了解以下情况。

Ⅰ. 项目土地取得的来源及合法性，土地使用的时间和原始土地价格，并结合财务调查了解土地款项的支付情况。

Ⅱ. 项目规划主管部门审批的用途及各类经济技术指标。

Ⅲ. 了解所需的相关政府职能部门审批的文件和手续是否完整，是否合法。

Ⅳ. 竣工验收的合规性。

项目资产权属是否明确、清晰、无瑕疵（如有无抵押登记、是否被查封等），土地使用权是否依法取得、取得方式，出让金是否足额缴纳，土地用途、使用年限及建筑物的占用空间，项目的设计用途等是否符合受让方的投资需求（若不符合需求是否可依法变更），相关审批手续是否已经依法办好，如有无建设用地规划许可、建设工程规划许可证、施工许可证等。

②审查项目开发情况。

是否存在尚未拆迁完毕、需受让方承担拆迁补偿责任的风险；项目规划是否合理、有无超规划的情况；项目的相邻关系是否存在纠纷或者潜在危机（如因采光、日照、通风、建设工地噪声等原因引发纠纷或者诉讼，导致工期拖延和经济赔偿双重损失等）。

（3）项目公司的财务审计。

①项目公司的资产负债表、利润表和现金流量表（主要审查项目的资产和负债情、况税务情况和债务情况）。

②项目公司需提供原始凭证和账册。

③项目公司的往来账款情况（主要考察项目是否合法）。

④项目公司财务的现金流（主要是防止项目公司利用财务手段清理债权债务）。

⑤项目公司的资金到位和使用情况。

⑥项目公司的纳税情况、债务情况以及项目公司的银行账户。

（4）项目转让主体的基本情况。

目标公司的情况：股权转让方的主体资格、持有目标公司的股权和转让该股权的意愿；股权受让方的主体资格、受让该股权的意愿；目标房地产项目的情况，包括项目概况（坐落、项目性质、占地面积、有关规划指标等）、土地现状、项目现状（规划参数并列明取得的批文，项目动拆迁、开发现状、项目设计的土地或工程的权利限制情况等）、关于该项目的其他政府批文及法律文件等。

通过对以上情况、资料及信息的尽职调查，可以基本了解项目及主体的基本情况，解决其合法性及掌握项目公司的财务状况，有利于双方就此开展项目转让的实质性谈判，有理有据地确定项目转让的一些基本条件。

（二）房地产项目合作开发

1. 概述

所谓房地产项目合作开发，是指合作各方以出让土地使用权、提供资金等作为共同投资，共享利润、共担风险，合作进行房地产项目的建设、开发。

现实中，由于存在多种情况，基于共同的目的及相互需求，企业之间开展项目合作有很多种情况。而合作开发房地产项目有其特殊的地方，因为房地产项目涉及开发公司的资质、土地使用权的问题等，这就决定了房地产项目合作开发具有更大的法律风险。

2. 尽职调查

为了准确了解房地产项目合作开发的法律风险并对合作开发后的成本和利益进行准确的评估，在合作开发前期的尽职调查就显得非常重要。

（1）合作各方公司基本资料。

首先，需要对合作各方公司的基本情况进行了解，包括但不限于公司的设立及历史沿革、营业执照、公司章程、近两年的审计报告及近期财务报表（资产负债表、利润表及现金流量表）、银行贷款及担保、或有负债、公司股东会关于同意合作开发的决议、房地产开发资质等级证书等。可以通过查询公司的工商登记信息及公司主动提供、谈话、网络查询等多种方式进行。

合作开发房地产项目，涉及房地产开发公司的资质问题，所以至少有一方必须具有符合开发项目要求等级的房地产开发项目资质。《房地产开发企业资质管理规定》对房地产开发企业设定了四个资质等级，分别对不同资质等级的房地产开发企业应具备的流动资金、注册资本数额、从业人员资质、开发经历及规模等问题进行了限制性规定。

（2）项目相关信息。

项目合作开发的土地如何取得、何时取得、出让金缴纳情况、取得方式、土地用途及规划情况，是否可以变更用途及其可能性，土地评估报告，合作开发的项目概述，可行性研究报告，投资测算明细等。

（3）项目的批复文件。

项目立项批复，项目的水、电、气、环保、消防、绿化等的批复，项目规划意见书，项目规划设计方案，项目建设用地规划许可证，建设工程规划许可证和施工许可证，拆迁方案，拆迁手续办理情况及拆迁进展情况、项目融资安排等。

通过对以上内容尽可能详尽的了解、资料的收集与审阅，可以最大限度地保证合作开发的成功率及各方的收益。

12.1.17　风力发电项目尽职调查

（一）风力发电概述

风能作为一种清洁的可再生能源，越来越受到世界各国的重视。其蕴藏量巨大，全球的风能估计约为 $2.74 \times 10^{9} \mathrm{MW}$，其中可利用的风能为 $2 \times 10^{7} \mathrm{MW}$，比地球上可开发利用的水能总量还要多 10 倍。

风很早就被人们利用，主要是将风作为简单的加工业的动力源；而现在，人们感兴趣的是如何利用风来发电。我国新能源战略把大力发展风力发电作为重点，近年来，大量的投资开始涌入风力发电领域。这一方面，跟国家的产业政策倾斜与鼓励有关，世界各国都面临着碳排放每年减排指标的压力；另一方面，风电作为可再生能源具有一次投资、长期收益的特点，但是风力发电本身也存在着风力的地域局限性，从这个角度来看，风力发电又具有资源的稀缺性。

风力发电是一项系统工程，投资风力发电具有初始投资大、风险大的特点。如果没有做充分的尽职调查会面临大额的沉没成本，甚至会造成投资的巨额损失，所以，风力发电投资项目前期的尽职调查就显得尤为重要。本书主要从投资入股风力发电企业的角度论述尽职调查。

（二）风力发电项目尽职调查

风力发电项目尽职调查涉及的方面很多，一般主要从以下方面开展调查。

（1）某风电公司的设立、演变及存续。

①某风电公司的设立。

a. 创立大会会议纪要。

b. 公司设立申请及批复。

c. 公司设立时的股权结构。

d. 公司设立时的验资及审计。

e. 关于公司设立的法律评价。

②某风电公司的演变。

a. 20×1 年 4 月 20 日变更事项及法律评价。

b. 20×1 年 12 月 28 日变更事项及法律评价。

c. 20×2 年 5 月 22 日变更事项及法律评价。

d. 20×3 年 3 月 30 日变更事项及法律评价。

e. 20×3 年 5 月 10 日变更事项及法律评价。

f. 20×3 年 6 月 26 日、11 月 2 日变更事项及法律评价。

g. 20×4 年 3 月 2 日变更事项及法律评价。

③某风电公司的存续。

a. 公司目前基本情况。

b. 公司现有股东及出资情况。

c. 公司目前持有的证照。

d. 有关公司存续的法律评价。

（2）某风电公司的组织构架及法人治理结构。

①公司组织构架。

②公司的法人治理结构。

a. 公司目前的董事会成员、监事会成员及高级管理人员。

b. 公司章程摘要。

③法律评价。

（3）某风电公司近年审计及（增资）验资情况。

①近五年审计情况。

a. 关于 20×1 年度之审计。

b. 关于 20×2 年度之审计。

c. 关于 20×3 年度之审计。

d. 关于 20×4 年度之审计。

e. 关于 20×5 年度之审计。

②历次增资之验资情况。

a. 关于第一次增加注册资本之验资。

b. 关于第二次增加注册资本之验资。

（4）风电场项目。

①项目概况。

a. 某风电公司关于风电场项目的概述。

b. 关于风电场情况概述之法律提示。

②建设情况。

a. 新建工程情况（一期工程）。

b. 二期工程情况。

c. 国债风电××示范风电场项目工程情况（三期工程）。

③风电场、房屋及建筑物及其他配套设施情况。

a. 控制室及场区配套工程。

b. 道路基础围栏。

c. 铁塔基础护坡。

d. 变电所车库。

④对风电场项目的法律评价。

（5）某风电公司的重大资产。

①土地及房产。

a. 土地使用权。

b. 房屋等建筑物所有权。

c. 关于土地及房产的法律评价。

②机器设备。

a. 风电场的风机设备及配套设备状况。

b. 车辆状况。

c. 办公设备。

d. 关于机器设备的法律评价。

（6）某风电公司的业务。

①公司的经营范围。

②公司主要客户及供应情况。

a. 公司主要客户情况及近三年销售情况。

b. 公司近三年内与主要客户签订的合同履行情况。

c. 关于公司主要客户及供应情况的法律评价。

③某风电公司持有的许可证和其他证书。

a. 电力业务许可证。

b. 其他荣誉证书。

c. 关于公司持有相关证书的法律评价。

（7）某风电公司所涉借款合同及对外担保。

①工商银行某市分行贷款。

a. 借款合同。

b. 说明及补充担保协议。

c. 关于××银行贷款（外国政府转贷款）的法律评价。

②××银行××分行贷款。

a. 贷款合同。

b. 抵（质）押合同。

c. 关于××银行××分行贷款的法律评价。

③某市商业银行贷款。

a. 人民币借款合同。

b. 人民币借款保证合同。

c. 关于××银行××分行贷款的法律评价。

（8）某风电公司的税务问题。

①某风电公司执行的主要税种和税率。

a. 高新技术企业税收优惠。

b. 国产设备投资抵免税。

②取得税务方面的荣誉。

a. 纳税先进企业。

b. 诚信纳税人。

③关于税务的法律评价。

（9）其他。

①某风电公司的劳动用工。

a. 某风电公司劳动用工基本情况。

b. 关于劳动用工的法律评价。

②某风电公司的重大诉讼、仲裁和行政处罚案件。

a. 某风电公司涉及的交通事故。

b. 某风电公司可能涉及的其他重大诉讼、仲裁和行政措施。

（10）关于某风电公司重大事项的法律风险提示。

①关于股权代持。

②关于实物出资。

③关于法人股东、国有公司、职工持股会持有股份的转让。

④关于风电场项目。

⑤关于重大机械设备。

⑥关于重大合同及债务。

⑦关于关联交易。

⑧关于输出电力设备产权分界点。

⑨关于交通事故理赔。

⑩关于重大机械设备保险。

以上尽职调查清单的内容可以大致分为两部分：风电公司及风电项目本身的情况。对风电公司的尽职调查侧重于公司本身是否依法设立并有效存续，公司组织架构及法人治理结构、公司业务、资产、负债、资质、税务及劳动用工等方面，其中与行业有关的主要是公司的经营资质及资金保障，以确保风电公司的合法性及是否具备实施风电项目的条件。而对项目的尽职调查则侧重于项目本身是否有详细的规划、可行性研究报告或商业计划书，是否有资金保障或融资计划及其可行性，是否获得了政府有关部门的审批和许可，项目的工程建设进展等情况。

12.1.18 矿业权尽职调查

随着我国经济发展水平的不断提高，特别是加入世界贸易组织以后经济的全球化、国际化，综合国力日渐增强，而经济发展的动力，很大程度上来源于资源的推动。由此，我国结合自身特点和国际矿业发展形势，制定了"引进来、走出去"的矿产资源投资开发战略方针，通过加强与国际矿业的沟通、融合，在国际舞台上充分展示了自身的发展水平和潜力。

在此大背景之下，围绕出让、转让、作价入股、合作开发、抵押、租赁等矿业权的投资流转形式，形成了对各种矿产资源的投资热。实践中，矿业投资人通常需要依靠中介机构的调查来了解和掌握矿业权的有关情况，这给律师提供了一个业务平台和介入矿业市场的机遇。矿业权尽职调查则是投资矿业的第一步，也是矿业权合作的前提和基础工作。

矿业权法律尽职调查的重点包括以下几个方面。

1. 勘查许可证或采矿许可证的相关情况

（1）勘查许可证或采矿许可证（以下统称"矿业权证"）是通过何种方式

（是通过招标、拍卖、挂牌、申请在先、协议等出让方式，还是转让方式）取得的，是否真实、合法、有效；如果是通过拍卖或挂牌方式取得的，成交价格是否与矿业权出让年限直接挂钩；探矿权证上载明的勘查单位是否具备所需的勘查资质。

矿业权基于行政许可取得，需要获得相关行政部门依法颁发的矿业权证，尤其是对石油和天然气矿产的勘探、开采，须经国务院指定的机关审查同意后，由国务院地质矿产主管部门登记，颁发矿业权证。因此，应查明矿业权证的真实性、合法性、有效性。

（2）矿业权证的发证时间以及是否在有效期限内。

（3）矿业权人是否属于矿业权证载明的权利人。

（4）矿业权证载明的勘察范围或矿区范围。

（5）探矿权证上载明的勘察单位是否具备所需的勘察资质。

（6）矿业权证项下的矿业权是否由国家出资勘察形成，如果是，转让人在获取矿业权时，是否按照评估备案或确认的结果缴纳了矿业权价款。

（7）矿业权证是否通过了上一年度的年度检查。

（8）勘察许可证载明的勘察阶段，探矿权的延续次数及延续阶段，以及是否存在勘察区块面积在下一次申请延续时被缩减的可能。

（9）矿业权是否被政府纳入整合计划、范围，矿业权证是否存在在交易完成后无法得到延续的可能。

（10）矿业权是否存在权利负担或限制的情况，是否存在涉诉情况。依照《矿业权出让转让管理暂行规定》的有关规定，矿业权人可以出租抵押矿业权，可以与他人合作勘查或开采矿业权，而这类情况的存在会使矿业权投资人的权利受到限制。因此，律师开展尽职调查需查明是否存在上述情况，如有，则需查明租赁合同、抵押合同、合作合同、租赁的期限及条件、抵押权是否依法办理了备案或登记手续、抵押担保的债权范围、合作勘查或开采的期限及条件、合作各方的权利义务，以及该合作事项是否依法办理了审查、备案手续，矿业权是否涉及诉讼或存在司法查封、冻结的情况等，以便投资人决策参考。

（11）可能对矿业权的转让及受让人受让矿业权后产生不利影响的情况；矿业权是否存在争议；矿业权人是否依法缴纳了探矿权使用费、采矿权使用费、资源税、矿产资源补偿费，以及矿产资源有偿使用费和矿山环境治理恢复保证金；探矿权人领取勘察许可证是否已满 2 年（协议出让的是否满 5 年），不满 2 年的，在勘查作业区内是否发现可供进一步勘查或者开采的矿产资源；探矿权人是否完成了法定的最低勘查投入；矿业权人在获得探矿权时的勘查程度以及目前的勘查程度；探矿权系再次转让的，探矿权人是否能够提交比上一次转让更高勘察程度的勘察报告；探矿权人是否存在无故停工 6 个月以上的情况；探矿权延期后是否存在面积缩减的因素或可能性。

（12）矿业权人是否依法办理了勘查、采矿用地的用地审批手续；矿业权人与土地使用权人签署的土地使用合同是否合法、有效；矿业权人是否按照土地使用合同的约定支付了土地使用费；是否存在土地使用合同被土地使用权人依法终止或解除的风险。对矿山企业生产占用草原、林地的，是否依法办理相关占用手续。是否编制并严格履行土地复垦方案、水土保持方案等。

（13）与开采特定矿种相关的其他证照和地质资料、勘查报告及资源/储量相关的情况等。

2．与地质资料、资源储量等相关的事项

矿产资源的储量、质量及其开采的经济价值等直接决定了矿业权的价值。探矿权人在勘察过程中形成的各种地质资料，包括坑探资料、钻探资料和取样分析报告等，储量评审中心的储量评审意见及评审备案证明，探矿权人向自然资源部门汇交的各种地质资料和勘察成果等文件资料可以帮助投资人评估、确定矿业权的投资价值，是律师尽职调查必不可少的内容之一。

3．与矿业权人相关的事项

根据相关法律、法规的规定，矿业权人在取得矿业权后仍需履行诸多法定义务。例如，矿业权人需依法缴纳探矿权使用费、采矿权使用费、资源税、矿产资源补偿费等费用；探矿权人转让探矿权需领取勘察许可证满 2 年；探矿权人应完成法定的最低勘察投入；探矿权人应按照批准的勘察设计组织施工，各类实物工作量应已完成 70% 以上并提交了勘查报告；探矿权人不存在无故停工6 个月以上的情况；探矿权人不得从事持勘查许可证采矿、非法承包、出租、转让、与他人合作开采等违法行为；探矿权人应按照有关规定汇交矿产资源勘查成果档案，不得伪造地质资料或在地质资料汇交中弄虚作假；采矿权人不得越界非法开采；采矿权人应按照规定填报矿产储量表和矿产资源开发利用情况统计表；采矿权人不得未经审查批准擅自出租、与他人合作开采；采矿权人不得采用破坏性开采方法开采矿产资源等。这些与矿业权人有关的情况也是律师尽职调查的主要内容。

4．安全生产情况

（1）企业生产是否办理安全生产许可证，安全生产许可证是否在有效期内，安全生产许可证是否存在被扣押、吊销等情形，企业是否被依法责令限期安全整改。

（2）尾矿库建设、运行、闭库和闭库后再利用的安全技术要求是否符合《尾矿库安全技术规程》；是否按照《非煤矿矿山企业安全生产许可证实施办法》的有关规定，为其尾矿库申请领取安全生产许可证；从事尾矿库放矿、筑坝、排洪和排渗设施操作的专职作业人员是否取得特种作业人员操作资格证书。

（3）矿山企业负责人是否取得安全生产资格证书、特殊工种工作人员是否持证上岗。

（4）依法使用、存放民用爆炸物品的，是否办理民用爆炸物品使用许可证等相关证照。

除上述情况外，各地还出台有具体的安全生产规定。尽职调查律师还要结合各地具体情况，审查目标公司是否具备安全生产条件等。

5．环保情况

对环保的调查，包括审查目标公司的经营产品、经营场地与环保的关系，当初公司设立时《环境影响评价报告书（表）》是否通过环保审查、环保设施竣工后是否通过环保验收、现在目标公司有无违反环保规定。对废气和废水的排放、废物的存储的处置是否合法、有毒危险物质对场地和地下水的污染状况有无收到整改制裁通知。此外，矿山地质环境保护与治理恢复方案是否获得批准、关于环保的投资是否到位等。

综上所述，律师围绕矿业权进行详尽的法律尽职调查是矿业投资人进行投资的重要参考依据。随着我国找矿新机制的建立和矿产资源整合的完成，我国矿产资源业必将迎来一个新的发展时期，为此展开的法律服务将更加专业、全面、规范，这就要求律师要以更加高尚的职业操守和更加高超的专业技能为整个矿业的发展保驾护航，为矿业投资防范风险。

6．矿业权的涉诉情况

矿业权涉及诉讼案件，或存在与矿业权有关的尚未了结的或可能发生诉讼案件，会影响矿业权人的权利状况。律师尽职调查时应对矿业权涉及的诉讼情况及诉讼资料，如起诉书、判决书、裁定书、调解书等，是否存在司法查封、冻结的情况，矿业权人是否遵守有关法律、法规关于劳动安全、土地复垦、环境保护等规定的情况，是否因为环保、土地、税收、劳动安全、劳动关系等受到过或正在接受相应行政处罚等情况进行充分调查。

7．其他可能对矿业权投资人产生不利影响的事项

（1）矿业权可能存在的争议，如该矿业权的工作或矿区范围是否与其他矿业权存在重叠或交叉的情形；该矿业权与其他矿业权是否存在现实的或潜在的矿界争议等。

（2）登记区块是否位于自然保护区、军事管理区、文物保护区等限制性区域。

综上所述，律师在对矿业权尽职调查中所查实的事实，是矿业投资人进行决策的主要依据之一。随着整个矿业产业的发展，围绕其展开的法律服务会越来越专业化、全面化和规范化，这就要求律师务必要以高尚的职业操守和高超的专业技能和经验来进行法律分析和评价，为整个矿业产业的发展保驾护航，为矿业投资人防范风险。

12.1.19　反向尽职调查

反向尽职调查是指被调查主体针对向自己提起尽职调查的主体所进行的尽职调查，反向尽职调查正是基于"知己知彼、百战不殆"的理念。一方面为了某种交易的目的，被尽职调查主体应当根据调查主体的要求积极予以配合；另一方面，为了保证自己的交易安全和利益最大化，又需要对交易主体的另一方进行尽职调查，以了解交易对手的目的及其现实状况。

反向尽职调查的范围包括公司的财务、法律、业务、行业、团队等，和尽职调查的内容基本相同却有所差别。调查的方法分为内部调查和外部调查，包括各种访谈、求证、查阅等。总之，根据反向尽职调查的目的确定调查的内容及深度。

根据调查对象不同，反向尽职调查一般可以分为两种类型：一种是作为私募基金的有限合伙企业中有限合伙人（Limited Partner，LP）对普通合伙人（General Partner，GP）的反向尽职调查，另一种是被投资企业对私募基金（PE）的反向尽职调查。

（一）LP 对 GP 的反向尽职调查

PE 对企业进行尽职调查，其实 PE 也会被尽职调查，通常是被 PE 投资人（俗称"LP"）尽职调查。目前我国市场上很少有对 PE 管理人（俗称"GP"）进行尽职调查的第三方服务机构。但如果要得到专业 LP（例如，社保基金、苏州创投母基金等）的认可，尽职调查这一关必须过，而且 LP 对 GP 的尽职调查有专门的方法。

（二）被投资企业对 PE 的反向尽职调查

被投资企业对 PE 的反向尽职调查是指需融资企业对 PE 的反向尽职调查。

被投资企业对 PE 的尽职调查在以前是不太可能的，因为以前募资的人在地位上弱于出资的人，出资人不可能接受融资企业对自己进行尽职调查。但是，这几年我国 PE 井喷式发展，使得 PE 谈判地位发生了变化，一些优质企业成了 PE 竞相追逐的投资对象。企业接触的 PE 多了，慢慢也积累了一些经验，知道不同的 PE 除了都能提供资金以外还有很多差别，譬如股价估值的方法及结果不同、能接受的市盈率不同，并且不同的 PE 可以整合的资源也大为不同。可是很多企业家并没有把握好自己的谈判优势，一味地看重价格、市盈率及决策速度等，而没有真正花时间挑选一个专业的、适合自己的，对企业所处行业及主营业务具有比较深刻了解和认识的，能为企业带来真正价值的投资者。谁给的价格高，决策者是一眼就能看出来的，而哪一家 PE 更专业、更适合、更有价值却是需要花时间、花人力、找渠道、用方法去调查了解的，这就是被投资企业对 PE 开展尽职调查。

调查 PE 什么？

调查什么是最重要的。就尽职调查内容来说，被投资企业对 PE 的尽职调查和 LP 对 PE 的尽职调查还是有所区别的。LP 最关心的是 PE 有稳定团队和核心优势，从而能长期赚钱，而被投资企业更关心的应该是 PE 更容易相处和更能给企业带来价值。因此，被投资企业需主要对 PE 的背景面、价值面和行为面进行了解。

1．基本面

（1）PE 成立的日期、地点、背景或历史沿革。

（2）PE 注册资本、股本结构及变动。

（3）PE 组织结构设置、人员构成。

（4）PE 当前的财务状况。

（5）GP 内部的风险管理体系及合规管理体系。

2．对 PE 团队的考察

（1）团队的稳定性。

（2）人员知识结构及其搭配、专业经验。

（3）核心人员流动性。

（4）核心人员一起工作时间的长短。

（5）核心人员的利益分成方法。

（6）PE 的决策机制。

（7）团队的人员素质。

（8）教育背景。

（9）职业发展、以往工作经历与业绩。

（10）个人诚信情况、道德品质。

（11）核心成员是否有在一个完整的投资周期内管理某只基金的经历。

（12）团队的治理结构。

（13）PE 投资项目时的分配方式，即当同一 GP 团队同时募集和管理多个基金时，基金在不同项目间的分配额度。

（14）团队的投资效率。

（15）从尽职调查到做出投资决策的时间跨度。

3．对 PE 投资策略的分析

（1）投资策略的结构特性。

（2）投资策略是否完整、系统。

（3）目前的投资策略（PE 关注的行业、地域、企业类型）。

（4）与其他投资于相似市场的基金经理的策略比较。

（5）投资策略的一致性、连续性。

（6）PE 投资策略的变化情况（例如，增加了对某一热点领域的投资；某一年份投资额度较大）。

（7）PE 历史投资组合公司的变动情况（判断其是否偏离了原来的投资策略）。

（8）PE 未来继续执行现有投资策略的能力。

（9）对目前宏观经济、行业发展、投资项目的看法（例如，经济周期 PE 投资市场的影响，对所投资公司市场前景的展望）。

4．对 PE 过往业绩的评估

（1）PE 的投资业绩。

（2）PE 的绝对收益情况。

（3）投资业绩的横向比较（与行业内竞争对手的比较）。

（4）PE 投资业绩的波动性、投资损失率。

（5）PE 的投资回报与基金经理预测的投资回报的比较。

（6）投资项目的风险控制方法。

（7）PE 的现金流量。

（8）投资项目现金流入、流出。

（9）基金的内部收益率（投资项目的"J 曲线"效应）。

（10）近三年的财务报表分析。

（11）PE 的估值方法。

（12）估值方法的合理性。

5．对 PE 投资过程的审视

（1）投资项目的初步分析。

（2）项目的来源。

（3）项目的选择方法。

（4）项目的储备情况。

（5）目前已投资项目的最新进展。

（6）PE 的管理。

（7）PE 投资组合的管理。

（8）PE 投资过程中的监督。

（9）基金经理在投资过程中的责任担当。

（10）投资项目的尽职调查（查阅 PE 当时相关的尽职调查文件）。

（11）PE 的报告制度。

6．对 PE 投资结果的评价

（1）投后管理。

（2）在被投资公司中的介入和参与程度（例如，在被投资公司董事会中的席位）。

（3）PE 给投资组合公司创造的价值。

（4）管理水平的提高。

（5）财务杠杆的降低。

（6）多元化水平的提高。

（7）PE 的退出方法。

（8）IPO。

（9）并购。

（10）管理层收购。

（11）股权转让。

7．其他需要关注的问题

（1）尽职调查需要持续多久。

尽职调查时间的长短依赖于 PE 本身的复杂性，如地理上的远近、GP 团队规模的大小、相关信息的可获取性、LP 自身的知识结构，很难有统一的答案。

（2）尽职调查的信息获取渠道。

公开渠道主要有政府管理部门、网络、媒体、各种行业协会等。

非公开渠道，包括 GP 的合作伙伴（会计师事务所和律师事务所），PE 的投资人，GP 曾投资的企业、合作伙伴等。

（3）尽职调查的方式。

从形式上来看，包括问卷调查、与基金经理面对面的交流、到投资组合公司现场访谈。

从会谈的方式上看，有正式或非正式会面，单独交流或小组讨论。

（4）尽职调查的对象。

尽职调查的对象包含基金的管理团队、被投资公司、与 PE 有合作关系的律师、会计师、专业的投资人士、PE 的离职人员等。

（5）尽职调查的时机。

尽职调查并不是一定要等到和 PE 正式谈融资时才开始，提前准备，早些接触，增加相互间的交流与沟通，往往有利于挑选到真正适合自己的 PE。

企业挑选 PE，并不一定是要挑最大的，也不一定要挑最有名的，适合自己的才是最好的。先想清楚自己要什么，再去找能真正满足自己需求的 PE。只有多了解几家 PE，做适当的尽职调查，才能找到合适的 PE。

好的 PE 一定是不怕尽职调查的，而是欢迎尽职调查的，因为其可以通过尽职调查向企业展示自己真正的价值。投资与被投资，买股权与卖股权，是一件平等的事，互相尽职调查就是为了让这件事更好地发展。所以，企业在接受 PE 尽职调查的同时，可以大胆地对 PE 提出反向尽职调查的要求。

12.1.20 各类专项尽职调查

（一）知识产权尽职调查

随着知识经济时代的到来，知识产权越来越成为企业的核心竞争力，为了在并购、新三板及 IPO 中准确了解企业的知识产权状况，需要对企业知识产权进行尽职调查，以准确评估知识产权在企业生产经营中的地位、作用及其价值。

对企业知识产权的专项尽职调查，一般应从以下几个方面进行。

1. 公司的知识产权

公司的专利（发明、实用新型、外观设计）、注册商标、专有技术、商业秘密、特许经营权、商誉、字号等。

（1）权利证书、年费缴纳凭证。

（2）每种知识产权取得方式（研发合同、转让合同、转让费或许可费支付凭证等），根据尽职调查清单的内容，分门别类地列放。

2．公司的知识产权与业务的关系

（1）公司正在使用的知识产权。

具体应用在哪个方面、哪个产品，近三年产生的效益如何，占公司营收及利润的比例。

（2）跟公司未来业务发展有关的知识产权。

正在研发的知识产权、研发计划、投入、保护措施。

（3）公司未来业务拓展方向及可能涉及的知识产权、律师评价。

3．公司关于知识产权方面的重大诉讼、仲裁与行政处罚

（1）过去五年内发生的诉讼、仲裁及行政处罚及其律师评价。

（2）现在正在进行的诉讼、仲裁及行政处罚及其律师评价。

（3）未来可能存在潜在法律风险的环节及律师建议。

4．公司的劳动用工及商业秘密保护

（1）公司已经签订的劳动合同关于知识产权的条款及其评价。

（2）公司相关规章制度关于知识产权保护的规定及其评价。

（3）公司关于知识产权保护的专项制度及其评价。

5．公司在知识产权保护中存在的问题及律师结论和整改意见

对前几个方面暴露的问题进行概括，提出结论。

（二）人力资源尽职调查

1．概念

人力资源尽职调查是对企业人力资源管理的系统分析和评估，包括对人力资源战略、组织机构设置、核心人力资源质量、人力资源成本、企业文化、人力资源管理中已有的和潜在的风险及其对企业的影响等进行综合的了解与评估。

在企业的不同发展阶段及面临并购重组、资产重组、挂牌新三板及 IPO、企业业务结构调整、经济性裁员等情况时，为了准确了解及评估企业的用工情况、用工成本及职工结构等问题，需要对企业的人力资源进行尽职调查，目的是完善企业的用工结构，发现潜在的用工风险，从而保证企业用工与企业业务结构、未来发展等的匹配及其合理性。人力资源尽职调查的作用如下。

（1）为并购决策提供人力资源相关的依据。

（2）找出影响谈判议价的人力资源问题。

（3）为做好人力资源整合、为决策提供所需信息。

2．人力资源尽职调查的内容

人力资源尽职调查的内容主要包括人员与组织、人员管理与效率、法规遵循情况和企业文化特质四部分。

（1）人员与组织。

人员与组织包括企业人力资源及其配备的基本状况、组织结构和岗位的设计原则等。主要从组织结构、人员总数和基本素质情况、中高层管理人员和关键人员的基本情况、选聘经理人员的标准、人员选聘程序、岗位和部门之间的标准操作流程等方面考虑。

（2）人员管理与效率。

人员管理与效率包括人力资源管理结构、薪酬管理、激励制度、培训机制、职工发展计划、职工和组织绩效考核与管理、组织运行效率等。

（3）法规遵循情况

法规遵循情况指企业在劳动用工中执行国家及当地的法规情况。与国内企业间的兼并相比，跨国企业间的兼并更重视劳动用工中法律法规遵循情况的调查。跨国企业遵循将母公司的价值理念传递到在我国的子（分）公司中的原则，它们认为，没有严格执行劳动法规会给企业带来严重损害，会带来巨大的法律风险，所以它们高度重视企业的人力资源的合法合规性。

（4）企业文化特质。

目标企业的文化适合程度对并购决策以及并购整合的成败起到关键作用。当收购方的要求与目标公司的文化不一致时，收购交易极易失败，所以对目标企业文化特质的深入了解，对并购成功尤其是并购后的整合起到了非常关键的作用。

企业文化特质调查主要从管理模式、领导风格、沟通和决策模式、团队合作、职工对企业的忠诚度、职工对决策和管理的参与程度、职工表达意见的途径和方式、违纪处理程序和职工投诉或申诉程序、工会组织的作用等方面进行。如果是跨国企业间的兼并，还涉及授权程度和本地化管理程度调查等。

3．人力资源尽职调查重点关注问题

（1）人才和领导阶层的适当性。

人才和领导阶层的适当性包括管理者和部门主管的任期、培训和工作经验等。

（2）劳工问题。

应特别关注工会问题的暴露程度。职工的流动性和满意度如何，职工和公司的从属关系的程度如何，尽职调查研究应该检查现存的劳动合同以及之前的合同，以确定合同条款的合法合理性。其他需要研究的证据包括现存的不满意情况，最近的仲裁决议、不公平的劳动收费、劳工和就业诉讼以及工会地位的历史情况及现实作用。

（3）赔偿金和津贴的适当性。

如果并购后需要对职工数量和结构进行适当的调整，则要关注可能需要支付的赔偿金、经济补偿及对一些高管需要支付的离职补贴等内容，以明确职工结构调整的必要性及其成本的适当性。

（4）与收购公司组织结构和人力资源政策的兼容性等。

收购的目的是收购后的整合，目的是发挥并购企业潜在的生产能力和盈利能力，这就涉及目标企业现有人才结构与收购公司人才及组织结构的匹配性与兼容性，应考虑结构调整的成本。

4．人力资源尽职调查的清单

（1）组织图：组织结构是否与短期和长期的业务需要相一致。

（2）主要的经理人员。

姓名、职位、年龄、在目前职位上的工作年限、工作经历、教育程度、薪酬水平、是否签订了劳动合同及其主要条款。

公司的业务是否依赖于某一关键人员。

是否存在既年轻又有工作阅历的人。

是否正在执行报酬计划以便吸引高素质的人才，相比本行业的其他企业，工资水平是否有竞争力。

公司的主要管理人员或董事是否牵涉诉讼、仲裁或其他司法方面的调查。

（3）职工福利。

养老金计划。

利润分享计划，包括红利分配、奖励和补偿计划。

其他福利、退休金、解雇费、假期政策。

认股权、员工持股计划、退休后的医疗保险和寿险费用、其他。

（4）工会协议，包括工会名称、对会员的管理（职工数、协议有效期、生效日期、其他重要条款等）。

（5）劳资关系。

争议及仲裁裁决、预期的劳动合同问题、收购后可能发生的变化。

（6）企业文化特质调查。

管理模式；领导风格；沟通和决策模式；团队的专业分工与合作；职工对企业的忠诚度；职工对决策和管理的参与方式和参与程度；职工表达意见的途径和方式；违纪处理程序和职工投诉或申诉程序；工会组织的作用；职工的工作面貌、工作热情和工作的满意程度等；如果是跨国企业间的兼并，还涉及授权程度和本地化管理程度等。

（三）环境保护尽职调查

环境是人类生存和发展的基础，是我们需要共同保护的对象。一方面，企业的发展离不开环境提供的资源、能源，劳动力的提供也离不开环境的支持；另一方面，企业的发展又会或多或少地给环境带来破坏和污染。如何在社会经济的发展和环境保护之间求得某种平衡是各国政府的目标之一，也是科技及立法需要高度关注的目标之一。随着人们环保意识的提高，立法对企业的环保要求也越来越高，环保成了很多企业特别是一些涉污企业合法经营的红线之一，也是企业走向资本市场，如挂牌新三板、IPO 的红线。

对于企业环境保护方面的尽职调查，则是为了了解企业在生产过程中对污染的排放、治理情况、排污设备的设置及运作情况，了解企业生产的合法合规性，评估企业可持续经营的能力及其成本，是否符合国家有关环境保护的法律法规，并对相关的法律风险做出评估。

（四）债权债务尽职调查

债权债务管理是公司资产管理和经营风险管理的重要内容，直接关系到公司的经营效果、资金利用效率和未来发展。通过对企业债权债务情况的尽职调查，可以了解企业在资金使用管理上是否存在制度缺陷，有利于盘活企业流动资金，提高资金的利用效率，为企业对外借贷提供依据，强化资金管理。

对公司债权债务尽职调查的重点在于以下几个方面。

（1）公司基本情况，主要来源于工商登记信息。

（2）公司经营情况：公司经营的产品与服务，近 3 年的营销收入、利润及利润率，产品的市场竞争力，未来 3～5 年业务发展规划，技术研发与增产计划，销售前景，市场占有率等。

（3）债权统计情况：借款合同、协议，或者生产经营合同等产生债权的依据、产生的原因、数额、时间段，偿还情况，还款计划及执行情况，保障措施，后续还款的可能性，对公司流动资金的影响程度。

（4）对外债务情况：产生的原因，合同及协议依据，数额，起始时间，还款进度，与债权方达成的还款计划及让步幅度，偿债替代方案，是否存在抵消的情况与可能等。

（5）公司对外担保情况及潜在损失可能分析，担保合同、协议。

（6）公司对处理债权债务的指导性意见。

（7）律师的结论性意见与建议。

12.2　诉讼尽职调查要点分析

诉讼是公民个人及企业法人维权的司法途径，也是权利救济的最后保障。诉讼的目的，是通过向法院起诉的方式，寻求国家公权力的介入，以维权。从诉讼维权的流程看，一般包含了两个阶段。

（1）庭审。

我国司法体制实行的是"两审终审制"，也就是说当事人的诉讼经过一审和二审后将最终形成生效的司法判决。

（2）执行。

在司法判决生效后，如果对方当事人在法定的时间内没有自动履行，胜诉方有权通过向法院提起强制执行申请的方式，再次要求司法公权力介入，通过强制的手段实现自己依法确定的权利及诉讼的最终目的。

大多数的债权债务类诉讼，归根结底都是为了最终实现债权债务的转移、支付或抵销。综上所述，对于当事人来说，通过诉讼要实现的目的有两个。

（1）胜诉。

（2）胜诉后获得有效的执行。

因此，根据当事人通过诉讼需要达成的目标，可以将诉讼尽职调查分为两部分内容。

（1）分析案件胜诉的可能性。

（2）分析胜诉判决的可执行性。

能否胜诉。首先，需要解决确定当事人的诉讼请求是否存在获得法律支持的理由。其次，诉讼是一种司法程序，诉讼的进行有一整套法律规定的流程、规则，必须严格依法进行，而且当事人要有足够有效的证据构成的证据链以支持自己的诉讼请求。证据的采集、整理及质证也有相应的法律规定。譬如：证据的收集途径、程序必须合法，从形式到内容都必须符合法律的要求；质证时必须提交原件，单独的复制件无法作为认定事实的依据；对于质证必须依照法定的程序和方法，以判断其真实性，未经法庭质证的证据不能作为认定案件事实的根据。一个案件最终能否胜诉，取决于很多方面的因素。根据 2003 年 12 月 23 日最高人民法院审判委员会第 1302 次会议通过的《人民法院民事诉讼风险提示书》，当事人起诉存在着以下十七种风险。

（1）起诉不符合条件。

（2）诉讼请求不适当。

（3）逾期改变诉讼请求。

（4）超过诉讼时效。

（5）授权不明。

（6）不按时交纳诉讼费用。

（7）申请财产保全不符合规定。

（8）不提供或者不充分提供证据。

（9）超过举证时限提供证据。

（10）不提供原始证据。

（11）证人不出庭作证。

（12）不按规定申请审计、评估、鉴定。

（13）不按时出庭或者中途退出法庭。

（14）不准确提供送达地址。

（15）超过期限申请强制执行。

（16）无财产或者无足够财产可供执行。

（17）不履行生效法律文书确定义务。

其中的绝大部分都是相对比较容易识别的诉讼风险，或者说经过简单的注意就可以解决的诉讼风险，而第（8）项和第（16）项是需要律师以专业的眼光、从专业的角度进行大量的工作才能把握和判断的诉讼风险。

"不提供或者不充分提供证据"的问题往往在于当事人不明白应该提供哪些证据，这些证据对案件的胜诉能起到什么样的作用。这些都需要律师多次反复地跟当事人进行认真细致的沟通，在沟通中发现案件证据及其线索，启发当事人围绕案件提供证据，这也是律师的一项重要的工作和专业性活动。律师只有在从当事人处穷尽了案件事实，获得大部分与事实相关的证据，并且构成一个完整的证据链，在对之进行综合分析、理清办案思路的基础上，才有可能得出初步的结论，也才有可能对第三人诉讼可能存在的法律风险进行初步的评估。这本身就是一项尽职调查工作，可以称之为"诉前尽职调查"，或称为"诉讼法律风险评估尽职调查"。

　　一旦当事人通过诉讼的方式获得了法院支持，即"胜诉"，则下一步就是将法院的生效判决变成现实的权利实现。对于大部分涉及债权的案件来说，胜诉以后需要了解债务人的偿债意向、偿债能力及实现债权的可能及代价的评估。评估需要建立在详细的信息汇总的基础上，譬如对方当事人有哪些财产可供执行，财产是动产还是不动产，有无变现的法律及实际障碍，评估的价值是多少，财产上有无抵押担保，是否遭遇其他法院的查封冻结，变现的时间周期及成本，等等。这些都需要律师有针对性地开展工作，了解被执行人财产的详细信息，聘请专业的中介机构进行适当的评估，然后才能对执行成功的可能性进行全面的评估。对能否达成诉讼的最终目的进行评估，以便当事人衡量诉讼与否或者采取何种维权方式，这样才能确保当事人在花费有限代价的基础上保证其判断的准确性和采取维权措施的合理性。

　　对于一些疑难、复杂或者重大的案件，为了确保诉讼的顺利进行，特别是庭审能按照自己设想的方向去发展，有必要在事先对案件可能的结果进行评估。为了在审判前能对判决结果有准确的评估，以帮助当事人做出正确的抉择，有些律所甚至开设了模拟法庭，通过对案件的模拟开庭、对抗演练来发现己方准备不足及证据漏洞，从而丰富和完善应对策略。准确的评估依赖于充足、完整的信息，而开展尽职调查可以搜集所需信息，以合理评估诉讼的法律风险。

12.3　尽职调查常见问题解析及整改建议

12.3.1　尽职调查中的困惑及其对策

　　律师在开展尽职调查的过程中，会遇到各种情况，面临各种问题，而且每个企业的问题各不同相同，这就需要律师在长期的工作实践中不断积累经验，妥善应对并予以解决。

　　（1）当事人不配合，不提供有关资料怎么办？当事人对存在的问题涉及的背景信息不真实、不完整地披露怎么办？

　　当事人不积极配合提供尽职调查的资料是律师在尽职调查中经常面临的问题。要求当事人提供真实、完整的资料是一个循序渐进的过程，需要律师具有足够的耐心、策略和智慧。律师可以遵循先宏观后微观、先易后难的原则，先让当事人提供其愿意及同意提供的资料，包括尽职调查清单上对接人已经理解的内容，然后随着尽职调查工作的不断推进，从已有的资料中发现问题、追踪问题，再运用专业的知识和经验，甚至是一些沟通的技巧和方法说服当事人配合律师的工作，不断推进。

律师就像专业的厨师，高超的厨艺体现在对食材的加工上，而加工美味佳肴首先需要新鲜的食材及配料。企业作为被调查对象，也是掌握和提供尽职调查资料的主体，没有其配合提供的素材，律师就会陷入巧妇难为无米之炊的境地。所以律师首先需要使尽职调查对象对尽职调查工作有所了解和认可，这样他们才会愿意积极配合律师开展这项工作。如果遇到当事人不积极配合律师工作的情况，律师可通过以下方法解决。首先，发现原因，了解当事人为何不愿意配合，可能隐瞒了哪些资料和信息。其次，经过内部沟通，确定需要当事人配合补充的资料。即采用一定的方法和技巧后跟企业的控股股东、实际控制人进行沟通，让他们了解尽职调查的目的和意义；如果缺少那些重要的资料，可能会影响当事人通过尽职调查挂牌新三板、IPO 或者通过并购实现资源整合的根本目的，从而影响企业发展的大局。律师的责任是根据事先确定的尽职调查规划、目标，通过对尽职调查材料的收集、审阅，及时发现企业存在的问题，并尽可能从法律的角度论证其合法合规性，为企业提供整改的方案，纠正企业错误的做法和违法的行为，帮助企业解决法律风险的隐患。总之，律师应尽量从合法合规的立场出发，同时又要站在当事人的角度为其利益考虑，才容易被当事人接受。

（2）如何深挖被调查对象有可能刻意隐藏的信息与内容？

前文提到，律师开展尽职调查的目的就是围绕尽职调查清单深入挖掘企业的信息，包括但不限于经营信息、财务信息等。针对被调查对象刻意隐瞒事实真相的情况，律师要善于发现事情的线索和端倪，从而通过启发式的询问，层层深入，抽丝剥茧，以发现问题。譬如，在涉及企业违法犯罪时，被调查对象往往会刻意转移话题。这就需要律师通过网络查询，了解企业是否存在已了结及在审案件，是否存在执行或被执行的情况等；然后通过对企业的普法宣传，让其认识到必须客观地对待这些问题，及对隐瞒事实会给企业可能带来的后果和法律风险进行预测，帮助企业端正认识，积极配合。

（3）律师"尽职"及法律风险的边界在哪里？

所谓"尽职"，意思是律师应当从专业的角度充分尽到自己的责任，对企业的有关情况及信息予以充分的了解和披露。那么，律师的尽职调查中"尽职"的边界究竟在哪里？确定了律师"尽职"的边界，也就明确了律师在尽职调查中承担法律责任的边界。

律师在尽职调查中也会有自己需要防范的风险，律师需要根据相关法律规定的要求，以足够的专业经验和谨慎认真的态度仔细地查阅、核对所有的资料、文件，以避免和防范自身的法律风险。

确定律师尽职调查中"尽职"的边界，防范尽职调查的法律风险，可以从以下几个方面来判断。

①针对尽职调查的项目，尽职调查清单的制作是否完备，是否涵盖了该项业务法律意见书中内容的所有方面，特别是有关本次尽职调查目的的主要方面。

②对于需要实地考察、实地收集资料的情况，律师是否亲力亲为，是否有证据为证。

③对于尽职调查的方法、手段和途径，律师是否穷尽了一般情况下可能的办法、途径和措施，是否穷尽公开的渠道查询。例如，网上查询是否覆盖充分；是否通过百度、搜狗、政府公开信息平台查询企业任何可能的负面情况；是否调取政府部门公开文件，例如是否调取工商底档，是否前往当地法院查询；是否调取商标副本、专利副本、软件著作权副本等。

④对于尽职调查过程中发现的缺页、漏页及应有而未有的内容，律师是否要求被调查对象进行补充。

⑤对于原件和复制件，律师是否认真、仔细地做了比对，确定两者完全一致。

⑥对于在尽职调查中做出的律师意见和结论，是否经过实证的事实和法律依据，并经得起推敲和检验。

⑦对于在尽职调查过程中发现的法律瑕疵及潜在法律风险，是否尽到了足够谨慎的提醒义务，是否围绕尽职调查目的提出专业的整改意见和建议。

⑧尽职调查是否及时更新。

一个新三板 IPO 项目周期短则一年，长则数年，每次出具法律意见书是否对尽职调查内容进行更新。有些海外并购长达数年之久，期间政府政策、市场情况都会发生很多变化，是否通过补充尽职调查及时更新相关信息。

例如，最初接触项目时企业并未涉诉，但申报前因某事项牵扯诉讼，律师则必须及时开展补充尽职调查，切勿遗漏。

⑨工作底稿是否到位。

毫无疑问，尽职调查工作底稿对律师极其重要，许多财务造假案例中，保荐代表人丢了饭碗就是因其不查阅项目细节，仅依赖于同事的信用背书，遭遇行政处罚也是必然之事。

12.3.2　尽职调查中常见问题及其整改建议

在对企业进行尽职调查时我们发现，企业惯例、股东对法律的不正确理解，以及故意和疏忽，造成了企业的设立、历次增资扩股及经营中存在大量违法违规的问题。如果企业需要挂牌新三板或 IPO，必然会面临券商及证监会等有关机构的合法合规性审查，有些问题必须得到整改。

1. 股权代持问题

《最高人民法院关于适用〈中华人民共和国公司法〉若干问题的规定（三）》首次以司法解释的形式对股权代持做出了相关规定。有限责任公司的实际出资人与名义出资人订立合同，约定由实际出资人出资并享有投资权益，以名义出资人为名义股东，实际出资人与名义股东对该合同效力发生争议的，如无合同法第五十二条规定的情形，人民法院应当认定该合同有效。

前款规定的实际出资人与名义股东因投资权益的归属发生争议，实际出资人以其实际履行了出资义务为由向名义股东主张权利的，人民法院应予支持。名义股东以公司股东名册记载、公司登记机关登记为由否认实际出资人权利的，人民法院不予支持。

实际出资人未经公司其他股东半数以上同意，请求公司变更股东、签发出资证明书、记载于股东名册、记载于公司章程并办理公司登记机关登记的，人民法院不予支持。总结如下。

（1）确认股权代持合同不违反法律规定的有效。

（2）股权代持仅对实际股东、名义股东有约束力。

（3）名义股东不得对抗债权人。

（4）名义股东要变成实际股东必须经股东过半数同意。

综上所述，法律对股权代持的存在持肯定的态度，股权代持存在很多不确定性及潜在争议。首先，合同是否有效，是否存在公务员和军人是公司股东的情形，是否存在违反《外商投资产业指导目录》相关规定的情形；其次，名义股东不顾与实际股东的合同约定擅自处分其权利导致侵犯实际股东的权益时就会发生争议，而且如果不能得到其他过半数股东的认可，实际股东无法取得股东身份，因此，股权代持方案的设立很容易产生潜在的纠纷。

新三板和 IPO 审核中，明确了企业必须"股权明晰"，即不接受任何形式的股权代持，以保证企业股权的稳定性并避免由于存在名义股东和实际股东之争可能导致的争议。这就要求律师在从事尽职调查时必须通过各种材料、沟通等多种方式尽量发现企业是否存在股权代持的情况，并做出妥善的安排和整改。

2．经营资质未办理及已到期、即将到期问题

企业具有经营资质是企业合法经营的前提条件，特别是对于一些特殊行业，国家出台了专门的资质管理规定，没有资质、资质已到期等会构成企业的违法经营。因此，企业的经营资质是企业合法经营必须首先考虑的问题。

国家对不同的行业制定差别化的资质管理规定，有些是行业准入门槛，有些是根据企业不同规模、技术人员数量及注册资本的规模规定不同资质经营不同等级的业务。这样做的目的是对一些关系国计民生的行业和业务进行有效的规范化管理，特别是金融、建筑、房地产、化工行业等特殊行业。如果这类企业经营没有资质、资质过期或超越资质经营，会对社会经济秩序产生较大的不利影响。因此，在审查企业的经营资质时必须敏锐地发现问题，督促企业及时办理相关资质，纠正违法经营的状态。

3．股东占款问题

在大量的民营企业中普遍存在着股东占款的情况。企业的控股股东往往认为公司是自己创办的，公司的资金就是自己的，只不过是从左口袋换到右口袋而已。这样，股东就可能根据自己的需要频繁地调动资金，甚至长时间不归还，这就破坏了公司资产独立的原则，也不利于现代公司制度的形成，并会直接损害债权人的利益。所以，这触碰了公司进入资本市场的红线，应当及时得到纠正。对于一些股东占款金额较大、占款周期较长的情况，应当要求股东按照银行同期贷款利率支付一定的利息，以还原公司真实的经营状况。

4．知识产权出资未评估问题

《公司法》第二十七条规定："股东可以用货币出资，也可以用实物、知识产权、土地使用权等可以用货币估价并可以依法转让的非货币财产作价出资；但是，法律、行政法规规定不得作为出资的财产除外。"该条明确知识产权可以作为出资，而且规定必须可以用货币估价并可以依法转让，目的就是让出资具有一定的货币价值属性，以便将来可以用作对债权人承担责任。

在为一些拟挂牌新三板的企业进行前期尽职调查时可能会遇到以下几种以知识产权出资的情形。

（1）买来专利入股，专利却没有实际使用价值，未给公司创造效益，只是为了增加注册资本。

（2）专利入股没有经过评估，股东之间协商后就决定了入股价格。

（3）以专利许可公司使用入股，却不转移专利所有权。

（4）以控股股东在以前公司的职务发明专利作为出资入股。

以上是几种以知识产权出资入股的常见错误情形，企业管理者认为这么多年过来了，并没有产生争议，但经过仔细分析，其中存在一些潜在的法律风险。

第一种情况。如果买来的专利没有实际价值，只是增加公司的注册资本，那就是专利的实际价值被高估了。这样的专利只能起到虚增注册资本的作用。

第二种情况。《公司法》第二十七条第二款规定："对作为出资的非货币财产应当评估作价，核实财产，不得高估或者低估作价。法律、行政法规对评估作价有规定的，从其规定。"这也是对公司外部的债权人负责的要求。以无形资产出资入股，应由专门的无形资产评估所对其依照法定的程序和方法进行准确的评估，以确定其内在价值；如果以无形资产出资入股时没有对其进行评估，则必须在后面补上相关程序。

第三种情况。公司使用被许可的专利从事生产经营，如果涉及自己的主营业务，就会因此对客户产生技术上的依赖，可能对公司的业务独立性产生影响，从而对公司未来生产经营带来不确定性。因此，建议公司跟专利权所有者协商转让专利的使用权；若不行，签订长期的独家许可协议，锁定一段时期内专利许可保证，以保障公司的业务不因此受到影响。

第四种情况。《专利法》第六条规定："执行本单位的任务或者主要是利用本单位的物质技术条件所完成的发明创造为职务发明创造。职务发明创造申请专利的权利属于该单位；申请被批准后，该单位为专利权人。""利用本单位的物质技术条件所完成的发明创造，单位与发明人或者设计人订有合同，对申请专利的权利和专利权的归属做出约定的，从其约定。"可见，对于职务发明创造，如果双方有约定，则从其约定；如果个人和单位没有事先约定，则职务发明创造申请的专利属于单位，个人无权处分。若职务发明创造专利权属于单位，则个人不能使用或许可他人使用，更不能以此作为出资，否则，将会给入股的公司带来争议及纠纷。因此，对于职务发明创造形成的专利权，必须仔细审查有关的合同、协议，详细了解其当时的情况，最好发函向其原单位核实，以避免日后的争议。

5．关联交易

所谓关联交易，是指发生在关联企业之间的业务、资金往来。关联交易可能存在利益输送、纳税等方面的风险，所以关联交易会在一定程度上扭曲企业定价的市场化机制，无法真实地反映企业的独立经营能力。

相比较 IPO 审核，新三板审核对关联交易持一定的宽容态度，但对关联交易的必要性、合理性及定价的公允性和比例有一定的要求。

（1）必要性。首先，必须对企业存在关联交易的必要性进行论证和说明，这种必要性一般是基于生产、技术、原材料供应和产品销售而产生的，必须不能规避法律法规对其经营资质管理的强制性要求。其次，关联交易必须以挂牌企业利益最大化为目的，不得存在利益输送等方面的考虑和目的。

（2）合理性。采用关联交易的方式，前提是暂时没有其他办法可以替代，挂牌主体最终还是要通过技术的独立研发、产品的独立销售及原材料的多渠道采购来解决对关联企业的依赖。

（3）公允性。关联交易的一个审核要点是定价的公允性，即相关产品、技术的取得和原材料采购必须准确地反映市场的供求关系、合理的利润率和其他市场定价因素，不得通过人为定价的办法输送利益。

（4）比例。一方面，全国中小企业股份转让系统对挂牌主体中关联交易所占的比例没有统一的标准和要求，但不等于没有比例限制的要求。根据笔者在实际操作中的经验以及各券商掌握的比例来看，严格的不超过 30%，稍微宽松的一般也不宜超过 50%。另一方面，企业应当对关联交易逐年下降做出适当的安排，如开始独立研发技术、开拓多样化的原材料供应渠道及销售渠道，并承诺逐年降低对关联交易的依赖，这样才能保证符合全国中小企业股份转让系统的要求。

6. 行政处罚

《全国中小企业股份转让系统股票挂牌条件适用基本标准指引》（以下简称《挂牌条件指引》）明确要求拟挂牌公司合法合规经营，即公司及其控股股东、实际控制人、董事、监事、高级管理人员须依法开展经营活动，经营行为合法、合规，不存在重大违法违规行为。一般违法违规，可能并不构成实质性障碍，但重大违法违规已成为监管的红线。《挂牌条件指引》规定：凡被行政处罚的实施机关给予没收违法所得、没收非法财物以上行政处罚的行为，属于重大违法违规情形，但处罚机关依法认定不属于的除外；被行政处罚的实施机关给予罚款的行为，除主办券商和律师能依法合理说明或处罚机关认定该行为不属于重大违法违规行为的外，都视为重大违法违规情形。重大违法违规行为本身难以量化，又涉及工商、环保、安全、质量、税务、消防、土地和房产等方面，实务中有时较难把握，但审核时一般重点关注企业违法违规的性质、是否出于主观故意、违规的严重程度、是否造成恶劣的社会影响、企业事后的态度以及事件本身的进展情况。

自 2015 年开始，全国中小企业股份转让系统尤其重视拟挂牌公司在报告期内的合法合规性，对涉及环保、质量、安全、土地等的审核趋严；如企业违法违规并非主观故意，且未造成重大社会影响，企业积极改正并采取补救措施，同时监管部门出具证明文件的，一般并不构成障碍，但重大违法违规的监管红线不可挑战。

第 13 章 法律尽职调查案例展示

某投资公司甲公司意向对 M 新能源公司增资，希望 M 新能源公司在较短的时间内实现业绩增长和股东回报。为了减少投资失误、防控投资风险，特派出调查小组对 M 新能源公司进行投资决策之前的法律尽职调查。本章将围绕增资 M 新能源公司的案例，对法律尽职调查的组织工作、法律尽职调查的重要内容进行概括，对案例中法律尽职调查发现的问题及相关处理措施进行较为详尽的阐述，并根据能源投资项目的特点从法律尽职调查的工作安排、尽职调查清单、发现问题的处理、合同谈判和后期整合五个方面提出相关建议。

13.1 法律尽职调查组织工作

自收购项目立项启动至投资交易完成，甲公司法律机构主要工作包含以下内容。

（1）组织选聘项目律师事务所，并协助其他业务小组选聘相应中介机构。

（2）组织与律师事务所、财务顾问、会计师事务所、资产评估机构等中介机构签订《保密协议》，审核与各中介机构所签的《委托服务合同》。

（3）参与项目整体尽职调查方案制定，组织设计法律尽职调查清单，组织律师事务所对 M 新能源公司总部及其关联公司进行现场法律尽职调查，组织起草、讨论并最终完成《法律尽职调查报告》。

（4）组织起草《增资扩股协议》或《股权转让协议》。

（5）修改公司章程、董事会议事规则、监事会议事规则等公司治理制度。

13.2 法律尽职调查主要内容

13.2.1 M 新能源公司的基本情况

我国生物质能源在一次能源消费中占比过小，与发达国家差距较大。北欧国家生物质能源在民用能源中占比已高达 80%，而我国则低于 10%。生物质能源在 2017 年我国一次能源结构中占比仅 1.3%。国家相关部门公布的数据显示，到 2030 年，风能、太阳能占我国一次能源消费比重合计约 4%，水电约占 4.7%。为积极应对全球气候变暖，M 新能源公司大力发展生物质能源，逐步替代进口能源，推动我国能源"自主、安全、稳定"体系建设，化解能源危机。M 新能源公司主营业务为电力、新能源、化工、环保、计算机的开发研制、技术服务。

（1）主体资格。M 新能源公司营业执照及其他证件资料等齐全。

（2）历史变更。M 新能源公司是由北京××动力化学公司、武汉××学院、武汉××创业中心、武汉××科技开发公司共同发起的，以定向募集方式于 1999 年 8 月设立的股份有限公司。M 新能源公司初期以脱硫脱硝、煤炭销售和火电业务为主，2015 年通过资产重组，通过定向增发和现金收购的形式从控股股东处收购生物质发电、风电、水电、林场以及自称的"页岩气""煤制天然气""清洁能源平台"等资产，变身为 M 新能源环境科技股份有限公司（以下简称"M 新能源公司"）。与重组同步的是资产规模的爆发式增长。2014 年至 2016 年这三年，M 新能源公司资产规模从 140 亿元猛增至 420 亿元。

（3）公司的股权结构。公司控股股东为 B 新能源集团公司。2013 年以前，HRZC 及其一致行动人 HRYF 持有 20.58% 左右的公司股权，算上上市公司股东 RDX 部分股权，持股比例达到了 37%，已成为公司实际控制人，加上 GYRX 部分，已超过 WHHK 的 31.5%。但经过查证之后发现，实际控股股东为 WHHK，也就是后来的 B 新能源集团公司。

（4）公司治理。按照《公司法》《关于在上市公司建立独立董事制度的指导意见》等法律、法规、规范性文件以及《公司章程》的规定，M 新能源公司已设立股东大会、董事会和监事会等决策及监督机构，且已聘请总裁、副总裁等高级管理人员，并在公司内部设立了相应的职能部门。公司设立的内部管理机构、经营和行政管理（包括劳动、人事及工资管理等）机构、办公机构和经营场所与控股股东及其控制的其他企业不存在混合经营、合署办公的情形。内部管理机构能够依据《公司章程》及内部控制制度行使各自的职权，不存在控股股东及其下属机构向公司及其内部管理机构下达任何有关公司经营的计划和指令或以其他任何形式影响公司经营管理独立性的情形。综上所述，公司与控股股东及其控制的其他企业以及其他股东在业务、资产、人员、机构、财务等方面完全分开，公司在业务、人员、资产、机构和财务方面完全独立。目前，公司治理实际情况与《公司法》和证监会相关规定的要求不存在差异。

（5）关联方。根据 M 新能源公司提供及法律尽职调查小组查证的关联方资料，M 新能源公司作为保证人的有关保证中，M 新能源公司曾经为其两个子公司提供保证，但事后，M 新能源公司已经将其持有的两个子公司的股权分别划转给其他非关联方，但是尚未完成保证责任转让或撤销程序。

13.2.2　M 新能源公司的主要财产状况

尽职调查小组成员开展对 M 新能源公司的主要财产状况的调查，主要包括：①固定资产及权属证书，包括土地使用权、房产、车辆、设备等。②无形资产及权属证书，包括专利、商标、著作权、特许经营权等。③M 新能源公司特定建设项目（已建成和在建、筹建的电厂项目）的全部项目审批文件。④上述资产租赁和许可情况。⑤上述资产经确认存在的租赁、抵押、质押等情况；未有处于海关监管期内的设备；未存在查封、冻结情形。

M 新能源公司共涉及 5 块土地（用于新建规划门站及压缩天然气、液化天然气一体站），拥有 2 份土地转让协议，3 份租地协议；公司现有 6 套用房，其中一套辅助用房 300 平方米，系公司 2014 年 4 月建造的 10 间砖混结构办公用房，目前尚未取得不动产权证。公司现有 10 辆长城汽车股份有限公司生产的长城牌皮卡，系 2015 年 12 月购置，用于运输。股东声称公司不存在股权质押。通过在相关网站的查询，M 新能源公司房屋、车辆均未抵押，股权也不存在质押情况。经与律师沟通，上述信息的真实性也得到了印证。

13.2.3　M 新能源公司的人力资源（内部控制）情况

尽职调查小组成员开展对 M 新能源公司人力资源的调查，主要包括：①部门架构及人员安排。②人力资源管理制度及合同，如公司规章、劳动合同、保密协议、竞业禁止协议、知识产权协议等。③董事、总经理及关键人员等的简历、薪酬等情况。④员工的整体工资结构、年龄结构等。⑤M 新能源公司为员工缴纳社会保险和住房公积金等情况的说明。⑥员工的休假、保险、奖励、退休等安排。经过获取分析资料并调查得出，M 新能源公司在劳动合同，社会保险和住房公积金缴纳方面尚未发现存在补缴、缴纳滞纳金以及行政罚款风险。不过 M 新能源公司各岗位均实行标准工时制，没有申请综合工时制，平时加班但不支付加班费，员工有权主张加班费用。综上，并购双方应在签订收购合同时明确因上述原因引起的风险由被收购方承担。

13.2.4　M新能源公司的经营业务情况

尽职调查小组成员开展对M新能源公司经营业务的调查，主要包括：①同行业现状与分析。②主要竞争对手基本信息。③业务情况、商业模式、收入构成等方面的说明，包括对主营业务、业务流程、合作方类型、上下游行业情况的说明。④业务经营所需的全部政府批准、许可、授权、同意、执照或登记备案文件（包含但不限于电力业务许可证、水电站大坝安全注册登记证、取水许可证、对外承包工程资格证书等）。

13.2.5　M新能源公司的财务及债权、债务情况

尽职调查小组成员开展对M新能源公司财务及债权、债务的调查，主要包括：①近3年的财务报表。②近3年的财务预算及执行情况，及最新的筹资安排。③尚在履行的借贷、债券或其他债务融资安排的全部文件和协议。④为第三方的义务和/或负债提供的所有担保及相关协议或文件。⑤"应收账款""其他应收款"和"应付账款""其他应付款"的明细。⑥公司自设立以来发生过的重大资产（包括股权）收购、出售、合并、分立、对外投资等重大资产变动情况的相关协议、资产评估报告。⑦公司自设立以来已发生或潜在的重大投资、兼并收购、风险或亏损事项的说明。通过获取并阅读M新能源公司作为保证人的有关保证发现，M新能源公司曾经为其两个子公司提供保证，但事后，M新能源公司已经将其持有的两个子公司的股权分别划转给其他非关联方，但是尚未完成保证责任转让或撤销程序，因此目前贷款人仍然有权要求保证人M新能源公司承担保证人责任。

13.2.6　重大合同情况

尽职调查小组成员从管理层获取到M新能源公司近三年重大的采购协议、销售协议、投资协议、建设工程合同等。公司对合同的签订和保管有着严格的管理流程：公司的合同专用章和公章都由总经理指定专人进行管理，加盖时需要事先申请并如实登记；公司签订的所有合同必须经过各部门相关负责人审核合格，并由总经理同意，然后盖章签字；公司虽未成立法务部，但是涉及重大金额的合同，公司会向专业律师咨询所签订合同存在的法律风险；所有的合同签订完成后，按照日期、项目进行编号，录入合同电子台账，同时合同正本交付档案室存档，由公司指定的专人保管，合同复印件交由财务部门和运营部门，

方便合同的后期执行。

13.2.7　环境保护情况

公司经营活动和已拟投资项目均符合环保标准，已获得废水、废气及其他污染物排放许可等。

13.2.8　税务状况

尽职调查小组从 M 新能源公司获取到 M 新能源公司关于税务状况的资料，主要包括：①公司适用的税种和税率。②公司享受税收优惠待遇的证明文件。③公司自设立至调查日有无欠税、欠费的报告或说明。④公司享受或获得政府财政补贴、政策性扶持拨款、优惠贷款的证明文件。M 新能源公司为一般纳税人，目前主要涉及税种为增值税、个人所得税、企业所得税等。M 新能源公司提供的 2015—2017 年纳税申报表显示所有税种均为零申报，以对方公司近三年的财务经营数据粗略计算，M 新能源公司同期实现营业收入 2.485 亿元，净利润 3 030 万元。如果收购成功，收购公司将面临补税 1 860 万元的税务风险。

13.2.9　诉讼（仲裁）或处罚情况

尽职调查小组成员开展对 M 新能源公司诉讼（仲裁）或处罚状况的调查，主要包括：①通过与公司管理层沟通和从中国裁判文书网查询并下载等方式，获取完整的 M 新能源公司作为原告（申请人）的案件，包括当事人、案由、标的、审级、判决（仲裁）结果等资料。②通过与公司管理层沟通和从中国裁判文书网查询并下载等方式，获取完整的 M 新能源公司作为被告（被申请人）的案件，包括当事人、案由、标的、审级、判决（仲裁）结果等资料。③获取行政处罚，包括处罚单位、原因、处罚结果等资料。④通过与公司管理层沟通和从中国裁判文书网查询并下载等方式，获取完整的公司董事、监事、总经理等核心管理层涉讼或被处罚等的情况。

13.3　法律尽职调查发现问题处理

尽职调查小组需要对 M 新能源公司及其下属公司是否合法设立并有效存续做出判断；对 M 新能源公司及其下属公司产权是否清晰、公司人员管理是否规范、运营整体是否合法合规做出判断；对 M 新能源公司是否存在重大影响或可能阻碍拟订交易的重大法律风险做出判断。同时，若发现 M 新能源公司及其下属公司所运营或在建的项目存在重大瑕疵和影响 M 新能源公司持续经营的重大法律问题，应提出相应建议。例如，评估、判断项目整体法律风险，向决策层提出是否继续推进的建议；以尽职调查结果作为确定交易价格、调整幅度考量因素；提供合理、合法地调整收购计划、交易结构或交易完成时间的现实依据；为合理安排协议中陈述与保证、赔偿、交割条件等风险防御条款奠定基础。

按照"13.2 法律尽职调查主要内容"列出的法律尽职调查主要内容，尽职调查小组成员获取了相关资料并进行分析后，发现 M 新能源公司经营过程中存在一些法律瑕疵和问题。尽职调查小组与资产评估机构进行沟通，在评估作价中予以充分考虑；同时，就相关问题向 M 新能源公司进行说明，督促其及时妥善处理，以最大限度地维护收购主体合法权益。

法律尽职调查过程中发现的主要问题及解决措施如表 13 - 1 所示。

表 13 - 1　　　　法律尽职调查过程中发现的主要问题及解决措施

序号	主要问题	问题描述	解决措施
1	不动产权证	部分投产项目无不动产权证	法律小组及时与财务小组沟通，评估作价时予以扣减价款考虑
2	移民工作相关问题	移民补偿标准未落实以及移民搬迁工作滞后。例如：某电站因移民未搬迁，此处相关环保措施未完成，影响了环评专项验收	法律小组对此做风险提示
3	工商登记及证照类问题	M 新能源公司及其部分下属公司存在未及时或尚未完成工商变更登记、变更企业国有资产产权证和尚未办理（或更新）完成业务证照的情形	法律小组对此做风险提示
4	担保责任尚未转让	M 新能源公司作为保证人的有关保证中，M 新能源公司曾经为其两个子公司提供保证，但事后，M 新能源公司已经将其持有的两个子公司的股权分别划转给其他非关联方，但是尚未完成保证责任转让或撤销程序，因此目前贷款人仍然有权要求保证人 M 新能源公司承担保证人责任	法律小组对此做风险提示，并提请 M 新能源公司尽快完成担保责任转让程序
5	工程建设相关问题	M 新能源公司部分下属公司在电站工程建设中存在项目相关的批文未能完全获得、移民问题未完成、环评报告未通过、竣工验收尚未完成等问题，但上述电站均已投产运营，相关手续正在办理过程中，对本次交易并无重大影响	法律小组进行说明

续表

序号	主要问题	问题描述	解决措施
6	存在金额较大的未决诉讼	M 新能源公司某下属子公司现有一起未决的建设工程施工合同纠纷诉讼	法律小组与评估机构沟通，在评估作价时予以扣除
7	内部管理合规问题	M 新能源公司内部管理存在电站项目批文缺失、股权变更手续不完备、财务会计处理不够规范和欠缴税款等问题	法律小组与评估机构及时沟通，对欠缴税款在评估作价时予以扣除；其他问题向项目组领导做风险提示，并由尽职调查小组对 M 新能源公司进行说明

13.4　关于法律尽职调查工作的几点建议

13.4.1　关于工作安排

由于尽职调查除涉及 M 新能源公司总部外，还可能涉及其分、子公司，时间紧、任务重。由于财务、法律、评估等各个业务小组都要进行尽职调查，为了避免不同业务小组问相同问题给 M 新能源公司带来额外负担，尽职调查清单将不同业务相同的问题消化合并（注明各中介共需几份），统一发给 M 新能源公司。

13.4.2　关于尽职调查清单

尽职调查，除"13.2　法律尽职调查主要内容"所列内容外，还应结合 M 新能源公司行业特性增加调查内容。例如新能源公司应增加对发电许可证、大坝安全注册登记、取水许可证和库区土地房产等方面的尽职调查。

13.4.3　关于发现问题的处理

法律尽职调查发现，M 新能源公司经营管理中存在一些问题，例如能源公司存在已投产电站无证房产、未决诉讼和欠缴税款等问题。法律团队应及时与资产评估机构进行沟通，在评估作价中将上述问题予以充分考虑。例如，对于无证房产可考虑其前期成本费用而不按市场价评估；对于未决诉讼和欠缴税款，在评估总价中予以扣除；对于移民搬迁、工商登记及证照办理、工程建设、保证责任和内部管理中的瑕疵，在与 M 新能源公司合同谈判过程中，对上述问题进行说明，督促公司妥善处理，以最大限度维护收购公司合法权益。

同时，在尽职调查中发现 M 新能源公司所签借款合同和保证合同之特殊约定，在实施本次股权交易前，M 新能源公司须事先征得贷款人的同意。如果未征得同意，M 新能源公司将构成违约，从而有可能面临贷款人要求 M 新能源公司提前还款并承担违约责任，进而将损害 M 新能源公司利益的情况。为确保交易顺利进行，法律团队应及时反映，要求 M 新能源公司提前完成征得贷款人同意的程序，避免造成借款合同下的违约。

13.4.4 关于合同谈判

对于尽职调查发现的特定问题，应在合同谈判中有针对性地解决，例如能源公司的电价机制、运营模式、电费回收等问题，判断能否确保政策延续性。正式谈判的核心问题通常集中在以下方面：①交易完成的前置条件（如取得审批或许可等）；②卖方的陈述和保证；③竞业禁止；④交易价款支付方式；⑤企业经营情况预测；⑥交割事项；⑦担保事项等。合同签署要注意生效条件，应避免因无法获取政府审批或行政许可而导致协议无效或不能履行的情形发生。

13.4.5 关于后期整合

出于后期整合的需要，除了在合同文本公司治理结构部分确保收购公司利益外，还可增加 M 新能源公司经营发展部分。用意主要体现为以下几个方面。

（1）为了保证收购主体所持股份以后能够具有良好的流动性，并根据实际情况能够适时增减股份，可明确：未来在政策允许下共同努力推进 M 新能源公司进入资本市场，并服务于国家能源结构调整战略。

（2）为了使得收购主体存量电站、上网电价、电费回收等方面得到与 M 新能源公司同样的政策，可明确：收购主体将目前拥有及今后获取的电站储备项目，条件成熟时，纳入 M 新能源公司进行统一开发和运营。

（3）如果 M 新能源公司原股东并未完全出售股份，为了保证 M 新能源公司原股东一如既往地支持 M 新能源公司，并保证 M 新能源公司的经营水平和盈利能力，可明确：原股东应维持 M 新能源公司运营模式、电价机制及电费回收工作的延续性。

总之，标的股权交割并非收购的终点，而是后期整合的起点。法律层面的后期整合应努力促使并购完成后的 M 新能源公司遵守法律法规、制定科学合理的治理结构、使章程和其他治理文件得以有效实施、使投资并购协议中的相关安排得到有效落实。

第四篇
业务尽职调查

第 14 章　业务尽职调查概述

业务尽职调查与财务尽职调查、法律尽职调查一样，是尽职调查的重要组成部分。业务尽职调查主要包括公司基本情况及历史沿革、公司治理结构、管理团队、关联关系与交易、行业与竞争、主营业务采购情况、生产情况、销售情况以及研究与开发等方面的内容，主要调查了解公司过去创造价值的机制与过程，以此来推断和预测公司未来创造价值的机制，从而为预测公司未来价值打下基础。本章主要介绍业务尽职调查的基本内容、目的、原则、流程与基本方法。

14.1　业务尽职调查的基本内容

14.1.1　业务尽职调查概念

业务尽职调查可以定义为：评估目标公司（以及所在行业内的其他公司）在战略、营销、管理、运营、技术等各个领域的优劣势，以确保战略性兼并与收购交易成功的一种分析方法。所谓成功，不仅指双方完成了交易，还指交易完成后整合的过程顺利，并且达到了参与公司在财务、运营和战略等方面的目标，实现了价值的创造。

业务尽职调查通过对目标公司所处的宏观环境、市场规模和竞争环境的分析，了解其所处的行业地位和未来发展趋势；通过对目标公司内部运营管理的分析，了解其价值创造过程及机制；通过内外结合的综合分析，明确目标公司的商业前景，为并购、担保、贷款、投资等经济决策提供信息支持。

14.1.2　业务尽职调查的重要意义

尽职调查是一项系统、繁杂的工程，涉及公司方方面面的细节。全面而正规的尽职调查往往需要聘请不同领域的专家来负责不同的方面，具体来说就是由会计师负责财务尽职调查，律师负责法律尽职调查，行业专家或咨询顾问负责业务尽职调查。而在实际操作中，投资方受时间、成本及其他因素的约束，往往偏重财务和法律方面的尽职调查，而忽视甚至省略业务方面的尽职调查。正如前文所述，在实现兼并收购、顺利完成短期目标上，财务和法律事项的确起着至关重要的作用；但从长远角度来看，业务尽职调查所涵盖的市场、运营、技术、战略等方面则恰恰决定了交易完成后，目标公司能否同投资方顺利整合并创造价值，以实现股东财富最大化这一终极目标。

业务尽职调查可以看作对传统的财务与法律尽职调查的补充，它基于对目标公司及其所处市场环境的特征以及大量其他属性的更深层次的分析，做出对整合后公司所面临的风险与收益的合理估计。业务尽职调查不仅要对目标公司所在市场进行调查，而且要对影响这些市场未来特征的宏观及微观环境的走向进行分析与评估。业务尽职调查不仅要研究目标公司及竞争对手的客户群体，而且要分析它们通过提供不同的产品和服务对该群体能渗透的程度。

业务尽职调查是企业进行项目评估和投资决策时至关重要的一个环节，它决定了投资方能否正确且全面地认识项目的风险和收益，并对投资交易完成后被投资方的表现做出准确预期，是投资方进行风险管理的关键手段，也是企业通过投资创造价值的基础。

14.2　业务尽职调查目的

业务尽职调查的目的是明确目标公司的商业前景；通过对目标公司宏观环境、市场规模和竞争环境的分析，了解目标公司所处的行业地位和未来发展趋势；通过对其内部运营管理的分析，可以为交易完成后价值提升和并购后整合方案的制定做出准备。业务尽职调查的主要目的包括以下三点。

14.2.1　业务尽职调查为经济决策提供信息支持

业务尽职调查的目的是为经济决策提供信息支持。因此，经济决策的需要决定着业务尽职调查的内容、方法以及具体的实施步骤。如果因为银行信贷业务的需要而进行业务尽职调查，那调查的内容可能侧重于了解目标公司未来可能产生的风险点，公司创造价值的稳健性，以及相关质押物、抵押物的情况等，为银行是否与目标公司发生信贷关系提供决策支持。如果是因为投资、并购、重组等决策的需要而进行业务尽职调查，那调查的内容可能侧重于了解目标公司未来的价值创造，包括未来可能的利润增长点、风险点，公司未来的盈利性与成长性，从而为公司估值提供信息支持。总之，业务尽职调查的目的是为相关的经济决策提供信息支持，不同的决策对应不同的调查内容，采用不同的程序与方法。

14.2.2　业务尽职调查注重价值创造过程与机制

业务尽职调查不同于财务尽职调查与法律尽职调查。财务尽职调查注重目标公司价值创造的结果，注重从过去、现在推断未来，注重趋势分析、对公司价值的评估；法律尽职调查的重点是调查了解目标公司可能存在的法律风险，核心在于合法合规性调查；而业务尽职调查的重点是目标公司价值创造的过程与机制，也注重探索价值背后的资源、能力、关系等价值载体。可以说业务尽职调查为财务尽职调查最终的价值预测与评估提供信息支持。

14.2.3　业务尽职调查着眼于未来

业务尽职调查要着眼于未来，着眼于挖掘创造未来价值的机会、机制、平台、资源等核心要素。所以，业务尽职调查不要高高在上，不要以审阅者的姿态面对目标公司接受调查的人员，这样容易诱导接受调查的人员造假，容易获得不真实的信息；而是要以平等互动的形式，深入地与目标公司的相关人员以及目标公司的合作伙伴等利益主体进行沟通，了解真实的一手信息，为客观、公正地判断提供信息支持。

从着眼于未来的视角看，某些业务尽职调查还会对目标公司未来的价值创造提供参考性的建议，这样的尽职调查会更有意义、更有价值，也能激励目标公司提供真实可靠的信息。这样又进一步促进了目标公司与业务尽职调查主体的协作、共赢发展。

14.3　业务尽职调查原则

1. 证伪原则

站在"中立偏疑"的立场，循着"问题—怀疑—取证"的思路展开尽职调查，用经验和事实来验证目标企业的投资价值。

2. 实事求是原则

要求投资经理依据创业投资机构的投资理念和标准，在客观公正的立场上对目标企业进行调查，如实反映目标企业的真实情况。

3. 事必躬亲原则

要求投资经理一定要到目标企业现场，进行实地考察、访谈，亲身体验和感受，而不是根据其他人的说法做判断。

4. 突出重点原则

需要投资经理发现并重点调查目标企业的技术或产品特点，避免陷入眉毛胡子一把抓的境地。

5. 以人为本原则

要求投资经理在对目标企业从技术、产品、市场等方面进行全面考察的同时，重点注意对管理团队的创新能力、管理能力、诚信程度的评判。

6. 横向比较原则

需要投资经理对同行业的国内外企业发展情况，尤其是结合该行业已上市企业在证券市场上的表现进行比较分析，以期发展目标企业的投资价值。

14.4　业务尽职调查流程

业务尽职调查是一个项目过程，可以参照项目管理的方法有条不紊地开展。操作流程一般包括制订业务尽职调查计划—具体实施业务尽职调查—信息分析，提供决策支持—估值分析，强化风险防范—综合研判，提出决策建议。

14.4.1　制订业务尽职调查计划

制订业务尽职调查计划是对业务尽职调查进行事前统筹安排，包括明确业务尽职调查的目的，确定业务尽职调查的范围、主要内容、相应的调查方法、日程安排、可能出现的障碍以及相应的应对措施等。业务尽职调查计划不可避免地要涉及经费支出、经费计划以及对应的经费管控措施等。

需要特别指出的是，制订计划阶段最重要的工作是明确调查的目的。不同的目的导致调查的范围、内容和方法不一样。以兼并收购为目的的尽职调查，重点是调查目标公司与并购主体之间的价值互补性，以及对应的估值；以投资为目的的尽职调查，重点是调查目标公司未来的发展前景、目标公司未来价值创造可能带来的利润回报以及折现值，以及以此为基础对公司的估值；以信贷业务拓展为目的的尽职调查，重点是调查目标公司经营的稳健性，未来现金流的可靠性，质押物、抵押物的估值及可变现程度等。总之，不同目的业务尽职调查的具体安排是不一样的，具体的安排要服从业务尽职调查的目的。

要做好业务尽职调查工作，计划是第一位的，计划工作对后续阶段工作的开展起着指导和规范的作用、计划工作做得不好、不细、不扎实，后续阶段的工作很容易失控，导致偏离业务尽职调查工作的初衷。

14.4.2　具体实施业务尽职调查

制订了业务尽职调查的计划，接下来就是具体落地实施业务尽职调查。在实施具体的业务尽职调查过程中，也需要有条不紊地安排，而不是匆忙地去目标公司实地走访。一般来说，业务尽职调查的实施可以按以下四个步骤来展开。

1. 利用二手资料，形成对目标公司的框架性认识

在业务尽职调查中，形成对目标公司以及目标公司所在行业的框架性认识是非常重要的，可以避免调查者的主观偏见，还可以避免被目标公司的高管"牵着鼻子走"，被动地接受目标公司的资料、信息。在具体的调查实施中，调查者可以通过阅读行业研究报告，行业中代表性公司的年报、网站信息等资料，获得对行业发展状况的认识，对行业发展阶段、行业标杆、行业盈利模式、利润水平等有概略性的认识；同时可以查阅公司研究报告、公司年报、网站、相关报道等二手资料，形成对公司在行业中的地位、盈利模式、核心竞争力、外围关系、盈利能力等因素的概略性认识。有了对目标公司以及目标公司所在行业的框架性及概略性的认识，进行实地走访以及外围调查就有了方向和思路。

2. 实地走访，获取目标公司真实资料

对目标公司形成框架性、概略性的认识之后，就应该深入目标公司内部，深入进行实地走访，获得目标公司价值创造的一手资料。

可以通过与目标公司的管理层访谈获得一些信息，还可以通过他们提供的书面材料获得一些信息。值得注意的是，通过目标公司管理层获得的信息未必可靠，他们有可能从自身动机出发，提供有利于自身利益的一些信息。比如：为了提高目标公司的估值，高管可能提供一些美化公司价值创造的信息，让投资人乐观地看待目标公司的未来。因此在实地走访过程中，一定要深入、细致，从多方面获得信息，不过分依赖单一渠道的信息，这样才能最终得到客观、公正的结论，并让决策得到可靠的支持。

实施走访不能仅仅走访管理层，还要走访一线的营销人员、生产人员、会计、出纳、门卫，甚至清洁工人。通过走访一线营销人员，可以了解目标公司的产品竞争力、客户黏性、客户服务水平、人员的学习成长机制等众多有用的信息。通过对生产人员的访谈可以获得生产人员对待目标公司的态度、工资收入水平等原始信息，由此可以推断目标公司的生产情况、盈利能力等有效信息。从会计、出纳等财务基层人员处可以获得原始的、基础性的财务信息。门卫、清洁工人等表面看来与公司价值创造关系不大的一线人员，却往往可以成为获得信息的重要窗口，而且这些人员不容易被目标公司高管操控，更容易提供真实可靠的信息，应该认真对待对这些人的访谈。

实地走访除了查阅书面材料、各类凭证以及进行访谈之外，细致入微的观察也是必不可少的。比如，看起来热火朝天的生产场面，机器上却有很多灰尘，那我们就应该思考：是否真是市场需求旺盛导致火热的生产场面，是不是就是目标公司为了应付业务尽职调查的需要而临时开工生产。再如，卫生间、走道扶手的卫生状况，可以反映一家公司的管理水平、执行力以及文化倾向。管理层对待员工的态度、对员工的关怀程度、员工对待客户的态度等，有赖于通过细致入微的观察获得，并可能成为决策的重要参考。

3. 外围调查，获取目标公司上下游关联数据

外围调查是获取信息的重要手段。目标公司的上下游是其供应链价值创造的重要部分。目标公司的上游是供应商，为目标公司提供原材料，是公司价值创造的前端。通过与目标公司供应商的访谈，我们可以了解目标公司的采购政策、对供应商的支持、回款的及时性、诚信度等信息，还可以通过采购频率、采购批量等信息推断公司的生产经营情况。供应商是业务尽职调查的重要渠道。

目标公司的下游是客户、经销商、代理商，为公司产品、服务的价值变现提供渠道或场所，也是外围调查重要的信息来源。客户是公司创造价值的落脚点，通过对客户的走访调查，可以了解目标公司产品的档次，客户服务的水平以及客户对目标公司的信赖程度等。经销商、代理商是传递产品、服务的中间环节，通过与经销商、代理商面谈，可以获得公司相关营销策略、政策信息，以及对经销商、代理商的支持政策，经销商、代理商对目标公司及其产品的认同度等多方面信息。

社区民众、当地政府、社会团体都是业务尽职调查中获得信息的来源，不可忽视。目标公司有没有社会责任感，对环境保护的态度如何，产品、服务以及生产过程中会不会产生水资源、土壤资源以及空气资源的污染，会不会导致噪声污染，公司是如何看待、应对及处理的，这些信息都可以通过以上外围渠道获得。

4. 交叉检验信息，获取综合决策可靠性支持

通过实地走访获得的原始数据、信息，有些是真实可靠的，有些是虚假的，还有些是真假参半的，这就需要进行信息的交叉验证，去伪存真，从而最终获得可靠的信息，为决策提供有力的支持。

一般来说，没有直接利益关系的主体提供的信息更可靠。比如，一线员工提供的信息比管理层更可靠，外围信息比内部信息更可靠。另外，不大可能被操控的主体提供的信息更可靠。

因此，要对业务尽职调查中获得的信息进行交叉检验，若多种渠道获得的信息都是一致的，那就很有可能是真实、可靠的。一般来说，多种渠道造假，而且造假的信息都一致，这种可能性更低。相反，如果不同渠道获得的信息是相互矛盾的，则某些信息一定是不真实、不可靠的，此时就要依据以上提到的更可靠的原则进行分析比较，去伪存真，以获得可靠的信息。

14.4.3　信息分析，提供决策支持

业务尽职调查最终要为决策服务。实地走访、外围调查获得的一手、二手资料，经过去伪存真之后，是相对可靠的。在此基础上，对这些信息进行对比、对标分析，得出企业估值、风险大小，风险是否可防范、可控制等结论，再形成系统的调查分析报告，为投资、并购、信贷等具体金融业务提供决策支持。

14.4.4　估值分析，强化风险防范

业务尽职调查中，调查者获得的信息最终要转化为对目标公司的估值分析、前景分析以及对未来发展的风险分析。目标公司的估值分析与前景分析紧密相关。公司的宏观机会、行业吸引力以及核心竞争力影响公司的前景，可以量化公司的前景分析，以未来业务发展的财务数据体现，再根据未来现金流的折现值，换算成目标公司的估值。

估值分析与风险分析密不可分。目标公司未来业务发展、未来现金流都是不确定的，也都是存在风险的。因此，对目标公司未来可能发生的风险进行充分的估计，对各类风险因素进行深入调查，并采取预先防范的措施，是投资、并购以及信贷业务管理的重要内容。按照风险的来源不同，目标公司的风险可以分为外部风险和内部风险。外部风险包括顾客风险、竞争对手风险、政治环

境风险、法律环境风险、经济环境风险等，内部风险包括产品风险、营销风险、财务风险、人事风险、组织与管理风险等。在对目标公司的业务尽职调查中，要深入分析目标公司的内外部风险因素，区分可控风险和不可控风险，对可控风险采取必要的、完善的风险防控措施，对不可控风险要认真分析，对不可承受的不可控风险要采取转移、对冲或者规避的措施。

14.4.5　综合研判，提出决策建议

业务尽职调查的最终目标是给出明确的决策建议。如果是投资决策需要业务尽职调查，要给出是否投资，以及何种价格、何种条件下可以投资的结论和建议；如果是并购类的尽职调查，要针对并购对象的互补性、价值、估值以及合适的并购价格及并购条件给出明确的结论和建议；如果是与信贷业务、担保业务相关的尽职调查，要给出是否给予信贷支持、是否给予担保以及何种条件下可以支持的明确意见，并对未来可能发生的风险及贷后管理措施给出明确的意见。

14.5　业务尽职调查基本方法

1．审阅文件资料

通过审阅公司工商注册、财务报告、业务文件、法律合同等各项资料，发现异常及重大问题。

2．参考外部信息

通过网络、行业杂志、业内人士等信息渠道，了解公司及其所处行业的情况。

3．相关人员访谈

与公司内部各层级、各职能人员，以及中介机构进行充分沟通。

4．实地调查

查看公司厂房、土地、设备、产品和存货等实物资产。

5．小组内部沟通

调查小组成员拥有不同背景及专业知识，其相互沟通也是达成调查目的的方法。

第 15 章　业务尽职调查重要内容

业务尽职调查的目的是明确目标公司的商业前景；通过对其宏观环境、市场规模和竞争环境的分析，了解目标公司所处的行业地位和未来发展趋势；通过对其内部运营管理的分析，为交易完成后价值提升和并购后整合方案的制定做准备。概括来说，业务尽职调查的主要内容包括以下几个方面。

15.1　宏观环境调查

一般来说，宏观环境调查是调查分析目标公司所处行业的宏观环境，常用的工具是 PEST 分析。

15.1.1　政治环境调查分析

P 指的是政治（Political），政治环境一般还包括一个国家和地区的法律环境，主要内容包括政治制度与体制、政局、政府的态度，政府制定的法律、法规等。

政治环境分析主要分析以下问题：政治环境是否稳定；国家政策是否会改变法律从而增强对企业的监管；政府所持的市场道德标准是什么；政府的经济政策是什么；政府是否与其他组织签订过贸易协定；政府对目标公司所在行业的态度是怎样的，有没有具体的鼓励、支持或限制的措施；等等。

一般来说，目标公司以及所在行业执行的政策应与政府的大政方针保持一致，否则，可能会受到更多的限制，未来发展存在很大的不确定性，且风险较大，而且难以防范与控制。

15.1.2　经济环境调查分析

E 指的是经济（Economic），经济环境主要包括一个国家或地区的国内生产总值、所处的经济周期、利率水平、财政政策、货币政策、通货膨胀率、失业率水平、居民可支配收入水平、汇率、能源供给成本、市场机制、市场需求等。

一般来说，目标公司产品、服务的价格水平、档次与市场所在区域的收入水平，尤其是居民的可支配收入越匹配，目标公司成长的机会越多。目标公司顺应经济环境以及经济发展周期不同阶段的能力越强，目标公司的发展机会越多。

15.1.3 社会文化环境调查分析

S 指的是社会文化（Sociocultural），社会文化是指一个国家或地区社会成员的民族特征、文化传统、价值观念、宗教信仰、教育水平以及风俗习惯等因素的总和。构成社会文化环境的要素包括人口规模、年龄结构、种族结构、收入分布、消费结构和水平、人口流动性等。其中人口规模直接影响一个国家或地区市场的容量，年龄结构则决定消费品的种类及推广方式。

业务尽职调查中特别注意社会文化因素分析，其中特别值得注意的问题包括：企业或行业的特殊利益集团有哪些；公民，尤其是目标公司的目标客户群体对政府的信任程度如何；公民的社会责任感及公众道德观念是否强烈；对售后服务的态度如何；要求达到何种程度；生活方式如何；购买习惯怎样；对休闲服务的态度如何；等等。

目标公司同样要顺应社会文化环境。目标公司对市场所在区域的社会文化环境了解越充分，产品、服务等诸方面越能顺应目标客户群体的文化倾向，目标公司未来成长发展的机会越多。

15.1.4 技术环境调查分析

T 指的是技术（Technological），技术环境不仅包括那些引起革命性变化的发明，还包括与企业生产有关的新技术、新工艺、新材料的出现和发展趋势以及应用前景。在 20 世纪，社会迅速的变化在技术领域表现十分明显，微软、惠普、通用电气等高技术公司的崛起改变着人们的生活方式。同样，技术领先的医院、大学等非营利性组织，也比没有采用先进技术的同类组织具有更强的竞争力。

目标公司对技术的发展运用要有适度超前的眼光。能前瞻性地开发和运用新时代的新技术引领变革，在产品、服务开发方面就能先人一步或半步，这样的公司会在未来有更多的价值提升机会。过于超前，研发的技术难度太大，以及投入过多的财力、人力用到一些前景不明的新技术领域，对公司发展而言，也存在着一定的风险。

在运用 PEST 分析方法分析目标公司及所处行业的宏观环境时，有时也运用它的扩展形式，如 SLEPT 分析、STEEPLE 分析等。扩展的表现是：在以上谈到的 PEST 分析要素的基础上，单列或增加环境（Environmental）因素或自然（Natural）因素、法律（Legal）因素、道德（Ethical）因素以及地理（Geographical）因素等。在具体的业务尽职调查分析中，调查者可以根据与目标公司发展机会的相关性自主选择进行系统性、综合性及针对性分析。

15.2　行业概况调查

行业概况调查主要是调查了解行业整体状况、行业发展突出问题、行业发展趋势。

15.2.1　行业整体状况的调查

行业发展整体状况包括行业的市场容量、市场结构、主要的竞争对手、行业发展的生命周期以及未来发展趋势等的概略性信息，对把握整个行业的概貌有一个基础性的指引作用。

调查了解行业的整体状况，可以查阅有关专业的调查公司、咨询公司、研究院发布的行业调查报告，获得有关行业发展的二手信息；也可以通过行业协会的网站、报刊、内部资料等渠道获得一些信息；还可以通过查阅行业内竞争对手的信息，获得对行业发展整体情况的认知。在这些二手信息的基础上，再通过实地走访、调查，深入了解行业整体状况。对于某些新兴行业，行业发展报告之类的集成信息很少，就更需要调查者深入了解、分析行业内的具体企业的信息，以增强对行业整体状况的把握。

15.2.2　行业发展突出问题的调查

行业发展突出问题的调查是行业调查分析的重要内容。调查者要调查了解行业需求发展变化的新特点，市场结构的新变化、新要求，行业生命周期的新变化，以及主要竞争对手的新动向，从而把握行业健康发展中面临的突出问题，为更全面地了解目标公司所处行业，以及目标公司在行业中的地位提供更多、更全面的信息支持。

15.2.3 　行业发展趋势调查

行业概况调查还应该包括行业发展趋势调查。一般来说，各研究机构、咨询公司、科研院所相关领域的专家会对行业发展的趋势做出分析判断，为相关人员全面地了解、研判行业发展提供支持。

15.3 　竞争格局调查

对目标公司所处行业进行分析主要是分析行业的吸引力。按照迈克尔·波特的五力模型的逻辑，目标公司所在行业的调查可以从五个方面进行。

了解行业内的竞争激烈程度，要调查了解行业内竞争者的数量以及主要竞争者的实力。行业内竞争者的数量越多，行业竞争越激烈；主要竞争者的数量越多，实力越强，行业竞争越激烈。在分析行业内竞争激烈程度时，尤其要关注与目标公司具有相同目标客户、定位相同的竞争者的数目与实力。一般而言，即使在同一行业，目标客户不同、定位差别较大的公司之间并不直接构成竞争。

竞争关系包括直接竞争、错位竞争与合作竞争。直接竞争难以避免，但是直接竞争也并非只有缺点，直接竞争也可以变成相互促进、相互提升，甚至相互学习的良性竞争。良性竞争的生态有赖于目标公司与行业内的其他竞争者共同创造。业务尽职调查要了解目标公司有没有运用非法手段打击竞争、破坏竞争生态的行为；要了解目标公司有没有违反商业道德、伦理，采用不道德的手段打击竞争者的行为；要了解目标公司在维护生态竞争环境中有无作为，有没有引领行业营造健康竞争环境。不道德的、非法的竞争者是走不远的，业务尽职调查要关注目标公司在市场竞争中的伦理、道德及法律表现。

错位竞争比直接竞争更有利于发展，尤其是当竞争者比较强大的时候。错位竞争可以避免目标公司与竞争对手起正面冲突。业务尽职调查要了解目标公司错位竞争的策略，了解目标公司在监控竞争者、监控市场、监控目标客户方面的及时性、有效性，以及应对措施的有效性。目标公司如果能经常避开强大的竞争对手，运用自身的资源、能力优势，重新发现新的目标客户的新需求，成功地实施错位竞争策略，则表明目标公司未来存在更大的发展空间与更多的机遇。

所谓"不战而屈人之兵，善之善者也"，比错位竞争更有利于发展的是合作竞争。所谓合作竞争，是指在行业内营造合作共赢的竞争生态环境，让竞争者为己所用，在为竞争者创造价值的同时也为自身创造价值，实现和谐共生、协同发展。比如：某些服装、鞋类大品牌，让其他厂家为其贴牌生产，实现共赢，这就是合作竞争策略。业务尽职调查要了解目标公司在行业内营造合作竞争生态，参与合作竞争生态中的态度、作为及其他表现，综合判断目标公司未来的价值创造潜力。一般来说，善于合作的公司未来会有更多的成长机会。

15.4　发展趋势调查

发展趋势调查主要是调查分析目标公司所在行业的吸引力及发展前景。如果说宏观环境分析是分析目标公司在未来大势中的机会有多少、潜在的风险及威胁有多大，那么行业吸引力及前景分析则是有关目标公司的中观分析。行业吸引力大，前景光明，目标公司发展才有可能具有更多的机会。对目标公司的行业分析可以运用迈克尔·波特的五力模型作为基本的分析工具。具体从以下方面进行分析。

15.4.1　行业内竞争的激烈程度

目标公司所在行业趋势分析的核心方面是行业内的竞争激烈程度分析。一般来说，行业的竞争越激烈，目标公司所在行业的吸引力越弱，行业发展前景越黯淡。很多天使投资公司、风险投资公司喜欢投资一些新兴行业，很大都分是因为新兴行业没有强有力的竞争对手，行业吸引力大，初创公司有更多的机会。

15.4.2　新进入者的威胁

新进入者的威胁也是影响行业吸引力的重要方面。目标公司所在的行业如果很容易受到新进入者或潜在进入者的威胁，那即使行业内现在竞争不激烈，未来也将面临激烈的竞争，行业的吸引力同样较弱。新进入者的威胁与行业进入壁垒紧密相关，如果新进入者进入该行业的时间较长、成本较高，新进入者所需要的行业积累较多，目标公司的量产能力及成本优势明显，品牌、政策都有先行优势，那就表示该行业的进入壁垒较高，进入者的威胁较小，目标公司所在行业的吸引力较强。

15.4.3　替代品的威胁

影响目标公司行业吸引力的第三个因素是替代品的威胁。如果目标公司的产品、服务很容易被同类产品或服务替代，那么行业吸引力就比较弱；反之，如果目标公司的产品或服务很难被其他同类产品或服务替代，那么行业吸引力就比较强。比如，高铁的出现可以在很大程度上替代 1 000 公里以内的航班，所以高铁大大降低了短途航线的行业吸引力。替代品的威胁主要受到替代品的盈利空间以及可替代的程度两个因素的影响。替代品的盈利空间越大，替代品扩大生产规模、降价销售的动机就越强烈，对目标公司产品或服务造成的替代威胁就越大。可替代的程度是指客户更换满足方式的代价。比如，不论长途还是短途，火车都对飞机有替代作用，可是长途旅行乘坐火车花费的时间长，乘坐飞机的客户更换旅行方式的代价高，这样对价格不敏感的客户而言，更换的代价就大，火车对飞机的可替代程度就低。

15.4.4　供应商的议价能力

影响目标公司行业吸引力的第四个因素是供应商的议价能力。供应商的议价能力越强，在供应链上的价值掌控与价值分配能力就越强，相对而言，目标公司的行业吸引力就越弱。供应商的议价能力受到供应商数量、供应商规模大小、供应商服务的独特性和创新能力，以及目标公司更换供应商的成本等因素的影响。供应商数量越多，供应商的议价能力就越分散，议价能力就越弱，目标公司行业吸引力就越强；供应商规模越大，供应商的垄断优势越明显，供应商的议价能力就越强，目标公司行业吸引力就越弱；供应商创新能力越强，服务越独特，供应商的议价能力就越强，目标公司行业吸引力就越弱；目标公司更换供应商的成本越高，供应商的议价能力就越强，目标公司行业吸引力就越弱。供应商的议价能力如何，对目标公司的行业吸引力影响如何，要结合以上因素来综合衡量与判断。

15.4.5　客户的议价能力

影响目标公司行业吸引力的最后一个因素是客户的议价能力。客户的议价能力越强，在供应链上的价值掌控与价值分配能力就越强，相对而言，目标公司的行业吸引力就越弱。客户的议价能力受到客户数量、订单量大小、产品服务的差异化程度、价格敏感性以及客户更换的代价等因素的影响。客户数量越多，客户的议价能力就越分散，议价能力就越弱，目标公司行业吸引力就越强；客户订单量越大，客户的买方垄断优势越明显，客户的议价能力就越强，目标公司行业吸引力就越弱；目标公司产品服务差异化程度越高、越独特，客户的议价能力就越弱，目标公司行业吸引力就越强；客户的价格敏感性越强，客户对价格越关注，客户的议价能力就越强，目标公司行业吸引力就越弱；客户更换供应商的成本越高，客户更换供应商的可能性就越小，客户的议价能力就越弱，目标公司行业吸引力就越强。客户的议价能力如何，对目标公司的行业吸引力影响如何，要结合以上因素来综合衡量与判断。

　　上述五个因素最终影响目标公司的行业吸引力，也影响业务尽职调查对目标公司的价值、风险判断。因此，业务尽职调查时，调查人员要认真了解、分析以上五个因素，对目标公司的行业吸引力及发展趋势做出客观、公正的评价。

第 16 章　业务尽职调查案例展示

　　某投资公司甲公司意向对北京 A 能源环保有限公司进行股权投资，出资购买原股东转让的部分股份。为更精准地评估 A 能源环保有限公司的股份价值，把握股权投资中的风险，做好谈判及风险防范工作，甲公司特派出调查小组对 A 能源环保有限公司进行尽职调查。本章将围绕 A 公司进行业务尽职调查的案例分析。

16.1　基本情况调查

1. 调查获得的信息

　　北京 A 能源环保有限公司成立于 1978 年，公司注册资本为 2 000 万元，地址为北京市海淀区××××××。公司主营业务为采用循环流化床燃烧技术进行垃圾电厂的建设、营运以及相关技术转让，是具有科研开发能力、工程设计能力、工程总包能力、环境污染治理设施运营能力以及投融资能力的大型综合环保能源企业。公司拥有环保工程专业承包资质、环境工程（固废）专项工程设计资质、环境污染治理设施运营资质以及安全生产许可证等多种资质证书。公司在循环流化床燃烧技术、固体废弃物焚烧发电处理、烟气净化处理等技术领域取得了发明专利 12 项，实用新型专利 23 项，其中换热器发明专利彻底解决了垃圾焚烧中酸性气体对金属腐蚀的难题。公司的循环流化床垃圾焚烧炉二噁英原始排放值优于欧盟标准。

　　北京 A 能源环保有限公司发展的历史沿革如图 16 – 1 所示。

2. 主要结论

　　A 公司具备强大的科研技术能力，能为公司发展带来源源不断的技术创新，从而创造技术上的核心竞争优势。其循环流化床垃圾焚烧炉二噁英原始排放值优于欧盟标准即是强有力的证明。A 公司股权转让比较复杂，尤其涉及国有股份的转让，会存在较多复杂的手续风险及政策法规的不确定性风险。

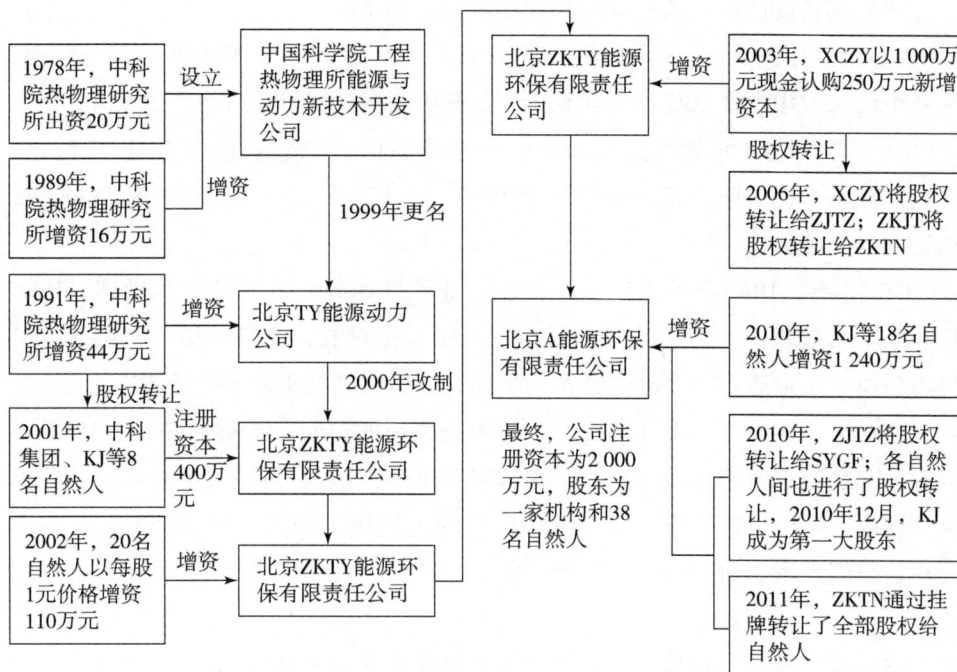

图 16 -1　北京 A 能源环保有限公司发展的历史沿革

16.2　治理结构与人力资源调查

1. 调查获得的信息

（1）股权结构。目前，北京 A 能源环保有限公司股份除了 SYGF 公司持股 11% 以外，主要被个人持有，其中董事长 KJ 持股 17.5%，其他管理层合计持股 12.65%，个人大股东蔡某兴持股 14%，其他个人投资者持股 44.6%，具体如图 16 -2 所示。

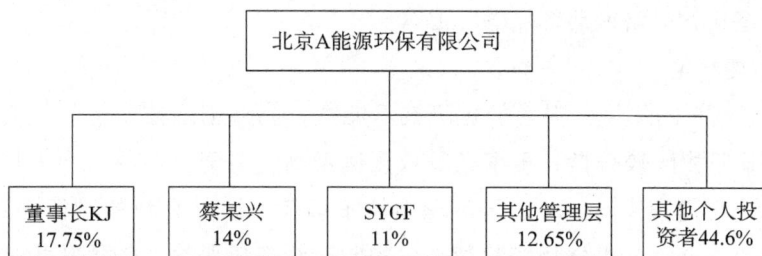

图 16 -2　北京 A 能源环保有限公司股权结构

（2）高管团队。目前公司的高管团队情况如下。

牛某，男，1978 年 8 月出生。北京 A 能源环保有限公司董事长兼总经理，毕业于北京大学力学系流体力学专业，曾在中国科学院从事技术开发工作。

LY，男，1961 年 5 月出生，北京 A 能源环保有限公司副总经理，专科学历，曾供职于机械部中国电工设备总公司、机械部北京电工设备成套公司、机械工业电气协会。

CWJ，男，1967 年 6 月出生，北京 A 能源环保有限公司总经理助理，1990 年毕业于北京联合大学自动化工程学院热能工程专业，专科学历，曾在北京市热力公司、北京通用能源动力公司锅炉部、中国科学院工程热物理研究所工作。

ZN，女，1968 年 12 月出生，北京 A 能源环保有限公司财务总监，1991 年毕业于北京经济学院经济学专业，2002 年获得美国加州州立大学海沃德分院工商管理硕士学位，曾供职于北京港澳中心瑞士酒店、美国金佰利个人卫生用品公司、美国索尼音乐娱乐（中国）公司、劲量（中国）公司、百事（中国）公司。

（3）其他核心管理层。目前公司的其他核心管理人员情况如下。

ZH，男，1990 年 10 月出生，北京 A 能源环保有限公司采购总监，本科学历，曾在中国科学院工程热物理所从事研究、管理工作。

WFH，男，1966 年 12 月出生，北京 A 能源环保有限公司技术中心副主任，1988 毕业于西安交通大学锅炉专业，曾在唐山市锅炉厂、唐山巴高锅炉有限公司工作。

LCQ，男，1964 年 10 月出生，北京 A 能源环保有限公司运营管理部经理，1988 年毕业于合肥工业大学发电专业，本科学历，曾供职于安徽省滁州热电厂、滁州市环境热电厂、协鑫集团、上海新能源宁波环保热电厂。

CJG，男，1967 年 11 月出生，北京 A 能源环保有限公司项目经理、市场部总监，1989 年毕业于江苏工业学院热能工程专业。曾在济南锅炉厂、郑州永泰能源新设备公司、济南北郊热电厂工作。

2. 主要结论

A 公司高管团队具备强大的科研技术能力，能够创造技术上的核心竞争优势。A 公司股权比较分散，董事长股权比例不高，在董事会决策中占据主导地位，容易产生道德风险。A 公司治理结构不规范，缺乏有效的制衡约束机制，急需规范股东会、董事会及经营管理层的制衡约束机制。高管团队的技术研发能力和生产运营能力较强，但管理能力、市场开发能力及经营创新能力是短板，需要补充更多的经营型人才。

16.3　核心竞争力调查

1. 调查获得的信息

A 公司的核心竞争力在于核心技术优势。A 公司的核心技术是循环流化床固体废弃物焚烧发电技术。高效循环流化床固体废弃物焚烧发电系统集成技术是一种基于循环流化床燃烧技术而发展起来的，集垃圾焚烧、供热、高蒸汽参数发电为一体的垃圾无害化处理技术。它是以生活垃圾焚烧炉为核心，增设垃圾预处理、渗沥液处理、烟气净化处理等单元的垃圾发电系统集成技术；同时，采用自主知识产权的发明专利外置式"换热器"，获取高蒸汽参数，使垃圾焚烧发电效率大大提高。该技术成功地解决了城市生活垃圾高效、环保、经济处理的问题，实现垃圾处理的"减量化、无害化、资源化"。

A 公司除依靠自身研发外，还十分重视与全国相关领域的大专院校和科研院所保持密切的学术交流和科技合作关系。A 公司先后与中科院生态中心、浙江大学等单位合作承担了科技部"863"课题——阻滞生活垃圾焚烧过程中二噁英类生成的成套设备开发与工程示范，"十二五支撑课题"将与中科院生态中心再度合作。2011 年，A 公司与中科院工程热物理所的"具有应用示范价值的工业固体废弃物处理技术"项目正在审批中。另外，公司研究中心正在与武汉理工大学就"矿业废物处理技术"进行技术交流。内部研发和外部合作保证了公司在固体废弃物处理技术领域更多的活力、更深的实力。

A 公司拥有专利 35 项，其中有 12 项发明专利，如"换热器""一种污泥干燥焚烧处理方法""垃圾焚烧后烟气降温过程中抑制二噁英生成的系统方法""锅炉热灰处理系统""辐射燃尽的循环流化床垃圾焚烧锅炉"等。其中换热器发明专利彻底解决了垃圾焚烧中酸性气体对金属腐蚀的难题。

2. 主要结论

A 公司具有强大的技术研发能力，拥有广泛的技术研发合作网络，保证了技术层面的核心竞争力。单纯的技术研发能力并不足以获得良好的盈利回报，公司需要在经营、市场等方面开发更强的核心能力。

16.4 行业尽职调查

1. 调查获得的信息

（1）国内外垃圾焚烧技术的状况。

垃圾焚烧占地面积小，还可消灭各种病原体，将有毒有害物质垃圾焚烧；比填埋法效率高，烟尘净化装置减轻了对大气的污染，将有毒有害物质转化为无害物。现代的垃圾焚烧物皆配有良好生球。按焚烧原理不同，生球主要分为炉排炉焚烧、流化床焚烧、热解法三种。当前主流的燃烧技术主要是炉排炉和流化床技术。国外市场中炉排炉占有率约为80%，而在国内市场中两种技术的市场占有率相差不大。

（2）我国城市垃圾焚烧的市场前景。

在行业政策方面，2006年国家发展改革委颁布的《可再生能源发电价格和费用分摊管理试行办法》中规定，新建垃圾焚烧电厂，上网电价每千瓦时补贴0.25元；同时还将获得市政部门按吨位支付的垃圾处理费，各地垃圾处理费为80~150元。

2007年，国家发展改革委发布《中国应对气候变化国家方案》，鼓励建立垃圾发电厂，推广垃圾焚烧发电技术。2008年财政部、国家税务总局下发《关于资源综合利用及其他产品增值税政策的通知》，决定调整和完善部分资源综合利用产品的增值税政策，对符合以垃圾为燃料生产的电力或者热力有关规定的企业，实行增值税即征即退的政策。2010年环保部等8部委发布《关于加强二噁英污染防治的指导意见》，强调应建立健全防治二噁英污染的强制性技术规范体系，加强强制性标准推广。《国家"十二五"规划》中明确指出要加强城市生活垃圾处理，将垃圾焚烧的比重大幅提升。2021年发布的《"十四五"城镇生活垃圾分类和处理设施发展规划》提出，到2025年底，全国城市生活垃圾资源化利用率达到60%左右，全国城镇生活垃圾焚烧处理能力达到80万吨/日左右，城市生活垃圾焚烧处理能力占比65%左右。

在政策的推动下，我国垃圾焚烧厂的数量及平均处理规模逐年增加，焚烧处理设施在垃圾无害化处理设施中的比例也在增加，这些都说明焚烧技术在我国垃圾处理中所占的比例越来越大。统计数据显示，2000年，我国垃圾焚烧处理项目仅36个，日处理能力约630吨。2002年，垃圾焚烧处理项目总数已达66个，处理能力约为4.5万吨/天，焚烧处理量占垃圾无害化处理总量的比例也由 2000 年的 1% 提升到 12.9% 。

2．主要结论

垃圾焚烧发电行业属于环保投入期的行业，环境保护日益重要，其风险与机会并存。国内环境问题越来越严峻，政府鼓励发展，并提供政策与资金支持。政府的环境责任越来越重，目前来看，垃圾焚烧发电行业属于朝阳行业，该行业盈利模式尚不明晰，商业模式有待完善，主要依赖政府补贴来获利，这就导致投资回报存在较大的风险与不确定性。尤其各地方政府财政收入不一，且支出较大，存在多大的决心和将多少预算投入具体的垃圾焚烧发电项目中是行业发展的较大风险。

16.5　内部价值链尽职调查

（一）调查获得的信息

1．公司发展规划

根据尽职调查小组的调查，A 公司制定了 3 年发展规划，具体内容主要围绕核心研发任务、发展研发任务及种子研发任务，体现出非常明显的技术核心导向（见图 16 - 3）。

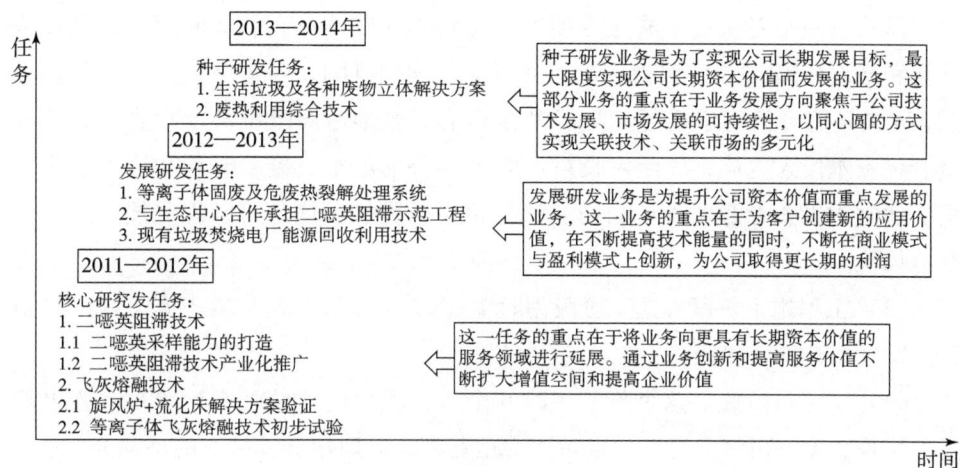

图 16 - 3　北京 A 能源环保有限公司 3 年发展规划

按照公司 3 年发展规划，公司研发任务将以提高公司的资本价值为核心进行发展，随着更多的发展研发业务与种子研发业务不断地加入核心业务，公司的整体价值与服务价值将不断提高，同时对商业模式与盈利模式的持续创新，在垃圾处理领域从单一技术公司成功转型为全面技术公司的基础上，发展为创新型的技术服务、工程成套公司。

A公司发展规划指出：实施上述发展战略的措施在于扩张研发队伍和建设研发基础设施。

研发队伍的扩张主要有三方面：一是依托研究中心引进国内外优秀专业技术人才；二是接纳硕士研究生学位以上的毕业生进入各技术研发岗位；三是加强对老员工培养。

公司已在北京延庆申请固体废弃物处理技术研究中心，建立实警室进行小型工业试验。在专业研究机构原理性工程完成应用性研究，最终达到实用目的。

2．垃圾焚烧发电项目运营流程

自2000年起，A公司一直致力于以BOT模式或BOO模式实施垃圾焚烧发电项目，采用的业务策略是与有意向的投资者合作。在当地政府的主导下，建造垃圾焚烧电厂，A公司负责设备安装，提供技术支持，以及建成后的运营维护。整个项目运营分五个阶段。

（1）项目分析阶段。A公司对某城市进行调研后，与当地政府就成立垃圾焚烧电厂的可行性进行交流研究，若可行则签订框架协议，最后在当地成立公司，实施项目。这个阶段一般用时2年以上，进度取决于当地政府的决策流程。

（2）项目准备阶段。成立的项目公司资本额在50万元~200万元。项目公司会和当地政府签署许可协议。这个阶段一般用时1.5~2年。在这个阶段初期，A公司将寻找有意愿经营电厂的投资者，当地政府批准环评报告后，该投资者将资本投入电厂，成为大股东。之后A公司与电厂签署专利和设备供应合同。通常该投资者要求A公司持有该项目少数股权，这样可以规避技术风险和营运风险。

（3）工程施工阶段。这个阶段用时1~1.5年。A公司与供应商签署购买协议，向项目公司提供设备。

（4）试运行阶段。这个阶段用时6个月，项目由A公司负责管理。当电厂运行平稳，A公司将向电厂的股东移交运营权，同时出让其持有的小部分股权。

（5）许可运营阶段。在这个阶段，电厂的股东将运营管理电厂项目，许可运营一般长达25~30年。

3．垃圾焚烧发电项目成果

尽职调查小组在调查中了解到，截至2011年7月，A公司已经完成垃圾焚烧电厂项目8项，在建电厂2项，筹划中的项目为9项。

在调查中，尽职调查小组重点考察了 A 公司在某地的焚烧发电厂。该电厂是 A 公司的 BO 项目，由马来西亚某公司与 A 公司共同投资，双方根据投资比例分享投资收益。该项目于 2009 年运营，有两台垃圾焚烧炉。电厂垃圾焚烧产能设计为 1 000 吨/日，每日上网电量为 14 万千瓦，实际处理能力为 1 400 吨/日，上网电量为 32 万千瓦。垃圾上网电价加上政府补贴之后为 0.647 元/千瓦。垃圾焚烧发电厂建成后，环保局等多部门来厂做全方位环境监测，各项指标均处于优等。电厂厂区入口处立有排放指标 LED 屏，实时公示各项指标。厂区内空气清新，仅靠近垃圾存储坑附近略有异味，二噁英排放达标，垃圾焚烧后含重金属的废渣经压块后，填埋在防渗漏处理的坑内。

（二）主要结论

A 公司的发展规划、项目运营都非常重视技术核心以及技术导向。实践证明 A 公司的技术能力具有明显的竞争优势，也取得了良好的社会效益，得到了环保部门的认可；然而与项目各公司发展不能仅仅依靠技术能力和技术优势，成熟的项目开发与管理能力，各方的沟通、协调、共赢机制的探索是 A 公司的短板，也是 A 公司未来发展的重中之重。

16.6　A 公司业务尽职调查的基本结论

（一）A 公司具备明显的技术优势

A 公司在垃圾焚烧发电项目上具有明显的技术优势，且具有强大的技术研发团队，团队养成机制完善，可以保证 A 公司技术上的核心竞争力的可持续性，这种竞争力可以为公司带来持续的创利能力。

A 公司所处行业处于投入期，属于朝阳行业，由于政府的环境责任，未来存在较大的成长空间。

（二）A 公司股权结构与治理结构有待完善

A 公司股权比较分散，股权结构不够合理，存在明显的内部人控制现象。

A 公司治理结构不够完善，董事长股权权力过大，存在一定的道德风险。股东会、董事会职责未能得到有效发挥，需要进一步完善股东会、董事会职责，增加对董事长的制衡机制。

（三）A 公司与合作投资方存在利益输送

尽职调查小组注意到：A 公司与马来西亚某公司有经常的项目投资合作关系，在合作中，存在某些项目的利益输送关系。内部人士透露 A 公司董事长 KJ

与马来西亚某公司存在个人利益关系。这种不正常的利益相关者关系值得注意。

（四）A公司的经营能力有待提升

A公司技术能力很强，但项目开发能力、项目共赢机制欠缺，未来需要在经营能力，尤其是在项目开发、管理能力以及项目各方的沟通、共赢机制的探索上取得突破。

总而言之，通过对A公司的业务尽职调查，调查小组发现：该公司具备较大的发展潜力与空间，具备一定的投资价值，同时在治理结构、经营能力等方面存在缺陷，需要采取适当的措施防范风险。

第五篇
常见类型尽职调查

第 17 章　融资类尽职调查

融资类项目的尽职调查是计划或已实施融资行为的主体，针对融资项目进行的调查，对融资活动中涉及的资金融出方与融入资金用途两个方面进行客观评价，为主体的融资决策提供有价值的信息。

与投资类项目的尽职调查相比，融资类项目的尽职调查在国内企业真正应用的时间比较短，其发展也相对不成熟。对于尽职调查的框架与重点内容的确定，也尚未出现系统的整理。

17.1　融资类业务尽职调查概述

尽职调查是企业对外融资时的一个重要步骤。投资机构通过尽职调查报告可以对融资企业的人员、业务、财务、发展等各方面进行深入且全面的调查与了解，从而做出最具价值的投资决策。与银行贷前调查报告、发债前信用评级报告相比，尽职调查报告不仅关注被投资企业项目的财务的可持续性与盈利能力，也重视项目负责团队、项目前瞻性等一些一般报告甚少反映的东西。随着融资市场的成熟与融资渠道的多样化，尽职调查不再局限于 IPO 业务、ABS 融资、融资租赁等项目。商业保理和供应链金融的发展使得融资渠道更加多元，每一类融资项目尽职调查的侧重点也不尽相同，但不管融资方式如何变化，对于融资类项目来说，其尽职调查核心还是对项目未来还款能力的调查分析。

17.1.1　企业的融资方式

从发展的角度看，企业融资活动是比投资活动、经营活动更重要的现金流活动。企业的诞生、成长、成熟直到衰老这一整个周期都与融资息息相关。随着国际与国内金融市场的不断创新与发展，企业可供选择的融资方式不断增多，大致可分为股权性融资和债权性融资。不管是哪一种融资方式，金融市场中资金供求双方充分的信息沟通都是融资成功的关键。这也是尽职调查在投融资活动中的重要性所在。

1. 股权性融资

股权性融资主要是指企业股东愿意出让部分企业所有权，通过企业增资的方式引入外部投资者投资，使得权益性资本与现金流增加的融资方式。企业不必为这些资金支付利息、偿还本金，但是需要实现足够的业绩增长以回馈股东的投资。这种融资方式，可以吸引不同风险偏好的投资者在企业的不同生命周期阶段投资，以满足企业各阶段不同的融资需求。股权性融资按企业不同发展时期可分为创始人投资、天使投资、股权投资、首次上市发行、股权再融资。

2. 债权性融资

债权性融资是指企业通过发行债券、抵押、质押等方式，与个人或机构投资者缔结债务债权关系，从而获得所需的资金流的融资方式。企业为这一部分的资金使用支付约定好的利息，并到期偿还本金，同时可以最大限度地占有企业发展红利，并避免稀释控制权。根据债务类型，债权性融资可分为银行贷款、债券融资、商业信用、其他融资四类。

17.1.2 融资类业务尽职调查框架

随着我国经济社会的不断发展，市场经济愈加开放和完善，越来越多的融资形式在国内出现。相比于传统的 IPO、融资租赁和债券承销业务，ABS 融资、供应链金融等方式能满足更多融资主体的需求，且在一定程度上具有独到的优势。

尽管各类融资方式千差万别，但基本模式是类似的，都存在资金的融入方和融出方。资金融出方在把资金借出前要对资金融入方展开详尽的尽职调查，以核实融入方的还款能力，决定是否将资金借出，并根据业务风险的大小调整资金利率。一般来说，风险越大，利率水平越高。

融资类业务尽职调查的一般框架如下。

1. 对融资相关主体的尽职调查

调查内容如下。

（1）企业基本情况。

（2）企业经营情况。

（3）企业财务状况。

（4）企业资信状况。

（5）企业对外担保情况。

2．对融资项目的尽职调查

调查内容如下。

（1）资金用途及方案。

（2）标的物介绍及可处置性分析。

（3）项目风险防范措施。

（4）项目的未来收益。

本章并没有纳入所有融资方式的尽职调查，而是对传统融资方式中具有代表性的 IPO、融资租赁、债券承销以及近年来比较常用的 ABS 融资、商业保理、供应链金融项目进行梳理。其他未尽融资方式的尽职调查可以参照这些项目进行。

17.2　IPO 尽职调查

17.2.1　IPO 尽职调查概述

IPO 尽职调查，是指被委托的会计师事务所等专业服务机构，对首次公开发行股票的公司进行审慎有效的调查和分析，充分了解发行人的经营情况及面临的风险和问题，有针对性地提出合理意见并监督发行人进行整改，为发行人发行上市扫清障碍的过程。拟上市公司受所属立场的制约，往往不能准确认识自身的优劣，因而通过财务尽职调查对其进行客观评价并分析公司内在价值十分重要。除此之外，注册会计师在尽职调查中，通过各种方法明确公司存在的财务风险并予以防范，为降低投资风险和稳定资本市场发展奠定基础。因而价值挖掘与风险管理成为上市公司财务尽职调查的两个基本作用。值得注意的是，IPO 尽职调查以未来为导向，根据目前的财务状况推测公司未来的持续盈利能力，这与以历史为导向的审计有严格不同。在履行 IPO 尽职调查职责中，注册会计师除了要遵守《公司法》《证券法》等一般经济法律法规外，还要掌握《保荐人尽职调查工作准则》《首次公开发行股票并上市管理办法》等具体业务规定，此外扎实的专业基础，高超的分析判断能力以及对细节的敏锐把握也是做好尽职调查工作的前提。

17.2.2　IPO 尽职调查的方法

IPO 尽职调查的具体方法应根据发行者的需要和实际情况以及双方的协商确定，不同行业、不同上市项目会略有差别，但基本的调查程序有下述六类。

（1）审阅：通过对公司的工商注册、财务报表、业务文件等各项资料的审阅，对会计信息的合规性和有效性做出准确公正的专业判断，及时发现异常及重大问题。

（2）参考外部信息：全面且完整的财务资料不仅包括准确的内部信息，还包括企业外部环境的信息。通过电视、网络、行业杂志、业内人士等信息渠道，了解公司及所处行业的情况。

（3）访谈沟通：注册会计师与企业内部各层级及各部门人员、关联方、供应商、客户展开谈话以获取相关信息，与其他中介机构的调查人员沟通以协调工作进度、互通信息、相互印证。作为调查者搜集线索、证明纸质资料的有效途径，访谈有时也会因为受访者身份的制约，得到不完全可靠的资料，这就需要调查者根据自己的专业经验进行判断。

（4）重新计算：使用计算机或以人工方式核对记录和文件中的数据的准确性，一般涉及销售发票和存货的总金额、折旧费和应纳税额的计算以及加总日记账和明细账等。

（5）审核：关注重点、把握细节，对原始凭证、经济合同等的相关证明资料予以审查核对，得出真实可靠的调查结果。

（6）分析：常运用趋势分析和结构分析的方法，对不同财务信息之间以及财务信息和非财务信息之间的关系进行梳理，实现对财务信息全面、客观的评价，其中要重点挖掘业务信息的变化原因并推测未来持续盈利能力。

17.2.3　IPO 尽职调查的内容

IPO 尽职调查的内容涉及企业的诸多方面，主要包括企业的基本情况、业务技术、同业竞争与关联交易、高管人员、组织结构与内部控制、财务与会计、业务发展目标、募集资金运用等。其中重要的是弄明白企业是否具有持续盈利能力、是否具有独立的法人地位、经营是否合法合规等。

第一，企业是否具有持续盈利能力，是 IPO 审核中核心的内容。证监会非常忌讳企业在上市之后很快出现"业绩变脸"，往往会对"业绩变脸"上市公司的保荐机构施加严格的处罚。同时，企业历史数据的可信度也是券商核查的重点。证监会如发现企业财务造假问题，除非保荐机构能证明自己已经尽责，否则项目组成员将承担重大责任。

第二，企业是否具有独立的法人地位，保持独立性。独立的法人地位要求企业在业务、财务、机构、资产、人员等各方面都独立于控股股东和实际控制人。

第三，企业经营是否合法合规。合法合规涉及企业的方方面面，这要求企业和主要股东至少在申报上市材料覆盖的前三年内，都是合法合规的，比如没有受到司法机关、行政机关的处罚，没有欠别人的钱到期不还，没有重要诉讼和仲裁等情况。同时，企业从诞生之日起，股权历史沿革也不能存在瑕疵。这需要保荐机构对企业的历史沿革、经营管理、资产产权、诉讼仲裁等情况进行全面细致的核查，必要时还需要协调相关行政主管部门出具无违规证明。

在前期调查阶段，主要了解公司各方面的基本情况，需要公司根据以下清单提供相关资料。

（一）公司基本情况

1. 公司基本资料

（1）公司中、英文名称及其缩写，办公地址及其邮政编码，电话号码、传真号码，互联网网址，电子信箱等。

（2）公司营业执照。

（3）公司生产经营有关的所有政府或行业给予的许可性文件（包括：企业资质证明、生产许可证、进出口特许证明等文件）。

2. 历史沿革

（1）公司设立时的有关批准文件或发起人协议、出资协议等。

（2）公司历次工商变更的企业法人营业执照以及工商变更登记资料。

（3）公司历次股权变更协议。

（4）公司历次注册资本调整及验资报告、评估报告。

（5）公司自设立以来的历次公司章程。

3. 公司控股股东与其他主要股东或实质控制人的基本情况

（1）自然人股东，包括自然人的姓名及简要背景。

（2）法人控股股东与其他主要股东或有实质控制权股东简要背景。

（3）控股股东下属分公司、子公司和参股企业、联营企业情况。如有，用方框图列示其结构关系。

（4）控股股东最近一年及一期的财务报告。

4．公司架构

（1）公司直接或间接控股的子公司及参股公司，以及对企业财务状况和经营成果等有实质影响的其他下属公司。

（2）公司其他形态的对外投资（含任何海外投资或海外经营），包括但不限于股票、债券类有价证券投资。

5．公司组织机构设置

公司内部管理架构，包括各主要职能部门及隶属关系。

6．员工情况

（1）公司目前的用工方式、职工人数、教育程度、年龄分布情况。

（2）公司目前执行的员工社会保障和保险缴纳情况，公司退休等与劳动、人事有关的政策及计划，公司员工福利政策情况。

（3）公司近三年是否存在劳资纠纷情况。如有，需说明。

（二）公司财务状况

1．公司最近两年经审计财务报告（如有）或财务报表

（1）公司的资产负债表。

（2）公司的现金流量表。

（3）公司的利润表。

（4）公司的其他经审计财务报告或报表。

2．公司重要资产情况，包括土地、房屋、设备（含车辆）等

（1）公司开户银行、银行账号、税务登记号等。

（2）公司所有的不动产权证证明。

（3）公司所有的土地使用权证明。

（4）公司所有的其他形态资产所有权证明。

3．公司借款以及对外提供的担保情况

（1）公司为其他企业、事业单位的债务提供保证的情况。如有，需提供保证合同。

（2）公司借款，与银行间关于销售的信贷安排等。如有，需提供相关协议。

4．重大合同

公司正在履行或即将履行的标的金额在人民币 500 万元以上的重大合同。

5．税务情况

（1）公司需要缴纳的税种和费用的资料，依法应缴纳的税种名称、税率等，包括但不限于增值税、所得税等。

（2）公司税务登记证明、公司历年完税证明和最近两年实际纳税情况说明。

（3）公司享受的税收优惠及税务部门的批准文件。

（4）公司最近三年是否受到税务部门处罚。如有，需说明并提供处罚凭证。

（三）公司最近三年重组和产权界定情况

（1）重组过程及重组方案。

（2）相应审计报告、评估报告。

（3）法律意见书，相关的董事会、股东会决议文件。

（4）股权、产权交割凭证。

（5）政府相关批复。

（四）公司高级管理人员与核心技术人员

（1）高级管理人员是指董事、监事及总经理、副总经理、财务负责人、技术负责人和董事会秘书等。

（2）上述人员的基本情况包括：姓名、性别、国籍和是否有在境外的永久居留权，年龄、学历、职称，曾经担任的重要职务及任期，主要工作经历及在企业的现任职务和兼任其他单位的职务，核心技术人员的主要成果及获得的奖项。

（3）董事长、监事会主席及总经理、技术负责人在最近二十四个月内变动的经过及原因。

（五）诉讼及行政处罚

（1）公司过去三年中，所发生的诉讼、仲裁以及它们的结果和对公司经营状况的影响。

（2）公司所涉及的现有或经合理预期可能产生的诉讼、仲裁、行政处罚或其他纠纷的情况。

（六）其他资料

（1）公司规章和管理制度。

（2）公司自成立以来历次股东大会、董事会、监事会决议。

（3）公司历年来取得的各种荣誉、称号及其依据。

（4）公司的对外宣传资料。

17.3　ABS 融资尽职调查

资产证券化的目的在于将缺乏流动性的资产提前变现，解决流动性风险。

资产证券化提高了资本市场的运作效率，为商业银行和投资者带来了便捷和利益，因此在我国，资产证券化得到了银行和资产管理公司的青睐。由于在资产证券化的过程中，主要涉及证券化基础资产、原始权益人、其他业务参与人三方面，因此，在 ABS 融资尽职调查中，主要针对证券化基础资产、原始权益人、其他业务参与人分别展开调查。

17.3.1 ABS 融资概述

我国企业在产业结构升级过程中，形成了巨额资产。企业可以通过资产证券化融资的方式盘活这些资产，以其中具有稳定现金流的资金作为担保，解决长期困扰企业发展的融资难问题。

1. ABS 融资的定义

ABS（Asset – Backed Securitization）即资产证券化，是以项目所属的资产为支撑的证券化融资方式，即以项目所拥有的资产为基础，以项目资产可以带来的预期收益作为担保，通过在资本市场发行债券来募集资金的一种项目融资方式。简单来说，ABS 融资就是企业将那些缺乏流动性，但能够产生可以预见的、稳定的现金流量的资产，通过资产结构组合和资产信用分离的方式，以部分的优质资产作为担保，由专门的机构发行证券，在资本市场以抵押发行证券的方式予以出售，获取融资，以提高资产的流动性。

ABS 融资模式作为一种创新金融工具，无疑为发起人——企业开辟了一条新的融资渠道。这种融资工具已成为沟通直接融资和间接融资的有效通道，并不断深化和完善。ABS 融资方式灵活、筹资规模不限、筹资时间选择性强、筹资成本低，且不受企业效益影响。尤其对那些无法从银行正常获得信贷以及不能从资本市场获取资金的企业来讲，ABS 融资是目前为止较佳的融资选择。中小企业发展阶段性强，资产结构不理想，自身信用级别较低，但通过资产剥离和信用增级，可以达到 ABS 融资要求的条件。因而，ABS 融资是中小企业除传统融资渠道以外一条更为切实可行的融资渠道。

2. ABS 融资的分类

我国资产证券化大致包括两大类：一是企业资产和项目资产，包括应收账款，供电、供油、供气合同，机构、公路的收费以及运输费用的应收账款。这些资产容易剥离，统计资料较完备，收益较稳定，也符合建立证券化资产的规模，可以将这部分企业资产或项目资产用于实施资产证券化业务。二是银行资产，主要有以住房抵押贷款为主的个人消费信贷和商业抵押贷款。这部分资产规模大，具有不断增长的势头，若使其证券化将有一个不断扩张的市场出现。根据不同的划分标准，资产症券化有以下几种分类。

（1）根据基础资产分类。根据证券化的基础资产不同，可以将资产证券化分为不动产证券化、应收账款证券化、信贷资产证券化、未来收益证券化（如高速公路收费）、债券组合证券化等类别。

（2）根据资产证券化的地域分类。根据资产证券化发起人、发行人和投资者所属地域不同，可将资产证券化分为境内资产证券化和离岸资产证券化。

国内融资方通过在国外的特殊目的机构（Special Purpose Vehicles，SPV）或结构化投资机构（Structured Investment Vehicles，SIVs）在国际市场上以资产证券化的方式向国外投资者融资称为离岸资产证券化；融资方通过境内 SPV 在境内市场融资则称为境内资产证券化。

（3）根据证券化产品的金融属性分类。根据证券化产品的金融属性不同，资产证券化可以分为股权型证券化、债券型证券化和混合型证券化。

值得注意的是，尽管资产证券化的历史不长，但相关证券化产品的种类层出不穷，名称也千变万化。最早的证券化产品以商业银行房地产按揭贷款为支持，故称为按揭支持证券（Mortgage Backed Securities，MBS）；随着可供证券化操作的基础产品越来越多，干脆用债务抵押债券（Collateralized Debt Obligations，CDOs）概念代指证券化产品，并细分为 CLOS（Collateralized Loan Obligations，贷款抵押债券）、CMOS（Collateralized Mortage Obligations，担保抵押债券）、CBOS（Collateralized Bond Obligations，债权抵押债券）等产品。最近几年，还采用金融工程方法，利用信用衍生产品构造出合成 CDOS。

3．ABS 融资的运作主体

资产证券化融资是由一个特殊的交易结构组成的，其运行主体包括：原始债务人、原始权益人、发行人或特殊目的载体、证券承销商、服务商、受托管理人、投资者、信用评级机构、信用增级机构和专业服务机构等。各主体在融资中扮演着不同的角色，各司其职，起着相互联系、相互制约的作用。

（1）原始债务人。原始债务人是指与原始权益人签订的债权债务合同中承担债务的一方。在抵押贷款中，原始债务人是指抵押贷款合同中承担还本付息义务的借款方，在资产证券化过程中按照原始协议履行义务。

（2）原始权益人。原始权益人是指与原始债务人签订的债权债务合同中享有债权的一方（拥有一定权益资产的当事人，如拥有项目资产的项目公司、发放抵押贷款的商业银行和保险公司等）。在资产证券化过程中，原始权益人把需要证券化的资产出售给特别目的载体，从而实现资产的风险与收益的重组。因此，原始权益人又被称为资产证券化的发起人。

（3）发行人或特殊目的载体。资产担保证券的发行人是一个特殊目的载体，是专为资产担保证券化而成立的一个机构。在证券化过程中，首先原始权益人将基础资产组合转让给一家独立的中介机构，由这家独立的中介机构发行资产担保证券，达到筹措购买上述资产所需资金的目的。

（4）证券承销商。证券承销商可以两种方式销售证券：一是包销，二是代销。包销是指证券承销商从发行人处购买证券，然后再销售给公众，如果卖不完则必须自己承担。代销是证券承销商作为发行人的代理人为其提供更多的购买者，不承担销售完证券的责任。发行人和证券承销商必须合作，确保发行结构符合会计、税务等法规法律的要求。

（5）服务商。服务商通常由发行人自身或其指定的银行来承担，其在资产证券化中的作用体现为两个方面：一是负责收集权益资产到期的现金流并催讨过期应收款；二是代替发行人向投资者或投资者的代表——受托人支付证券的本息。

（6）受托管理人。在资产证券化中，受托管理人不可缺少。其主要职责：一是作为发行人的代理人向投资者发行证券；二是将权益资产的应收款转给投资者，并且在款项没有立即转给投资者时，有责任对款项进行投资；三是对服务提供的报告进行确认并转给投资者。当服务商不能履行其职责时，受托管理人应该能够起到取代服务商角色的作用。

（7）投资者。投资者是资产担保证券的最终购买者。目前资产担保证券的购买者主要为一些机构投资者，如保险公司、养老基金和退休基金等。

（8）信用评级机构。在资产证券化过程中，信用评级机构的主要作用是对将要发行的证券的风险和收益进行评价，给出证券的信用等级，为投资者的投资决策提供合理、可靠的依据。国际上主要的信用评级机构除了标准普尔和穆迪外，还有惠誉、达夫菲尔普斯。

（9）信用增级机构。信用增级是资产证券化最关键的环节之一，其目的是使一个原本处于投机级证券的信用等级提高到投资级，从而可以更好地进行融资。因此，寻找一个受到投资者信任的信用增级机构非常重要，信用增级机构可以是政府或政府性质的机构，也可以是商业机构。

（10）专业服务机构。专业服务机构是指为资产证券化融资提供各类业务指导、充当顾问的机构，如会计师事务所、律师事务所、投资银行等。

4．ABS 融资的运作方式

ABS 融资的运作方式分为六个主要阶段。

第一个阶段：组建项目融资专门公司。采用 ABS 融资方式，项目主办人需组建项目融资专门公司，可称为信托投资公司或信用担保公司，它是一个独立的法律实体。这是采用 ABS 融资方式筹资的前提条件。

第二个阶段：寻求资信评估机构授予融资专门公司尽可能高的信用等级。由国际上具有权威性的资信评估机构，经过对项目的可行性研究，依据对项目资产未来收益的预测，授予项目融资专门公司 AA 级或 AAA 级信用等级。

第三个阶段：项目主办人（筹资者）转让项目未来收益权。通过签订合同，项目主办人在特许期内将项目筹资、建设、经营、债务偿还等全权转让给项目融资专门公司。

第四个阶段：项目融资专门公司发行债券筹集项目建设资金。由于项目融资专门公司信用等级较高，其债券的信用级别也在 A 级以上，只要债券发行，就能吸引众多投资者购买，其筹资成本会明显低于其他筹资方式。

第五个阶段：项目融资专门公司组织项目建设、项目经营并用项目收益偿还债务本息。

第六个阶段：特许期满，项目融资专门公司按合同规定无偿转让项目资产，项目主办人获得项目所有权。

17.3.2 对原始权益人的尽职调查

原始权益人也称发起人，是证券化资产的原始所有者，通常是金融机构或大型工商企业。

尽职调查的重点在于：企业融资项目是否符合行业的证券化政策导向；各项业务的初评、初审程序是否符合有关规定，业务部门所做的风险分析和项目评估方案是否全面合理；业务部门所报的基础资料和对这些资料的分析是否真实、深入；行业分析是否合理；法律方面分析、财务方面分析、采用的风险评估参数取值是否合理等。

1．原始权益人基本信息调查

原始权益人基本情况和实际控制人情况调查清单。

原始权益人的相关概况、历史沿革、组织结构、控股股东、实际控制人工商基本情况。

2．原始权益人主营业务及财务情况调查

通过对原始权益人访谈及对其最近三年及一期审计报告或财务报表的审核

查验，了解原始权益人近年来盈利能力、负债情况、现金流稳定情况。通过原始权益人的资产负债表、现金流量表及利润表对重点的财务指标进行分析，并尽可能与同行业其他公司相应指标进行横向对比，形成对原始权益人发展能力、偿债能力及盈利能力等的客观的初步判断。当然，仅仅停留在报表层还是不够的，还要细微观察审计报告中财务附注部分，从中发现原始权益人是否涉及关联交易、对外担保及诉讼事件等。

（1）原始权益人行业状况及经营情况。

企业能够健康持续发展与企业所处的行业环境有着极大的关系，如果企业所处行业属于朝阳行业，那么企业的发展前景可能很好；如果企业处于低创新、低技术、高耗能、高污染等性质的夕阳行业，那么企业未来的发展前景将会极不乐观。

（2）原始权益人公司治理情况。

一个具有良好公司治理的企业往往能够健康、可持续发展。良好的公司治理一方面能够降低代理成本，另一方面也有助于保护股东特别是中小投资者的利益。下面将给出原始权益人公司治理情况尽职调查清单。

原始权益人内部组织结构图、各机构职能。

原始权益人董事、监事、高级管理人员名单、身份证复印件、简历。

原始权益人公司治理制度，包括但不限于"三会"议事规则、董事会专门委员会议事规则、董事会秘书制度、总经理工作制度、内部审计制度等文件资料。

17.3.3 对其他业务参与人的尽职调查

在 ABS 融资的过程中，除了原始权益人以外，还有其他众多业务参与人，对他们的尽职调查是整个 ABS 融资尽职调查的重要内容，体现了谨慎性和重要性的原则。

（一）对担保人的尽职调查

对担保人的尽职调查，除了对其所处行业及主营业务财务情况展开尽职调查外，需额外关注公司是合存在大额对外担保事项。目前，企业之间担保现象广泛存在、情况严重。如果担保人涉及大量对外担保，即使其自身保持了比较好的发展态势和具有较强的盈利能力，一旦外部环境发生变化，被担保企业经营不利或其他情况导致无法按期偿还款项时，担保企业难以置身其外，往往会被拖累。

（二）对托管人（托管银行）的尽职调查

（1）托管人（托管银行）经营情况及资信水平（基本情况介绍、公开财务资料、公开评级资料等）。

（2）托管业务资质批复文件。

（3）托管人（托管银行）的托管业务资质：管理制度、业务流程、风险控制措施等。

（三）对信用增级机构的尽职调查

1．设立及存续情况

（1）设立时的政府批准文件、营业执照、工商登记文件。

（2）发起人协议、创立大会文件或出资协议。

（3）设立时的公司章程。

（4）历次变更的营业执照、历次备案的公司章程以及相关的工商登记文件。

2．股权架构、组织架构及治理结构

（1）股权结构图。

（2）最近一次验资报告。

（3）组织结构（参控股子公司、职能部门设置）。

（4）职能部门职责说明；

（5）公司治理制度规定，包括"三会"议事规则、董事会专门委员会议事规则、董事会秘书制度、总经理工作制度、内部审计制度等文件资料。

3．授信使用状况及对外担保情况

（1）银行授信合同或协议（母公司口径）。

（2）内部决策文件、相关批文、提供对外担保的授权文件、担保协议、担保函或担保合同（母公司口径）。

4．内部控制及管理

（1）业务管理制度及业务审批流程。

（2）风险控制制度。

（3）有无发生代偿情况的说明及相关资料。

（四）对重要债务人的尽职调查

（1）信贷类或应收账款类基础资产、重要债务人（单一应收款债务人的其他应收款的本金余额占资产池的比例超过15％，或者债务人及其关联方的其他应收款本金余额合计占资产池的比例超过20％）基本情况。

（2）主营业务情况、行业基本情况、竞争地位的相关资料。

（3）报告期内财务状况。

①报告期内的财务报告及审计报告。

②债务人经营情况与偿债能力分析。

③会计师事务所及注册会计师对非标审计意见涉及相关事项及影响的意见。

④历史信用表现、征信报告、资信评级报告（如有）。

（五）对服务商的尽职调查

1．设立及存续情况

（1）设立时的政府批准文件、营业执照、工商登记文件。

（2）发起人协议、创立大会文件或出资协议。

（3）设立时的公司章程。

（4）历次变更的营业执照、历次备案的公司章程以及相关的工商登记文件。

2．主营经营、财务及资信情况

（1）最近一年的经营情况。

（2）最近一年的财务报告及审计报告。

（3）征信报告、资信评级报告（如有）。

3．与基础资产管理相关的业务情况

（1）相关业务资质以及法律法规依据。

（2）提供基础资产管理服务的相关制度、业务流程、风险控制措施。

（3）基础资产管理服务业务开展情况的说明。

（4）基础资产与自有资产或其他受托资产互相独立的保障措施。

（六）对其他重要业务参与人的尽职调查

这部分主要是对律师事务所、信用评级机构、审计机构、评估机构等不参与业务本身的相关参与人所做的尽职调查。

（1）业务参与人的营业执照、公司章程。

（2）业务参与人报告期内审计报告。

（3）业务参与人征信报告。

（4）业务参与人的资信水平、相关业务资质、过往经验以及其他可能对证券化交易产生影响的因素。

17.3.4　对 ABS 基础资产的尽职调查

ABS 基础资产是未来现金流量的来源，是回报证券投资者的保证，基础资产一旦出现问题，会使投资者蒙受巨大的损失。对基础资产的尽职调查是整个尽职调查中的重中之重。

（一）ABS 基础资产

企业资产证券化基础资产主要分为两大类：一类是收益权类资产，另一类是债权类资产。

收益权类基础资产。第一，要关注经营主体收益权的合法合规性，确定其是否拥有土地使用权、项目建设及验收文件、安保与消防文件等；第二，要关注经营主体的稳定性和可替代性；第三，要结合经营主体所在行业特点分析同类竞争者出现的可能性；第四，要关注未来收益权是否处于抵押状态。

债权类基础资产。第一，要审核原始权益人合同权利的真实性、有效性、合法性和完整性，而且要明确原始权益人必须充分履行的债务责任；第二，要审核债务人有哪些抗辩权，防止因债务人行使抗辩权而导致现金流入不稳定；第三，要审核基础资产是否附带抵押、质押等担保负担或其他权利限制；第四，要审核基础资产合同的可转移性，债权人是否有权利在无须取得债务人同意的前提下将债权转移，或是否存在第三人享有的债券主张权。

下面列出了基础资产的尽职调查清单。

1. 基础资产的法律权属及状态说明

（1）基础资产形成和存续的真实性和合法性。

（2）基础资产权属、涉诉、限制和担保负担等情况。

（3）基础资产特定化情况。

（4）基础资产完整性。

2. 基础资产合法性

（1）基础资产相关权属证明或运营许可。

（2）主要基础资产的构建合同（如为非股权资产）或资金投入凭证、验资报告、基础资产工商登记资料、公司章程（如为股权）。

（3）原始权益人关于基础资产是否附带担保负担或者其他权利限制的说明。

（4）按照穿透原则，对基础资产对应抵押、质押登记部门的查询资料，原始权益人关于基础资产是否涉及诉讼的说明及相关资料。

（5）在当地法院及相关网站的查询结果（中国执行信息公开网）。

3. 基础资产的可转让性及相关程序说明

（1）原始权益人关于基础资产是否存在禁止或者不得转让的情形的说明。

（2）基础资产（包括附属权益）转让需履行的批准、登记、通知等程序及相关资料（如政府、监管机构等的要求）。

（3）基础资产转让的完整性。

（4）基础资产转让的通知义务及该义务的履行方法和可行性。

（5）基础资产转让登记的履行情况。

（6）基础资产转让附属权益的处理。

4．基础资产行业分析

（1）基础资产行业的基本情况和竞争地位等相关资料。

（2）预测期内相关业务发展战略、规划。

5．基础资产现金流状况

（1）基础资产期限、账龄及质量状况说明。

（2）基础资产现金流历史情况（最近 5 年的情况）。

（3）基础资产现金流归集、划转程序和路径。

6．未来现金流的合理分析

（1）未来现金的流入量。

（2）未来现金的流出量。

（3）未来现金流入量对流出量的覆盖倍数。

7．本期债券相关内容调查分析

（1）风险因素及防范措施（包含混同风险）。

（2）原始权益人风险自留的相关情况。

8．偿债计划及其他保障措施

（1）原始权益人确定的具体偿债计划及资金安排。

（2）原始权益人安排的其他具体偿债保障措施，包括偿债专户、偿债基金、违约时拟采取的具体偿债措施和赔偿方式。

（3）原始权益人做出的可能影响债券持有人利益的其他承诺。

（4）原始权益人为维持基础资产正常的生产经营活动提供合理支持性安排的相关承诺。

9．债券类资产

（1）债权合同。

（2）债权明细、账龄。

（3）历史违约情况、还款凭证以及与还款相关的银行流水。

（4）抵/质押物的评估报告。

10．收益权类资产

（1）收益权合法性文件。

（2）与主要客户的合同。

（3）历史收款记录。

（4）记载单价、数量或流量的统计表（年度、季度、月度）。

（5）预测期内预计收入相关原始资料（预计销售单价、预计销售量）。

（6）抵/质押物的评估报告。

11．基础资产各种专项审计报告（如有）或财务数据

基础资产的账面价值、折旧情况、盈收情况等。

12．基础资产相关管理制度

基础资产的其他资料、基础资产业务管理制度及风险控制制度等。

13．基础资产重要交易参与人情况

重要交易人的名称概况、交易时间等。

（二）ABS 产品的抵/质押担保情况（若有）

（1）抵/质押协议。

（2）抵/质押物的基本情况。

（3）抵/质押物清单（包括名称、数量或面积、账面价值和评估价值等相关信息）。

（4）抵/质押物权属证明。

（5）抵/质押物评估报告（若有）。

（6）抵/质押物的登记、保管及相关法律手续办理情况。

（7）抵/质押物发生重大变化时的安排。

（三）ABS 产品的决议文件

（1）董事会决议。

（2）股东大会决议。

（3）主管部门的批复文件（若有）。

17.4　债券承销尽职调查

17.4.1　债券承销业务概述

（一）债券承销业务定义

债券承销是证券经营机构代理债券发行人发行债券的行为，主要有代销和包销两种方式。代销是指承销商代理发售债券，并在发售期结束后，将未出售的债券全部退还给发行人的承销方式。包销是指证券公司将发行人的证券按照协议全部购入或者在承销期结束时将售后剩余证券全部自行购入的承销方式。

债券承销是指投资银行接受客户的委托，按照客户的要求将债券销售到机构投资者和社会公众投资者手中，实现客户筹措资金的目的的行为或过程。

（二）债券承销方式

从债券承销实践看，证券承销主要有以下四种方式：代销、助销、包销及承销团承销。

（1）代销。所谓代销，是指承销商代理发售证券，并在发售期结束后，将未出售债券全部退还给发行人的债券承销方式。

（2）助销。所谓助销，是指承销商按承销合同规定，在约定的承销期满后对剩余的债券出资买进（余额包销），或者按剩余部分的数额向发行人贷款，以保证发行人的筹资、用资计划顺利实现的债券承销方式。《证券法》将余额包销归入包销方式。

（3）包销。所谓包销，是指在证券发行时，承销商以自己的资金购买计划发行的全部或部分债券，然后再向公众出售，承销期满时未销出部分仍由承销商自己持有的一种债券承销方式。

（4）承销团承销。承销团承销也称"联合承销"，是指两个以上的证券承销商共同接受发行人的委托向社会公开发售某一债券的债券承销方式。由两个以上的承销商临时组成的一个承销机构称为承销团。

17.4.2　债券承销业务流程

1. 获得债券承销业务

投资银行获得债券承销业务一般有两种途径。一是与发行人直接接触，了解并研究其要求和设想之后，向发行人提交关于债券发行方案的建议书。如果债券发行人认为投资银行的建议可以接受，便与投资银行签订债券发行合同，由该投资银行作为主承销商着手组建承销辛迪加。

二是参与竞争性投标。许多债券发行人为了降低债券的发行成本，获得最优的发行方案，常常采用招投标的方式选择主承销商。投资银行可以独自参与投标，但一般会与若干家其他投资银行联合组成投标集团，以壮大自身实力。中标的投标集团在与发行人签订债券发行合同之后，便立即着手组建承销辛迪加。

2. 组建承销辛迪加

辛迪加是指同一生产部门的少数大企业通过签订统一销售商品和采购原料

的协定而建立的组织。债券承销辛迪加与股票承销辛迪加有一个很大的不同，即辛迪加成员并不一定是投资银行或全能制银行中的投资银行部门，这是因为许多限制商业银行参与投资银行业务的国家，对商业银行参与债券尤其是国债的承销和分销的限制比较宽松。

3．实施发行

组建承销商辛迪加并确定辛迪加中各成员的责任后，便进入债券的发行阶段。严格来说，债券的发行与股票的发行并没有太多的差别。

17.4.3　债券承销业务尽职调查内容

1．发行人基本情况

（1）发行人概况：公司名称、住所、法定代表人、经营范围、主营业务等。

（2）历史沿革、实际控制人情况。

（3）发行人的公司治理和内部控制情况。

（4）发行人与其母公司、子公司等投资关系的完整结构图（从最上游直至最下游的所有企业），结构图应标明控股/持股/控制关系、持股份额、其他持股人的详情。

（5）发行人拥有的主要子公司的详细清单，该清单的内容包括：下属企业的名称、成立时间、注册地址、注册资本、股权状况（股东名称、出资额、持股比例或控制关系）、企业性质、经营范围、主营业务、最近一期财务情况、是否合并报表。

（6）有关发行人及其下属企业主体资格的法律文件。

（7）发行人现阶段和以往享受的优惠政策。

（8）发行人在过去两年内进行的（境内和境外）投资，出售、收购、兼并、增资、减资、合并、分立、重大改组、变更情况。

2．发行人所在行业情况

（1）发行人所处行业基本情况调查。

①发行人所处行业在国民经济中的地位、发展前景、国家有关行业政策、今后中长期规划等。

②行业中主要业务指标的市场统计资料、最新的销量调查报告或统计资料。

③影响行业的主要因素分析。

（2）发行人在行业中的地位调查。

①与国内同行业主要企业的资产规模、市场占有率、产品/服务价格、收

入、利润、资产利润率等主要指标的统计比较。

②与同行业主要竞争对手的成本利润率比较分析。

（3）发行人在同行业中的竞争优势分析。

①地理优势、人才资源、劳动力资源等。

②规模优势（是否有规模经济效益）。

③管理、技术优势（先进的经营管理水平、经营方面的独特性等）。

④价格、服务质量优势等（如有）。

⑤品牌及企业文化方面的优势。

⑥其他优势（如中央、地方的优惠政策等）。

3．发行人主营业务情况

（1）发行人最近两年及一期的主营业务收入及成本情况。

（2）发行人最近两年及一期主营业务收入的构成情况。

（3）发行人的主要项目情况：发行人在最近两年及一期中完成了哪些重大投资项目，发行人正在进行或计划进行的投资项目情况。

（4）发行人产品生产或服务基本流程介绍。

（5）特许经营情况。

4．发行人的人事状况

（1）发行人的职工数及人员构成情况（行政人员、技术人员、服务人员、财务人员人数及比例，学历构成情况，职称构成情况），发行人的主要人事管理制度等。

（2）发行人高级管理人员简介：董事、监事和高级管理人员的基本情况（高级管理人员包括总经理、副总经理、总经理助理、董事会秘书、财务负责人、行政主管及分公司总经理），各位成员的姓名、国籍、任期及委派方或选举决议，并简要说明发行人过去两年高级管理人员的变化情况以及他们在发行人及其下属公司资本中持有的权益。

5．发行人的财务状况

（1）如未做特别说明，下列信息中近两年的财务会计信息摘自经会计师事务所审计的财务报告。

（2）发行人应简要披露财务会计信息，主要包括以下内容。

①最近两年及一期的资产负债表、利润表及现金流量表，发行人编制合并财务报表的，应同时披露合并财务报表和母公司财务报表。最近三年及一期合并财务报表范围发生重大变化的，还应披露合并财务报表范围的具体变化情况、

变化原因及其影响。

②最近两年及一期的主要财务指标。

③最近两年内进行过导致公司主营业务和经营性资产发生实质变更的重大资产购买、出售、置换的发行人，披露最近三年及一期的财务报表应包括：重组完成后各年的资产负债表、利润表、现金流量表，以及重组时编制的重组前模拟资产负债表、模拟利润表和模拟现金流量表的编制基础。

④发行人管理层做出的关于发行人最近两年及一期的财务分析的简明结论性意见，主要以发行人的母公司财务报表为基础分析说明发行人资产及负债结构、现金流量、偿债能力、近两年的盈利能力、未来业务目标以及盈利能力的可持续性。

（3）发行人对可能影响投资者理解发行人财务状况、经营业绩和现金流量情况的信息，应加以必要的说明，发行人有无逾期尚未偿还的贷款及其展期情况。

（4）发行人的资金管理办法和投资决策程序。

6．发行人募集资金投向

（1）发行人募集资金的运用计划。

（2）募集资金用于补充流动资金的，披露发行人补充流动资金的合理性和必要性，及其对发行人未来经营活动的影响。

（3）偿还银行贷款的，提供发行人具体银行贷款合同复印件，并披露偿还银行贷款的具体安排和对发行人财务状况的影响。

7．发行人面临的主要风险与对策

（1）行业风险及对策。

（2）经营风险（如经营管理风险、商标及标志被侵权的风险、人力资源不足的风险、原料供应风险等）及对策。

（3）财务风险及对策。

（4）政策风险及对策。

（5）利率风险及对策。

（6）兑付风险及其财务风险及对策。

（7）投资风险及对策。

（8）汇率风险及对策。

（9）行业风险（如技术风险、税收优惠政策风险、市场竞争加剧风险等）及对策。

（10）资信风险。发行人最近两年内资信状况及存在的问题和可能出现的资信风险。

（11）担保（如有）或评级的风险。担保人（如有）资信或担保物（如有）的现状及可能发生的重大变化对本期债券本息偿还的影响，信用评级级别变化可能对投资人利益的影响等。

8. 发行人资信情况

（1）发行人获得主要贷款银行的授信情况（提供目前尚未到期的银行贷款合同）。

（2）近两年发行的债券以及偿还情况。

（3）近两年的流动比率、速动比率、资产负债率、利息保障倍数、贷款偿还率、利息偿付率等财务指标。

9. 发行人的偿债安排

（1）发行人对发债后公司现金流量的基本预测（未来两年的简单现金流量表）。

（2）发行人过去两年的现金流量分析。

（3）发行人偿债记录，偿债资金来源、具体的偿债计划。

（4）专项偿债账户：该账户的资金来源、提取的起止时间、提取频度、提取金额、管理方式、监督安排及信息披露等内容。

（5）不能按时支付利息、到期不能兑付以及发生其他违约情况时的解决措施。

10. 发行人或有事项及其他重大事项

发行人最近一期期末的对外担保情况，对发行人财务状况、经营成果、声誉、业务活动、未来前景等可能产生较大影响的未决诉讼或仲裁事项，主要包括以下方面。

（1）受理该诉讼或仲裁的法院及仲裁机构的名称。

（2）提起诉讼或仲裁的日期。

（3）诉讼或仲裁的当事人和保理人。

（4）提起诉讼或仲裁的原因。

（5）诉讼或仲裁请求。

（6）可能出现的处理结果或已生效法律文书的执行情况。

11. 发行人未来的发展规划

（1）发行人的发展战略、目标、未来五年业务发展规划。

（2）对所处行业未来三年发展趋势、竞争态势的预测。

12．发行人重要合同及重大诉讼事项

（1）对发行人未来可产生重大影响的合同。

（2）发行人及其母公司、子公司、控股公司、联营公司，发行人的董事、监事、高级管理人员，持有发行人5%以上（含）的主要股东作为重大诉讼一方当事人的诉讼事项。

13．担保人情况

（1）担保人基本情况介绍、最新营业执照副本。

（2）担保人最近一年及一期审计报告及经审计的财务报表。

（3）担保人获得主要贷款银行的资信情况（提供目前尚未到期的银行贷款合同）等。

（4）担保人累计对外担保金额，累计对外担保金额、累计担保余额及其占净资产比例。

（5）或有偿债情况。

（6）偿债能力分析。

17.5　融资租赁尽职调查

17.5.1　融资租赁概述

融资租赁是指出租人根据承租人对租赁物件的特定要求和对供货人的选择，出资向供货人购买租赁物件，并租给承租人使用，承租人则分期向出租人支付租金，在租赁期内租赁物件的所有权属于出租人所有，承租人拥有租赁物件的使用权的一种租赁方式。租期届满，租金支付完毕并且承租人根据融资租赁合同的规定履行完全部义务后，对租赁物的归属没有约定的或者约定不明的，可以协议补充；不能达成补充协议的，按照合同有关条款或者交易习惯确定；仍然不能确定的，租赁物件所有权归出租人所有。

17.5.2　融资租赁业务的分类

融资租赁业务的类别主要有：简单融资租赁、回租融资租赁、杠杆融资租赁、委托融资租赁、项目融资租赁、国际融资转租赁。

1．简单融资租赁

简单融资租赁是指由承租人选择需要购买的租赁物件，出租人通过对租赁项目风险评估后出租租赁物件给承租人使用的一种租赁方式。在整个租赁期间，承租人对租赁物件没有所有权但享有使用权，并负责维修和保养租赁物件。出租人对租赁物件的好坏不负任何责任，设备折旧由承租人承担。

2．回租融资租赁

回租租赁是指设备的所有者先将设备按市场价格卖给出租人，然后又以租赁的方式租回该设备的一种租赁方式。回租租赁的优点在于：一是承租人既拥有原来设备的使用权，又能获得一笔资金；二是由于所有权不归承租人，租赁期满后根据需要决定是续租还是停租，从而提高承租人对市场的应变能力；三是回租租赁后，使用权人没有改变，承租人的设备操作人员、维修人员和技术管理人员对设备很熟悉，可以节省时间和培训费用。设备所有者可将出售设备的资金大部分用于其他投资，把资金用活，而将少部分资金用于缴纳租金。回租租赁业务主要用于已使用过的设备。

3．杠杆融资租赁

杠杆租赁的做法类似银团贷款，是一种专门做大型租赁项目的有税收好处的融资租赁，主要由一家租赁公司牵头作为主干公司，为一个超大型的租赁项目融资。首先成立一个脱离租赁公司主体的操作机构——专为本项目成立资金管理公司，其提供项目总金额20％以上的资金，其余部分资金来源则主要是银行和社会闲散游资，利用"以二博八"的杠杆方式，为租赁项目取得巨额资金。其余做法与融资租赁基本相同，只不过合同的复杂程度因涉及面广而随之增加。由于可享受税收好处、操作规范、综合效益好、租金回收安全、费用低，杠杆融资租赁。一般用于飞机、轮船、通信设备和大型成套设备的融资租赁。

4．委托融资租赁

委托融资租赁是拥有资金或设备的人委托非银行金融机构从事融资租赁。具有从事融资租赁业务资质的公司作为出租人，资金或设备的所有者为委托人，非银行金融机构同时也是受托人。这种委托租赁的一大特点就是让没有租赁经营权的企业，可以"借权"经营。电子商务租赁即以委托租赁为主。

5．项目融资租赁

项目融资租赁是指承租人以项目自身的财产和效益为保证，与出租人签订项目融资租赁合同，出租人对承租人项目以外的财产和收益无追索权，租金的收取也只能以项目的现金流量和效益来确定的一种租赁方式。出卖人（租赁物品生产商）通过自己控股的租赁公司采取这种方式推销产品，扩大市场份额。

通信设备、大型医疗设备、运输设备甚至高速公路经营权都可以采用这种租赁方式。

6. 国际融资转租赁

租赁公司若从其他租赁公司融资租入租赁物件，再转租给下一个承租人，这种业务方式叫融资转租赁，一般在国际进行。这种方式下的处理同简单融资租赁无太大区别。出租方从其他租赁公司租赁设备的业务过程由于是在金融机构间进行的，在实际操作过程中，只是依据购货合同确定融资金额，在购买租赁物件的资金运行方面始终与最终承租人没直接的联系。操作可以很灵活，有时租赁公司甚至直接将购货合同作为租赁资产签订转租赁合同。这种做法实际是租赁公司融通资金的一种方式，租赁公司作为第一承租人不是设备的最终用户，因此也不能提取租赁物件的折旧。转租赁可以解决跨境租赁的法律和操作程序问题。

17.5.3　融资租赁尽职调查的内容

对于开展融资租赁业务的企业来说，在贷前对承租人进行尽职调查是重要的风险控制手段。融资租赁公司会对每一个潜在的承租人进行尽职调查，多维度分析潜在承租人情况，为最终决策提供准确的依据。

了解目标企业当期货币资金状况，从而衡量目标企业内部管理水平和现金支付能力；通过对目标企业当期存货的核实，了解目标企业的库存积压状况，从而评判目标企业是否具有较高的库存管理水平；对目标企业当前的销售情况和在建工程进行调查，可以评价目标企业的盈利状况；对目标企业银行贷款合同与担保合同进行核实，则可以了解其借款能力与信誉。

（1）基本情况。原始权益人的设立、存续情况；主体评级情况（如有）；股权结构、控股股东及实际控制人；组织结构、公司治理及内部控制等；内部授权情况；原始权益人开展业务是否满足相关主管部门监管要求、正式运营期限、是否具备风险控制能力；业务经营是否合法合规。

（2）原始权益人是否为境内外上市公司或者境内外上市公司的子公司。为境内外上市公司子公司的，其总资产、营业收入或净资产等指标占上市公司的比重。

（3）主营业务情况及财务状况。原始权益人所在行业的相关情况；行业竞争地位比较分析；最近三年各项主营业务情况、财务报表及主要财务指标分析、资本市场公开融资情况及历史信用表现；主要债务情况、授信使用状况及对外担保情况；对于设立未满三年的，提供自设立起的相关情况。

管理人应当核查会计师事务所对原始权益人近三年财务报告出具的审计意见（成立未满三年的，提供自公司设立起的审计意见）。会计师事务所曾出具非标准审计意见的，管理人应当查阅原始权益人董事会（或者法律法规及公司章程规定的有权机构）关于非标准意见审计报告涉及事项处理情况的说明以及会计师事务所及注册会计师关于非标准意见审计报告的补充意见。管理人应当分析相关事项对原始权益人生产经营的影响。

（4）资信情况。管理人及项目律师事务所应当核查原始权益人及其实际控制人最近两年是否存在因严重违法或失信行为，被有权部门认定为失信被执行人、失信生产经营单位或者其他失信单位，并被暂停或限制进行融资的情形。管理人及律师事务所应当就上述事项是否影响原始权益人进行融资展开核查，并在专项计划文件中发表明确意见。

（5）业务开展情况。包括但不限于主营业务概况、业务开展的时间、经营模式、承租人集中度、行业分布、期限分布、盈利和现金流的稳定性、业务开展的资金来源、风险资产规模、既有负债、或有负债等情况，以及近五年或者成立以来（成立未满五年）融资租赁业务的展期、早偿、逾期、违约以及违约后回收等情况的定义、具体计算方式及相关历史数据。

（6）风险控制制度。包括但不限于风险分类管理制度、承租人信用评估制度、事后追偿和处置制度、风险预警机制、风险准备金计提情况及风险资产占净资产的比重等。其中关于风险分类管理制度，应当就其分类管理标准、定义、方式等进行核查。

（7）持续经营能力。原始权益人需承担基础资产回收款转付义务，或涉及循环购买机制的，应当对原始权益人的持续经营能力进行分析。

（8）循环购买。涉及循环购买机制的，还应当对原始权益人可供购买的资产规模与循环购买额度的匹配性（循环购买情形下）进行分析。

17.6 商业保理尽职调查

自2012年下半年商务部在全国部分地区开展商业保理试点以来，我国商业保理行业发展迅猛。商业保理市场认知度不断提高，业务需求不断扩大，截至2017年12月31日，我国注册商业保理法人企业及分公司共8 261家，比2016年增长了48%，商业保理融资余额从2012年的50亿元增长至2017年的2 500亿元。商业保理在我国迅速发展，但风险不可忽视，2017年度《保理司法判例分析研究报告》显示，占比最大的风险类别是欺诈风险，比例为 41.6%，第二大风险类别是信用风险，比例约为 20%。因此，商业保理尽职调查十分必要。

17.6.1　商业保理概述

供应商需要资金采购原材料、支付劳动力和运输费用；采购商希望延长账期，并持有更多的现金以优化营运资本，所以账期始终存在，不可能消除。商业保理的出现一定程度上缓解了买卖双方支付账期上存在的矛盾，能达到双方心理上的"平衡点"。保理具有天然的信用替代机制，即用应付账款人的信用等替代应收账款人的信用，能有效解决中小企业融资难问题。与其他融资渠道相比，它的融资成本更低、审批周期更短。

1. 商业保理的定义

商业保理指供应商将基于其与采购商订立的货物销售/服务合同所产生的应收账款转让给保理商，由保理商为其提供应收账款融资、应收账款管理及催收、信用风险管理等综合金融服务的贸易融资工具。商业保理的本质是供货商基于商业交易，将核心企业（采购商）的信用转为自身信用，实现应收账款融资。

商业保理机构更注重提供一系列综合性服务，如调查、收款、管理、结算、融资、担保等，更注重某一行业或领域，提供更有针对性的服务，更注重应收账款质量、买方信誉、货物质量等，而不是卖方的资质，能实现无担保和坏账风险的完全转移。因此，将债权以商业保理的形式转让给保理公司，可以激活调节资金，提高现金流的使用效率。

2. 商业保理流程

目前市场主流的保理模式分为两类，模式一和模式二。

模式一：以买卖双方的真实贸易背景为依托，通过三方之间的合作协议确定应收款的转让。

保理业务操作流程如下。

①卖方以赊销的方式向买方销售货物。

②卖方将赊销模式下的结算单据提供给保理公司，作为受让应收款及发放应收款收购款的依据，保理公司将收到的结算单据的复印件提交给合作银行，进行再保理业务。

③银行在审核单据，确认无误后，将相关融资款项划至保理公司的账户。

④保理公司将收到的银行融资款项划至卖方在合作银行开立的账户，作为应收款购买款。

⑤应收款到期日，买方向保理公司偿还应收款债权。

模式二：商业保理公司与卖方签订两方的暗保理协议，转让卖方对买方的应收款，到期卖方再将应收款回购，偿还保理公司的应收款。

除此之外，有一部分保理公司在传统的明保理模式基础上还强调保理的坏账担保功能，在应收款的处理中更加注重担保职能，因此这些保理公司与再担保公司之间形成了合作，将应收款的风险转移到外部。在这种模式下，保理公司借助再担保公司实现了对应收款以及保理业务的增信，使得业务的风险管理更加完善，也为这种业务模式的参与方提供了新的合作思路。

17.6.2 商业保理尽职调查的主要内容

1. 基本情况

（1）主体资格。通过查阅被调查方的工商档案及经营资质，以及其设立、变更、存续状态等，判断被调查方是否具备合法经营和用作保理的主体资格。

（2）股权与实际控制人。对股东和实际控制人的调查，是识别关联交易、防范虚假交易和商业欺诈的重要步骤。保理商应对企业股权结构和实际控制人进行调查，实际控制人应披露至国有控股单位或自然人。

（3）独立性。企业的独立性通常包括业务独立性、资产独立性、人员独立性、财务独立性以及机构独立性。企业的独立性体现为该企业将自身利益独立于控股股东、实际控制人和关联方，企业如不具备独立性，控股股东、实际控制人可以轻而易举地通过关联交易等手段转移企业资产、利润，从而损害债权人或中小股东的利益。故企业具备独立性是保理商利益得以保障的必要条件。

（4）公司治理有效性。公司治理主要是指企业通过合理地设置"三会一层"的治理架构，实现企业的规范运作。良好的公司治理是各方的合法权益得以保障的重要屏障，保理商在进行尽职调查时应搜集和审阅被调查方的公司治理结构和"三会一层"的具体制度，并核查其有效性。

（5）企业及个人信用情况。保理商应充分利用各种途径和方法理解基础交易参与方及其董事、监事、高级管理人员的信用情况。

（6）财务状况及或有事项。保理商应尽可能地查阅基础交易各方最近的审计报告和财务报表，核实其财务报表的真实性和合理性。同时，应特别关注对外担保、未决诉讼或仲裁等或有事项。

（7）所属行业及行业发展前景。对特定行业及其发展前景的分析往往是保理商进入新的行业的必修课程，这也正是商业保理相对于银行保理的重要优势所在。

2．基础交易真实性

商业保理在业务办理过程中，始终面临着虚假交易、关联交易、应收账款重复转让、重复质押等风险，对基础交易真实性的审核可以说是商业保理尽职调查过程中最重要的环节之一。交易真实性往往是通过单据的真实性进行判断的，在整个交易真实性审查过程中需重点对商业发票、运输单据、保险单据、包装单据、原产地证书、检验证书、结汇单据、退税和核销单证等进行审核，其中发票审核十分常见。

随着监管手段的丰富，伪造发票的行为已不多见，而且保理商也可直接向税务机关查询发票真伪。然而发票审核，除了要审核其合法性和真实性外，还需对发票信息进行详细审核，如收款人与债权人是否一致、货物描述与基础交易合同中的货物描述是否一致、票据金额与基础交易合同的约定是否一致等。

除通过发票判断基础交易的真实性外，对运输单据、保险单据等单据的审核亦会对交易真实性的核查起到有效佐证的效果。如运输单据的审核，就是对发票审核的一项重要补充，可以通过将发货人、收货人、发货时间、货物描述、货物数量及重量等与发票信息进行核对，通过各单据的相互印证，进一步对基础交易的真实性做出有效判断。

3．应收账款转让合法性

基础交易真实、应收账款可转让是商业保理业务得以进行的根本。在调查基础交易真实性的同时，也需要着力调查和判断应收账款的转让合法性。衡量一笔应收账款是否适合开展商业保理业务，可以从以下几个方面入手。

（1）可转让性。应收账款对应债权是否完整、有无法律上禁止转让的限制等是判断商业保理业务是否可行的前提。根据《合同法》第 79 条的规定，除当事人约定情况外，依据合同性质或法律规定不得转让的债权，不具有可转让性。通常来说，以下债权不得转让：①以特定身份为基础的债权，如抚养费请求权、养老金请求权；②以特定债权人为基础的债权，如工资、伤亡补助金等；③从权利不得单独转让。

（2）权利的完整性。应收账款债权转让除包括该笔款项的全部债权之外，还应包括以下权利：在法律许可的范围内要求债务人依法对债权人行使债权而产生的各项费用和损失给予赔偿和补偿的权利；在债务人发生破产、清算、被关闭或其他类似的情况下，作为债权人参加清算或其他类似程序的权利；就全部或部分债权进行放弃、给予豁免或延期等权利；从属于应收账款的各项担保权利；实现债权的其他实体性权利和程序性权利，包括但不限于抗辩权、抵销权、管辖异议、时效抗辩等。

17.6.3 商业保理尽职调查的方法与主要流程

1.商业保理尽职调查的方法

（1）查阅。查阅是尽职调查的基础方法，调查方主要通过查阅被调查方的基础资料了解该企业的基本信息、法律状态、日常运行与财务状况等。

（2）访谈。访谈主要是指通过与被调查方有关的高级管理人员及财务、销售等部门的相关人员进行对话，从而更为全面地掌握被调查方的基本情况，并可对已有资料进行核实。

（3）列席会议。调查方通过列席被调查方关于本次交易事项的股东会、董事会、总经理办公会等会议，明确被调查方相关决议的真实性、产生过程，并能够对被调查方进行本次交易的商业目的进行深入了解。

（4）实地调查。通过实地调察可以更直观地对企业的经营管理水平、设备运行情况、安全生产和环境保护情况等进行了解，该方法直接而有效。

（5）信息分析。调查方通过各种方法对收集到的信息、资料等进行分析，提炼实质性内容，从而得出结论性意见。

（6）印证。印证主要是指调查方通过有关机构对被调查方提供的资料、实地调查的结果等真实性进行确定。

2.商业保理尽职调查的主要流程

（1）制订工作计划。工作计划主要包括调查目标、调查范围、工作方式、工作分工、工作时间、工作流程等。

（2）编制和提交尽职调查清单。调查方应根据具体的交易情况编制尽职调查清单，提交给被调查方，并要求被调查方严格按照客观、真实、全面、完整的原则提供清单上所列明的文件资料。清单资料的收集和审查直接关系到尽职调查结果的真实性和全面性，也就是说，尽职调查清单的编制是调查流程中基础且重要的一个环节。

（3）收集尽职调查文件。调查方应督促被调查方严格按照尽职调查清单提供资料，包括原件、复印件、传真件等。同时，对于无对应原件的资料出具书面说明，对于有对应原件的复印件资料，应于双方核对无误后由被调查方加盖印章或签字。

（4）访谈。在对文字性资料进行书面审查后，应在初步分析的基础上，结合调查过程中存在的疑点、可通过沟通进行更深入了解的问题编制访谈纲要，并针对各相关人员进行有针对性的访谈。

（5）形成尽职调查结论。调查方在整理全部工作底稿的基础上，根据调查过程中发现的风险制作调查报告，并形成调查结论。

17.6.4　商业保理项目尽职调查常见问题

1. 资料真实性及完整性难以判断

商业保理尽职调查过程中，调查方的调查结果往往是直接根据被调查方提供的资料而得出的。那么，这个过程就不可避免地会存在被调查方有选择性地提供资料，对部分资料进行毁损、涂改、调换的可能。基于此，调查方可采取现场抽取部分资料的方式对被调查方提供资料的真实性及完整性进行印证。以现场抽取整套交易单据为例，调查方应注意以下事项。

（1）抽查要求于现场临时提出，不要提前通知被调查方。

（2）单据/文件必须覆盖交易全流程（招投标程序、商务合同的签订、验收）。

（3）特别审查商务合同是否有不适合操作保理业务的特殊条款，如不可转让、抵销条款等。

（4）凡是有差异或不符的情形，一律询问并记录。

2. 对未来应收账款的处理问题

对将来债权的让与，如果已有合同关系存在，但需要等待一定的条件成就或经过一定的时间，或者当事人实施某种行为，才能转化为现实的债权。这类债权体现了一定的利益，具有转化为现实债权的可能性，从鼓励交易的角度出发，应允许此类债权转让。但是在合同关系尚未发生。债权的成立也无现实基础的情况下，即使将来有可能发生的债权，也不能允许其转让。但从业务风险角度考虑，即使有基础交易合同关系存在，未来应收账款保理的风险还是非常大的，因为不确定性的因素太多，需要谨慎对待。

17.7　供应链金融尽职调查

17.7.1　供应链金融概述

（一）供应链金融的概念

供应链金融（Supply Chain Finance，SCF）是商业银行信贷业务的一个专业领域（银行层面），也是企业尤其是中小企业的一种融资渠道（企业层面）。

供应链金融具体是指银行向客户（核心企业）提供融资和其他结算、理财服务，同时向这些客户的供应商提供贷款及时收达的便利，或者向其分销商提供预付款代付及存货融资服务。简单地说，供应链金融就是银行将核心企业和上下游企业联系在一起提供灵活运用的金融产品和服务的一种融资模式。

供应链金融的以上定义与传统的保理业务及货押业务（动产及货权抵/质押授信）非常接近，但有明显区别。保理和货押只是简单的贸易融资产品，而供应链金融是核心企业与银行间达成的，一种面向供应链所有成员企业的系统性融资安排。

（二）供应链金融的优势

供应链金融发展迅猛，原因在于其既能有效解决中小企业融资难题，又能延伸银行的纵深服务。

1. 企业融资新渠道

供应链金融为中小企业融资困难和技术瓶颈提供了解决方案。供应链金融作为融资的新渠道，不仅有助于弥补被银行压缩的传统流动资金贷款额度，而且通过上下游企业引入融资便利，企业的流动资金需求水平持续下降。

由于产业链竞争加剧及核心企业的强势，赊销在供应链结算中占有相当大的比重。赊账销售已经成为十分广泛的销售方式，赊销导致大量应收账款存在。赊销一方面让中小企业不得不直面流动性不足的风险，导致企业资金明显紧张；另一方面，导致应收账款信息管理、风险管理和利用问题对企业的重要性日益凸显。在新形势下，盘活企业应收账款成为解决供应链上中小企业融资难题的重要路径。一些商业银行在这一领域进行了卓有成效的创新，招商银行新上线的应收应付款管理系统、网上国内保理系统就备受关注。据招商银行总行现金管理部产品负责人介绍，该系统能够为供应链交易中的供应商和买家提供全面、透明、快捷的电子化应收账款管理服务及国内保理业务解决方案，大大简化了传统保理业务操作中所面临的复杂操作流程，有助于优化买卖双方分处两地时的债权转让确认问题，能帮助企业快速获得急需资金。

2. 银行开源新通路

供应链金融提供了一个切入和稳定高端客户的新渠道，通过面向供应链系统成员的一揽子解决方案，核心企业被"绑定"在提供服务的银行。供应链金融如此吸引国际性银行的主要原因在于：供应链金融比传统业务的利润更丰厚，而且提供了更多强化客户关系的宝贵机会。供应链金融的潜在市场巨大，截止到 2008 年，全球排名前 50 的银行中，有 46 家向企业提供供应链融资服务，剩下的 4 家也在积极筹划开办该项业务。

"通过供应链金融，银行不仅和单一的企业打交道，还和整个供应链打交道，掌握的信息比较完整、及时，银行信贷风险也少得多。"招商银行人士表示。在供应链金融这种服务及风险考量模式下，由于银行更关注整个供应链的贸易风险，对整体贸易往来的评估会将更多中小企业纳入银行的服务范围。即便单个企业达不到银行的某些风险控制标准，但只要这个企业与核心企业之间的业务往来稳定，银行就可以不只针对该企业的财务状况进行独立风险评估，还可以对这笔业务进行授信，并促成整个交易的实现。

3. 经济效益和社会效益显著

供应链金融的经济效益和社会效益非常突出，借助"团购"式的开发模式和风险控制手段的创新，中小企业融资的收益 - 成本比得以改善，并表现出明显的规模经济。

据统计，通过供应链金融解决方案配合下的收款方式改进、库存盘活和延期支付，美国排名前 1 000 的企业在 2005 年共计减少了 720 亿美元的流动资金需求。

4. 供应链金融实现多流合一

供应链金融很好地实现了物流、商流、资金流、信息流等多流合一。

（三）供应链金融模式

结合中小企业运营管理周期的特点，商业银行供应链金融有动产或权利质押融资模式、应收账款融资模式、保兑仓融资模式三种。

1. 动产或权利质押融资模式

动产或权利质押是商业银行以借款人的自有货物或权利作为质押物，向借款人发放授信贷款的业务。该模式主要以动产或权利质押贷款的方式，将中小企业的存货、仓单、商品合格证等动产或权利质押给银行而取得贷款。动产或权利质押模式将"死"物资或权利凭证向"活"的资产转换，加速了动产的流动性，缓解了中小企业现金流短缺的压力，解决了中小企业流动资金不足的问题，提高了中小企业的运营能力。动产或权利质押融资模式如图 17 - 1 所示。

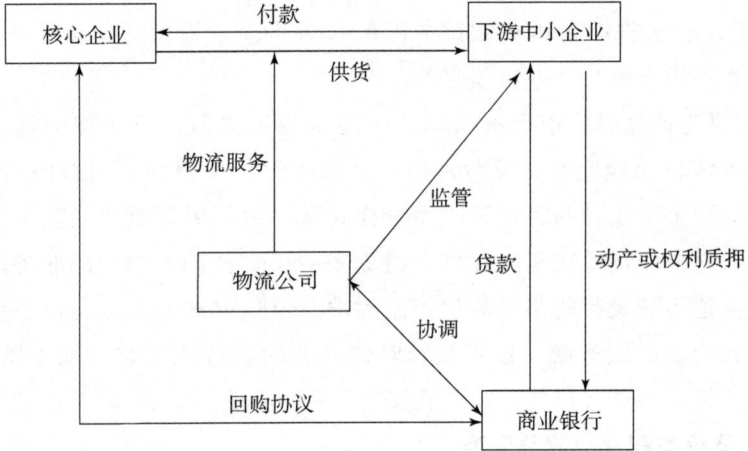

图 17 - 1　动产或权利质押融资模式

2. 应收账款融资模式

应收账款融资模式中，作为债务企业的核心大企业，由于具有较好的资信，并且与银行之间存在长期稳定的信贷关系，因此在为中小企业融资的过程中起着反担保的作用，一旦中小企业无法偿还贷款，其也要承担相应的偿还责任。应收账款融资模式如图 17 - 2 所示。

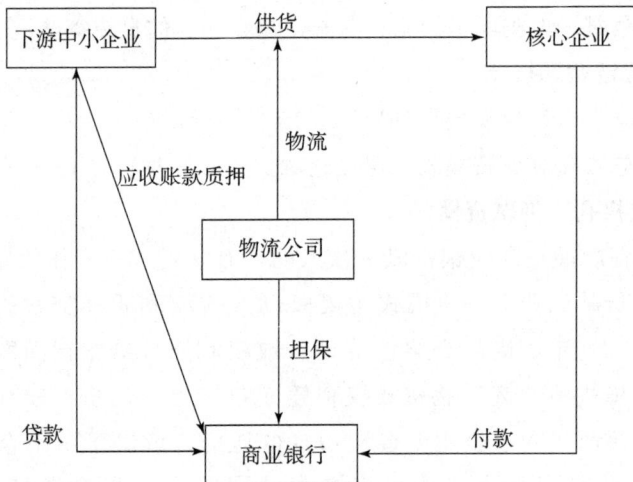

图 17 - 2　应收账款融资模式

3. 保兑仓融资模式

保兑仓融资模式，也称"厂商银"业务，是基于上下游和商品提货权的一种供应链金融业务。保兑仓融资主要是通过生产商、经销商、仓库和银行等四方签署合作协议而开展的特定业务模式，银行承兑汇票是该模式下的主要产品和金融工具。保兑仓融资模式实现了融资企业的杠杆采购和供应商的批量销售，为处于供应链节点上的中小企业提供融资便利，有效地解决了其全额购货的资金困境，使银行贷款的风险大为降低。保兑仓融资模式如图 17 - 3 所示。

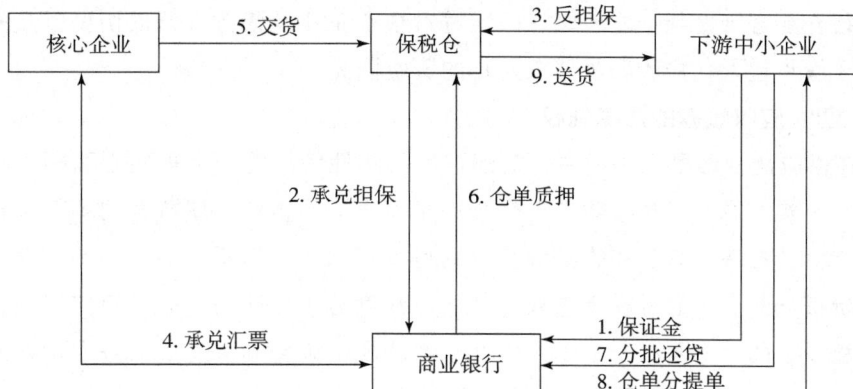

图 17 - 3　保兑仓融资模式

17.7.2　供应链金融尽职调查的主要内容

供应链金融中核心企业的信用调查是尽职调查的关键，因此，对核心企业基本情况的了解有助于把握风险大小。具体调查内容如下。

（一）核心企业的基本情况

（1）企业概况：工商登记情况、历史沿革、主要股东介绍、管理层介绍、关联企业情况介绍。

（2）行业分析：行业市场容量、行业竞争情况、行业监管政策。

（3）生产经营分析：产品介绍、产品产销量分析、生产经营上下游分析、资产状况。

（4）企业财务分析：财务报表分析、报表项目余额分析、财务指标分析。

（5）公司资信分析：企业征信情况、诉讼及被执行信息、获得荣誉或行政处罚、企业舆情信息。

（二）供应链上下游企业的信用状况

供应链金融尽职调查中需要对上下游企业进行全面的尽职调查。具体应注意：企业最近两年内是否存在因严重违法失信行为，被有权部门认定为失信被执行人、重大税收违法案件当事人或涉及金融严重失信人的情形及融资异常行为的情况。

（三）应收账款涉及交易背景的真实性

在供应链金融尽职调查中有关合同法有效性的审查主要的判断原则为基于真实、合法的交易活动（包括销售供应链金融尽职调查中涉及的应收账款），我们应关注应收账款涉及的基础合同是否合法有效。同时根据具体行业的相关规定进行合法合规性判断。因此，可通过对核心企业及债务人开展访谈以及网站查询了解承包人（应收账款债权人）的资质情况。

（四）应收账款的法律确权

在供应链金融尽职调查中，基础资产真实性考量的一个重要方面即应收账款是否真实形成。应收账款是一个会计学概念，是企业因履行合同项下销售商品、提供劳务等经营活动的义务获得的付款请求权，但不包括因持有票据或其他有价证券而产生的付款请求权。从法律角度分析应收账款是否真实形成，主要关注以下两个方面：一是核查应收账款涉及基础合同中有关债务人付款的条件是否全部满足；二是核查债权人内部制度对应收账款确权的认定。

1. 核查应收账款涉及基础合同中有关债务人付款的条件是否全部满足

（1）货物贸易应收账款。

如果基础资产系货物贸易应收账款，则需要审查其涉及的货物销售合同对买方（债务人）支付货款的相关规定。如果合同约定买方需在收到货物且在收到卖方开具的发票后一定期限内付款，则需关注债务人是否已收到债权人开具的货物发票及货物入库单。

（2）大型设备制造的应收账款。

如果基础资产系大型设备制造的应收账款，则其所涉及的合同一般会约定分阶段付款。在此情况下，针对每阶段制造商（应收账款债权人）是否享有给付价款的请求权，需判断制造商是否按照合同约定履行了相应阶段的义务（如是否履行了图纸提供义务、是否完成了30%的制造任务等），如果相关证据不足以证明制造商已履行合同约定的义务，则可采用发送确认函的方式来确认。

（3）建筑工程应收账款。

如果基础资产系建筑工程应收账款，则其涉及的合同一般也分阶段付款，同时项目监理及总承包商出具的报告通常会作为付款的先决条件。因此，在进行法律尽职调查时，需关注是否有监理出具的报告以及监理报告对应收账款给付的时间和金额的确认清况。

2. 核查债权人内部制度对应收账款确权的认定

针对货物类应收账款及机器设备制造类应收账款，通常可利用合同约定、发票、订货清单、货物入库单等证据的关联性和一致性形成证据链，并结合债权人的内部管理制度来确认应收账款是否真实形成。如果前述证据不全或无法对应，则可通过向债务人发送询证函的方式进行应收账款确权。针对供应链反向保理，一般可根据债务人的付款确认书及其内部出具的付款审批单并结合合同约定的付款条件（如监理报告等）来确权。

此外，应收账款金额、付款时间应当明确，因此，应收账款的金额和付款时间也是尽职调查的重点。

（五）债务人是否享有对应收账款的抗辩权、抵销权

供应链金融涉及的交易合同应当合法有效，债权人已经履行了合同项下的义务。合同约定的付款条件已满足，不存在属于预付款的情形，且债务人履行其付款义务不存在抗辩事由和抵销情形。

1. 抗辩权

在双务合同中，抗辩权一般分为先履行抗辩权、同时履行抗辩权和不安抗辩权。供应链融资业务主要涉及先履行抗辩权。根据《民法典》合同编第五百二十六条，先履行抗辩权是指：当事人互负债务，有先后履行顺序，先履行的一方未履行的，后履行的一方有权拒绝其履行要求。先履行的一方履行债务不符合约定的，后履行的一方有权拒绝其相应的履行请求。

针对债务人是否存在抗辩事由的审查，首先应审查应收账款涉及合同中是否有买方或债务人在一定条件下享有抗辩权的约定。例如：货物在合同约定期限内出现质量问题、建设工程不达标，债务人针对上述情况均享有抗辩权。

2. 抵销权

抵销权一般分为法定抵销权和约定抵销权，根据《民法典》合同编第五百六十八条，法定抵销权是指：当事人互负到期债务，该债务的标的物种类、品质相同的，任何方可以将自己的债务与对方的债务抵销，但依照法律规定或者按照合同性质不得抵销的除外。当事人主张抵销的，应当通知对方，通知自到达对方时生效。抵销不得附条件或者附期限。根据《民法典》合同编第五百六十九条，约定抵销权是指：当事人互负债务，标的物种类、品质不相同，经双方协商一致，也可以抵销。

如果应收账款涉及的合同中未存在双方放弃抵销权的承诺条款，且债权人和债务人另行达成了有关抵销权协议，则债务人有权行使约定抵销权。法定抵

销权一般难以避免，除非法律规定或者按照合同性质不得抵销，但通常可通过在交易文件中设置相关条款来避免债务人主张法定抵销权而造成基础资产灭失的风险。例如，可约定资产服务机构/原始权益人将抵销款项等额划付至专项计划账户。

针对上述情况，如果难以从合同、直接证据来核查，则可通过访谈、确认函的形式了解抵销权的行使情况，同时向债务人发送询证函或在债权转让通知中明确债务人已放弃抗辩权及抵销权，从而完善债权人的付款请求权。

（六）应收账款转让的合法性

针对应收账款的转让，首先需要确认债权转让的合法性。一般情况下，债权人转让债权无须经债务人同意，但合同另有约定的除外。因此，需核查交易合同中是否有对债权转让的限制情形，如果交易合同中约定了类似"转让债权需要征得债务人、担保人同意，方可转让"的条款，则债权人转让债权需要向债务人、担保人发送确认函取得债务人的书面同意，以使债权人转让债权的行为合法。

此外，《民法典》合同编第五百四十六条规定："债权人转让权利的，应当通知债务人。未经通知，该转让对债务人不发生效力。"因此若债权转让未通知债务人，则不对债务人发生效力。

第 18 章　投资类尽职调查

18.1　投资类尽职调查概述

投资活动的一般程序包括项目接洽、初步发现投资价值、尽职调查、投资条款设计、投资决策及增值服务和管理。其中，尽职调查在投资过程中占据着重要地位。

18.1.1　企业投资及其程序

（一）企业投资

企业投资是指企业以自有的资产投入承担相应的风险，以期合法地取得资产或权益的一种经济活动。企业投资从投入到产出有一个经营过程，稍有不慎可能就会导致投资失败。因此企业投资需要注意客观评估自身条件，认真研究投资环境、投资项目，要做好市场调查，避免投资失败。这个过程中有效的尽职调查尤为重要。

根据投资方向，企业投资可分为对内投资和对外投资两类。对内投资是指把资金投向企业内部，购置各种生产经营用资产的投资。对外投资是指企业以现金、实物、无形资产等方式或者以购买股票、债券等有价证券方式向其他单位的投资。对外投资对于企业来说更具有吸引力。不同于对内投资能掌握丰富的信息，对外投资更可能因信息不对称，影响投资的效率和回报率。如何才能更快速有效地全面掌握与投资相关的信息呢？尽职调查就是一个得力帮手。

（二）投资程序

一般来说，企业投资程序可包括以下几个步骤（见图 18 - 1）

1. 项目接洽

对项目感兴趣的投资者，会与项目负责人接触，直接了解项目背景、管理队伍和企业。

```
┌─────────────────┐
│   确定投资原则    │
└────────┬────────┘
         │
┌────────▼────────┐
│   建立项目库     │
└────────┬────────┘
         │
┌────────▼────────┐                          ┌─────────────────┐
│  项目初审、立项   │                          │   基础信息收集    │
└────────┬────────┘                          └─────────────────┘
         │                                   ┌─────────────────┐
┌────────▼─────────────────┐    ══════►      │    团队洽谈会     │
│       尽职调查            │                 └─────────────────┘
└────────┬─────────────────┘                 ┌─────────────────┐
         │                                   │  分析尽职调查结果  │
┌────────▼─────────────────┐                 └─────────────────┘
│  商务谈判，形成投资方案     │
未通过 └────────┬─────────────┘
         │
┌────────▼─────────────────┐    通过    ┌─────────────────┐
│  投资委员会出具投资决策    │◄──────────│   签订投资合同    │
└────────┬─────────────────┘            └────────▲────────┘
         │                                       │
┌────────▼────────┐                      ┌───────┴─────────┐
│    投资退出      │◄─────────────────────│   投资后管理     │
└─────────────────┘                      └─────────────────┘
```

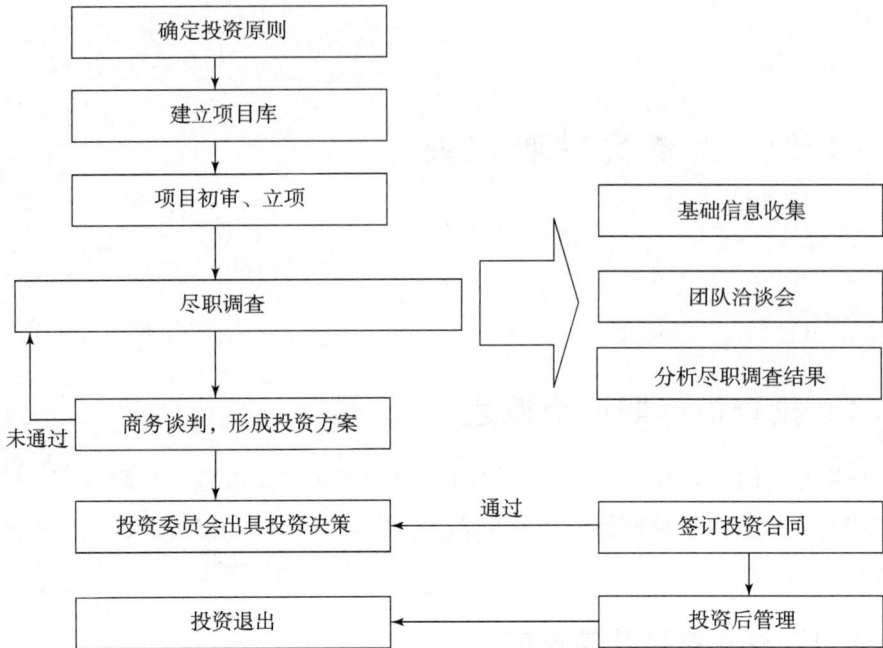

图 18-1　企业投资程序

2. 初步发现投资价值

投资者在接洽过程中，会发现企业或项目问题和价值，决定是否继续面谈。如果接洽成功，认为企业或项目存在投资价值，投资者会希望了解更多有关企业和市场的情况，或许还会动员可能对这一项目或企业感兴趣的其他投资者。

3. 尽职调查

如果面谈较为成功，投资者接下来便会考察企业的经营情况，以尽可能地了解企业或项目。投资者通过尽职调查对意向企业的技术、市场潜力和规模以及管理队伍进行仔细的评估，这一程序包括与潜在的客户接触、向技术专家咨询并与管理队伍举行会谈。具体方法通常包括参观公司、与关键人员面谈、对仪器设备进行估价，还可能包括与企业债权人、客户、相关人员以及以前的雇主进行交谈，所获得的资料会帮助投资者做出关于风险的结论。

4. 投资条款设计

审查阶段完成后，如果投资者认为企业或项目的前景好，那么便可开始进行投资形式和估价的谈判。企业一般会得到一个条款清单，通常涉及的内容包括：约定投资者对投资企业的估值和计划投资金额、投资企业应承担的主要义务和投资者要求得到的主要权利，以及投资交易达成的主要条件等。这三方面的主要关注点是：投资额、作价和投资工具；公司治理结构；清算和退出办法。这一过程可归纳为投资条款设计。

5．投资决策

投资者力图使其投资回报与所承担的风险相适应。根据切实可行的计划，投资者对未来 3~5 年的投资价值进行分析。首先计算现金流或收入预测，其次根据对技术、管理层、能力、经验、经营计划、知识产权及工作进展的评估判断风险大小，选取适当的折现率，计算出其所认为的拟投资企业或项目的净现值。基于各自对价值的评估，投资双方通过谈判达成一致，签署正式投资协议。

6．增值服务和管理

投资生效后，投资者便拥有了企业的股份，并在其董事会中占有席位。投资者在董事会中扮演咨询者的角色。作为咨询者，他们主要就改善企业经营状况以获取更多利润提出建议，帮助企业家物色管理人员（经理），定期与企业家接触以跟踪了解企业经营进展，定期审查财务分析报告。

18.1.2　投资类尽职调查的含义

（一）定义

投资类尽职调查是指投资人在与拟投资企业达成初步合作意向后，经协商一致，对目标企业与本次投资相关的事项进行现场调查、资料分析的一系列活动。投资类尽职调查的目的是投资者尽可能全面地获取目标企业的真实信息。

（二）分类

与企业投资的对内投资和对外投资相对应，投资类尽职调查也根据投资方向的不同有所区别，但是通常所说的投资类尽职调查为对外投资类尽职调查。

普通企业的对外投资是指企业以现金、实物、无形资产等方式向其他企业进行的投资，部分企业会涉及使用资本市场工具，例如股票、债券等有价证券方式投资。本书中的投资类尽职调查聚焦于企业对外投资常用的方式，即使用现金、实物、无形资产等方式投资，以期控制拟投资企业，或对拟投资企业施加重大影响，分散经营风险，最终目的是获得较大的经济利益。

18.1.3　投资类尽职调查的基本内容

投资类尽职调查主要包括以下核心内容：公司的基本情况、公司的知识产权情况、公司的融资和担保情况、公司的主要供应商和客户情况、公司的潜在诉讼或破产清算情况、公司的重要不动产情况。

（一）公司的基本情况

尽职调查中主要注意目标公司是否是在注册地合法成立并有效成立的法律实体，目标公司是否存在子公司，或者是否与其他实体成立了合资企业。结合财务尽职调查和业务尽职调查，如果发现目标公司的主要合资企业中在该次交易中关注的重要资产实际处于目标公司的子公司或与其他实体成立的合资企业中，应当进一步调查该子公司或合资企业的权属公司的子公司或与其他实体成立的合资企业的权属情况。如有必要，可要求目标公司对上述资产的权属情况进行调整，确保上述资产在该次交易交割时不涉及权属争议。

在股权结构方面，应当注意目标公司的股权结构是否明晰，是否存在企业收购的目标公司股权在未来被稀释的可能性，是否存在该部分股权无法保证企业的转让权或收益权的情形，等等。

在公司治理方面，首先，应当注意目标公司的决策程序，其次，还应当注意在完成该次投资后投资企业在目标公司是否具有一定的话语权或决策权。

（二）公司的知识产权情况

投资类尽职调查需要重视调查目标公司的知识产权情况。

在法律尽职调查中，首先，应当要求目标公司提供完整的知识产权清单，并分为专利、商标、技术许可、自行开发软件、域名、专有技术等项分别提供。其次，在法律尽职调查中应当调查目标公司的技术许可。技术许可可以分为两种情况：一是目标公司从第三方获得技术许可，二是目标公司可将自有知识产权许可给第三方。再次，知识产权领域的法律尽职调查还可能涉及对目标公司的专利与技术标准的审查。最后，目标公司的知识产权与其经营和发展密切相关，因此，对目标公司知识产权的法律尽职调查应当与业务尽职调查结合起来，必要时还可以聘请技术专家对目标公司知识产权的重要性进行评估。如果目标公司存在未申请专利的专有技术，对该技术效用的评价必须依赖于技术专家。

（三）公司的融资和担保情况

尽职调查中应注意目标公司是否存在数额较大的融资安排，目标公司的资产是否已经设定了抵押或质押等。对目标公司的融资安排，主要需要考虑融资的数额和时间，融资是否与目标公司的资产和现金流量相匹配。还应当注意，如果目标公司存在数额较大的融资安排，则需考虑该次投资是否会触发融资文件的特定条款（如控制权变更条款等），从而使得目标公司不得不加速还款，进而影响目标公司的资金运用与安排。

如果目标公司为第三方利益而设立了抵押、质押等担保，这虽然不会立即形成目标公司债务，但如果第三方缺乏偿债能力，目标公司可能承担的或有债务会增加。因此，对于抵押或质押情况，应通过目标公司或目标公司资产所在地的抵押、质押注册机构进行详细核查。如果目标公司为某第三方提供的抵押、质押数额十分巨大，需要进一步核查该第三方的合法成立存续状况、股权结构和经营状况等。

（四）公司的主要供应商和客户情况

在对目标公司的主要供应商和客户进行法律尽职调查时，需要关注供应合同或销售合同中，目标公司是否对采购量或供货量有确定性的承诺，在付款、质量检验等方面是否存在对目标公司明显不利的条款。如果存在对目标公司不利的情况，可以要求目标公司与供应商或客户协商修改合同条款，以尽可能地争取对目标公司较好的安排。

（五）公司的潜在诉讼或破产清算情况

法律尽职调查可以通过破产清算检索，发现目标公司是否已经提交破产清算申请。一般而言，目标公司的诉讼情况可以通过目标公司所在国或地区的法院检索系统进行核实。但对于潜在诉讼，则需要律师事务所全面调查目标公司的以往被诉讼情况、产品、服务、合同、员工关系、环保、现存未诉争议等各方面情况，必要时还需要目标公司书面承诺或保证其不存在潜在诉讼。

与潜在诉讼不同，目标公司是否存在潜在的破产清算情形，需要根据目标公司的经营情况综合判断，仅靠法律尽职调查往往无法得出结论性意见。但法律尽职调查可以通过破产清算检索，发现目标公司是否已经提交破产清算申请。如果目标公司已经提交破产清算申请，而投资企业仍然对目标公司有一定的兴趣，投资企业应当根据目标公司所申请的破产清算类型，改变投资方案。

（六）公司的重要不动产情况

如果目标公司持有重要不动产，需要核查相关不动产的权属情况。主要需要关注目标公司对上述不动产是具有完全的所有权，还是仅拥有租赁或使用的权利。如果上述不动产是因转让而取得，或者目标公司仅有租赁或使用的权利，则审查目标公司是否根据不动产转让协议或租赁协议等的约定，在约定的范围内合理使用了该不动产，是否存在违约的情况，等等。

调查时还应当注意不动产所在地政府对该不动产的使用是否有特定限制。例如，当地政府是否会对土地进行重新规划，是否会因此要求该处土地上的厂房迁址等。如果目标公司业务可能会造成环境污染，还要注意当地政府是否要求目标公司采取特定措施降低环境污染的影响，或者要求目标公司取得特定许可证方可开展相关业务等。

18.2 天使投资尽职调查

18.2.1 天使投资概述

　　天使投资是由自由投资者或非正式风险投资机构，对小型初创企业进行的一次性的前期权益投资。天使投资是一种非组织化的创业投资形式，其资金来源大多是民间资本，而非专业的风险投资者。天使投资的门槛较低，即便是一个创业构思，只要有发展潜力，也可能获得资金。天使投资在企业初创期投资占比一般为15%左右，经过2~4年即可收回投资。天使投资人是指拥有一定资本金、投资于创业企业的机构或个人。在美国，《证券交易委员会501号条例》和《1993证券法》D条例中明确了可以成为天使投资人的"经鉴定合格投资者"的标准：投资者必须有100万美元的净资产，至少有20万美元的年收入，或者在交易中至少投入15万美元，且这项投资在投资者的财产中占比不得超过20%。

18.2.2 天使投资的特点

　　天使投资的投资量级为200万元~800万元，所投资的公司有初步的商业模式并能生产出产品的雏形，积累了一些核心用户，主要的投资者为天使投资人。天使投资也有其特殊之处。

　　（1）天使投资是一种直接投资方式，由具有一定净财富的机构或个人直接向企业进行权益投资，是创业企业最初形成阶段的主要融资方式。

　　（2）天使投资人不仅向创业企业提供资金，往往还利用其专业背景和自身资源帮助创业企业获得成功，这也是保障其投资的较好方法。

　　（3）天使投资一般以个人投资的形式出现，其投资行为是小型的个人投资行为，对被投资项目的考察和判断程序相对简单，且时效性较强。

　　（4）天使投资一般只对规模较小的项目进行较小资金规模的投资。

　　因此，我们可以知道天使投资针对初创型企业，机构或个人可以通过资金、实物、技术等方式进行投资；拟投资企业处于发展初期，且投资风险较高。这样，尽职调查的重要性越发凸显，因此在天使投资尽职调查中，更应抓住重点分析。针对天使投资，在尽职调查的重要性和可量化方面应突出四方面内容：

团队/创始人、市场及商业环境、产品和技术、盈利预测和财务状况，图 18 – 2 所示。就重要性而言，对于团队/创始人的尽职调查最为重要，下面将侧重介绍天使投资尽职调查的特点。

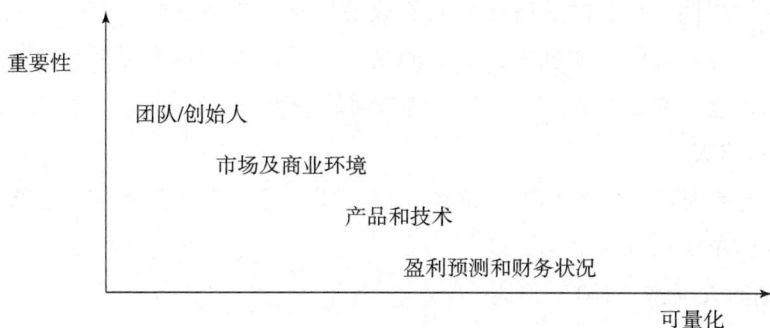

图 18 – 2　天使投资的尽职调查

18.2.3　天使投资尽职调查的关注要点

（1）团队/创始人。

如果创业团队比较小，投资人可约见每位成员，调查每位团队成员的智力、忠诚度、优点、弱点、团队合作和管理风格等。一个功能不健全的团队，或者在关键时刻不能专注的团队会极大地影响企业的执行效率。投资人还需了解创业者的信用问题、是否存在未了结的诉讼、偿付能力等情况。

（2）市场及商业环境。

被投资公司需要保证产品具有用户购买的潜力。投资人可从被投资公司的市场人群参考表中找一些潜在的客户，与他们谈话，并了解市场情况。投资人也可联系相关行业的技术人士和业务人士，从专业的角度评价市场需要。

（3）产品和技术。

技术调查通常是从工程技术人员和产品营销人员开始的。投资人可评估被投资公司创立的进程或评估产品。投资人的目标是尽可能严格地要求产品所具有的功能和质量，并保证整个团队的研发以及管理过程将来能实现。另外，投资人还需要确认知识产权情况。

（4）盈利预测和财务状况。

投资人可查验公司已有的融资和股权情况，拟定市场投资表。针对已发生业务的公司，可根据资产负债表、利润表和现金流量表评价公司的发展能力。

18.2.4 天使投资尽职调查的主要内容

初创型企业没有走上正轨，各项财务数据不完善等，使得天使投资往往带有很强的主观性。企业的发展在不同阶段的考察标准不一样，每一个考察者的标准也不一样。在企业初创期，重要的是人，所以天使投资尽职调查应重点关注对人的调查，并在此基础上展开其他方面的调查。

（一）访谈

访谈包括创始人（或 CEO）访谈、核心团队访谈、员工访谈、主要客户访谈、主要供应商及合作伙伴访谈。

1. 创始人（或 CEO）访谈

（1）在正式以及比较随意的情况下分别与创始人（或 CEO）访谈，了解创始人（或 CEO）各个方面表现是否一致，有无比较大的变化或不稳定情况。

（2）了解创始人（或 CEO）对企业未来的规划，考虑其长期规划能力与格局。

（3）了解创始人（或 CEO）对核心团队以及员工的态度，考察其是否能知人用人，是否具有领导力，是否具有良好的沟通能力。

（4）详细了解创始人（或 CEO）的经历与背景、资源等，谨慎判断其自身各方面条件是否足以支撑企业未来的长远发展。

（5）了解创始人（或 CEO）对自己优缺点的评价，判断创始人（或 CEO）是否具有自我认识的能力，以及随着企业的发展创始人（或 CEO）是否具备自我提升的能力。

（6）了解创始人（或 CEO）的财务情况，是否在其他企业任职，是否具有其他企业的股权，判断创始人（或 CEO）未来是否能全身心投入企业运作，是否存在可能的债务危机。

2. 核心团队访谈

（1）了解核心团队成员的详细背景与经历、专业能力、学习能力，判断是否与企业发展相匹配。

（2）了解核心团队成员对创始人（或 CEO）的看法与认可度，考量创始人（或 CEO）是否具有人格魅力与领导力。

（3）了解核心团队之间的评价，判断核心团队成员之间的关系以及沟通状况，能力是否具有互补性。

（4）了解核心团队成员因何种缘由加入企业，判断核心团队成员对企业或创始人的忠诚度。

3．员工访谈

（1）对管理层以外的员工进行随机或不经意的访谈，了解员工对管理层、企业文化、企业业务及未来发展、自身待遇的真实想法，了解企业是否具有凝聚力。

（2）观察员工情绪状态，衡量员工的稳定性以及对企业的认可度，是否有意愿支持企业的长期发展。

4．主要客户访谈

至少访谈 3 家主要客户。

（1）了解企业产品质量和受欢迎程度，了解企业真实的销售情况、竞争对手情况以及企业的优劣势。

（2）了解客户自身的地位和经营情况，侧面判断企业的市场地位以及市场需求的潜力和可持续发展程度。

（3）了解主要客户的发展规划，判断是否与企业的发展方向一致。

5．主要供应商及合作伙伴访谈

至少访谈 3 家主要供应商或合作伙伴。

（1）了解企业的采购量，判断企业的真实产量及生产周期，从侧面了解行业竞争格局。

（2）了解供应商及其合作伙伴对企业的认可度，判断是否可以保持长期稳定的供货或合作关系，判断是否存在潜在的供应链风险。

（二）公司业务

1．产品技术

（1）研究企业的产品性质，是必需品、可替代品，还是奢侈品，是能解决重要的问题，还是起辅助性的作用。

（2）研究企业产品在市场的存在价值，是具有不可替代性，还是具有较多的竞争产品。

（3）详细了解客户的需求以及所处行业的需求，判断产品是否能满足客户的需求。

（4）了解产品的核心特点和优势所在，判断产品与替代品比较是否具有明显竞争力。

（5）了解产品的研发周期以及未来的迭代速度，判断未来产品是否能保持竞争优势。

（6）了解企业技术的来源以及研发过程，判断企业技术是否真实来自企业自身的团队，企业是否具备持续研发能力。

2．行业

宏观经济环境的尽职调查可从政治、经济、人口、社会文化、技术五个方面对宏观经济环境进行调查和分析。

行业及行业竞争情况的尽职调查，可从供应商、购买者、替代品、现有竞争、潜在竞争五方面对目标企业所处行业及目标企业的行业竞争地位进行调查和分析。

（1）调查该行业或市场是否具有广阔发展前景、国家政策支持、较大的成长空间和较高的增长率，判断是否存在政策风险及行业一般风险。

（2）调查行业中是否有龙头企业，行业中是否有已经上市的企业。

（3）市场占有率，是指企业在运作的市场上或企业产品在市场上所占有的百分比，能反映企业对市场的控制能力。了解企业市场占有率的变化趋势可以预测企业的发展前景。（注：企业的预期市场占有率若低于20%，则企业缺乏足够的市场竞争力，不具备投资价值。）

3．市场

（1）询问企业主要的市场营销渠道及其效果，未来是否可以拓展新的营销渠道。

（2）了解企业的销售策略及其效果，未来如何进一步提升销售水平。

（3）了解企业的销售成本和销售效率，是否有途径以低成本获取用户。

（4）了解企业的销售队伍配置与销售人员能力素质，是否能高效地推进企业的销售工作。

（5）企业的销售环节与竞争对手相比，是更好还是更糟，如何改进。

4．竞争

（1）梳理相关市场中的竞争格局和主要竞争对手有哪些，了解竞争对手的主要产品和市场份额。

（2）通过各种方式和途径对竞争企业进行考察、访谈或从第三方（例如行业协会、共同客户、供应商等）了解，对比市场中的各种竞争力量及其竞争优劣势。

（3）了解企业在目前市场中是否具有竞争优势地位，未来是否能保持或获取竞争优势地位；了解企业的竞争壁垒有哪些，竞争壁垒的高度以及被超越需要的时间。

（4）了解企业的主要竞争优势有哪些，从规模、成本、商业模式、管理、人才等方面判断。

5．合作伙伴

（1）了解企业的主要客户有哪些，主要客户的自身经营情况是否会对企业未来的生产与采购产生重大影响。

（2）了解主要客户的采购数量和金额，该采购量占其自身采购量的比例以及占企业生产量的比例，判断企业的客户是否过于集中或过于分散，分析企业对主要客户的依赖程度及议价能力。

（3）了解企业的主要供应商有哪些，主要供应商的自身经营情况是否会对企业未来的生产与采购产生重大影响。

（4）了解企业从主要供应商采购的数量和金额，该采购量占其自身采购量的比例以及占企业生产量的比例，判断企业的供应商是否过于集中或过于分散，分析企业对主要供应商的依赖程度及议价能力。

（三）融资计划

（1）详细了解企业的资金需求和资金使用计划，并逐项判断是否合理。

（2）了解企业吸纳投资后股权结构以及出让投资方的股权比例、估值金额以及其估值依据，判断是否合理，并进行必要的谈判。

（3）了解企业希望投资者介入公司管理的程度，是否定期向投资者提供相关报告和资金支出预算。

（4）了解企业未来的投资回报计划与退出规划，若是并购退出，需提供未来可能的收购方的潜在收购意向。

（四）财务状况

1．财务管理

（1）检查企业财务制度是否健全，会计标准是否合规，财务报表是否完备并经过审计。

（2）检查企业税务登记及缴纳文件，判断是否存在依法纳税方面的问题，是否符合税收优惠与减免的条件。

（3）了解企业财务人员配置是否合理，能力是否符合需求，工作内容是否符合制度规定。

（4）仔细研究企业未来 3 年的财务预测，了解财务预测的依据，判断其业务增长性及财务预算的合理性。

（5）检查企业是否有过往负债、担保、抵押等情况。

2. 财务指标

（1）销售收入。了解企业主营业务产生的直接销售收入及其增长率，以衡量企业整体的规模及未来的发展趋势。

（2）应收账款周期。了解企业应收账款的回收周期大约多长，尤其是大客户的回收周期，判断企业是否存在账期长、回款难的问题，未来是否存在资金链方面的风险。

（3）毛利率。毛利率是销售收入扣除直接销售成本和生产成本后相较销售收入的比例，能直观地反映企业的收入水平和盈利能力。

（4）净利润。净利润是销售收入减去销售成本、经营成本、税收成本等留存的收益，能直接地反映企业的经营管理效率和最终的盈利能力。

（5）经营活动净现金流。经营活动净现金流是企业在一个会计期间（年度或月度，通常是指年度）经营活动产生的现金流入与经营活动产生的现金流出的差额。这一指标能反映经营活动产生现金的能力，能直接地反映企业的资金管理能力以及潜在的资金链风险。

（五）法律状况

（1）检查企业法律文件是否真实有效、管理清晰、规范存档。

（2）检查企业产权是否清晰，包括专利、商标、房产等是否归属公司，有无存在纠纷或潜在纠纷的可能。

（3）企业生产经营是否符合环保要求，是否存在搬迁、处罚等隐患。

（4）核实企业是否存在过往诉讼或者正在进行的诉讼，是否对企业发展产生影响。

18.3 风险投资尽职调查

18.3.1 风险投资概述

风险投资（Venture Capital，VC）是指具备资金实力的投资者对具有专门技术能力的，并具备良好市场发展前景的，但缺乏启动资金的创业企业进行资助，帮助其实现创业梦，并承担创业阶段投资失败的风险的投资。投资者以投入的资金换得企业的部分股权，并以日后获得红利或出售该股权获取投资回报为目的。风险投资主要以资金方式进行，以期企业获得更高的收益率。相较于天使投资，风险投资的规模更大，拟投资企业也更为成熟，因此针对风险投资的尽职调查范围更大，其覆盖面和深度有所增加。

风险投资的特色在于投资者甘冒高风险以追求高投资报酬，并将退出风险企业所收回的资金继续投入具有"高风险、高科技、高成长潜力"等特点的高风险企业，以实现资金的循环增值。

风险投资的特征为投资对象为处于创业期的中小型企业，而且多为高新技术企业；投资期限至少 3 年，投资方式一般为股权投资，通常占拟投资企业30% 左右股权。投资者一般积极参与拟投资企业的经营管理，提供增值服务。由于风险投资的投资目的是追求超额回报，当拟投资企业增值后，投资者会通过将企业上市、收购、兼并或其他股权转让方式撤出资本，实现增值。

18.3.2　风险投资尽职调查技巧

（一）尽职调查清单先行

为了避免遗漏调查内容，列出调查清单，比如可对需调查内容进行分类：公司主体情况、股东情况、资质和行政许可情况、盈利和业绩情况（重大经营合同）、固定资产情况、无形资产情况、员工情况（薪酬、社会保险以及核心员工名单）、违法和诉讼情况等。财务与法律尽职调查清单可以统一制作也可分别制作，但业务尽职调查清单和技术尽职调查清单通常是独立的。

（二）强调重要性原则

尽职调查前，应清楚在本次投资中最看重的拟投资企业的价值是什么，再分析这种价值如何在各个方面体现，把需要调查的具体内容列入上述各个方面的尽职调查清单中。

比如：看重团队，就重点调查核心人员履历、劳动合同期限、竞业限制条款、期权等方面；看重技术壁垒，就重点调查专利、软件等无形资产的相关权属证书，及商业秘密的保护措施等方面；看重用户群，就重点调查商标注册证书、用户的具体统计方法和数值定义等方面。

（三）有效防范风险

尽职调查的作用之一就是合理分析和了解风险，并有效防范风险。调查时应该尽量了解拟投资企业的商业模式中容易发生的风险是什么，再将可能诱发这些风险的因素列入上述各个方面的明细清单。比如，若有构成滥用用户数据侵犯隐私的风险，就重点看拟投资企业经营中是否有适当的个人数据使用协议，是否在搜集和传播个人数据时对用户有足够的提示；若有构成侵犯著作权的风险，就重点看拟投资企业的行为是否符合"避风港"等免责机制；若有用户退费的风险，就重点看用户协议中是否有明确的约定或者企业是否有产品退换机制、收购兼并或其他股权转让方式撤出资本。

18.3.3 风险投资尽职调查的内容

（一）公司背景调查

1. 公司历史沿革调查

（1）调查目标。

了解公司历史上的重大事件，检查其对公司的发展沿革和公司文化形成的重大影响。

（2）调查程序。

①获取公司所在行业管理体制历次改革的有关资料，调查行业管理体制的变化对公司的影响。

②获取公司历次产品、技术改造、管理能力等方面的变动及获奖情况的有关资料，判断公司核心竞争力在行业内地位的变化。

③调查公司历史上有重大影响的人事变动，判断核心管理者的去留以及可能对公司产生的重大影响。

④审查公司是否存在重大的违反法律法规行为以及受到重大处罚的情况，判断其影响是否已经消除。

2. 股东变更情况调查

（1）调查目标。

①调查股东变更是否符合有关法律法规的规范。

②调查公司股东变更的行为和程序是否合法、规范。

（2）调查程序。

①编制公司股本结构变化表，检查公司历次股份总额及其结构变化的原因以及对公司业务、管理和经营业绩的影响。

②取得公司的股东名册，查看发起人或股东人数、住所、出资比例是否符合法律、法规和有关规定。

③追溯调查公司的实质控制人，查看其业务、资产情况是否对公司的供产销以及市场竞争力产生直接的或间接的影响。

④检查公司自然人持股的有关情况，关注其在公司的任职及其亲属的投资情况；如果单个自然人持股比例较大，还应检查是否存在其他人通过此人间接持股的情况，而可能引起股权纠纷。

⑤检查公司是否发行过内部职工股，是否有工会持股或职工持股会持股的情况。

⑥调查公司的股份是否由于质押或其他争议而被冻结或被拍卖而发生转移，并导致股权结构发生变化。

⑦获取公司与股本结构变化有关的验资、评估和审计报告，审查公司注册资本的增减变化以及股本结构变化的程序是否合乎法律规范。

3. 公司治理结构调查

（1）调查目标。

①调查公司章程及草案是否合法合规。

②股东大会、董事会、监事会的设立、运作的实质性判断。

③调查董事、监事、高级管理人员任职及变动是否合法合规。

（2）调查程序。

①查阅股东大会的会议记录、董事会的会议记录，确定公司章程及草案的制定和修改过程是否履行了法定程序，其内容是否与《公司法》等相抵触。

②确认公司是否具有健全的股东大会、董事会、监事会的议事规则及其合规性。

③查阅公司历次的股东大会、董事会、监事会的会议记录，确认其决议内容，尤其是确认董事会的对外担保、重大投资、融资及经营决策是否符合公司章程的规定；通过会议记录了解公司重要管理人员的变化。

④确认董事、经理是否挪用公司资金或者将公司资金借贷给他人；是否以公司资产为本公司的股东或者其他个人债务提供担保；是否自营或者为他人经营与公司同类的业务或者从事损害公司利益的其他活动。

⑤考察公司高级管理人员的激励与约束机制，如设置股票期权，判断这些机制是否有利于吸引人才、保持高级管理人员的稳定。

4. 组织结构调查

（1）调查目标。

①全面了解公司主要股东（追溯到实质控制人）及整个集团的所有相关企业的业务和财务情况，查找可能产生同业竞争和关联交易的关联方。

②了解公司内部组织结构模式的设置对公司实现经营管理目标的影响。

（2）调查程序。

①画出整个集团的组织架构图，标明各经营实体之间的具体组织联系。

②画出公司组织结构设置图，并以实线和虚线标明各机构之间的权力和信

息沟通关系，分析其设计的合理性和运行的有效性。

③与管理层有关人员进行讨论，进一步获得公司组织结构设置方面、运行方面情况的资料。

5. 管理团队调查

（1）调查目标。

①调查主要管理层（包括董事会成员、监事会成员、总裁、副总裁以及财务总监等高级管理人员）是否正直、诚信。

②调查主要管理层是否具有与公司发展需要相匹配的开拓精神和经营管理能力。

③了解关键管理人员的选聘、考核和离职情况及其程序是否合法。

④了解公司与主要管理人员有关的激励和约束机制，以及其对公司经营和长远发展的影响。

（2）调查程序。

①取得主要管理人员学历和从业经历简况，对核心人员要取得其详细资料，尤其要关注主要成员在本行业的执业经验和记录。

②与公司主要管理人员就公司文化、竞争对手、个人发展与公司发展的关系等主题进行单独的会谈。

③调查过去3年中公司关键管理人员离职的情况，调查其辞职的真实原因。

④调查公司董事是否遵守竞业禁止的规定。

⑤与公司职员进行交流，获取其对管理团队以及公司文化贯彻情况的直观感受。

⑥调查公司内部管理制度规定、年度经营责任书，了解公司是否制定经济责任考核体系以及考核体系的落实情况。

⑦了解公司为高级管理人员制定的薪酬方案、股份持有方案及其变动情况。

⑧调查主要管理者是否不适当地兼职，并说明必要的兼职是否会对其工作产生影响。

（二）行业和经营调查

1. 行业及竞争者调查

（1）调查目标。

①调查公司所处行业的现状及发展前景。

②调查公司提供的产品（服务）较同行业可比公司的竞争地位。

③调查公司主要经营活动的合法性。

（2）调查程序。

①查阅权威机构（如国家发展改革委、商务部、行业协会、国务院发展研究中心或其他研究机构）的统计资料和研究报告，调查公司所处行业国内外的发展现状与前景，分析影响其行业发展的有利、不利因素。

②调查公司所处行业内企业是否受到国家宏观调控。如果受到，判断其产品定价是否受到限制，是否享受优惠政策。

③了解公司所处行业的进入壁垒，包括规模经济、资本投入、技术水平、环境保护或行业管理机构授予的特许经营权等方面，分析其对公司核心竞争力的影响。

④了解公司所处行业的整体特征，是属于资金、技术还是劳动密集型产业；了解该行业对技术（或对资金、劳动力等要素）的依赖程度、技术的成熟度；了解该行业公司是否需要大量的研究开发支出、巨额的广告营销费用；了解应收账款周转是否过慢、产品价格的变动特征、出口占总销售的比例；等等。

⑤调查公司近 3 年内销售产品所处的生命周期阶段，即是处于导入期、成长期、成熟期，还是处于衰退期；调查公司产品的寿命。

⑥查阅国家的产业结构调整政策、公司相关财务资料和发展规划文件，获取或编制公司最近几个会计年度主要产品产销量明细表，了解公司产品结构；了解公司未来产品结构调整的方向。

⑦查阅权威机构的研究报告和统计资料，调查影响公司产品需求的相关因素以及产品需求的变化趋势，分析未来几年该产品的需求状况、市场容量；获取公司所处行业中该产品的现有生产能力、未来几年生产能力的变化数据；所处行业是否因过多受到国家政策、技术进步、可替代产品的冲击等外部因素影响而具有明显的脆弱性。

⑧对公司产品价格变动做出预测。

⑨调查可替代产品的价格和供应状况，调查公司产品目前或在可合理预计的将来多大程度上受到同类进口产品的冲击。

⑩对公司现有与潜在的竞争者进行调查，包括但不限于整个产品市场容量、竞争者数量、公司与市场竞争者各自的市场份额；对公司与竞争者的比较应包括相对产品质量、相对价格、相对成本、相对的产品形象及公司声誉等。对公司目前、未来的市场地位做出描述和判断。

⑪利用各大证券报、主要证券类网站披露的公开信息，与已上市公司进行比较分析。选择 5 ~ 10 家产品结构、生产工艺与被调查公司相同的公司，以这些

公司近几年的数据为基础,至少在生产能力、生产技术的先进性、关键设备的先进性、销售收入、销售的地理分布、主要产品销售价格与主营业务利润率、行业平均销售价格与主营业务利润率等方面进行比较。

2．采购环节业务调查

(1)调查目标。

①调查公司供应方市场、采购政策及主要的供应商。

②调查公司采购业务涉及的诉讼及关联交易。

(2)调查程序。

①调查供应方市场的竞争状况,判断是否存在特许经营权等方面因素使得供应方市场有较高的进入壁垒。

②与采购部门人员、主要供应商沟通,调查公司生产必需的原材料、重要辅助材料等的采购是否受到资源或其他因素的限制。

③了解公司主要的供应商(至少前5名),计算最近3个会计年度公司向主要供应商的采购金额,占公司同类原材料采购金额、总采购金额的比例,是否存在严重依赖个别供应商的情况。

④与采购部门人员、主要供应商沟通,调查公司主要供应商与公司的地理距离,分析最近几年原材料成本构成,关注运输费用占采购成本的比重。

⑤与采购部门人员沟通,了解公司是否建立了供应商考评制度。

⑥调查公司与主要供应商的资金结算情况,了解是否及时结清货款,是否存在以实物抵债的现象。

⑦查阅权威机构的研究报告和统计资料,调查公司主要原材料的市场供求状况,查阅公司产品成本计算单,定量分析主要原材料、动力涨价对公司生产成本的影响。

⑧与采购部门与生产计划部门人员沟通,调查公司采购部门与生产计划部门的衔接情况,关注是否存在严重的原材料缺货风险,是否存在原材料积压风险。

⑨与主要供应商、公司律师沟通,调查公司与主要供应商之间是否存在重大诉讼或纠纷。

⑩如果存在影响成本的重大关联采购,判断关联采购的定价是否合理,是否存在大股东与公司之间的利润输送或资金转移的现象。

3．生产环节业务调查

(1)调查目标。

①调查公司生产工艺、生产能力、实际产量。

②调查公司生产组织、保障。

③成本分析。

④调查公司生产的质量控制、安全、环保。

（2）调查程序。

①调查公司生产过程的组织形式，是属于个别制造或小批量生产、大批量生产或用装配线生产，还是用流水线生产等。

②了解公司各项主要产品生产工艺，获取公司产品生产工艺流程图。调查公司在所处行业中工艺、技术方面的领先程度。

③调查公司主要产品的设计生产能力、最近几个会计年度的实际生产能力以及主要竞争者的实际生产能力，进行盈亏平衡分析，计算出盈亏平衡时的产量，并与各年的实际产量比较。

④与生产部门人员沟通，调查公司生产各环节中是否存在瓶颈，是否存在某种原材料的供应、部分生产环节的生产不稳定或生产能力不足而制约公司生产能力的情况。

⑤与生产部门人员沟通，调查公司的生产是否受到能源、技术、人员等客观因素的限制。

⑥采用现场勘察的方法，调查公司主要设备的产地、购入时间，机器设备是否处于良好状态，预计尚可使用的时间，现有的生产能力及利用情况，了解是否有大量闲置的设备和生产能力。

⑦调查公司是否存在设备抵押贷款的情形。如有，查阅或查询借款合同的条款及还款情况，判断预期债务是否会对公司的生产保障构成影响。

⑧制造成本的横向比较。查阅公司历年来产品成本计算单、同类公司数据，分析公司较同行业可比公司在成本方面的竞争地位。

⑨制造成本的纵向比较。获取或编制公司最近几个会计年度主要产品（服务）的毛利率、贡献毛利占当期主营业务利润的比重，分析公司主要产品的盈利能力；如果某项产品在销售价格未发生重大变化时，毛利率出现异常，分析单位成本中的直接材料、直接人工、燃料及动力、制造费用等成本要素的变动情况，确认成本是否真实发生。

⑩与公司质量管理部门人员沟通、实地考察、查阅公司内部生产管理规定，调查公司的质量控制政策、质量管理的组织设置及实施情况。

⑪调查公司保障安全生产的措施，成立以来是否发生过重大的安全事故。

⑫了解公司生产工艺中"三废"的排放情况，查阅省一级的环境保护部门出具的函件，调查公司的生产工艺是否符合有关环境保护的要求，调查公司最近3年是否发生过环境污染事故，以及是否存在因环保问题而被处罚的情形。

⑬查阅省一级的质量技术监督部门文件，调查公司产品是否符合行业标准，是否因产品质量问题受过质量技术监督部门的处罚。

4．销售环节业务调查

（1）调查目标。

①调查公司营销网络的建设及运行情况。

②调查公司产品商标的权属及合规性。

③调查公司销售回款、存货积压情况。

④调查公司销售业务涉及的诉讼及关联交易。

（2）调查程序。

①了解公司的分销渠道。自营零售的，调查公司销售专卖店的设置；通过批发商进行销售的，调查经销或代理协议，判断是否全部委托销售代理而导致销售失控。

②查阅国家知识产权局商标局 中国商标网相关信息，调查公司是否是其主要产品的商标注册人。

③查阅国家质量技术监督部门或省一级的质量技术监督部门的证明或其他有关批复，调查公司的产品质量是否执行了国家标准或行业标准，近3年是否因违反有关产品质量和技术监督方面的法律、法规而受到处罚。

④是否存在假冒伪劣产品，打假力度如何。

⑤调查公司的主要竞争者及各自的竞争优势，从权威统计机构获取公司产品与其主要竞争者产品的市场占有率资料。

⑥获取或编制公司近几个会计年度各项产品占销售总收入比重明细表、各项产品产销率明细表。

⑦获取公司近几个会计年度对主要客户（至少前5名）的销售额、占年度销售总额的比例及回款情况；调查其客户基础是否薄弱，是否过分依赖某一客户而连带受到客户所受风险的影响；分析其主要客户的回款情况，以及是否存在以实物抵债的现象。

⑧获取近几个会计年度按区域分布的销售记录，分析公司销售区域局限化现象是否明显，产品的销售是否受到地方保护主义的影响。

⑨调查是否存在会计期末销售收入异常增长的情况。通过追查至会计期末

大额的收入确认凭证、审阅复核会计师期后事项的工作底稿等，判断是否存在虚开发票、虚增收入的情形。

⑩调查是否存在异常大额的销售退回情况。查阅销售合同、销售部门与客户对销售退回的处理意见等资料，判断销售退回的真实性。

⑪测算公司最近几个会计年度的应收账款周转率，调查公司坏账、呆账风险的高低情况。

⑫对于销售集中于单个或少数几个大客户的情况，需追查销货合同、销货发票、产品出库单、银行进账单，或以函证的方法确定销售业务发生的真实性。如果该项销售系出口，需追查出口报关单、结汇水单等资料，以确定销售业务发生的真实性。

⑬查阅会计师的工作底稿，调查是否存在大量的残次、陈旧、冷背、积压的存货；与会计师沟通存货跌价准备是否足额计提；计算公司最近几个会计年度产成品周转率，并与同行业可比公司比较。

⑭抽查部分重大销售合同，检查有无限制性条款，如产品须经安装或检修、有特定的退货权、采用代销或寄销的方式。

⑮调查关联销售的情况。如果存在对主营业务收入有重大贡献的关联销售，抽查不同时点的关联销售合同，获取关联销售的定价数据，分析不同时点的销售价格的变动，并与同类产品当时的市场公允价格比较。如果存在异常，分析其对收入的影响，分析关联销售定价是否合理，是否存在大股东与公司之间的利润输送或资金转移的现象。

5．技术与研发调查

（1）调查目标。

①调查公司专利、非专利技术。

②调查公司研发机构、人员、资金投入。

③调查公司正在研发的项目。

（2）调查程序。

①了解公司的行业技术标准，是否有国家标准、国际标准。

②调查公司核心技术的选择。调查公司较同行业其他公司在技术方面的领先程度。关注其核心技术是否为其他新技术所取代。

③获取公司专利技术、非专利技术等权利证书、在有权管理部门的登记文件以及相关协议，了解公司的专利技术、非专利技术有哪些。了解公司和新技术的来源，是属于自主开发、股东投资，还是属于购买或及拥有使用权。调查

公司基于上述技术拥有的权限，关注公司是否存在与上述技术相关的重大纠纷，核心技术是否超过法律保护期限。

④了解公司是否建立了相应的机制，保障与主要产品生产相关的非专利技术不被泄露。

⑤了解研发机构设置，获取公司目前的研发人员构成、近几年来用于研究开发的研发支出占销售收入的比重等数据。

⑥了解公司是否存在与科研院所的合作开发。若有，调查有哪些机构，合作项目有哪些，以及合作方式、合作项目的进展情况。

⑦了解公司研究人员的薪酬情况，包括公司核心技术人员的薪酬水平、公司主要竞争者（国内外公司）同类技术人员的薪酬水平。了解公司研究人员历年来的流失情况，公司是否实行了包括股权激励在内的其他激励措施。

⑧调查公司新产品研究开发周期（从产品开发到进入市场的周期），主要研发项目的进展情况，并对项目的市场需求做出描述。

（三）法律调查

1．独立性调查

（1）调查目标。

调查公司与具有实际控制权的法人或其他组织及其关联企业是否做到人员、财务、机构、业务独立以及资产完整。

（2）调查程序。

①公司的业务是否独立于股东单位及其他关联方。

获取股东单位及其他关联方的营业执照、公司与关联方签订的所有业务协议，检查公司与关联方的业务是否存在上下游关系。

②公司是否具有独立完整的供应、生产、销售系统。

第一，调查公司的部门设置，检查原材料采购部门、生产部门、销售部门是否与关联方分开，检查发起人与关联方的采购人员、生产人员、销售人员是否相互独立，有无兼职现象。

第二，检查所有采购、销售或委托加工协议，确认是否存在委托关联方采购、销售或加工的情况。

第三，获取公司的采购、销售账户，检查原材料的采购、货物销售是否与关联方账务分离。

③如供应、生产、销售环节以及商标权等在短期内难以独立，检查公司与控股股东或其他关联方是否以合同形式明确双方的权利义务关系。

第一，获取公司与控股股东或其他关联方签订的以下协议：综合服务协议、委托加工协议、委托销售协议、商标许可协议、其他业务合作或许可协议。

第二，上述合同是否明确了双方的权利义务。

④拥有的房产及土地使用权、商标、专利技术、特许经营权等无形资产的情况。获取不动产权证证书、商标注册证明、专利证书、特许经营证书等，检查其所有人、使用者是否合法。

⑤公司有无租赁房屋、土地使用权等情况，租赁是否合法有效。

检查有关房屋、土地的不动产权证，有租赁情况的，要对相关租赁协议进行检查。

⑥检查主要设备的产权归属。

检查固定资产账户，对其产权归属进行调查，并调查有无抵押发生。

⑦是否存在产权纠纷或潜在纠纷。

⑧公司对其主要财产的所有权或使用权的行使有无限制，是否存在主要财产被担保或者其他权利受限制的情况。

⑨是否存在混合经营、合署办公的情况。

⑩控股股东和政府部门推荐董事和经理人选是否通过合法程序进行，公司董事长是否不由主要股东或控股股东法定代表人兼任，公司经理、副经理、财务负责人、营销负责人、董事会秘书等高级管理人员是否在本单位领取薪酬，是否不在股东单位兼职。

⑪公司是否已按有关规定建立和健全了组织机构，是否与控股股东相互独立。

⑫公司是否设立了独立的财务会计部门，是否建立了独立的会计核算体系和财务管理制度（包括对子公司、分公司的财务管理制度）。

⑬是否存在控股股东违规占用（包括无偿占用和有偿使用）公司的资金、资产及其他资源的情况，如存在，需要说明原因。

⑭公司是否独立在银行开户，是否存在与控股股东共用银行账户的情况。

⑮公司是否存在将资金存入控股股东的财务公司或结算中心账户的情况。

⑯检查控股股东的财务公司或结算中心账户，检查公司与控股股东的往来账项。

⑰获取公司与控股股东的税务登记证明，检查公司是否依法独立纳税。

⑱与财务部门有关人员进行沟通，检查公司有关财务决策制度，判断公司是否能够独立做出财务决策，是否存在控股股东干预公司资金使用的情况。

2．同业竞争调查

（1）调查目的。

调查公司是否存在同业竞争，是否采取了有效措施避免同业竞争。

（2）调查程序。

①检查公司与控股股东及其子公司的经营范围是否相同或相近，是否在实际生产经营中存在同业竞争。

②如存在或可能存在同业竞争，公司是否采取了以下有效措施避免同业竞争。

第一，签署有关避免同业竞争的协议及决议，需审查该协议或决议有无损害公司利益的条款。

第二，调查有无其他有效的避免同业竞争的措施。如：针对存在的同业竞争，通过收购、委托经营等方式，将相竞争的业务纳入公司的措施、竞争方将业务转让给无关联的第三方的措施；公司放弃与竞争方存在同业竞争业务的措施；竞争方就解决同业竞争，以及今后不再进行同业竞争做出的有法律约束力的书面承诺。

③审阅公司的股东协议、公司章程等文件，检查是否有在股东协议、公司章程等方面做出避免同业竞争的规定。

3．关联方及关联交易调查

（1）调查目的。

①调查关联交易是否公允，是否损害公司及其他股东的利益。

②调查关联交易是否履行了法定批准程序。

（2）调查程序。

①关联方及其与公司之间的关联关系调查。检查所有关联方，主要包括：公司能够直接或间接地控制的企业、能够直接或间接地控制公司的企业、与公司同受某企业控制的企业、合营企业、联营企业、主要投资者个人或关键管理人员或与其关系密切的家庭成员、受主要投资者个人或关键管理人员或与其关系密切的家庭成员直接控制的其他企业。获取公司的主要采购、销售合同，检查公司的主要采购、销售合同的合同方是否是关联方。

②调查公司与关联企业是否发生以下行为：购买或销售商品、购买或销售除商品以外的其他资产，提供或接受劳务、代理、租赁，提供资金（包括以现金或实物形式的贷款或权益性资金）、担保和抵押、管理方面的合同、研究与开发项目的转移、许可协议、关键管理人员报酬。

③检查关联交易的详细内容、数量、金额；调查关联交易是否必要；该关联交易是否能够对公司产生积极影响；关联交易的内容、数量、金额，以及关联交易占同类业务的比重。

④调查关联交易定价是否公允，是否存在损害公司及其他股东利益的情况；如该交易与第三方进行，其交易价格如何，检查关联价格与市场价格（第三方）的差异及原因。

⑤检查关联交易协议条款，审查其内容是否公允合理，有无侵害公司利益的条款。

⑥对关联交易的递增或递减做出评价，并分析原因，获取为减少关联交易签订的协议、承诺或措施，检查这些承诺或措施的可行性。

⑦了解公司是否为控股股东及其他关联股东提供担保。

4．诉讼、仲裁或处罚调查

（1）调查目标。

①调查公司是否存在诉讼、仲裁或行政处罚事项。

②调查上述事项对公司财务状况、经营成果、声誉、业务活动、未来前景的影响。

（2）调查程序。

①调查是否具有对公司财务状况、经营成果、声誉、业务活动、未来前景等可能产生较大影响的诉讼或仲裁事项。

②如果有上述事项，需调查提起诉讼或仲裁的原因，诉讼或仲裁请求，可能出现的处理结果或已生效法律文书的执行情况，以及对公司财务状况、经营成果、声誉、业务活动、未来前景等可能产生的较大影响。

（四）资产调查

（1）调查目标。

了解并核实固定资产、在建工程和无形资产。

（2）调查程序。

①了解固定资产规模、类别，并核实期末价值。

a. 取得最近三年及最近一个会计期末"固定资产""累计折旧"账户资料及"固定资产减值准明细表"，并与会计报表核对是否相符。

b. 调查房屋及建筑物的成新度、产权归属。

c. 调查机器设备成新度、技术先进性、产权归属。

d. 了解有无设置抵押的固定资产，并与了解到的借款抵押进行核对。

　　e. 了解并描述计提折旧的方法，并将本期计提折旧额与"制造费用明细表"中的"折旧"明细项核对，确定是否相符。

　　f. 了解并描述固定资产减值准备计提方法，判断减值准备计提是否充分。

　　②了解在建工程规模，若规模较大，则需要进一步调查在建工程价值、完工程度，判断完工投产后对生产经营的影响。

　　③了解并核实无形资产入账依据及价值的合理性。

　　a. 取得无形资产清单及权属证明。

　　b. 调查每项无形资产来源。

　　c. 判断各项无形资产入账及入账价值的合理性。

　　④关注与生产密切相关的土地使用权、商标权、专利技术等无形资产权利状况。

（五）财务调查

1. 销售环节财务调查

　　（1）调查目标。

　　①了解并核实各期主营业务收入、主营业务成本、主营业务利润的真实性。

　　②了解并核实各期期末因销售活动产生的债权债务余额。

　　（2）调查程序。

　　①主营业务收入、主营业务成本、主营业务利润调查。

　　取得最近三年及一期主营业务收入、成本和毛利明细表，并与最近三年及一期利润表核对，确定是否相符。

　　价格调查：取得产品价格目录，了解主要产品目前价格及其前最近三年价格变动趋势，搜集市场上相同或相似产品价格信息，并与本企业进行比较。

　　单位成本调查：比较各期之间主要产品单位成本变化幅度。对较大幅度的变动（变动幅度＞10%），应询问原因并核实。

　　销售数量调查：比较各期之间主要产品销售数量的变动比率。对较大幅度的变动（变动幅度＞10%），应询问原因并核实。

　　毛利率调查：比较各期之间主要产品毛利率的变动比率。若变动幅度较大（变动幅度＞10%），应询问原因并核实；与行业平均的毛利率进行比较，若发现异常，应询问原因并核实。

　　主要客户调查：取得最近三年主要产品的主要客户统计表，了解主要客户，检查主要客户中是否有关联方，对异常客户进一步进行详细调查。

　　②应收票据、应收账款、坏账准备、预收账款调查。

取得最近三年及最近一个会计期末"应收票据""应收账款""坏账准备""预收账款"余额明细表，检查大额应收票据、预收款项、应收账款的客户是否为主要客户明细表中的主要客户；若不是公司的主要客户，则应结合销售结算方式，询问原因。

结合销售核算方式，判断各客户账龄是否正常，对异常情况，查明原因；对长期挂账款项，判断可回收性。

了解最近三年坏账准备计提方法是否发生变化，并了解变化的原因；结合账龄分析判断坏账准备计提是否充分。计算应收账款周转率，与同行业可比公司进行比较，出现异常情况，需进一步调查原因。

③销售费用调查。

计算各期之间销售费用变化比率，结合销售收入的变动幅度，分析销售费用变动幅度是否正常，对异常情况，应询问原因并核实。

2. 采购与生产环节财务调查

（1）调查目标。

①了解企业生产能力利用率、产销比率。

②了解并核实各期期末存货价值。

③了解并核实各期期末采购活动产生债权债务的余额。

④了解并核实各期期末应付工资及福利费。

（2）调查程序。

①了解最近三年及一期主要产品生产能力利用率、产销比率，初步判断生产经营情况是否正常。

取得最近三年及一期主要产品的生产能力、产量、销量统计表。

结合产量，判断生产设备利用情况及产成品库存，计算产销比率。

②了解并核实各期期末存货价值，为核实年销售总成本提供依据。

③了解并核实各期期末采购活动产生债权债务的余额。抽查因采购原材料而发生的大额债权债务的对应方是否是本公司的主要客户，若不是，应抽查采购合同，了解业务发生的原因，判断是否正常。对其他大额长期挂账款项，要查明原因。

④了解并核实各期期末应付职工薪酬。

⑤分析最近三年及一期资产负债表中"长期待摊费用""待处理财产损溢"金额是否异常，若异常，进一步核实。

3. 投资环节财务调查

（1）调查目标。

①了解并核实各会计期末长期投资余额、减值准备。

②了解并核实各会计期间投资收益的真实性。

（2）调查程序。

取得最近三年及一期长期股权投资、减值准备及投资收益明细表，关注大额及异常投资收益；对现金分得的红利，关注是否收现，有无挂账情况。

4. 融资环节财务调查

（1）调查目标。

①了解债务融资的规模、结构。

②了解权益融资。

（2）调查程序。

①取得最近三年及一期短期及长期借款增减变动及余额表，并与会计报表核对是否相符。

②取得最近三年及一期应付债券明细表，并与会计报表核对是否相符。

③取得财务费用明细表，以贷款合同规定的利率进行复核。

④取得最近三年及一期长期应付款及专项应付款明细表，与会计报表核对是否相符。

⑤取得最近三年及一期所有者权益增减变动及余额表，与各年增资、配股情况和各年利润分配方案相核对。

5. 税务调查

（1）调查目标。

①调查公司执行的税种和税率。

②调查公司执行的税收及财政补贴优惠政策是否合法、真实、有效。

③调查公司是否依法纳税。

（2）调查程序。

①查阅税法、公司的营业执照等文件，或与公司财务部门人员访谈，调查公司及其控股子公司所执行的税种（包括各种税收附加费）、税基、税率，调查其执行的税种、税率是否符合现行法律、法规的要求。

②调查公司是否经营进口、出口业务，查阅关税等法规，调查公司所适用的关税、增值税以及其他税种的税率。

③如果公司享有增值税减免税政策，查阅财政部、国家税务总局发布的相关法规或文件，调查公司提供的产品（服务）享受的税收优惠是否合法、合规、真实、有效，该项税收优惠的优惠期有多长。

④如果公司享有所得税减免的优惠政策或其他各种形式的财政补贴，查阅有关部门的法规或文件，调查该政策是否合法、合规、真实、有效，优惠期有多长。

⑤获取公司最近几个会计年度享受的税务优惠、退回的具体金额，依据相关文件，判断其是属于经常性损益，还是非经常性损益，测算其对公司各期净利润的影响程度。

⑥查阅公司最近三年的增值税、所得税以及适用的其他税种及附加费的纳税申报表、税收缴款书等文件，调查公司最近三年是否依法纳税。

⑦获取公司所处管辖区内的税务机关发布的证明，调查公司是否存在偷、漏税情形，是否存在被税务部门处罚的情形，是否拖欠税金。

⑧如果公司组织形式发生变化，如外资企业转变为内资企业，检查是否补足了以前减免的税款。

6．或有事项调查

（1）调查目标。

①调查或有事项的具体情况。

②判断上述事项对公司财务状况、经营成果、声誉、业务活动、未来前景等可能产生的影响。

（2）调查程序。

①调查公司因诉讼或仲裁情况可能引起的或有负债，引证诉讼专题。

②如果公司对售后商品提供担保，参照历史情况，估量顾客提出诉求的可能性。

③公司为其他单位的债务提供担保，调查提供担保的债务数额，是否承担连带责任，是否采取反担保措施，估算或有负债金额，确认公司是否以公司资产为本公司的股东、股东的控股子公司、股东的附属公司或者个人债务提供担保。

④环境保护的或有负债。

查阅公司有关环境保护方面的批文，明确是否达到环境保护的相关标准。

调查公司是否有污染环境的情况发生。

测算公司可能发生的治理费用数额或者可能支付的罚金数额。

（六）发展规划与财务预测调查

1．公司发展规划调查

（1）调查目标。

调查公司未来几年的发展规划。

（2）调查程序。

①取得公司所提供的商业计划书，或直接要求拟投资公司提供未来 3~5 年的发展规划，获知公司未来几年的发展目标、发展方向、发展重点、发展措施。

②取得公司计划投资项目的可行性研究报告，评估报告的可行性。

2．公司财务预测调查

（1）调查目标。

调查公司在未来几年的发展目标、发展规模、发展速度、发展的可能。

（2）调查程序。

①取得公司所提供的商业计划书，或直接要求拟投资公司提供未来 3~5 年的财务预测表，获知公司未来几年的财务发展目标、发展规模、发展速度。

②以销售为起点，核实公司所提供的各项预测指标制定的依据。

③根据公司所处的外部环境，调查公司各项指标实现的可能性。

④根据公司的经营管理水平与生产经营的其他条件，判断公司各项指标实现的可能性。

18.4 私募股权投资尽职调查

18.4.1 私募股权投资概述

私募股权投资（Private Equity，PE）从投资方式角度看，是指通过私募形式对私有企业，即非上市企业进行的权益性投资。

在交易实施过程中，私募股权投资会附带考虑退出机制，即通过公司首次公开发行股票、兼并与收购或管理层收购等方式退出获利。简单地讲，私募股权投资就是投资者寻找优秀的高成长性的未上市公司，向其注资，获得其一定比例的股份，推动公司发展、上市，此后通过转让股权获利。

私募股权投资的特点为对非上市公司的股权投资，因流动性差被视为长期投资，所以投资者会要求高于公开市场的回报。因为所投资的公司没有上市交易，所以就没有现成的市场供非上市公司的股权出让方与购买方直接达成交易。

私募股权投资通常以基金作为资金募集的载体，由专业的基金管理公司运作，如凯雷集团、KKR、黑石集团和红杉资本等国际知名投资机构，它们旗下都运行着多只私募股权投资基金。私募股权投资包括 Pre-IPO 投资，Pre-IPO 基金的投资具有风险小、回收快的优点，并且在企业股票受到投资者追崇的情况下，可以获得较高的投资回报。

18.4.2　私募股权投资尽职调查特殊关注

私募股权投资最佳的退出机制就是拟投资企业成功上市。私募股权投资尽职调查不仅要关注普通企业尽职调查所要关注的问题，而且有其特殊性，例如拟投资企业的持续盈利能力、关联交易、企业合并过往等，都不同于其他类型的对外投资尽职调查。

（1）持续盈利能力。

如果一个项目三年内要上市，投资前尽职调查应关注其是否有上市的硬伤或者可能造成上市推迟的问题。私募股权投资非常看重公司的盈利能力和成长性，如果公司最近三年及一期（主板、中小板）或最近两年及一期（创业板）的财务报表显示其盈利多且呈稳步上升趋势，则可忽略一些较小的问题。

（2）关联交易。

证监会关注公司过往的关联交易是否必要、公允，程序是否规范，关联交易发生频率是否呈降低的趋势。关联交易并非 IPO 前可突击解决的问题，须详细核查，识别公司的所有的关联方，判断其是否和关联方有过交易。对于民营企业，尤其要注意隐藏的关联关系。

（3）同业竞争。

不仅要关注控股股东、实际控制人和公司的同业竞争，对于持股 5% 以上或对公司有重大影响的股东，要关注其是否和公司有业务趋同状况，一般需要出具不竞争承诺函。目前证监会很难接受"同业但不竞争"的解释。若有同业竞争，解决方法是转让股份或收购。

（4）外商投资企业。

外商投资企业可以在我国上市，但如有境外母公司从事相关业务，可能存在潜在的同业竞争及独立性问题，从而给上市造成障碍。

（5）企业合并。

如果拟投资企业在上市前有收购计划，投资人要重点关注该收购计划是否会对公司上市进程造成影响。非同一控制下的合并与同一控制下的合并会因收购标的占公司特定财务指标的不同比例导致对上市时点安排产生不同的影响。

（6）国资程序。

如果拟投资企业有部分资产是从国有企业收购的，但未充分履行国资程序，可要求补办相关国资，流程补足评估价格和当时交易价格之间的差价流失，并请国资主管部门确认没有国有资产流失，以确认不产生被追责的风险。否则考虑剥离这部分资产。

（7）上市公司出售。

如果拟投资企业曾经从上市公司购买过资产，要核查交易是否经过上市公司董事会或股东大会的批准，是否构成关联交易；如是，核查关联方企业是否系上市公司近期募资所得投入的资产方，是否回避。另外，还需要关注拟投资企业是否可以再次上市。

（8）上市前应规范事宜。

可在上市前规范整改的问题，包括治理结构、股份代持、出资瑕疵、土地使用手续合规性、税收优惠的可持续性、股东和董监高资格等，亦需关注不阻碍上市的重大问题。

18.4.3　私募股权投资尽职调查主要内容

私募股权投资尽职调查的主要内容与风险投资尽职调查的主要内容存在较多相似之处。尽职调查是为了帮助企业对拟投资企业加深了解，减少信息不对称带来的弊端，合理有效地防范投资风险，以实现企业价值最大化的目标。而私募股权投资尽职调查相对于风险投资尽职调查，目标性更强，大多以上市为标准对拟投资企业进行评估分析。下面针对私募股权投资尽职调查主要内容有选择性地介绍，不赘述之前风险投资中反复提及的内容。

（一）公司基本情况

公司基本情况包括以下方面：公司基本资料、历史沿革、公司控股东与其他主要股东或实质控制人的基本情况、公司架构、公司组织机构设置、员工情况。

（二）公司财务状况

1. 公司最近两年经审计的财务报告（如有）或财务报表

（1）公司的资产负债表。

（2）公司的现金流量表。

（3）公司的利润表。

（4）公司的其他财务报告或报表。

2. 公司重要资产情况

公司重要资产包括土地、房屋、设备（含车辆）等。

（1）公司开户银行、银行账号等。

（2）公司所有的房屋产权证明。

（3）公司所有的不动产权证。

（4）公司所有的其他形态资产所有权证明。

3．公司借款以及对外提供的抵押、担保情况

（1）抵押担保的情况。如有，需提供担保合同。公司为其他企业、事业单位的债务担保。如有，需提供相关协议。

（2）公司借款与银行间关于销售的信贷安排等。

4．重大合同

公司正在履行或即将履行的标的金额在人民币 500 万元以上的重大合同。

5．税务情况

（1）公司需要缴纳的税种和税费的资料，依法应缴纳的税种名称、税率等，包括但不限于增值税、所得税等。

（2）公司税务登记证明、公司历年完税证明和最近两年实际纳税情况说明。

（3）公司享受的税收优惠及税务部门的批准文件。

（4）公司最近三年是否受到税务部门处罚。如有，需说明并提供处罚凭证。

（三）公司近三年重组和产权界定情况

（1）重组过程及重组方案。

（2）相应审计报告、评估报告。

（3）法律意见书，相关的董事会、股东会决议文件。

（4）股权、产权交割凭证。

（5）政府相关批复。

（四）公司高级管理人员与核心技术人员

高级管理人员与核心技术人员简历与基本情况。

（1）高级管理人员指总经理、副总经理、财务负责人、技术负责人和董事会秘书等。

（2）上述人员的基本情况包括姓名、性别、国籍和是否有在境外的永久居留权，年龄、学历、职称，曾经担任的重要职务及任期，主要工作经历及在企业的现任职务和兼任其他单位的职务，核心技术人员的主要成果及获得的奖项。

（3）董事长、监事会主席及总经理、技术负责人在最近 24 个月内变动的经过及原因。

（五）诉讼及行政处罚

（1）公司过去三年中，所发生的诉讼、仲裁以及它们的结果和对公司经营状况的影响。

（2）公司所涉及的现有或经合理预期可能产生的诉讼、仲裁、行政处罚或其他纠纷的情况。

（六）拟投资企业本轮融资及上市计划调查

1．与本轮融资有关事项调查

拟投资企业与本轮融资有关事项调查，其目标是获知拟投资企业所提出来的与本轮融资有关的事项。通过拟投资企业所提供的商业计划书或与公司领导人交流，获知与本轮融资有关的以下信息。

（1）本轮融资是股份转让，还是增资扩股，或二者兼而有之。

（2）企业价值的估计、本轮融资的金额、所占的投资比例。

（3）拟引入的投资者的数量，对投资者的具体要求，目前已接触过的、有倾向性的投资者。

（4）募投项目及资金的具体用途。

（5）本轮融资时间计划。

（6）融资后的管理制度安排及人事安排。

（7）信息披露的程度及具体措施。

（8）拟投资企业能够接受的对赌协议的内容。

（9）是否有管理层或核心技术人员的股权激励计划及具体内容。

2．未来上市计划调查

未来上市计划调查的调查目标是获知拟投资企业的上市计划及已做的工作。通过拟投资企业所提供的商业计划书，或与公司领导人交流，获知以下与上市有关的情况。

（1）上市的时间进度计划。

（2）上市地点的选择及理由。

（3）已经接触的、有倾向性的中介机构，是否与其签订意向书或协议，是否已经支付部分款项。

（七）其他资料

其他资料包括以下内容：公司规章和管理制度；公司自成立以来历次股东大会、董事会、监事会决议；公司历年来取得的各种荣誉称号及其依据；公司的对外宣传资料；其他中介机构出具的相关分析报告等。

第19章　其他常见尽职调查

19.1　新三板尽职调查

19.1.1　新三板尽职调查概念

新三板尽职调查所指尽职调查是基于主办券商的角度开展的，尽职调查以有利于投资者做出投资决策为目的，使其有理由相信：①公司符合《全国中小企业股份转让系统业务规则（试行）》规定的挂牌条件；②公开转让说明书中所披露的信息真实、准确和完整。

项目小组的尽职调查可以在注册会计师、律师等外部专业人士意见的基础上进行，如果认为外部专业人士发表意见所基于的工作不够充分，或对专业人士的意见有疑义，项目小组应进行独立调查。

19.1.2　新三板尽职调查主要内容和方法

一、业务调查

业务调查主要包括分析公司所处细分行业的情况和风险，调查公司商业模式、经营目标和计划。公司的商业模式是指公司如何使用其拥有的关键资源，通过有效的业务流程，形成一个完整的运行系统，并通过这一运行系统向客户提供产品或服务，满足客户需求并向客户提供价值，从而获得收入、利润和现金流。

（一）行业研究

通过搜集与公司所处行业有关的行业研究或报道，与公司管理层交谈，比较市场公开数据，搜集行业主管部门制定的发展规划、行业管理方面的法律法规及规范性文件，以及主办券商内部行业分析师的分析研究等方法，审慎、客观分析公司所处细分行业的基本情况和特有风险（如行业风险、市场风险、政策风险等）。行业研究涉及内容包括但不限于以下方面。

（1）行业所处的生命周期和行业规模。

（2）行业与行业上下游的关系（行业价值链的构成）。

（3）行业的竞争程度及行业壁垒。

（4）国家对该行业的监管体制和政策扶持或限制，以及产业政策对该行业的影响。

（5）影响该行业发展的有利和不利因素。

（二）公司产品考察

通过与公司管理层交谈、实地考察公司产品或服务、访谈公司客户等方法，调查公司产品或服务及其用途，了解产品种类、功能或服务种类及其满足的客户需求。公司产品考察涉及内容包括但不限于以下方面。

（1）产品或服务的种类。

（2）调查每种产品的功能和用途以及特定消费群体，或服务所满足的客户需求及特定消费群体。

（3）每种产品的技术含量（所应用的关键技术及所达到的技术指标）或服务的质量。

（4）每种产品或服务是否向消费者提供保障（售后服务等）。

（5）报告期内各期每种产品或服务的规模，需求状况及其对价格的影响。

（6）各类产品或服务在公司业务中的重要性，包括在销售收入及利润中的比重，在行业中所占的市场份额和变动趋势。

（7）公司对提高现有产品或服务质量、增强竞争力等方面将采取的措施以及公司新产品或服务种类的开发计划。

（三）关键资源调查

通过实地考察、与管理层交谈、查阅公司主要知识产权文件等方法，结合公司行业特点，调查公司业务所依赖的关键资源。关键资源调查涉及内容包括但不限于以下方面。

（1）公司独特的、可持续的技术优势（包括分析主要产品或服务的核心技术、可替代性以及核心技术的保护措施等）。

（2）研发能力和技术储备（包括分析公司的研发机构和研发人员情况、研发费用投入占公司业务收入的比重、自主技术占核心技术的比重等）。

（3）商标、专利、非专利技术等无形资产的数量、取得情况、实际使用情况、使用期限或保护期、最近一期期末账面价值、存在纠纷情况等。

（4）取得的业务许可资格或资质情况。

（5）特许经营权（如有）的取得、期限、费用标准。

（6）提供产品或服务时所使用主要设备和固定资产的情况。

（7）公司高级管理人员与核心技术（业务）人员的简要情况，主要包括：姓名、国籍等基本信息；职业经历（参加工作以来的职业及职务情况）；曾经担任的重要职务及任期，现任职务及任期；根据其业务经历、行业或专业背景，评价高级管理人员的经验和能力，整体评价整个管理团队是否有互补性。

（8）调查公司管理层及核心技术（业务）人员的薪酬，持股情况和激励政策（包括股权激励）。最近两年上述人员的主要变动情况、原因和对公司经营的影响，了解公司为稳定上述人员已采取或拟采取的措施，并评价管理层及核心技术（业务）人员的稳定性。

（9）公司的员工情况，主要包括：员工人数、年龄和工龄结构、任职分布、学历学位结构、地域分布等。

（10）其他体现所处行业或业态特征的资源要素。

（11）在公司所处细分行业中，从公司的技术优势、产品的技术指标或服务的标准要求、研发投入能力和技术储备、专利数量等方面，分析公司与竞争对手及潜在竞争对手之间的优劣势。如果竞争对手的信息不存在，可分析公司与行业平均水平相比的优劣势。

（四）公司业务流程调查

通过查阅公司业务制度、实地考察公司经营过程涉及的业务环节、对主要供应商和客户访谈等方法，结合公司行业特点，了解公司关键业务流程。公司业务流程调查涉及内容包括但不限于以下方面。

（1）供应链及其管理，公司对供应商的依赖程度及存在的经营风险。

（2）主要产品的生产流程或服务流程、生产工艺、质量控制、安全生产等。

（3）营销体系，包括销售方式、是否有排他性销售协议等壁垒、市场推广计划、客户管理、公司对客户的依赖程度及存在的风险。

（4）核心产品或服务的研发流程、周期以及更新换代计划。

（5）根据产业链分工情况，调查公司是否将营运环节交给利益相关者，如有，阐明其合作关系或商业联盟关系以及风险利益分配机制。

（6）重要资本投资项目（如规模化生产、重要设备投资等）的投资流程，包括投资决策机制、可行性和投资回报分析等。

（7）其他体现所处行业或业态特征的业务环节。

（五）公司收益情况调查

通过查阅商业合同、走访客户和供应商等方法，结合对公司产品或服务、关键资源和关键业务流程的调查，了解公司如何获得收益。公司收益情况调查涉及内容包括但不限于以下方面。

（1）收入构成情况，包括产品或服务的规模、定价方式和依据；收入变化情况和影响其变化的原因。

（2）成本结构及其变动情况和变动原因。

（3）分析每种产品或服务的毛利率及其变动趋势和变动原因。

（4）公司的现金流情况，尤其是与经营活动有关的现金流量，即经营活动产生的现金收入是否能抵补有关支出。

（5）在公司所处的细分行业中，分析比较公司与竞争对手之间在产品或服务分布、成本结构、营销模式和产品或服务毛利率等方面的优劣势，并预估公司在细分行业的发展趋势（主要地区或市场的占有率及其变化）。如果竞争对手的信息不存在，可分析公司与行业平均水平相比的优劣势。

（六）公司趋势调查

通过与公司管理层交谈，查阅董事会会议记录、重大业务合同等方法，结合公司所处行业的发展趋势及公司目前所处的发展阶段，了解公司整体发展规划和各个业务板块的中长期发展目标，分析公司经营目标和计划是否与现有商业模式一致，揭示公司业务发展过程中的主要风险（区别一般风险和特殊风险）及风险管理机制。

二、公司治理调查

（一）了解"三会"

通过查阅公司章程，了解公司组织结构，查阅股东大会、董事会、监事会（以下简称"三会"）有关文件，调查公司"三会"的建立健全及运行情况，说明上述机构和人员履行职责的情况，关注公司章程和"三会"议事规则是否合法合规、是否建立健全投资者关系管理制度、是否在公司章程中约定纠纷解决机制。

（二）董事会对治理机制的评估

公司董事会对公司治理机制进行讨论评估，内容包括现有公司治理机制在给股东提供合适的保护以及保证股东充分行使知情权、参与权、质询权和表决权等权利方面所发挥的作用、所存在的不足及解决方法等。

（三）公司治理机制调查

（1）是否依据有关法律法规和公司章程发布通知并按期召开"三会"；会议

文件是否完整，会议记录中时间、地点、出席人数等要件是否齐备，会议文件是否归档保存；会议记录是否正常签署。

（2）董事会和监事会是否按照有关法律法规和公司章程及时进行换届选举。

（3）董事会是否参与了公司战略目标的制定，检查其执行情况；董事会对管理层业绩进行评估的机制和执行情况。

（4）涉及关联董事、关联股东或其他利益相关者应当回避的，公司是否建立了表决权回避制度，检查其执行情况。

（5）监事会是否正常发挥作用，是否具备切实的监督手段，包括职工代表监事履行职责的情况。

（6）"三会"决议的实际执行情况，未能执行的会议决议，相关执行者是否向决议机构汇报并说明原因。

（四）公司股东调查

（1）通过查阅公司股权结构图、股东名册、公司重要会议记录、决议以及公司历次股权变动的相关文件，调查公司的股权结构、股东持股比例（包括直接和间接持股比例），以及直接或间接持股是否存在质押或其他有争议的情况，判断公司控股股东及实际控制人。

（2）通过查阅具有资格的中介机构出具的验资报告、咨询公司律师或法律顾问、询问管理层和会计人员、到工商行政管理部门查询公司注册登记资料，调查公司股东的出资是否及时到位，出资方式是否符合有关法律、法规的规定。通过查阅资产评估报告、询问资产评估机构等方法，对以实物、工业产权、非专利技术、土地使用权等非现金资产出资的，调查所使用的评估方法与评估值的合理性。

（3）调查公司股东之间是否存在关联情况，股东中是否有专业投资机构以及其参与公司治理的情况。

（4）调查公司管理层及核心技术人员的持股情况和所持股份的锁定情况。

（五）公司董事、监事调查

调查公司董事、监事的简要情况，主要包括：姓名、国籍及境外居留权、性别、年龄、学历、职称；职业经历（参加工作以来的职业及职务情况）；曾经担任的重要职务及任期；现任职务及任期；本人及其近亲属持有公司股份的情况；是否存在对外投资与公司存在利益冲突的情况。

（六）独立性调查

（1）通过查阅公司组织结构文件，结合公司的采购、生产和销售记录考察公司的供、产、销系统，分析公司是否具有完整的业务流程、独立的生产经营场所，以及供应、销售部门和渠道。通过计算公司的关联采购额和关联销售额分别占公司当期采购总额和销售总额的比例，分析是否存在影响公司独立性的重大或频繁的关联方交易，判断公司业务独立性。

（2）通过查阅相关会议记录、资产产权转移合同、资产交接手续和购货合同及发票，确定公司固定资产权属情况。通过查阅不动产权证等权属证明文件，了解公司的房产、土地使用权、专利与非专利技术及其他无形资产的权属情况。关注金额较大、期限较长的其他应收款、其他应付款、预收及预付账款产生的原因及交易记录、资金流向等，判断公司资产独立性。

（3）调查公司最近两年内是否存在资产被控股股东、实际控制人及其控制的其他企业占用，或者为控股股东、实际控制人及其控制的其他企业提供担保的情形。调查公司为防止股东及关联方资金占用或者转移公司资金、资产及其他资源的行为所采取的措施和相应的制度安排。对不存在以上情形的，应取得公司的说明，并根据调查结果判断公司资产独立性。

（4）通过查阅股东单位员工名册及劳务合同、公司工资明细表、公司福利费缴纳凭证，与管理层及员工交谈，取得高级管理人员的书面声明等方法，调查公司高级管理人员从公司关联方领取报酬及其他情况，调查公司员工的劳动、人事、工资报酬以及相应的社会保障是否完全独立管理，判断其人员独立性。

（5）通过与管理层和相关业务人员交谈，查阅公司财务会计制度、银行开户资料、纳税资料等方法，调查公司会计核算体系、财务管理和风险控制等内部管理制度的建立健全情况，并判断公司财务独立性。

（6）通过实地调查、查阅股东大会和董事会决议关于设立相关机构的记录、查阅各机构内部规章制度，了解公司的机构是否与控股股东完全分开且独立运作，是否存在混合经营、合署办公的情形，是否完全拥有机构设置自主权等，判断其机构独立性。

（七）同业竞争调查

通过询问公司控股股东、实际控制人，查阅营业执照，实地走访生产或销售部门等方式，调查公司控股股东、实际控制人及其控制的其他企业的业务范围，从业务性质、客户对象、可替代性、市场差别等方面判断是否与公司从事相同、相似业务，从而构成同业竞争。对存在同业竞争的，要求公司就其合理性做出解释，并调查公司为避免同业竞争采取的措施以及做出的承诺。

（八）政策制定执行情况调查

调查公司对外担保、重大投资、委托理财、关联方交易等重要事项的政策及制度安排，调查决策权限及程序等规定，并核查最近两年的执行情况，包括对上述事项的决策是否符合股东大会、董事会的职责分工，对该事项的表决是否履行了公司法和公司章程规定的程序，以及决策是否得到有效执行。

取得管理层就公司对外担保、重大投资、委托理财、关联方交易等事项的说明，判断是否符合法律法规和公司章程的规定，及其对公司影响的书面声明。

（九）管理层诚信调查

调查公司管理层的诚信情况，取得经公司管理层签字的关于诚信状况的书面声明，书面声明至少包括以下内容。

（1）最近两年内是否因违反国家法律、行政法规、部门规章、自律规则等受到刑事、民事、行政处罚或纪律处分。

（2）是否存在因涉嫌违法违规行为处于调查之中，尚无定论的情形。

（3）最近两年内是否对所任职（包括现任职和曾任职）公司因重大违法违规行为而被处罚负有责任。

（4）是否存在个人负有数额较大债务到期未清偿的情形。

（5）是否有欺诈或其他不诚实行为等情况。

通过查询中国人民银行征信中心、工商行政管理部门的企业信用信息系统等公共诚信系统，咨询税务部门、公司贷款银行等部门或机构，咨询公司律师或法律顾问，查阅相关记录以及其他合理方式，核实公司管理层是否存在不诚信行为的记录，评价公司管理层的诚信状况。

三、公司财务调查

（一）内部控制五要素调查

通过考察控制环境、风险识别与评估、控制活动与措施、信息沟通与反馈、监督与评价等基本要素，评价公司内部控制制度是否充分、合理、有效。通过与公司管理层及员工交谈、查阅公司规章制度等方法，调查公司是否建立会计核算体系、财务管理和风险控制等制度，确保公司财务报告真实可靠及行为合法合规。

通过与公司管理层及员工交谈，查阅董事会、总经理办公会等会议记录，查阅公司规章制度等方法，评价公司是否有积极的控制环境。具体包括考察董事会是否负责批准并定期审查公司的经营战略和重大决策、确定经营风险的可接受水平；考察高级管理人员是否执行董事会批准的战略和政策，以及高级管理人员和董事会间的责任、授权和报告关系是否明确；考察管理层是否促使公司员工了解公司内部控制制度并在其中发挥作用等。

通过与公司管理层交谈、查阅公司相关规章制度和风险评估报告等，考察管理层为识别和评估对公司实现整体目标有负面影响的风险因素所建立的制度或采取的措施，评价公司风险识别与评估体系的有效性。

通过与公司管理层及主要业务流程所涉及部门的负责人交谈，查阅业务流程相关文件，了解业务流程和其中的控制措施。控制措施包括授权与审批、复核与查证、业务规程与操作程序、岗位权限与职责分工、相互独立与制衡、应急与预防等措施。

项目小组应选择一定数量的控制活动样本，采取验证、观察、询问、重新操作等测试方法，评价公司的内部控制措施是否有效实施。

通过与公司管理层和员工交谈，查阅公司相关规章制度等，评价信息沟通与反馈是否有效。具体包括公司是否建立了能够涵盖其全部重要活动，并对内部和外部信息进行搜集和整理的有效信息系统，以及公司是否建立了有效的信息沟通和反馈渠道，确保员工能充分理解和执行公司政策和程序，并保证相关信息能够传达到应被传达到的人员。

通过与公司管理层及内部审计部门交谈，采用询问、验证、查阅内部审计报告和监事会报告等方法，考察公司内部控制监督和评价制度的有效性。

（二）财务风险调查

调查公司在报告期内的主要会计政策和会计估计是否有针对性地结合了公司的业务特点，是否起到有效防范公司特有财务风险的作用。

在上述调查基础上，听取注册会计师意见，评价公司现有内部控制制度在合理保证公司遵守现行法律法规、提高经营效率、保证财务报告的可靠性等方面的效果，关注内部控制制度的缺陷及其可能导致的财务和经营风险。

根据经审计的财务报告，分析公司最近两年及一期的主要财务指标，并对其进行逐年比较。财务指标主要包括毛利率、净资产收益率（包括扣除非经常性损益后净资产收益率）、基本每股收益、稀释每股收益、每股净资产、每股经营活动产生的现金流量净额、资产负债率（以母公司报表为基础）、流动比率、速动比率、应收账款周转率和存货周转率等。除特别指出外，上述财务指标应以合并财务报表的数据为基础进行计算。相关指标的计算应执行证监会的有关规定。在此基础上，分析公司的盈利能力、长/短期偿债能力、营运能力及获取现金能力，综合评价公司财务风险和经营风险，判断公司财务状况是否良好。各项财务指标与同行业公司平均水平相比有较大偏离的，或各项财务指标及相关会计项目有较大变动或异常的，应分析原因并进行重点调查。

根据经审计的财务报告，对公司收入、成本、费用的配比性进行分析性复核。通过分析公司收入、成本、费用的变动趋势、比例关系等，比较同行业其他公司的情况，评价公司收入与成本、费用，成本、费用与相关资产摊销等财务数据之间的配比或勾稽关系是否合理。对明显缺乏合理的配比或勾稽关系的事项，应要求公司管理层做出说明。

（三）应收账款调查

调查公司应收款项的真实性、准确性、完整性和合理性。查阅公司应收账款明细资料，结合公司行业特点和业务收入状况等因素，评价应收账款余额及其变动是否合理。抽查大额应收账款，调查其真实性、收回可能性及潜在的风险。

取得公司其他应收款明细资料，了解大额其他应收款的形成原因，分析其合理性、真实性、收回可能性及潜在的风险。

核查大额预付账款产生的原因、时间和相关采购业务的执行情况。调查应收票据取得、背书、抵押和贴现等情况，关注由此产生的风险。

分析公司应收款项账龄，评价账龄的合理性，了解账龄较长款项的形成原因及公司采取的措施，查核公司是否按规定提取坏账准备、提取是否充分。

（四）存货调查

调查公司存货的真实性、准确性、完整性和合理性。通过查阅公司存货明细资料，结合生产循环特点，分析原材料、在产品、产成品余额之间的比例及其变动是否合理。通过实地查看存货，评估其真实性和完整性。

分析比较公司存货账龄，评价账龄是否合理，了解是否有账龄较长的存货，查核公司是否按规定提取存货跌价准备、提取是否充分。

（五）公司投资调查

调查公司投资的真实性、准确性、完整性和合理性。通过与公司管理层及相关负责人交谈，了解公司投资的决策程序、管理层对投资风险及其控制所采取的措施，重点关注风险较大的投资项目。

采用与公司管理层交谈，查阅股东大会、董事会、总经理办公会等会议记录，查阅投资合同，查阅账簿、股权或债权投资凭证等方法，调查公司长/短期投资的计价及收益确认方法是否符合会计准则的相关规定。

关注公司对纳入合并财务报表范围子公司的投资核算方法是否恰当。听取注册会计师的意见，关注影响子公司财务状况的重要方面，评价其财务报表信息的真实性。

调查公司固定资产和折旧的真实性、准确性、完整性和合理性。

（六）固定资产与折旧调查

通过查阅公司经审计的财务报告，询问会计人员，了解公司固定资产的计价政策、固定资产折旧方法、固定资产使用年限和残值率的估计，评价相关会计政策和估计是否符合会计准则的相关规定。通过查阅账簿、实地查看等方法，考察公司固定资产的构成及状况。

根据公司固定资产折旧政策，对固定资产折旧进行重新计算。分析累计折旧占固定资产原值的比重，判断固定资产是否面临淘汰、更新、大修、技术升级等情况，并评价其对公司财务状况和持续经营能力的影响程度。

关注公司购建、处置固定资产等是否履行了必要的审批程序，手续是否齐全。

（七）无形资产调查

调查公司无形资产的真实性、准确性、完整性和合理性。

通过查阅公司经审计的财务报告、询问会计人员，了解公司无形资产的计价政策、摊销方法、摊销年限，评价相关会计政策和估计是否符合会计准则的相关规定，判断其合理性。

通过查阅投资合同、资产评估报告、资产权属证明、账簿等方法，对股东投入的无形资产，评价无形资产的入账价值是否有充分的依据，关注投资方取得无形资产的方式是否合法。对公司购买的无形资产，关注出售方与公司是否存在关联方关系，无形资产定价是否合理。对公司自行开发的无形资产，关注其确认时间和价值是否符合会计准则的相关规定。

关注处置无形资产是否履行了必要的审批程序，手续是否齐全。当预计某项无形资产已经不能带来经济效益时，关注公司是否已将该项无形资产的账面价值予以转销。

（八）资产减值准备情况调查

调查公司资产减值准备的真实性、准确性、完整性和合理性。

通过查阅公司经审计的财务报告、询问会计人员等方法，了解公司各项资产减值准备的计提方法是否符合会计准则的相关规定，依据是否充分，比例是否合理。

采用重新计算、分析等方法，考察公司资产减值准备的计提情况是否与资产质量状况相符。

关注公司资产减值准备的计提、冲销和转回等是否履行了必要的审批程序，计提方法和比例是否随意变更，金额是否异常，分析是否存在利用资产减值准备调节利润的情形。

（九）历次评估情况调查

通过查阅公司董事会决议、相关的资产评估报告，与公司相关业务人员交谈，咨询专业资产评估机构等方法，调查公司自成立之日起的历次资产评估情况。具体包括资产评估的原因及相关用途；资产评估机构的名称及主要评估方法，资产评估前的账面值，评估值及增减情况，增减变化幅度较大的，应说明原因。

（十）应付账款调查

调查公司应付款项的真实性、准确性、完整性和合理性。

查阅公司应付账款明细资料，结合公司行业特点和业务状况等因素，评价应付账款余额及其变动是否合理。抽查大额应付账款，调查其真实性、产生的原因和时间，以及相关采购业务的执行情况。核查应付票据的产生以及票据的利息核算，关注由此产生的风险。

分析公司应付账款和其他应付款账龄的合理性，了解账龄较长款项的形成原因及公司采取的措施。

（十一）收入调查

调查公司收入的真实性、准确性、完整性和合理性。

通过询问会计人员，查阅银行存款、应收账款、收入等相关账簿，查阅公司销售商品或提供劳务的合同与订单、发出商品或提供劳务的凭证、收款凭证、发票、关税等完税凭证、销售退回凭证等，了解公司的收入确认会计政策是否符合会计准则的相关规定。

核查公司是否虚计收入、是否存在提前或延迟确认收入的情况；了解公司收入构成，分析公司产品的价格、销量等影响因素的变动情况，判断收入是否存在异常变动或重大变动，并调查原因。关注公司销售模式对其收入确认的影响及是否存在异常。

（十二）成本调查

调查公司成本的真实性、准确性、完整性和合理性。

通过查阅公司的生产流程管理文件和财务文件，与公司业务人员、会计人员访谈等方法，了解公司生产经营各环节的成本核算方法和步骤，确认公司的成本核算方法是否与业务情况相符，报告期内是否发生变化。取得公司主要产品或服务的成本明细表，分析产品或服务的单位成本构成情况，并结合公司生产经营情况、市场和同行业企业情况（如原材料市场价格、燃料和动力的耗用量、员工工资水平等），判断公司成本的合理性；关注公司是否存在未及时结转成本的情况。

（十三）费用调查

调查公司广告费、研发费用、利息费等费用项目的真实性、准确性、完整性和合理性。

通过查阅重要广告合同、付款凭证等方法，分析广告费的确认时间和金额是否符合会计准则的相关规定，关注公司是否存在提前或延迟确认广告费的情况。

通过查阅账簿、凭证方法，询问相关业务人员等方法，调查公司是否存在将研究费用资本化的不合理情况。

通过查阅资本支出凭证、利息支出凭证、开工证明等资料，现场查看固定资产购建情况，重新计算利息费用等方法，调查公司利息费用资本化的情况是否符合会计准则的相关规定。

对计入当期损益的利息费用，通过查阅借款合同、资金使用合同、利息支出凭证，重新计算等方法，调查公司利息费用是否真实、完整，关注逾期借款利息、支付给关联方的资金使用费等，评价公司是否存在财务费用负担较重的风险以及有关利息费用支付合同的有效性和公允性。

（十四）非经常性损益调查

调查公司非经常性损益的真实性、准确性、完整性和合理性。

取得公司非经常性损益明细表，计算非经常损益及其占利润总额的比例。对非经常性损益占利润总额比例较高的，应通过查阅相关事项法律文件、审批记录、账簿、凭证、合同等方法，分析相关损益同公司正常经营业务的关联程度以及可持续性，判断其对公司财务状况和经营成果的影响。

（十五）股利政策调查

调查公司最近两年的股利分配政策、实际股利分配情况以及公司股票公开转让后的股利分配政策。

（十六）合并财务报表调查

调查公司合并财务报表。

通过查阅公司及其子公司经审计的财务报告，结合对公司投资事项的调查，了解公司与其子公司的股权关系，调查公司合并范围的确定及变动是否合理、公司与其子公司会计期间和会计政策是否一致及不一致时的处理是否符合相关规定、尽职调查所涵盖期间内合并范围是否发生变动，评价公司合并财务报表合并抵销的内容和结果是否准确。

对于纳入合并范围的子公司，应对其财务状况按照本指引的要求一并进行调查。

（十七）关联方及关联关系调查

调查公司的关联方、关联方关系及关联方交易，说明相应的决策权限、决策程序、定价机制等情况，并根据交易的性质和频率，分别评价经常性和偶发性关联交易对公司财务状况和经营成果的影响。

通过与公司管理层交谈、查阅公司股权结构图和组织结构图、查阅公司重要会议记录和重要合同等方法，确认公司的关联方及关联方关系。

通过与公司管理层、会计机构和主要业务部门负责人交谈、查阅账簿和相关合同、听取律师及注册会计师意见等方法，调查公司关联方交易的以下内容。

（1）决策是否按照公司章程或其他规定履行了必要的审批程序；定价是否公允，与市场独立第三方价格是否有较大差异。如有，管理层应说明原因。

（2）来自关联方的收入占公司主营业务收入的比例、向关联方采购的金额占公司采购总额的比例。

（3）关联方的应收、应付款项余额分别占公司应收、应付款项余额的比例是否较大，关注关联方交易的真实性和关联方应收款项的可收回性。

（4）关联方交易产生的利润占公司利润总额的比例是否较大。

（5）关联方交易有无大额销售退回情况。如有，关注其对公司财务状况的影响。

（6）是否存在关联方关系非关联化的情形。例如，与非正常业务关系单位或个人发生的偶发性或重大交易，缺乏明显商业理由的交易，实质与形式明显不符的交易，交易价格、条件、形式等明显异常或显失公允的交易，应当考虑是否为虚构的交易、是否实质上是关联方交易、该交易背后是否还有其他安排。

（7）关联方交易存在的必要性和持续性，以及减少和规范关联方交易的具体安排。

（十八）审计意见及事务所变更调查

核查注册会计师对公司财务报告的审计意见。

通过查阅审计报告，核实注册会计师对公司财务报告出具的审计意见类型。如审计意见为带强调事项段的无保留意见，应要求公司董事会和监事会对审计报告涉及事项的处理情况做出说明，并关注该事项对公司的影响是否重大、影响是否已经消除、违反公允性的事项是否已予纠正。公司最近两年更换会计师事务所的，项目小组应通过咨询会计人员、查阅会议记录、取得公司管理层说明等方法，调查公司更换会计师事务所的原因、履行审批程序情况，以及前后任会计师事务所的专业意见情况等。

四、公司合法合规调查

（一）股权情况调查

（1）通过查阅公司的设立批准文件、营业执照、公司章程、工商变更登记资料、工商年检等文件，判断公司设立、存续的合法性，核实公司设立、存续是否满两年。

（2）调查公司历次股权变动的情况，包括转让协议、转让价格、资产评估报告（如有）、新股东所取得的各种特殊权利（如优先清算权、优先购买权、随售权等）、此次转让后变更的公司章程以及董事会的变化情况。

（二）公司设立及存续情况调查

主办券商应对有限责任公司整体变更为股份有限公司（以下简称"改制"）进行重点调查。调查内容包括：查阅公司改制的批准文件、营业执照、公司章程、工商登记资料等文件，判断公司改制的合法合规性；查阅审计报告、验资报告等，调查公司改制时是否以变更基准日经审计的原账面净资产额为依据，折合股本总额是否不高于公司净资产；通过咨询公司律师或法律顾问、查阅董事会和股东会决议等文件，调查公司最近两年内主营业务和董事、高级管理人员是否发生重大变化，实际控制人是否发生变更，如发生变化或变更，判断对公司持续经营的影响。

（三）重大违法违规调查

调查公司最近两年股权变动的合法合规性以及股本总额和股权结构是否发生变化。通过咨询公司律师或法律顾问，查阅已生效的判决书、行政处罚决定书以及其他能证明公司存在违法违规行为的证据性文件，判断公司是否存在重大违法违规行为。通过询问公司管理层，查阅公司档案，向税务部门查询等，了解公司是否有违法违规记录。

通过与公司股东或股东的法定代表人交谈、查阅工商变更登记资料等，调查公司股份是否存在转让限制的情形，并取得公司股东或股东的法定代表人的股份是否存在质押等转让限制情形、是否存在股权纠纷或潜在纠纷的书面声明。

（四）财产合法性调查

调查公司主要财产的合法性，是否存在法律纠纷或潜在纠纷以及其他争议。

通过查阅公司房产，土地使用权、商标、专利、版权、特许经营权等无形资产，以及主要生产经营设备等主要财产的权属凭证、相关合同等资料，咨询公司律师或法律顾问的意见，必要时进行实地查看，重点关注公司是否具备完整、合法的财产权属凭证，商标权、专利权、版权、特许经营权等的权利期限情况，判断是否存在法律纠纷或潜在纠纷。

（五）重大债务调查

调查公司的重大债务，重点关注将要履行、正在履行以及虽已履行完毕但可能存在潜在纠纷的重大合同的合法性、有效性，是否有因环境保护、知识产权、产品质量、劳动安全、人身权等原因产生的债务，以及公司金额较大的其他应付款是否因正常的生产经营活动发生、是否合法。

（六）纳税情况调查

调查了解公司的纳税情况是否符合法律、法规和规范性文件的要求。

通过询问公司税务负责人，了解公司及其控股子公司执行的税种、税率，查阅公司的纳税申报表、税收缴款书、税务处理决定书或税务稽查报告等资料，关注公司纳税情况是否符合法律、法规和规范性文件的要求，公司是否存在拖欠税款的情形，是否受过税务部门的处罚。

通过查阅公司有关税收优惠、财政补贴的依据性文件，判断公司享受优惠政策、财政补贴是否合法、合规、真实、有效。

（七）环境保护产品质量、技术标准调查

调查公司环境保护和产品质量、技术标准是否符合相关要求。

通过询问公司管理层及相关部门负责人、咨询公司律师或法律顾问、取得公司有关书面声明等，关注公司生产经营活动是否符合环境保护的要求，是否受过环境保护部门的处罚。

公司产品是否符合有关产品质量及技术标准，是否受过产品质量及技术监督部门的处罚。

（八）其他调查

通过对公司控股股东、实际控制人、董监高、核心技术（业务）人员访谈，询问公司律师或法律顾问，核查公司是否存在违约金或诉讼、仲裁费用的支出。通过走访公司住所地的法院和仲裁机构等方法，调查公司是否存在重大诉讼、仲裁和其他重大或有事项，分析该等已决和未决诉讼、仲裁与其他重大或有事项对公司的重大影响，并取得管理层对公司重大诉讼、仲裁和其他重大或有事项情况及其影响的书面声明。

19.2 房地产信托尽职调查

19.2.1 房地产信托尽职调查概念

房地产信托尽职调查是指业务人员遵循审慎稳健、实事求是的原则，通过实地考察、查看、查询等方法，对申请立项的房地产信托项目之影响业务安全性的因素进行全面调查，并确认借款人、担保人等交易合作方（下称"交易对手"）提供信息真实性的过程。

为进一步规范房地产信托业务的操作规程，提高房地产信托项目尽职调查工作的准确性、有效性和全面性，防范和控制业务风险，相关部门根据《中华人民共和国公司法》《中华人民共和国信托法》《信托公司管理办法》，以及中国银行保险监督管理委员会和其他有关政府部门的规定，制定了《房地产信托业务尽职调查工作指引》。

19.2.2 房地产信托尽职调查基本要求

（1）房地产项目尽职调查实行项目小组制，每组人数须为 2 人以上。项目小组成员应具备法律、财务、房地产行业等方面的相关知识。项目小组亦可根据需要外聘会计师事务所、律师事务所等中介机构一同参与尽职调查。

（2）项目小组对拟投资的房地产开发项目（下称"目标项目"）调查和交易对手资料的验证应以实地直接调查为主，间接调查为辅。尽职调查工作方式包括但不限于现场核查，法律文件审查，财务凭证审验，函证，人员询问笔录，网络查询，以及审核第三方会计师、律师和评估师出具的报告或意见书等。具体形式包括以下方面。

①与交易对手管理层（包括董事、监事及高级管理人员，下同）座谈。

②查阅交易对手之工商登记资料、重要会议记录、重要合同、账簿、审计报告、凭证等。

③实地察看重要实物资产。

④通过比较、重新计算等方法对财务数据进行分析，从中发现问题，并掌握产生这些问题的原因。

⑤询问交易对手相关人员。

⑥与会计师事务所、律师事务所等中介机构合作，充分听取专业人士的

意见。

⑦以面谈、发函询证等方式向包括交易对手之客户、债权人、行业主管部门、同行业其他公司及金融机构等在内的第三方就有关问题进行查询。

⑧通过网络、报刊、电台等渠道查询社会公开信息。

⑨其他可以采用的方式和措施。

（3）项目小组应根据交易对手及目标项目特点，对相关风险点进行重点调查。

（4）项目小组进行尽职调查时，应对尽职调查工作留痕，认真做好记录并由随行人员签字。记录方式包括但不限于对交易对手的证照原件、主要资产进行复印、扫描、现场拍照等方式。前述资料应作为尽职调查报告的附件。

（5）项目小组应根据尽职调查情况出具尽职调查报告。尽职调查报告应列明尽职调查工作的内容以及结论。

19.2.3　房地产信托尽职调查主要内容和方法

（一）交易对手基本情况调查

1. 交易对手设立、变更情况及开发资质调查

项目小组应通过查阅交易对手的设立批准文件、营业执照、房地产开发资质证书、公司章程（包括历次章程修正案）等文件资料，核查交易对手设立程序、合并及分立情况、工商变更登记、年度检验、房地产开发资质等级等事项，对交易对手的设立、存续、变更、经营情况的合法性做出判断。因资料不全、不符、真伪不明，导致无法做出判断时，应到工商管理部门进行核查。

对于系非企业的或境外设立的交易对手，项目小组应调查是否依其注册地法律有效成立及存续，核实其主体资格。如该交易对手为担保人，应调查其是否具备担保资格，必要时可委托交易对手所在地律师进行调查，出具相关法律意见。根据交易对手注册地的法律法规，项目小组还须进行其他相关的合规性调查。

2. 交易对手发起人出资情况调查

项目小组应通过查阅交易对手的营业执照、发起协议、验资报告、历次股东会决议、章程修正案、发起人的营业执照或身份证明文件等有关资料，核查发起人是否已足额缴纳出资、出资是否符合法律规定、是否存在抽逃资金等情况。如发起人未足额缴纳出资，应进一步了解未足额缴纳的原因、是否已构成违法违约。如发起人以实物、知识产权、土地使用权等非货币资产出资，应核查资产的产权过户情况，并查阅资产评估报告，分析资产产权的合法性及评估结果的合理性。

3．交易对手股权结构、下属企业及股东背景调查

项目小组应通过查阅交易对手的营业执照、历次股东会决议、章程修正案、审计报告等资料，及与金融机构、交易对手之同行业机构、行业主管部门、法定代表人、高管进行访谈，核查交易对手的股权结构（股东名称、出资金额、出资方式、持股比例）、下属企业的情况（控股 50% 以上的子公司名称、注册资本、控股比例、主营业务）及股东背景，了解有关直接持股和间接持股的情况。对于交易对手股东背景，必须追溯到交易对手的最终股东，了解最终股东对交易对手的持股状况和控制程度。如交易对手系民营、私营或集体企业，还要关注其创业、发展和经营的历史。

4．交易对手团队及自然人保证人调查

项目小组应取得交易对手实际控制人、核心管理人员（法定代表人、董事长、总经理、财务经理等）或自然人保证人的个人简历，以及中层管理人员的素质结构，全部员工的概况等资料。对交易对手实际控制人、法定代表人或自然人保证人，项目小组应通过工商档案、网络、交易对手之同行业机构、行业主管部门等相关渠道查询其个人身份证明的真实性。

（二）交易对手经营状况调查

1．交易对手管理层经营目标、经营理念调查

项目小组可通过与公司管理层访谈，查阅股东大会、董事会、监事会、总经理办公会会议记录等方法，了解交易对手长/短期经营目标、拟采取的措施及其对公司经营和财务状况的影响。考察管理层的经营理念与风险意识，关注影响公司经营的重要决策及公司战略可感知的优劣势是否与目前的市场趋势完全一致，关注交易对手管理层的行业经验及是否采取前瞻性判断及行动。

2．交易对手的项目运营及开发能力调查

项目小组可通过网络、交易对手之同行业机构、行业主管部门等相关渠道，查阅交易对手的审计报告等资料，了解交易对手所开发楼盘历史情况及交易对手品牌市场效应情况，包括所开发楼盘的规模、定位、市场反应、利润率等情况以及交易对手的知名度、市场份额、美誉度等情况，以评估交易对手的项目运营水平及开发能力。

3．交易对手的资产质量及区域多元化调查

项目小组可通过与公司管理层访谈、查阅相关权属资料等方法，了解交易对手的土地储备情况及构成主营业务收入（或投资收益）来源的开发项目情况，

关注土地储备及项目的类型、地理位置、区域优势及增/贬值幅度，并对土地储备及构成主营业务收入（或投资收益）来源的项目按类别分析其投资回报或未来销售前景，评估交易对手资产的流动性、区域组合的有效性及获得高增值土地的能力。

4. 交易对手的新项目开发及重大投资情况调查

项目小组可通过查阅股东大会、董事会、监事会、总经理办公会会议记录、财务报告等方法，了解交易对手新产品（新项目）开发及重大投资情况，并与公司管理层访谈，了解交易对手对新项目开发的态度、发展战略是否基于新项目开发而制定、被执行战略是否在公司以往业绩被证实的区域或领域内完成，评估交易对手对新项目开发的投机成分、新项目开发风险是否有限、风险存在多大敞口及新项目开发失败对交易对手的财务影响。

5. 交易对手的管理能力调查

项目小组可通过与公司管理层访谈，查阅股东大会、董事会、监事会、总经理办公会会议记录、财务报告等方法，了解交易对手财务集约化管理水平及内控机制，包括公司重大决策是否经过充分科学论证并达到预期目标、管理层是否团结协作、公司组织机构是否健全及合理、信用管理体系及业务监控机制是否完备、战略收益是否高于执行的潜在成本，并着重关注交易对手有无重大决策失误、是否缺乏权力制衡机制、员工满意度是否较低、资金管理及使用是否粗放并导致浪费、主要客户是否违约并产生重大财务影响等情况。

6. 交易对手的行业地位调查

项目小组可通过网络、交易对手之同行业机构、行业主管部门等相关渠道，了解交易对手所开发项目在区域行业内的竞争地位、排名，以及交易对手在所在区域或全国范围内房地产行业的综合实力排名。

（三）交易对手财务状况调查

1. 交易对手的财务数据调查

项目小组应取得交易对手最近三年及一期的财务报表，并关注是否经审计、审计机构名称、审计意见类型等信息。

若交易对手不能出具审计报告，可根据评估及决策需要，安排必要的专项审计。

如审计意见为非标准无保留意见，应要求公司董事会和监事会对审计报告涉及事项处理情况做出说明，并关注该事项对公司的影响是否重大、影响是否已经消除、违反公允性的事项是否已经予以纠正。

交易对手最近两年更换会计师事务所的，项目小组应通过咨询会计人员、查阅会议记录、取得公司管理层说明等方法，了解交易对手更换会计师事务所的原因。

对于境外设立的交易对手，必要时项目小组可聘请交易对手所在地会计师事务所或其他中介机构进行财务、资产评估、审计。

2．交易对手的财务指标调查

项目小组应根据经审计的财务报告或最近时点财务报表，分析交易对手主要财务指标，调查相关财务风险。

（1）计算交易对手主营业务利润率、净资产收益率、资产负债率、流动比率、速动比率、应收账款周转率和存货周转率等指标，分析交易对手的盈利能力、长/短期偿债能力及营运能力。各项财务指标与房地产行业平均水平相比有较大偏离的，或各项财务指标及相关会计项目有较大变动的，应要求交易对手做出说明。

（2）分析交易对手现金及现金等价物净增加额和经营活动产生的现金流量净额，重点关注经营活动创造现金的充分性和稳定性，评估交易对手是否经营正常。

（3）取得交易对手存货、应收账款和其他应收款明细资料，结合房地产行业特点，分析比较交易对手存货、应收账款和其他应收款账龄，评价存货、应收账款和其他应收款余额及其变动是否合理，了解账龄较长的存货、应收款项的形成原因及交易对手采取的措施。

（4）取得交易对手短期负债和长期负债明细资料，查阅借款合同，了解各项借款的保证条款，查看银行贷款卡相关信息，分析目前交易对手的负债与资产以及在本次融资后的负债结构和总规模与总资产的配比情况，分析负债对交易对手经营和现金流量的影响。

3．交易对手关联方交易及非经常性损益调查

项目小组应通过查阅审计报告，与公司管理层访谈，查阅公司股权结构图和组织结构图、重要会议记录和重要合同等方法，了解交易对手生产经营中存在的关联方交易及非经常性损益事项，了解具体方式、途径及对公司经营的影响程度，对交易对手的盈利能力做出实质性判断。

4．交易对手资金结构和融资渠道调查

项目小组应分析交易对手现金流量流入流出结构，包括交易对手经营、投资、筹资活动的现金流入比及流出比，评价交易对手融资及销售渠道是否畅通、是否存在资金缺口。了解交易对手现有资金结构、融资渠道、未来资金需求及融资计划，评估资金缺口是否可以得到解决及融资能力对公司经营的影响。

5．交易对手收入调查

项目小组应分析交易对手各类产品（或项目）近三年的收入（或投资收益）及其在全部收益中的比重、交易对手之主要客户或市场分布等情况，了解交易对手的收入来源，评估交易对手未来的收入是否可靠及稳定。

6．交易对手的重大债务调查

项目小组应通过查阅财务报表、审计报告以及中国人民银行企业信用信息基础数据库系统，查阅相关合同、董事会决议等方式，调查交易对手债务状况，重点关注将要履行、正在履行以及虽已履行完毕但可能存在潜在纠纷的重大合同的合法性、有效性，判断交易对手与关联方之间是否存在重大债权债务关系，金额较大的其他应收款、其他应付款的合法性和真实性。对于对交易对手偿债能力及担保能力有重大影响的重大债务事项，应进行函证核实。

7．交易对手对外担保的调查

项目小组应通过查阅审计报告以及中国人民银行企业信用信息基础数据库系统，与交易对手的法定代表人及授权代表进行访谈，查阅交易对手董事会和股东大会的会议记录和与保证、抵押、质押等担保事项有关的重大合同，统计交易对手对外担保的金额及其占净资产的比例。

重点关注对交易对手偿债能力或担保能力有重大影响的担保事项，评价交易对手履行担保责任的可能性及金额，必要时应了解被担保方的偿债能力及反担保措施。

（四）交易对手法律状况调查

1．交易对手重大违法违规行为调查

项目小组应通过与交易对手法定代表人、高管进行访谈，查阅档案，向主管部门及社会公开信息查询等多种方式，了解交易对手是否有违法违规记录。

对交易对手法定代表人、高管、自然人保证人，应通过中国人民银行个人征信系统核查是否存在不良记录。

2．交易对手主要资产的合法性调查

项目小组应通过查阅财产权属凭证、购置文件等资料的方式，对交易对手主要资产，包括但不限于房屋、机器设备等实物资产及专利权、特许经营权等无形资产，进行财产权属的合法性及完备性核查。对于对交易对手偿债能力及担保能力有重大影响的核心资产，应向土地、房产、工商、知识产权等管理部门核实。

3．交易对手重大诉讼、仲裁及未决诉讼、仲裁情况调查

项目小组应通过社会公开信息查询，与交易对手的法定代表人、高管、法务人员、律师或法律顾问访谈，查阅公司的重大合同、董事会会议记录等方式获取交易对手已有及或有诉讼及仲裁事项信息。对已存在并可能对交易对手偿债能力或担保能力产生重大影响的事项，应取得律师或法律顾问的专业意见及相关证据。

（五）担保财产的调查

1．担保财产价值调查

项目小组可查阅担保财产价值评估报告，或在必要时委托第三方对担保财产进行价值评估，以了解担保财产价值。同时应在对担保财产（包括但不限于抵押物、质物）进行合法性调查的基础上，进一步了解担保财产有无出租、抵押、质押、查封、留置、优先权、限制流通等权利限制，并评估权利限制对担保价值的影响。

2．担保财产流动性调查

项目小组可通过向行业内专家或第三方专门机构咨询等方式，判断担保财产的稀缺性及流动性，以评估担保财产的市场前景和变现风险。

3．担保登记及处置方式调查

项目小组可通过向登记主管部门、行业内专家或律师事务所等第三方机构咨询等方式，了解办理担保登记及对担保财产进行处置的方式、要求、流程及所需时间，以评估担保的可行性。

19．2．4　房地产信托尽职调查工作监督

（1）部门领导及其授权的人员负责对尽职调查工作进行监督和评估。

（2）经批准立项的项目，项目小组提出项目审议申请时，应当同时提交相应阶段的尽职调查报告及相关底稿文件。

（3）部门领导及其授权的人员有权要求项目小组对未尽事宜重新或进一步履行尽职调查责任。

（4）项目发生重大事项变化，项目小组应及时报告，由部门领导及其授权的人员决定是否继续执行。

19．2．5　房地产信托尽职调查档案管理

尽职调查工作应形成底稿（格式见表19－1），底稿体现的内容具体包括但

不限于：尽职调查的各种书面记录文件、会议记录、开发项目或交易对手的有关政府批准文件、法律文件、制度文件、财务资料、承诺文件、合同文件、行业调查资料、诉讼等重大事项的有关文件，必须妥善保管。

《尽职调查报告》应当与底稿体现的内容完全一致，并以底稿为依据。

表 19 - 1　　　　　　尽职调查工作底稿

项目名称：　　　　　　　编号：

调查地点		调查时间	
合作方人员			
调查方法			
调查过程及内容			
调查结论			
其他应说明的事项			
附件	（尽职调查取得的相关资料，直接附在底稿后）		

调查人员：（签字）

19.3　公司债券承销业务尽职调查

19.3.1　公司债券承销业务尽职调查概念

公司债券承销业务尽职调查是指承销机构及其业务人员勤勉尽责地对发行人进行调查，以了解发行人经营情况、财务状况和偿债能力，并有合理理由确信募集文件真实、准确、完整以及核查募集文件中与发行条件相关的内容是否符合相关法律法规及部门规章规定的过程。

为规范承销机构开展公司债券承销业务，促进承销机构做好尽职调查工作，中国证券业协会根据《公司债券发行与交易管理办法》《公司债券承销业务规范》等相关法律法规、规范性文件和自律规则，制定《公司债券承销业务尽职调查指引》。法律法规、自律组织等对公司债券承销业务尽职调查工作另有规定的应当从其规定。

19.3.2　公司债券承销业务尽职调查基本要求

（1）承销机构应当建立健全内部控制制度，确保参与尽职调查工作的业务人员能够恪守独立、客观、公正的原则，具备良好的职业道德和专业胜任能力。

（2）尽职调查过程中，对发行人发行的募集文件中无中介机构及其签名人员专业意见支持的内容，承销机构应当在获得合理的尽职调查材料并对各种尽职调查材料进行综合分析的基础上进行独立判断。

（3）对发行人发行的募集文件中有中介机构及其签名人员出具专业意见的内容，承销机构应当结合尽职调查过程中获得的信息对专业意见的内容进行审慎核查。对专业意见存有异议的，应当主动与中介机构进行协商，并可以要求其做出解释或出具依据；发现专业意见与尽职调查过程中获得的信息存在重大差异的，应当对有关事项进行调查、复核，并可以聘请其他中介机构提供专业服务。

（4）尽职调查工作完成后，承销机构应当撰写尽职调查报告。同时，承销机构应当建立尽职调查工作底稿制度，工作底稿应当真实、准确、完整地反映尽职调查工作。

（5）尽职调查工作底稿及尽职调查报告应当妥善存档，保存期限在公司债券到期或本息全部清偿后不少于五年。

19.3.3　公司债券承销业务尽职调查内容和方法

一、基本方法

承销机构开展尽职调查可以采用查阅、访谈、列席会议、实地调查、信息分析、印证和讨论等方法。

二、主要内容

公开发行公司债券的，尽职调查内容包括但不限于以下方面。

（1）发行人基本情况。

（2）发行人财务会计信息。

（3）发行人及本期债券的资信情况。

（4）募集资金运用。

（5）增信机制、偿债计划及其他保障措施。

（6）利害关系。

（7）发行人履行规定的内部决策程序情况。

（8）募集文件中与发行条件相关的内容。

（9）发行人存在的主要风险。

（10）在承销业务中涉及的、可能影响发行人偿债能力的其他重大事项。

（一）调查发行人基本情况

调查发行人基本情况的主要内容包括但不限以下方面。

1. 历史沿革、股权结构、控股股东及实际控制人

承销机构应当查阅发行人工商登记文件、股权结构图、股东名册，了解发行人设立及最近三年内实际控制人变化情况、重大资产重组情况及报告期末的前十大股东情况。相关重大资产重组涉及资产评估事项的，应当简要查阅资产评估报告。

承销机构应当调查发行人的控股股东及实际控制人的基本情况（包括证监会证券期货市场失信信息公开查询平台、中国人民银行征信中心、国家企业信用信息公示系统、国家税务总局的重大税收违法失信案件信息公布栏、中国执行信息公开网显示的该控股股东或实际控制人的诚信状况）及变更情况。实际控制人应当调查到最终的国有控股主体或自然人为止。

若发行人的控股股东或实际控制人为自然人，承销机构应当调查其简要背景、与其他主要股东的关系及直接或间接持有的发行人股份/权被质押或存在争议的情况，及该自然人对其他企业的主要投资情况。

若发行人的控股股东或实际控制人为法人，承销机构应当调查该法人的名称及其主要股东，包括但不限于该法人的成立日期、注册资本、主要业务、主要资产情况、最近一年合并财务报表的主要财务数据（注明是否经审计）、所持有的发行人股份/权被质押或存在争议的情况。

2. 发行人对其他企业的重要权益投资

承销机构应当查阅发行人对其他企业的重要权益投资情况，包括主要子公司以及其他有重要影响的参股公司、合营企业和联营企业的基本情况、主营业务、近一年的主要财务数据（包括资产、负债、所有者权益、收入、净利润等）及其重大增减变动的情况及原因。

3. 经营范围及主营业务

承销机构应当查阅发行人的营业执照、从事业务需要的许可资格或资质文件（如有），了解发行人所从事的主要业务、主要产品（或服务）的用途、所在行业状况及发行人面临的主要竞争状况、经营方针及战略。

承销机构应当结合行业属性和企业规模等，通过访谈等方式，了解发行人的经营模式，调查发行人的采购模式、生产或服务模式和销售模式。

承销机构应当关注发行人对供应商和客户的依赖程度，以及供应商和客户的稳定性。承销机构应当调查与发行人业务相关的情况，包括但不限于报告期业务收入的主要构成及各期主要产品或服务的规模、营业收入，报告期内主要产品或服务上下游产业链情况。

承销机构应当了解报告期内主要产品（服务）的产能、产量、销量、销售收入变动情况、原材料及能源供应变动情况。

4．公司治理及内部控制

承销机构应当查阅发行人公司章程、会议记录、会议决议等，咨询律师或法律顾问，了解发行人的组织结构。查阅发行人治理有关文件，了解发行人现任董事、监事、高级管理人员的基本情况（至少包括姓名、现任职务及任期、从业简历、兼职情况、持有发行人股份/权和债券的情况），了解董事、监事、高级管理人员的任职是否符合《公司法》及《公司章程》的规定。查阅发行人股东会或股东大会（或者法律法规规定的有权决策机构）、董事会（如有）、监事会（如有）的议事规则，关注发行人法人治理结构及相关机构最近三年内的运行情况。

承销机构应当查阅发行人会议记录、规章制度等，访谈管理层及员工，咨询审计机构，了解发行人会计核算、财务管理、风险控制、重大事项决策等内部管理制度的建立及运行情况。

承销机构应当调查发行人与控股股东、实际控制人在业务、资产、人员、财务、机构等方面的独立性，发行人的关联方、关联关系、关联交易及关联交易的决策权限、决策程序、定价机制，最近三年内是否存在资金被控股股东、实际控制人及其关联方违规占用，或者为控股股东、实际控制人及其关联方提供担保的情形。

（二）调查发行人财务会计信息

1．调查基本范围

承销机构应当查阅发行人最近三年及一期的资产负债表、利润表及现金流量表，发行人编制合并财务报表的，承销机构应当查阅合并财务报表和母公司财务报表。最近三年及一期合并财务报表范围发生重大变化的，承销机构应当调查合并财务报表范围的具体变化情况、变化原因及其影响。对于最近三年内进行过导致公司主营业务和经营性资产发生实质变更的重大资产购买、出售、置换的发行人，承销机构应当查阅重组完成后各年的资产负债表、利润表、现金流量表，以及重组前一年的备考财务报表和备考报表的编制基础等最近三年及一期的财务报表。承销机构应当查阅发行人最近三年及一期的主要财务指标以及发行人管理层做出的关于发行人最近三年及一期的财务分析的简明结论性意见，调查发行人资产及负债结构、现金流量、偿债能力、近三年的盈利能力、未来业务目标以及盈利能力的可持续性。

2．比较分析

承销机构应当对发行人最近三年及一期的主要会计数据和财务指标进行比较，对发生重大变化的应当进行分析。

（1）分析报告期内各期营业收入的构成及比例，分析营业收入的增减变动情况及原因。

（2）分析报告期内各期主要费用（含研发）及其占营业收入的比重和变化情况。

（3）分析报告期内各期重大投资收益和计入当期损益的政府补助情况。

（4）分析报告期内各期末主要资产情况及重大变动分析。

（5）分析报告期内各期末主要负债情况。有逾期未偿还债项的，应当说明其金额、未按期偿还的原因等。

承销机构应当分析发行人最近一个会计年度期末有息债务的总余额、债务期限结构、信用融资与担保融资的结构等情况，以及发行公司债券后公司资产及负债结构的变化。

3．会计师事务所意见

会计师事务所曾对发行人最近三年财务报告出具非标准无保留意见的，承销机构应当查阅发行人董事会（或者法律法规及公司章程规定的有权机构）关于非标准无保留意见审计报告涉及事项处理情况的说明以及会计师事务所及注册会计师关于非标准无保留意见审计报告的补充意见。

4．或有信息

承销机构应当调查发行人可能影响投资者理解公司财务状况、经营业绩和现金流量情况的信息，并加以必要的说明。

承销机构应当查阅发行人财务报表附注中的资产负债表日后事项、或有事项及其他重要事项，包括对公司财务状况、经营成果、声誉、业务活动、未来前景等可能产生较大影响的诉讼或仲裁、担保等事项。

承销机构应当查阅发行人截至募集说明书签署之日的资产抵押、质押、担保和其他权利限制安排，以及除此以外的其他具有可以对抗第三人的优先偿付负债的情况。

（三）调查发行人资信情况

承销机构可以通过查阅纳税凭证、借款合同与还款凭证等资料、咨询律师或法律顾问以及查询公共诚信系统（如证监会证券期货市场失信信息公开查询平台、中国人民银行征信中心、国家企业信用信息公示系统、国家税务总局的重大税收违法失信案件信息公布栏、中国执行信息公开网)、中国裁判文书网等的方式，了解发行人的诚信状况，调查发行人获得主要贷款银行的授信情况、使用情况。了解发行人近三年与主要客户发生业务往来时，是否有严重违约现象。了解发行人近三年发行的债券、其他债务融资工具以及偿还情况，以及本次发行后的累计公司债券余额及其占发行人最近一期净资产的比例。如曾对已发行的公司债券或其他债务有违约或延迟支付本息的事实，承销机构应当调查相关事项的处理情况和对发行人的影响。

承销机构应当重点关注发行人最近三年的流动比率、速动比率、资产负债率、利息保障倍数、贷款偿还率、利息偿付率等财务指标。

(四) 调查债券评级情况

承销机构应当对评级机构出具的评级报告内容进行核查，并结合尽职调查情况进行验证。发行人最近三年内因在境内发行其他债券、债务融资工具进行资信评级且主体评级结果与本次评级结果有差异的，应当予以重点关注。

1. 调查募集资金用途

募集资金用于项目投资、股权投资或收购资产的，承销机构应当调查拟投资项目的基本情况、股权投资情况、拟收购资产的基本情况。

募集资金运用于涉及立项、土地、环保等有关报批事项的，承销机构应当核查取得的有关主管部门批准的情况。

募集资金用于补充流动资金或者偿还银行贷款的，承销机构应当调查补充流动资金或者偿还银行贷款的金额和对公司财务状况的影响。

2. 调查债券增信措施及相关安排

提供保证担保的，且保证人为法人或其他组织，承销机构应当查阅保证人有关资料，调查保证人情况，包括但不限于以下方面。

(1) 基本情况(属融资性担保机构的，核实其业务资质)。

(2) 最近一年及一期财务报告，重点关注净资产、资产负债率、净资产收益率、流动比率、速动比率等主要财务指标。

(3) 资信状况，包括证监会证券期货市场失信信息公开查询平台、中国人民银行征信中心、国家企业信用信息公示系统、国家税务总局的重大税收违法失信案件信息公布栏、中国执行信息公开网显示的该保证人的诚信状况。

(4) 累计对外担保余额。

(5) 累计担保余额及其占净资产比例。

(6) 偿债能力分析。

提供保证担保，且保证人为自然人，承销机构应当调查保证人与发行人的关系、保证人的资信状况、代偿能力、资产受限情况、对外担保情况以及可能影响保证权利实现的其他信息。

提供保证担保，且保证人为发行人控股股东或实际控制人的，承销机构还应当调查保证人所拥有的除发行人股权外的其他主要资产，以及该部分资产的权利限制及是否存在后续权利限制安排。

（五）调查担保合同或担保函

承销机构应当取得债券担保合同或担保函，核查担保合同或担保函内容是否包括下列事项，并就相关担保合同或担保函的责任条款与担保人进行确认。

（1）担保金额。

（2）担保期限。

（3）担保方式。

（4）担保范围。

（5）发行人、担保人、债券受托管理人、债券持有人之间的权利义务关系。

（6）反担保和共同担保的情况（如有）。

（7）各方认为需要约定的其他事项。

（六）调查抵押或质押担保

发行人提供抵押或质押担保的，承销机构应当查阅、比较分析有关资料，了解担保物情况，包括但不限于担保物名称、账面价值、评估值、担保范围，担保物金额与所发行债券面值总额和本息总额之间的比例，担保物的评估、登记、保管和相关法律手续的办理情况，以及后续登记、保管和发生重大变化时的安排。同一担保物上已经设定其他担保的，还应当核查已经担保的债务总余额以及抵/质押顺序。

（七）调查除保证、抵押、质押以外的增信方式

采用限制发行人债务和对外担保规模安排、对外投资规模，限制发行人向第三方出售或抵押主要资产，设置债券回售条款，设置商业保险等商业安排，设立偿债专项基金等其他方式进行增信的，承销机构应当调查增信措施的具体内容、相关协议的主要条款、实现方式、相应风险以及相关手续的办理情况等事项。

（八）调查偿债计划及保障措施

承销机构应当调查发行人制定的具体偿债计划及保障措施。发行人设置专

项偿债账户的，承销机构应当调查该账户的资金来源、提取的起止时间、提取额度、提取金额、管理方式、监督安排及信息披露等内容。

承销机构应当调查发行人构成违约的情形、违约责任及其承担方式以及公司债券发生违约后的诉讼、仲裁或其他争议解决机制。

（1）承销机构应当核查发行人与本次发行有关的中介机构及其负责人、高级管理人员及经办人员之间存在的直接或间接的股权关系或其他重大利害关系情况。

（2）承销机构应当核查公司债券发行是否履行了相关法律法规及公司章程规定的内部决策程序。

（3）承销机构应当核查募集文件中与发行条件相关的内容是否符合相关法律法规及部门规章规定。

承销机构应当查询国家企业信用信息公示系统、中国执行信息公开网、中国裁判文书网以及工商、税务、海关、国土、环保、安全生产等主管部门门户网站等，核查发行人最近三年内是否存在违法违规及受处罚的情况。

承销机构应当通过对照相关主管部门关于地方政府融资平台的界定标准，结合股东资质、收入来源、承担项目类型、融资用途等因素综合分析，核查发行人是否为地方政府融资平台。

如有特定行业主管部门出具的监管意见书，承销机构应当查阅其内容。

（4）根据尽职调查内容及过程，承销机构应当对发行人存在的主要风险及应对措施进行核查。

承销机构应当遵循重要性原则，核查发行人披露的可能直接或间接影响债券偿付的因素，包含发行人自身、担保或其他增信措施（如有）、外部环境、政策等相关风险等，核查发行人针对风险已采取的具体措施。

承销机构应当询问管理层，咨询审计机构、律师或法律顾问，调查发行人是否存在重大仲裁、诉讼和其他重大事项及或有事项，并分析该等已决或未决仲裁、诉讼与其他重大事项及或有事项对发行人的重大影响。

（5）承销机构应当核查债券持有人会议规则及债券受托管理协议内容是否符合《公司债券发行与交易管理办法》及证监会、相关自律组织业务规则的规定。

19.3.4　公司债券承销业务尽职调查工作底稿与尽职调查报告

1. 尽职调查工作底稿

尽职调查工作底稿应当内容完整、格式规范、记录清晰、结论明确。工作底稿应当有调查人员及与调查相关人员的签字。

尽职调查工作底稿应当有索引编号。相互引用时，应当交叉注明索引编号。

2．尽职调查报告

尽职调查报告应当说明尽职调查涵盖的期间、调查内容、调查程序和方法、调查结论等。

尽职调查报告应当对发行条件相关的内容是否符合相关法律法规及部门规章规定、是否建议承销该项目等发表明确结论。对于非公开发行公司债券，承销机构应当对承接项目是否属于负面清单发表明确意见。

尽职调查人员应当在尽职调查报告上签字，并加盖公章和注明报告日期。

19.4　银行间债券市场非金融企业债务融资工具主承销商尽职调查

19.4.1　银行间债券市场非金融企业债务融资工具主承销商尽职调查概念

银行间债券市场非金融企业债务融资工具主承销商尽职调查，是指主承销商及其工作人员遵循勤勉尽责、诚实信用原则，通过各种有效方法和步骤对企业进行充分调查，掌握企业的发行资格、资产权属、债权债务等重大事项的法律状态和企业的业务、管理及财务状况等，对企业的还款意愿和还款能力做出判断，以合理确信企业注册文件真实性、准确性和完整性的行为。

为规范银行间债券市场非金融企业债务融资工具主承销商对拟发行债务融资工具的企业（以下简称"企业"）的尽职调查行为，提高尽职调查质量，中国银行间市场交易商协会根据中国人民银行《银行间债券市场非金融企业债务融资工具管理办法》及中国银行间市场交易商协会（以下简称"交易商协会"）相关自律规则，制定《银行间债券市场非金融企业债务融资工具主承销商尽职调查指引》。

19.4.2　银行间债券市场非金融企业债务融资工具主承销商尽职调查基本要求

（1）主承销商应按要求对企业进行尽职调查，并撰写企业债务融资工具尽职调查报告（以下简称"尽职调查报告"），作为向交易商协会注册发行债务融资工具的备查文件。

（2）主承销商应根据要求，制定完善的尽职调查内部管理制度。

（3）主承销商应遵循勤勉尽责、诚实信用的原则，严格遵守职业道德和执业规范，有计划、有组织、有步骤地开展尽职调查，保证尽职调查质量。

（4）主承销商开展尽职调查应制订详细的工作计划。工作计划主要包括工作目标、工作范围、工作方式、工作时间、工作流程、参与人员等。

（5）主承销商开展尽职调查应组建尽职调查团队。调查团队应主要由主承销商总部人员构成，分支机构人员可参与协助。

19.4.3　银行间债券市场非金融企业债务融资工具主承销商尽职调查内容

银行间债券市场非金融企业债务融资工具主承销商尽职调查内容包括但不限于以下方面。

（1）发行资格。

（2）历史沿革。

（3）股权结构、控股股东和实际控制人情况。

（4）公司治理结构。

（5）信息披露能力。

（6）经营范围和主营业务情况。

（7）财务状况。

（8）信用记录调查。

（9）或有事项及其他重大事项情况。

主承销商应保持职业怀疑态度，根据企业及其所在行业的特点，对影响企业财务状况和偿债能力的重要事项展开调查。

19.4.4　银行间债券市场非金融企业债务融资工具主承销商尽职调查方法

主承销商开展尽职调查可采用查阅、访谈、列席会议、实地调查、信息分析、印证和讨论等方法。

查阅的主要渠道如下。

（1）由企业提供相关资料。

（2）通过银行信贷登记咨询系统获得相关资料。

（3）通过工商、税务查询系统获得相关资料。

（4）通过公开信息披露媒体、互联网及其他可靠渠道获得相关资料。

访谈是指通过与企业的高级管理人员，以及财务、销售、内部控制等部门的负责人员进行对话和访谈，从而掌握企业的最新情况，并核实已有的资料。

列席会议是指列席企业有关债务融资工具事宜的会议。如：股东会、董事会、高级管理层办公会和部门协调会及其他涉及债务融资工具发行目的、用途、资金安排等事宜的会议。

实地调查是指到企业的主要生产场地或建设工地等业务基地进行实地调查。实地调查的内容可包括生产状况、设备运行情况、库存情况、生产管理水平、项目进展情况和现场人员工作情况等内容。

信息分析是指通过各种方法对采集的信息、资料进行分析，从而得出结论性意见。

印证主要是指通过与有关机构进行沟通和验证，从而确认查阅和实地调查结论的真实性。

讨论主要是指讨论尽职调查中涉及的问题和分歧，从而使主承销商与企业的意见达成一致。

19.4.5　银行间债券市场非金融企业债务融资工具主承销商尽职调查工作底稿与尽职调查报告

主承销商应按照工作计划搜集详尽的资料，进行充分调查，编写工作底稿，并在此基础上撰写尽职调查报告。

尽职调查报告应层次分明、条理清晰、具体明确，突出体现尽职调查的重点及结论，充分反映尽职调查的过程和结果，包括尽职调查的计划、步骤、时间、内容及结论性意见。

尽职调查报告应由调查人、审核人和审定人签字。

主承销商应指派专人对已经注册的企业的情况进行跟踪，关注企业经营和财务状况的重大变化，并进行定期和不定期的调查。

主承销商应于每期债务融资工具发行前，撰写补充尽职调查报告，反映企业注册生效以来发生的重大变化的尽职调查情况。

19.5　项目尽职调查

19.5.1　项目尽职调查概念

项目尽职调查是公司项目风险管理的重要组成部分，指由项目组在项目正式实施前，对项目的可行性、可能存在的各种风险以及风险控制措施进行的论证、分析和评估工作。

19.5.2　项目尽职调查基本要求

（1）以"做成项目"为先导的尽职调查心态是不被允许的。

（2）充分重视、规范尽职调查，遵循勤勉尽责、诚实信用的原则，严格认真地执行监管机构和公司对尽职调查的各项要求，开辟多种渠道获取项目信息和独立的第三方证据，以有充分理由确信项目信息的真实、准确、完整、及时、相关，形成并妥善保管尽职调查工作底稿。

（3）强调对公司的实际控制人诚信状况、经营管理能力、财务状况和法律合规情况进行尽职调查。在尽职调查过程中，充分重视项目自身现金流，客观揭示项目的风险、瑕疵和企业与其他权利主体的利益冲突。

（4）股权投资类项目必须取得第三方独立财务状况尽职调查报告、律师尽职调查报告。

（5）在尽职调查过程中，可采取实地调查和非现场分析的方式，通过查阅、访谈、列席会议、实地查看、信息分析、印证、讨论、政府有关部门和其他金融机构查询、浏览媒体、聘用独立第三方中介机构等方法，充分了解调查对象的法律状况及其所面临的法律风险和问题，确认调查对象的真实性、合法性、合规性，对获得信息进行定量分析和定性研究。

（6）不同类型的项目在尽职调查范围、深度和重点方面会有所不同。确认具体项目的尽职调查范围、深度和重点方面时应以审慎为原则，应当与交易的性质和复杂程度、公司承担风险程度相适应。

（7）原则上法律尽职调查至少包括构成交易基础的法律问题、情况尚不明确的重要事项、可能对交易产生重大影响的法律事项等。

（8）公司对具体业务的尽职调查工作有具体规定和要求的，应遵守公司规定和要求。

19.5.3　项目尽职调查组织管理

（1）各部门负责人、项目组负责人同时作为项目尽职调查工作的第一责任人。项目组在进行项目尽职调查前应制订项目尽职调查工作计划，明确尽职调查工作的内容、人员分工、进度安排和质量要求。

（2）公司从事项目尽职调查的人员应具备相应的较完备的金融、法律、财务等专业知识，接受了相关培训，并能依诚信和公正原则开展工作。

（3）开展尽职调查工作要注意应用多种信息渠道（避免单一渠道），坚持以实地调查为基础、间接调查为辅助。间接调查渠道包括但不限于询问公司相关业务人员，听取公司核心技术人员和技术顾问以及有关员工的意见，听取专业人士意见，向公司客户、供应商、债权人、行业主管部门、行业协会、工商部门、税务部门、同行业公司等在内的第三方就有关问题进行广泛查询（如面谈、发函询证等），浏览网站、电视等公共媒体，访谈交易对手前高管、前注册会计师、前法律顾问等。调查人员对取得的信息进行合理采信，可通过外部合格的中介机构对获得数据的真实性进行核实，应主动向政府有关部门及社会中介机构索取相关资料，以验证关系人所提供数据的真实性。在实地调查中坚持实行双人经办制度和关系人回避制度。

（4）项目组应指派专人负责尽职调查的档案管理，对所有访谈记录、会议纪要、企业提供的各类书面材料、第三方证据以及尽职调查阶段性和结论性材料应及时归档立卷。

（5）项目组应独立完成，或者在第三方协助下主导完成尽职调查工作。如果在尽职调查中聘用评估机构出具相关资产、信用的评估报告，应符合公司对会计师、律师的聘用管理相关制度。

（6）项目组可以合理采信第三方已经完成的尽职调查结果，并根据实际需要在此基础上进行补充尽职调查。尽职调查过程中，项目组可对第三方尽职调查结果进行合理质疑，比照所列的调查内容和方法，判断第三方意见所基于的工作是否充分。对于认为第三方意见所基于的工作不够充分的，或对第三方意见有疑义的，项目组应补充进行相应调查。项目组采信第三方已经完成的尽职调查结果，应对所采信内容负责。

（7）在项目组的组织安排下，原则上可由外部律师等第三方相对独立地完成法律尽职调查工作。项目组应评估律师法律尽职调查工作的充分性、审慎性，判断律师法律尽职调查结果和法律意见的可采信度，对存在疑义的重要事项应要求律师补充调查或自行进行相应调查，形成《法律尽职调查报告》。项目组认可律师法律尽职调查结果的，应对其认可的内容负责。

19.5.4 项目尽职调查内容要求

一、业务尽职调查

业务尽职调查应当至少包括以下内容。

（一）交易对手的基本情况（以下以交易对手为公司进行相关内容表述）

1. 项目基本情况、项目来源、客户需求、项目基本模式、项目进展情况等

2. 项目关系人基本情况

项目关系人包括资金使用人（或被投资人）、资金运用担保人（保证人、抵押人、质押人等）、股权投资事务转委托管理人（或服务商）等，调查并报告以下信息。

（1）基本情况。

公司性质、历史沿革、经营范围（主营业务）、股东结构（集团结构）、股东情况、注册资本、验资报告、外部监管体系、公司组织结构和管理架构、内部控制体系、历史经营业绩、历史资信记录、历史及目前是否存在重大问题（民间融资、重大损失、安全事故等）、专项经营资质、高管人员情况、公司战略、经营风格和理念、核心竞争力、行业排名位置、公司业绩分析、公司发展趋势等。

（2）交易对手（非国有企业）实际控制人情况。

实际控制人姓名、年龄、性别、国籍、户口所在地、居住地地址、手机号、直系亲属情况、工作及教育履历、银行及商业信用记录与违约记录，当前负债明细表，个人财产清单，关于还款意愿、经营理念、经营规划、管理方式的第三方（包括但不限于金融机构、政府部门、同行业竞争对手、员工）评价情况，个人健康状况，涉及黄赌毒、刑事处罚、诉讼、纠纷及被调查情况等。在设计交易结构及制作法律文件时，应加强对实际控制人的法律约束。

（二）交易对手经营分析

主要产品及生产基地、各产品主要客户、目前各类产品的产能及生产设施、过去三年的经营业绩及未来发展规划，集团公司应确定主要子公司按上述内容进行分析。

（三）交易对手所处行业市场分析

对交易对手所处的行业市场（对于多元化经营的企业，合理确定其重点行业）按照（四）中第（3）项内容进行分析评价。

（四）资金拟运用项目的可行性分析

（1）项目概况，包括项目背景、前期调查研究成果、项目地点、规模、类型、定位、建设年限、建设内容及规模、建设必要性、建设计划及进度、建设及生产采用的工艺、技术方案和装备水平、主要原辅材料年耗量、人员配置、项目施工单位、总投资额、资金使用计划和筹措方案、实际到位资金来源及使用情况、后续资金落实、项目可行性研究报告、主要技术经济指标、主要产品及市场前景、项目立项及环境影响评价等审批情况、有权部门对项目的批复等。

（2）项目的主要产品（或提供的服务）情况、生产经营计划和盈利模式。

（3）行业及产品市场分析。对项目所在的行业和市场的分析内容主要为：国家/地区的宏观经济走势、产业的总体背景、行业竞争的现状与预测、产品的产量与价格变化的情况。在国家/地区的宏观经济走势方面，主要分析宏观经济的周期、行业监管、政策导向等情况；在产业的总体背景方面，主要分析行业的类型、总体的供需矛盾及变化趋势；在行业竞争的现状与预测方面，主要分析竞争市场类型、竞争对手、替代产品、新加入竞争者、供货商与客户、公司应变对策；在产品的产量与价格变化方面，分析该产品的产能与价格的变化走势。综合以上各因素得出行业市场的总体评价。

（4）项目财务测算。根据上述项目概况、基本内容和项目未来前景，对项目自身的现金流状况进行预测。在现金流量表预测过程中，产品销售实现的现金流入应按产品明细分别预测，对销售单价、销售进度和回款进度等重要因素应根据经济环境、行业平均水平和公司自身实力确定，并在尽职调查报告中列明上述因素取值的确定依据和现金流汇总测算结果。

（5）项目可行性分析。根据上述预测结果，对项目资金使用计划及合理性、出资比例及能力、项目经济效益进行分析，重点关注现金流保障倍数、销售净利率、项目内部报酬率。

（6）项目敏感性分析、压力测试。对影响项目现金流状况的重大因素进行敏感性分析和压力测试。

（五）交易对手和拟合作项目的主要风险分析

分析风险种类、主要风险因素及其发生条件、发生概率、可能损失、公司目前应对措施。主要风险种类及分析方法如下。

1. 市场及政策风险

应通过了解最新宏观调控政策、公司所在行业现状、公司所在区域对公司的影响，分析公司生产经营的主要风险，如销售订单量及价格变化、原材料成本上涨、人员流失、安全生产、环境保护、特许经营资格等方面的风险。根据最新的资金形势、利率及汇率政策变化，确定公司（高财务杠杆公司、出口公司等）的市场风险；根据资本市场表现，确定金融投资类公司的市场风险。

2. 持续经营风险

了解公司行业属性、市场竞争状况、公司规模等情况，了解公司主营业务、经营模式、业务发展规划、对主要客户和供货商的依赖程度和技术优势，结合公司的管理层、业务团队和员工素质，判断上述情形的主要风险及对未来的影响。最近两年内已经或未来将发生经营模式转型的，应予以重点核查。了解公司的生产安全、产品安全等规章制度和采取的措施，并进行抽样验证，评价公司安全生产风险。

3. 财务风险

根据现金流量表测算结果，确定可能影响项目现金流量情况的重大因素，如去化速度、销售价格、回款速度、成本上涨压力、其他融资渠道等，结合公司拟定的对策和当前的经济形势对项目现金流充足性和顺畅性进行风险分析。

4. 法律合规风险

在对交易对手主体、项目、交易所涉具体资产的法律及合规情况进行尽职调查的基础上，结合交易结构设计，对上述内容中可能存在的风险进行识别和度量。

5. 其他风险

应对项目实施过程中可能发生的其他风险进行识别、度量。

二、财务尽职调查

财务尽职调查应当至少包括以下内容。

（一）交易对手的内部控制调查

与公司管理层、主要业务负责人及员工交谈，查阅公司记录、规章制度、风险评估报告、业务流程相关文件等书面文件，听取注册会计师意见，评价公司现有内部控制制度对合理保证公司遵守现行法律法规、经营的效率和效果、财务报告的可靠性是否充分，关注内部控制制度的缺陷可能导致的财务和经营风险。

（二）交易对手的财务报告分析

原则上应至少取得最近三年及一期经审计的、完整的财务报告，根据注册会计师的声誉和财务报告质量判断是否需要聘请新的注册会计师出具审计报告。

在可信赖的财务报告基础上，应综合运用总量分析、指标分析、结构分析、环比分析、趋势分析等多种分析手段，将分析结果与公司实际情况进行印证，形成公司整体财务状况评价。财务报告分析应包括但不限于下列内容。

1．基本财务情况

资产总额、负债总额、所有者权益总额、重大负债（银行借款、非金融机构借款、工程款、担保、付款承诺、出资承诺、重大或有负债）余额明细清单（包括债权人名称、利率、余额、债务期限、债务到期日、抵/质押措施、还款方式等）。

2．偿债能力分析

偿债能力分析包括但不限于分析下列财务指标：营运资本、流动比率、速动比率、资产负债率、净资产负债率（剔除导致经济利益流出可能性较小的负债，如房地产开发公司的预付账款）、利息保障倍数、现金流量债务比。对于大额债权及债务，走访或函证主要债权人及债务人，调查其真实性及潜在的风险。对于对外担保、对外承诺、可能的合同义务等，应通过询问公司主要负责人员、走访主要合同方、查看书面法律文件等方式分析公司对外履约的可能性。各项财务指标与同行业公司平均水平相比有较大偏离的，或各项财务指标及相关会计项目有较大变动异常的，应分析原因并调查。对于公司在引进境内外私募融资、大宗商品供销、投资交易金融产品等活动中，可能签署过较大金额的融资协议、长期购销协议、金融协议等，应详细审阅这些协议，评估其对交易对手财务状况的影响。

3．资产管理能力分析

资产管理能力分析包括但不限于分析下列财务指标：应收账款周转率、存货周转率、资产周转率。在分析指标的基础上结合公司行业特点和业务收入状况等因素，评价应收账款余额及其变动是否合理，分析公司应收账款和其他应收款账龄，评价账龄是否合理，了解账龄较长应收款项的形成原因及公司采取的措施，查核公司是否按规定提取坏账准备、提取是否充分。各项财务指标与同行业公司平均水平相比有较大偏离的，或各项财务指标及相关会计项目有较大变动或异常的，应分析原因并调查。

4．盈利能力分析

盈利能力分析包括但不限于分析下列财务指标：全年主营业务收入、净利润、息税前利润、利润表结构百分比变动、分产品及整体毛利率、销售利润率、资产利润率、权益净利率。对于公司的核心资产或规模较大的无形资产，应关注其溢价情况、是否存在潜亏情形等。各项财务指标与同行业公司平均水平相比有较大偏离的，或各项财务指标及相关会计项目有较大变动或异常的，应分析原因并调查。

5. 现金使用分析

从总量分析公司经营、投资、筹资等活动在年度内的活跃程度并及时发现公司现金流的非正常动向，分析这些非正常动向对公司经营、还款能力的影响。现金使用分析不仅要考虑整体净流量，还要进行结构分析和趋势分析，分析经营、投资、筹资活动对公司现金净流量的贡献，侧重分析并预测经营活动现金净流量对公司还款能力的影响，也要预测筹资、投资现金流出压力及筹资能力的强弱。将现金使用分析结果与公司财务报表进行印证。

6. 非经常性损益分析

计算非经常性损益及其占利润总额的比例，对非经常性损益占利润总额比例较大的，应通过查阅相关事项法律文件、审批记录、账簿、凭证、合同等方法，调查公司非经常性损益的真实性、准确性、完整性和合理性，分析相关损益同正常经营业务的关联程度以及可持续性，判断其对财务状况和经营成果的影响。

三、法律尽职调查

法律尽职调查应当至少包括以下内容。

（一）交易对手情况的法律尽职调查

（1）调查公司设立及存续情况。查阅公司的设立批准文件、营业执照、公司章程、工商变更登记资料、年度检验等足以判断公司是否合法设立、有效存续的证明文件。

（2）调查公司过往股权变动的合法合规性。查阅公司设立及股权变动时的批准文件、验资报告、股东股权凭证，核对公司股东名册、工商变更登记资料，对公司过往股权变动的合法、合规性做出判断。

（3）调查公司股权是否存在转让限制等受限情形。与公司股东或法定代表人交谈，取得其股权是否存在质押等转让限制情形，以及是否存在股权纠纷或潜在纠纷的书面声明。查阅工商变更登记资料等，核实公司股权是否存在转让限制等受限情形。根据项目所属行业，查阅当地政策，确认公司股权的转让是否受到当地政府政策的特殊限制。

（4）调查公司的实际控制关系，确认实际控制人及相关的关联方关系。查阅具有资格的中介机构出具的验资报告，咨询公司法务人员，询问管理层和会计人员，到工商行政管理部门查询公司注册登记资料。查阅公司股权结构图、股东名册、公司重要会议记录及会议决议，询问公司管理层，判断公司控股股东及实际控制人，确认公司的关联方关系。

（5）调查公司最近三年是否存在重大违法违规行为。咨询公司法务人员，查阅已生效的判决书、行政处罚决定书以及其他能证明公司存在违法违规行为的证据性文件，判断公司是否存在重大违法违规行为。询问公司管理层，查阅公司档案，向税务部门等查询，了解公司是否有违法违规记录。

（6）调查公司实际控制人、公司法定代表人及高管层的诚信情况。查询中国人民银行征信中心、工商行政管理部门的企业信用信息系统等公共诚信系统，咨询税务部门、公司贷款银行等部门或机构，咨询公司法务人员，查阅相关记录，核实其是否存在不诚信行为的记录，调查其是否存在违反行政、民事或刑事法律法规的情形及诉讼情况，分析对公司所产生的影响并揭示法律风险。

（7）调查公司治理机制的基本情况，确认项目所涉重要事项是否在公司内部决策和执行应履行的程序。咨询公司法务人员，查阅公司章程，了解公司组织结构，查阅股东会、董事会、监事会有关文件，与管理层交谈，查阅公司相关会议记录、决议，确认项目所涉重要事项的决策和执行是否履行了公司法和公司章程中规定的程序。

（8）调查公司主要财产的合法性，判断是否存在法律纠纷或潜在纠纷以及其他争议。查阅公司房产、土地使用权、商标、专利、版权、特许经营权等无形资产，以及主要生产经营设备等主要财产的权属凭证、相关合同等数据，咨询公司法务人员的意见，必要时进行实地查看，重点关注公司是否具备完整、合法的财产权属凭证，商标权、专利权、版权、特许经营权等的权利期限情况，判断是否存在法律纠纷或潜在纠纷。

（9）调查公司的重大债务情况。通过与公司管理层进行交谈，查阅相关合同、董事会决议，咨询公司法务人员等，调查公司债务状况。重点关注将要履行、正在履行以及虽已履行完毕但可能存在潜在纠纷的重大合同的合法性、有效性；是否有因环境保护、知识产权、产品质量、劳动安全、劳动争议等原因产生的债务；与关联方之间是否存在重大债权债务关系，公司金额较大的其他应付款是否因正常的生产经营活动发生，是否合法。

（10）调查公司对外担保情况。通过与公司管理层进行交谈，咨询公司法务人员，查阅股东会、董事会、监事会的决议，审查公司的担保合同、其他合同中的担保条款及其他相关合同，重点关注是否存在公司董事、经理以公司资产为本公司股东或董事、经理个人债务提供担保的情形。评价担保的合法性、分析公司履行担保责任的可能性及对公司财务状况的影响。

（11）调查公司的纳税情况。询问公司税务负责人，关注公司及其控股子公司执行的税种、税率是否符合法律、法规和规范性文件的要求。查阅公司的纳税申报表、税收缴款书、税务处理决定书或税务稽查报告等资料，关注公司是否存在拖欠税款的情形，是否受过税务部门的处罚。

（12）调查公司环境保护和产品质量、技术标准是否符合相关要求。询问公司管理层及相关部门负责人，咨询公司法务人员，取得公司有关书面声明等，关注公司生产经营活动是否符合环境保护的要求，是否受过环境保护部门的处罚，公司产品是否符合有关产质量及技术标准，是否受过产品质量及技术监督部门的处罚。

（13）调查公司是否存在重大诉讼、仲裁及未决诉讼、仲裁情况。询问公司管理层，咨询公司法务人员，取得管理层对公司重大诉讼、仲裁及未决诉讼、仲裁事项情况及其影响的书面声明。

（14）其他对公司的合法存续、估值判断有重大影响的情况。

（二）项目法律状况的尽职调查

（1）项目法律状况尽职调查主要是查明项目投资主体适格情况、项目立项获批情况、与项目建设进程有关的证照取得和行政认可情况等，揭示项目建设本身所存在的法律瑕疵和风险。

（2）国家对拟投资项目有投资主体资格和经营资质要求的，应调查投资主体的资格符合情况。

（3）调查项目建设经有权机构审批情况（包括项目立项的过程、依据等），判断项目建设是否符合国家产业政策、行业发展规划和区域经济发展规划等政策要求，是否履行了必要审批程序。对于国家有关部门规定实行审批制的项目，检查项目申报单位是否已获得有权部门对项目建议书和可行性研究报告的批复文件。

对于国家有关部门规定实行核准制的项目，检查项目申报单位是否已获得有权部门出具的核准受理通知书。

对于国家有关部门规定实行备案制的项目，检查项目申报单位是否完成可行性研究报告，或是否已获得国家有关部门对企业中长期发展建设规划的批准文件。

（4）项目拟争取享受国家或地方给予的优惠或扶持政策的，应调查分析项目受政策变化影响的程度和潜在的政策风险，调查有无证明项目符合政府相关政策的证明材料。

（5）调查项目所涉土地使用权合法取得的情况，有无政府土地部门的批准文件。

（6）调查项目环保方案获有权部门批准的落实情况，有无政府环保部门的批准文件。

（7）调查与项目建设进度相关的行政批准和许可事项的取得情况，可能涉及安全设施设计的批复文件、施工建设许可、工程质量监督、消防设施、竣工验收等，并分析影响情况。

（8）其他对项目合规判断及价值判断有重大影响的事项。

（三）资产法律状况的尽职调查

（1）资产法律状况尽职调查主要是界定资产的法律性质，披露资产所存在的法律瑕疵，揭示附随在资产上的风险。资产主要包括债权资产、股权资产、实物资产等。

（2）债权资产的法律尽职调查主要涉及以下事项：债务人主体资格及权利义务承继人；债权的效力；债权有无担保及担保的效力；债权的诉讼时效；债务人的财产状况，主要指财产权属、现状及瑕疵；对偿债能力的影响判断等。

（3）股权资产的法律尽职调查主要涉及以下事项：股权资产的来源及权属，主要依据股权资产的权证或出资凭证、工商登记及变更材料、抵债协议、法院生效文书等获得或受让股权的相关法律文件来判断；股权资产是否存在法律上的瑕疵，重点关注是否存在抵押、查封及出资不实等问题。

（4）实物资产的法律尽职调查主要涉及以下事项：实物资产的权属及来源；实物资产的租赁情况；实物资产是否存在的查封、抵押等限制、禁止转让等瑕疵；实物资产是否拖欠税费；实物资产权属变更登记是否存在风险等问题。

（5）其他能够对实物资产的权属、使用、收益产生影响的事项。

19.5.5　项目尽职调查结论

尽职调查负责人应将尽职调查内容、分析结果形成独立尽职调查报告，尽职调查报告应对上述内容进行评价并形成结论，并采用书面形式。

尽职调查报告应包括但不限于下列内容。

报告主体：《项目尽职调查报告》。

分报告：《项目法律尽职调查报告》《财务状况尽职调查报告》《资产评估

报告》《信用评级报告》（或有），分报告的主要事实、主要数字、主要问题等内容应记录于报告主体中。

19.6 融资担保业务保前尽职调查

19.6.1 融资担保业务保前尽职调查概念

融资担保业务保前尽职调查是指担保机构依担保申请人（以下简称"客户"）申请，指派担保项目经办人对客户项目风险进行谨慎调查、全面评价、如实报告的行为（以下简称"尽职调查"）。

19.6.2 融资担保业务保前尽职调查基本要求

（1）尽职调查应当遵循全面、客观、审慎、高效的原则；尽职调查工作业务范围为担保机构所开展的所有融资担保业务，涵盖项目受理、项目初审、现场调查、项目评审等全过程。

（2）尽职调查要求坚持双人进行业务调查，按"四眼原则"独立履行职责，做到"两只眼睛看业务，两只眼睛看风险"，平等、客观、公正、完整地反映项目情况。调查过程及调查结果要形成书面报告和记录。为提高效率，避免重复劳动，调查人员应分别设立业务经理岗位和风险管理经理岗位（或称调查人员A、B角制度）。调查人员应针对具体项目，明确调查分工，形成协同合力，共同开展担保项目尽职调查工作，做到既相互沟通、协作，又相互监督。

（3）调查人员应当遵守法律、行政法规和公司规章制度，对公司负有忠实义务和勤勉义务。尽职调查要求调查人员遵循"诚实信用、勤勉尽责"的原则，依法依规忠实勤勉地按照本指引的规定对客户和业务进行信息搜集、资料核实、分析论证，并提出调查、核查意见和建议。

（4）尽职调查人员应具备的基本条件如下。

①具有分析和预测宏观经济的能力。

②熟习担保业务和信贷融资业务。

③熟习客户所在行业的情况。

④掌握财务基本知识，能够分析财务报表。

⑤有一定的企业经营管理和法律常识。

（5）对尽职调查人员的基本要求。

①廉洁奉公、恪尽职守、具备良好的职业素养和道德，对尽职调查的全面性、真实性、合法性负责。

②秉持全面、真实、审慎、高效原则，在尽职调查过程中不受任何因素干扰，独立履行职责。

③履行回避制度，对关系人主动申请回避。

④在尽职调查时尽量做到全面、细致，防止出现重大遗漏。

⑤为客户保密，不得将客户资料用于业务之外的任何领域。

18.6.3　融资担保业务保前尽职调查工作方法

尽职调查人员应采取现场与非现场相结合的形式履行尽职调查，形成书面报告，并对其内容的真实性、完整性和有效性负责。尽职调查包括但不限于实地调查、间接调查、分析论证、专家咨询。

（一）实地调查和间接调查

尽职调查应综合运用实地调查和间接调查手段，以实地调查为主，间接调查为辅。

（1）实地调查是指调查人员通过实地走访、面谈、账务核查等手段获取客户有关信息。

①实地走访。调查人员应通过实地调查，了解、核对企业经营场所、生产车间或施工现场以及主要固定资产、存货等真实情况，初步判断企业的生产能力、生产经营实际状况、项目施工进度等是否与账务反映相一致，是否与客户提供的担保申请资料相一致。

②面谈。调查人员应根据调查需要选择与企业主要管理人员或财务、生产、存货管理、销售等部门的负责人或工作人员交谈，了解客户基本情况。面谈过程中要注意倾听，可简单记录主要信息，要多问，客户回答含混的重要问题要注意跟进提问，以获取重要信息。面谈应在轻松和谐的氛围下进行，要注意观察客户回答问题时的表情和语气。

③账务核查。账务核查应以客户现金流为主线，结合客户生产经营及行业特点展开，包括但不限于以下内容：了解、判断客户的财务管理制度是否健全；了解、判断内控机制是否完善、有效；了解、判断客户的主要会计政策是否合理、是否发生重大变动；如有必要，应实地查阅客户有关财务报表和账簿，对关键财务数据要核实"账表、账账、账实"是否相符；对关键或异常会计科目或重大交易行为须与发票、出库单、发货单、银行入账单等原始凭证进行核对；

对大额或异常应收款项或交易如存在疑问，应向客户的下游企业进行查询核实。

（2）间接调查是指调查人员通过有效手段从客户之外的第三方获取客户的有关信息。调查人员应通过报刊、互联网等公开媒体上有关客户的报道，重点查看有无关于客户的负面消息和新闻；通过查询中国人民银行征信中心，了解客户信用状况及信用记录；通过工商、房管、土地、税务、法院等有关行政主管机关、抵（质）押登记部门以及行业协会等社会中介机构，了解客户股权、资产等抵（质）押登记、涉诉、被执行、处罚或其他不良记录；通过向客户上下游企业（包括主要供应商和主要客户）和竞争对手咨询，从侧面了解客户的实力、生产、经营、信用、同业地位等状况。

（二）分析论证

调查人员要注重分析、判断，在获取完整、真实、有效的客户信息的前提下，通过财务分析和非财务分析等手段，对拟担保业务的必要性、可行性和风险程度进行分析和论证。既要关注客户现有生产、经营和财务情况，也要关注客户未来发展情况。调查人员应针对客户行业特点、资信及信用状况，分析、判断客户担保资金需求是否合理，预计未来现金流状况及可能发生的预期风险，并提出必要的风险防范和控制措施的建议。

（三）专家咨询

对关联企业多、情况复杂的大额担保等，可以视情况在调查过程中，向有关方面的专家咨询。

18.6.4　融资担保业务保前尽职调查工作底稿

尽职调查应建立工作底稿制度，力求真实、准确、完整地反映尽职调查工作。工作底稿内容至少应包括公司名称、调查时点或期间、计划安排、调查人员、调查日期、调查地点、调查过程、调查内容、方法和结论，以及其他应说明的事项。工作底稿应有调查人员及与调查相关人员的签字。工作底稿还应包括从客户或第三方取得并经确认的相关资料，除注明资料来源外，尽职调查人员还应实施必要的调查程序，形成相应的调查记录和必要的签字。

18.6.5　业务经理工作尽职要求

业务经理作为担保业务第一责任人，对担保项目尽职调查全面负责，包括项目受理、项目初审、现场调查、项目评审等。

一、项目受理

（1）业务经理通过与客户面谈，了解客户的基本情况。了解的内容包括：企业概况、历史沿革、实际控制人从业经历、原始资本积累过程、创办企业的缘由、商业（盈利）模式、资产规模、盈利情况、主要客户和供应商、比较竞争优势、借款用途、还款来源等。

（2）在面谈获取信息资料基础上，分析、判断客户是否符合受理条件。对符合受理条件的客户，可与其商谈初步反担保方案，并开具资料清单要求客户准备；对受理条件暂不成熟的客户，应及时予以合理回复。

（3）业务经理应收集的客户基本信息资料包括但不限于以下方面。

①年检合格的营业执照或事业单位法人证书。

②贷款卡。

③近一年税务部门纳税证明复印件。

④公司章程、股权证明、工商注册登记证明等。

⑤担保资金用途及还款来源证明，如年度生产经营计划、资金来源与使用计划、购销合同或其他经济、商务合同书及招投标协议等。

⑥法定代表人及主要股东、财务负责人个人简历、身份证（复印件）及银行征信记录。

⑦上月财务报表及近两年的财务报表（包括资产负债表、利润表、现金流量表）和财务报表编报说明、审计报告附注等。

⑧企业及主要股东报告期银行融资及对外担保情况；银行对账单及流水。

⑨企业与主要上下游企业签订的购销合同、合作协议及其他资料等。

⑩项目可行性研究报告、项目批准文件及工程进度情况等。

⑪国家规定的特殊行业，须提供有权部门颁发的认可证明，如工业产品生产许可证、安全生产许可证、危险化学品经营（使用）许可证（由安全生产监督管理部门颁发）、危险废物经营许可证（具体细分收集、贮存、处置综合经营许可证和收集经营许可证，由省环境保护厅颁发）、卫生许可证、消防安全许可证、爆炸物品销售许可证、采矿许可证、道路经营许可证、港口岸线使用证、木竹加工许可证、专利权等；相关认证认可制度，如家具生产企业需提供质量管理体系和环境管理体系认证证书、药品生产企业提供 GMP 认证、药品批发零售企业提供 GSP 认证等；相关经营资质，如成品油仓储零售经营资质、搅拌商品混凝土专业承包资质、建筑施工资质等级证书、综合布线资质证书等。

⑫按规定需取得环保许可证明的，必须提供有权审批部门出具的环保许可证

明（如环评报告、排污许可证、危险固体废物经营许可证）等。

二、项目初审

客户资料审核要点包括但不限于以下方面。

1. 非财务基础资料

（1）合规合法性。调查人员应亲自到银行打印客户及其主要关联方详细版贷款卡查询记录；审核客户产品是否符合国家行业产业政策（如是否为国家发展改革委下发的《产业结构调整指导目录》中的限制类和淘汰类企业）；生产规模是否达到相关行业准入条件（如《铁合金行业准入条件》《电解金属锰行业准入条件》《铅锌行业准入条件》）；环保是否达标，是否取得相关生产许可证明；近3年主要自然人股东或实际控制人出入境记录；查询了解客户及主要关联方是否存在股权、商标、专利、资产等被抵（质）押登记、涉诉（中国裁判文书网）、被执行（全国法院被执行人信息查询系统）及行政处罚事项以及这些事项对被担保人产生的影响等。调查人员应关注影响企业经营的主要因素（如采选企业关注环境影响评估与尾砂库，冶炼化工企业关注环境影响评估与排污，高新企业关注关键技术及相关人员，高危企业关注准入和保险，单一产品企业关注主要客户和供应商，新成立企业关注资本金来源、股东是否有相关行业背景等情况、是否具有持续出资实力、是否有对外投资等重大事项）。

（2）完整有效性。调查人员应审核客户提供的资料是否完整、是否加盖公章，应年检的是否已办理年检，是否在法律所规定的有效期内，各有关文件的相关内容是否一致，逻辑关系是否正确，企业成立批文、合同、章程、董事会决议、验资报告、立项批文等文件记载是否能证明其具备资格、是否合法。同时登录工商登记查询网站等审核客户及其重要关联方提供的资料是否全面、真实、有效。

2. 财务基础资料

调查客户资产负债表、利润表与现金流量表等报表之间、上下年度之间勾稽关系是否平衡、是否衔接，银行对账单及主要人员存折资金流动情况。调查人员应通过审查，初步分析客户财务状况是否与客户经营情况相匹配，是否有多套报表，或是虚假报表。调查人员应重点关注以下内容：资本金（到位和真实性，关注股东变动原因），资本公积（关注变动原因），银行负债（是否与经营规模匹配，长期负债形成原因，与信用记录是否一致），应付账款、其他应付款和应收账款、其他应收款（关注账龄、额度变化情况及大额挂账）、长期投资

（关注所投资项目），固定资产（关注是否闲置）。

3．担保及反担保资料

对反担保人（担保人）提供的文件资料的审核与以上两项基本相同，重点是审核反担保人（担保人）提供的反担保（担保）措施是否符合《担保法》和有关法律法规及相关抵（质）押登记管理办法的规定，抵押、质押物的权属是否明晰。

业务经理应认真审核客户资料，确保资料完整、真实、合法、有效。资料审核过程中发现的漏洞、疑点，以及需要进一步明确、补充、核实之处，应作为调查人员现场调查工作的重点。

三、现场调查

项目受理完成后，业务经理应会同风险管理经理明确分工，共同开展现场调查。业务经理应着手拟定调查提纲，确定现场调查时间、调查对象、调查内容、调查重点，做到有的放矢，带着问题去现场，保证调查工作有条不紊地开展。

调查提纲的确定应充分考虑以下因素：行业和区域的特点、生产经营模式、主要财务信息、客户和供应商的特点、经营特点与财务状况的信息对接、与内部人员的沟通等。

业务经理应通过客户内部走访，与生产、销售、综合等部门负责人员沟通，重点关注以下情况：企业是否正常运行、业务经营模式、设备利用率、生产经营现场是否规范、生产一线人员专业素质及技能情况、土地和厂房的权属（租赁还是自有）、库存管理及存货状况（关注生产日期，可抽查核实真实性）、企业周边环境及配套设施。

调查人员通过走、看、问、查等方式，现场确认客户提供的基础资料是否与原件相符，是否真实有效，考察、判断、印证客户有关资料记载和有关当事人情况介绍。

现场调查的主要内容包括但不限于以下方面。

1．非财务因素调查

（1）人品。重点考核客户关键人员，如企业股东、实际控制人、经营决策人员和主要执行人员的品行（包括个人职业经历、人生观、价值观、财富观、受教育背景、婚姻状况、健康状况、主要对外投资情况等）、诚信度、融资动机，企业资本金来源，股东关系是否融洽，是否有民间融资等。

（2）产品。产品定位、产品研发、产品实际销售与潜在销售、库存变化

（出入库日期、数量）、核心产品和非核心产品、对市场变化的应变能力、发展前景、竞争优势、盈利能力。

（3）生产。企业生产经营是否正常，生产记录是否连贯、完整，锅炉、食堂等辅助设施是否正常运转；设备利用情况（包括设计生产能力、实际生产能力和销售能力）；电费、水费缴纳情况；工资发放情况；主要客户和供应商、对其依赖程度等。

（4）行业。企业所属行业的产业政策、所处区域的区域经济政策、区域信用环境、所处行业的供求关系状况及变化趋势；企业在所处行业中的排名、市场占有率、竞争优势、发展前景等情况。

（5）其他。企业治理结构是否完善、内控及财务制度是否健全、是否挂靠或借牌经营、是否存在重大诉讼等。

2．资信情况调查

（1）开户行及资金结算情况，包括账号、近期月均存款余额、银行评级等。

（2）近三年历史融资记录，应含借款、承兑汇票、信用证等所有融资，重点关注不良记录。

（3）对外担保记录，重点关注不良记录。

（4）纳税记录，核实近三年的纳税申请表、完税凭证，并可抽查纳税账户的扣款凭证。

（5）查询征信记录，重点关注不良记录。

（6）了解非正规金融渠道融资情况。

3．财务因素调查

（1）核实财务报表的真实性。调查人员应持谨慎态度进行询问与核查，通过分析报表勾稽关系、审阅审计报告、复核重点会计科目等手段核实财务报表的真实性。调查人员可通过抽查几笔大额或异常会计凭证，查看记账凭证与下面的附件金额是否相符，附件是否为原件，是否有相关人员的签字，往来是否人为挂账等方式判断企业提供的财务报表是否真实。

（2）财务核查与分析。对企业资产负债表、利润表与现金流量表等报表之间的勾稽关系进行审核；对客户近年来银行信用还贷资金来源进行核查，核实是否存在拆借还贷续贷情况；对企业长/短期偿债能力、营运能力、盈利能力等核心指标与同业指标进行对比分析，判断是否保持在合理的水平；分析企业资产及负债结构是否合理，与前期相比是否发生重大变化、变化原因是否合理；分析未来可能对客户生产经营和财务状况产生重要影响的因素，合理预测客户未来现金流，对还款计划的合理性及可行性进行认定。

4．担保用途调查

现场调查过程中，业务经理应重点关注对非财务因素和担保用途的调查。调查认定担保资金是否真正用于担保申请企业、用途是否属于营业执照所列范围，企业生产经营计划是否合理、有无真实交易背景、购销合同是否真实、担保资金额度和期限是否与企业的生产经营相匹配（一般商贸流通企业对外融资比例控制在年销售额的 15% 以内，生产型企业对外融资比例控制在年销售额的 35% 以内；项目贷款因企业未来市场前景存在较大不确定性，原则上仅限于介入固定资产投入已完成，补充部分配套流动资金即可有效释放产能的项目，并应重点关注项目未来现金流的预测和分析）。

5．反担保措施调查

调查人员应调查反担保资产的权属情况、存放地点、使用状况、价值、灭失及损害风险等。主要反担保措施为保证反担保的，调查人员应重点调查反担保企业担保合法性、是否具备代偿能力（包括资信状况、经营能力、资产实力）、与客户的关联情况等。特别注意是否存在抵押物租借行为，防止第三方瓜分信贷资金。

四、项目评审

（1）分析论证。现场调查活动结束后，业务经理应在现场调查核实资料的基础上对项目进行全面的梳理，综合分析企业产品市场竞争能力、盈利能力、未来发展趋势。重点分析担保额度的合理性及偿贷、付息资金来源（可根据客户未来有效业务合同或近三年的主营业务收入增长率、盈利水平、生产经营周期以及宏观经济、行业发展趋势，合理预测客户担保期限内主营业务收入和盈利情况，判断担保额度的合理性及担保用途的真实性）、反担保措施能否有效督促企业还款、反担保方式的可操作性、反担保物变现难易程度、风险防范及化解措施，最终形成调查结论。

（2）业务经理认为项目可行的应着手撰写《担保业务调查评审报告》。评审报告应如实报告调查过程中所采取的调查方式、基本可以认定真实的相关资料及认定依据，对重要数据、重要问题（如重要资产、主营业务收入、利润等）的确认依据及方法是否真实或合理都应有明确的判断；对客户借款事由、还款来源、资产及负债、经营及现金流状况、企业负责人或主要股东个人信用情况进行分析，并对担保种类、金额、用途、期限、偿还方式、反担保措施等提出建议。对重大而又无法核实的数据或问题，也应明确原因并评估其对项目风险的影响程度。

18.6.6　风险管理经理工作尽职要求

风险管理经理协助业务经理完成担保项目尽职调查活动，在项目初审、现场调查、项目评审等过程中履行复核、检查、督促职责，对担保项目的全过程负责。

一、项目初审

风险管理经理对业务经理提交的客户基本信息资料进行复核、检查，综合分析比较相关资料，找出问题，确定现场调查重点。客户基本信息资料的审核要点与业务经理要求相同。

二、现场调查

风险管理经理应积极协助、配合业务经理，共同落实调查提纲确定的调查内容。风险管理经理应充分发挥专业素养和丰富工作经验优势，在现场调查过程中重点关注财务因素的调查。风险管理经理应全方位、多角度审视项目风险，注意信息链条的相互交叉印证，注重重大事项的核实，注重同质、同类企业的对比，通过核实、比较发现问题。现场调查事实不清、不全或分析认证过程存在明显缺陷，企业基本信息资料缺失、调查事实存在重大疑问的，应要求担保客户及时补充，并会同业务经理共同核实调查。

三、项目评审

（1）风险管理经理对业务经理提交的《担保业务调查评审报告》和附件资料进行复核、审查，出具独立的《担保业务审查意见》。风险管理经理的评审意见应包括项目调查中的重要信息补充说明，主要财务数据的核实、分析及结论，与业内同行的对比分析，项目比较优劣势分析，项目重大风险因素评价，反担保措施的有效性评价等。

（2）评审过程中，风险管理经理应重点关注调查程序、方法的合规性，关注担保项目合规合法性、安全性、流动性的分析和论证。既要做到全面客观、实事求是，又要揭示主要问题、潜在风险，独立、客观、公正地表达评审意见。

18.6.7　融资担保业务保前尽职调查工作的评价和问责

（1）担保机构应建立尽职调查工作评价制度及相应的问责与免责制度，明确规定各部门、岗位的职责和尽职要求，对违法、违规造成的风险进行责任认定，并按规定对有关责任人进行处理。

（2）尽职调查人员在其职责范围内，承担相应的履职责任。担保机构须配备专门人员对尽职调查流程的各个环节进行尽职评价，评价尽职调查工作人员是否尽职，确定尽职调查工作人员是否免责。

（3）尽职调查评价可采取现场或非现场的方式进行。尽职调查评价人员在评价中如发现重大违规行为，应立即报告。评价结束后应及时出具尽职调查工作评价报告。尽职调查评价人员发现的问题，应经过确认程序，责令相关部门或人员及时纠正。

（4）尽职调查人员尽职行为的认定标准如下。

①完整有效地履行尽职调查职责。

②严格按照规定的程序、内容和要求履行尽职调查职责。

③其他经担保机构最高管理层认定的尽职行为。

（5）尽职调查人员有以下行为者，根据未尽职程度给予相应的经济处罚和行政处分，情节严重触犯刑律的，依法追究其刑事责任。

①故意不尽职行为。如伙同或放任他人骗取担保；故意丢弃、毁损、涂改项目档案，导致追偿时单位权益受损或问责调查受阻。

②严重未尽职行为。如尽职调查报告反映的被担保人经营情况严重失实；被担保人明显存在风险隐患未能识别或发现后未及时上报；项目合同、协议、抵（质）押凭证等无效未能识别；抵（质）押物实际价值明显低于抵（质）押价值；丢失、毁损项目重要档案（如项目合同、协议、尽职调查报告等）。

③一般未尽职行为。如存在疏忽或失误，未完整有效地履行调查职责。

④担保机构最高管理层认定的其他未尽职行为。

第六篇
尽职调查工作结果及优秀案例

第 20 章　尽职调查工作底稿

20.1　尽职调查工作底稿概述

尽职调查工作底稿包括工作记录和重要资料两部分。工作记录用于记录调查过程、调查内容、方法和结论等；重要资料是项目小组在尽职调查过程中取得或制作的、能够证明所实施的调查工作、支持调查结论的相关资料，是进一步说明工作记录的支撑性文件。

工作底稿要求内容完整、格式规范、记录清晰、结论明确。工作记录至少包括：公司名称、调查时间或调查期间、调查人员、调查日期、调查地点、调查过程、调查内容、方法和结论、其他应说明的事项等。对于从公司或第三方取得并经确认的相关资料，除注明资料来源外，调查人员还应实施必要的调查程序，形成相应的调查记录和必要的签字。

工作底稿可以以纸质文档、电子文档或者其他介质形式的文档留存，其中重要的工作底稿应采用纸质文档的形式。以纸质以外的其他介质形式存在的工作底稿，应以可独立保存的形式留存。

20.2　尽职调查工作底稿的撰写

工作底稿的撰写应当包括封面、目录、序言以及正文四个主要的部分。

（一）封面

（1）反映调查报告的主题、调查的时间以及不同调查人的责任分工。

（2）封面应包括：项目名称、调查部门、调查时间、相关调查人员签字（手签）。

（二）目录

（1）调查报告应列出主要标题（一般列至三级标题）及所在页码。

（2）调查报告较短的（5页以下），可省略目录。

（3）调查报告的附件（表），排在目录的最后位置。

（三）序言

序言通常包括以下几方面。

（1）出具本尽职调查报告的目的和范围。

（2）报告中使用的简称及定义项。

（3）尽职调查的方法和限制。

（4）本尽职调查报告所依据的文件及报告所反映情况的截止日期。

（5）假设。

（6）目标公司确保所提供资料和信息的真实、准确、完整、合法的郑重承诺。

（7）出具尽职调查报告的免责限制和声明。

（四）正文

在撰写尽职调查报告正文的各部分内容时，应列举在尽职调查过程中获得的信息，对委托事项出具详尽明确的尽职调查报告。其主要包括：目标企业的设立与有效存续、业务经营情况、财务概况、资信状况、债权债务状况、公司治理状况、对外投资状况、关联情况、重大争议事项等。

尽职调查工作底稿是尽职调查工作小组在从事尽职调查工作中形成的完整的工作记录，是对所获信息的科学的整理和加工。工作底稿的质量可以反映尽职调查人员的工作态度。

总之，尽职调查人员可按照上述尽职调查内容各环节的实际调查情况形成工作底稿。工作底稿中的工作记录和重要资料均应标有索引编号。索引编号应该统一规范、清晰有序。工作底稿各章节之间应有明显的分隔标识。相关工作底稿之间，应保持清晰的勾稽关系。在相互引用时，相关工作底稿上应交叉注明索引编号。应有调查人员与调查相关人员的签字。尽职调查工作底稿包括但不限于以下内容：工作底稿编制、尽职调查过程所用到的附件内容，方便阐述尽职调查结果的有用的表格与文件等（置于附件）。

20.3　尽职调查工作底稿常见模板

为了加深读者对尽职调查工作底稿的了解和认识，本节列举了以下常见模板。

20.3.1　设立与存续

设立与存续的相关模板见表 20 - 1 至表 20 - 3。

表 20 - 1　　　　　　　　设立与存续——公司登记基本资料

公司名称					调查人		
调查日期					起止时间		
调查地点					调查项目		
调查目的	调查目标公司主体是否合法成立						
调查内容和方法	No.	项目	有	无	调查方法	调查过程	备注
	1	营业执照（正本及副本）			要求公司提供，去工商行政管理部门查询		
	2	项目建议书			要求公司提供、要求目标公司开介绍信去有关部门查询；应将其内容与目标公司实际情况相对照		
	3	出资协议			要求公司提供，注意中外合资、合作企业体现为合资、合作合同，股份有限公司体现为发起人协议；应审查其内容是否合法，是否与营业执照、批准登记证书、章程一致		
	4	章程			要求公司提供，去工商行政管理部门查询；应审查其内容是否合法，是否与营业执照、批准证书、出资协议一致，特别注意历年公司章程修改情况		
	5	批准设立的文件			要求公司提供，去工商行政管理及各有关审批部门查询。外资企业为批准证书		
	6	法定代表人、董监高任命			要求公司提供相关资料，通过查阅有关会议文件、公司章程等方法，了解董监高任职情况		
调查结论							
附件目录	（此项调查所取得的文件或谈话笔录等原始资料直接附在本表格之后，使二者保持关联）						
调查人签字							

表 20 - 2　　　　　　　　　　设立与存续——变更情况

公司名称	目标公司或其关联公司名称				调查人			
调查日期					起止时间			
调查地点					调查项目	关于登记变更事宜的资料		
调查目的								
调查内容和方法	No.	项目	有	无	调查方法		调查过程	备注
	1	有无增、减资			要求公司提供，去工商行政管理部门查询注意事项：不要只看变更结果或相关申请表格等工商登记资料，还要关注相关的股东会决议、董事会决议、政府批准、章程修正案或修改后章程、增资验资报告与认缴增资协议、合并等的方案或协议。每个变更的每个环节都过一遍，确认合规			
	2	有无经营范围变更						
	3	有无法定代表人变更						
	4	有无股权变更（股权转让、赠与、继承、被强制性执行等），股权转让协议						
	5	有无合并、分立、改制、重组等重大变更						
	6	有无其他登记、备案事项变更						
调查结论								
备注								
附件目录	（此项调查所取得的文件或谈话笔录等原始资料直接附在本表格之后，使二者保持关联）							
调查人签字								

表 20-3　　　　　　　设立与存续——分支机构

公司名称					调查人			
调查日期					起止时间			
调查地点					调查项目		分支机构	
调查目的								
调查内容和方法	No.	项目	有	无	调查方法		调查过程	备注
	1	分公司营业执照			要求公司提供，去工商行政管理部门查阅相关登记、变更资料			
	2	设立分公司的决议或其他批准文件						
	3	反映分公司营运资金拨付情况的文件						
	4	分公司负责人及管理团队的任命文件						
	5	分公司如系他人挂靠，相关的挂靠或承包协议						
	6	项目部或其他分支机构相关文件						
调查结论								
备注								
附件目录	（此项调查所取得的文件或谈话笔录等原始资料直接附在本表格之后，使二者保持关联）							
调查人签字								

20.3.2　股东与股权

股东与股权的相关模板见表 20 - 4 至表 20 - 6。

表 20 - 4　　　　　　　　　股东与股权——公司股权结构

公司名称					调查人			
调查日期					起止时间			
调查地点					调查项目		公司股权结构	
调查目的				什么人设立和运营目标公司				
调查内容和方法	No.	项目	有	无	调查方法		调查过程	备注
	1	公司目前的股东名册			要求公司提供、现场调查核实、走访工商行政管理部门，以及查阅营业执照、公司章程、财务报告及审计报告（如有），相互印证			
	2	出资证明书						
	3	股权结构图						
	4	股东身份资料，包括自然人股东身份证、法人股东营业执照			对于自然人股东身份证的真假可采用新旧程度观察来辨别，以及到公安部门户籍调查科核实			
	5	各股东的股东结构图（如为公司）			要求公司提供、现场调查核实、走访工商行政管理部门，以及查阅营业执照、公司章程、财务报告及审计报告（如有），相互印证			
	6	各股东股权性质一览表（国有/非国有）			要求公司提供、现场调查核实、走访工商行政管理部门，以及查阅营业执照、公司章程、财务报告及审计报告（如有），相互印证			
	7	股东行使权利情况			主要是选举权、决策权、分红权等			
	8	个人股东身份及履历介绍，法人股东简介			尽可能详尽，没有的要求补充			
调查结论								
附件目录	（此项调查所取得的文件或谈话笔录等原始资料直接附在本表格之后，使二者保持关联）							
调查人签字								

表 20 - 5　　　　　　　股东与股权——股东出资

公司名称				调查人		
调查日期				起止时间		
调查地点				调查项目	股东出资	
调查目的						
调查内容和方法	No.	项目	有	无	调查方法	调查过程	备注
	1	各股东出资比例与数额一览表			咨询会计师事务所等中介机构、询问公司高管及其财务人员、前往工商行政管理部门查询档案、查阅验资报告、查阅公司与股东之间的资金往来和交易记录等。左列 1～6 项一览表可合并为一张表注意事项：（1）出资是否及时到位、出资方式是否合法，是否存在出资不实、虚假出资、抽逃资金等情况；（2）出资资产（包括房屋、土地、车辆、商标、专利等）的产权是否清晰；（3）前述资产过户是否规范		
	2	各股东出资方式一览表					
	3	各股东出资期限（分期）一览表					
	4	各股东出资到位情况一览表					
	5	各类出资资产本身的移交或过户手续一览表					
	6	各类出资资产本身的权属清晰情况一览表					
	7	非货币出资不足值的情况					
	8	股东行使权利情况					
调查结论						
备注						
附件目录	（此项调查所取得的文件或谈话笔录等原始资料直接附在本表格之后，使二者保持关联）					
调查人签字						

表 20 - 6　　　　　　　　股东与股权——对外投资

公司名称					调查人		
调查日期					起止时间		
调查地点					调查项目	对外投资情况	
调查目的							
调查内容和方法	No.	项目	有	无	调查方法	调查过程	备注
	1	子公司情况			要求公司提供，到工商行政管理部门查询，取得公司的营业执照、财务报告、投资协议等文件，了解被投资公司经营状况。对于依照法定要求需要进行审计的被投资公司，应该取得相应的审计报告，取得重大项目的投资合同及目标公司内部的批准文件		
	2	其他关联公司（指直接或间接拥有 5% 以上的资本关系或有实际控制关系的公司）情况			通过与公司人员谈话，咨询中介机构，查阅公司及其控股股东或实际控制人的股权结构和组织结构、查阅重要会议记录和重要合同等方法，按照《公司法》和企业会计准则的规定，确认公司的关联方和关联方关系，调档查阅关联方的工商登记资料		
调查结论							
备注							
附件目录	（此项调查所取得的文件或谈话笔录等原始资料直接附在本表格之后，使二者保持关联）						
调查人签字							

20.3.3 公司治理

公司治理的相关模板见表 20-7 至表 20-11。

表 20-7　　　　　　　　**公司治理——股东会**

公司名称					调查人			
调查日期					起止时间			
调查地点					调查项目	股东会的相关资料		
调查目的					股东会运作情况			
调查内容和方法	No.	项目	有	无	调查方法		调查过程	备注
	1	股东会会议记录或股东会决议			要求公司提供，向相关人员了解情况；特别注意有关董事会组建以及对外投资、担保等重大决策的决议 注意事项：通过阅读股东会会议记录和决议所反映的公司经营事项评估股东会对公司经营管理的影响力。核实决议签名的真实性、完整性（应签的人都要签）；注意股东会议事规则执行情况；审查会议文件是否完整，会议记录中时间、地点、出席人数等要件是否齐备，会议文件是否归档保存。将股东会会议记录和决议内容与董事会、监事会、经理层相关会议内容相对比，分析是否一致			
	2	如有代理出席的情况，有无委托书						
	3	股东会议事规则						
	4	股东会的召集通知						
	5	股东会会议提案						
	6	股东会的召开频率统计表						
	7	股东会其他相关资料						
调查结论								
备注								
附件目录	（此项调查所取得的文件或谈话笔录等原始资料直接附在本表格之后，使二者保持关联）							
调查人签字								

表 20 - 8　　　　　　　公司治理——董事会

公司名称			调查人	
调查日期			起止时间	
调查地点			调查项目	董事会的相关资料
调查目的			董事会运作情况	

调查内容和方法	No.	项目	有	无	调查方法	调查过程	备注
	1	董事长选任证明			要求公司提供，前往工商行政管理部门调阅登记资料；与董事、董事会秘书及其他高管谈话 注意有关经理层聘任以及对外投资、担保等重大决议。 （1）通过阅读董事会会议记录和决议所反映的公司经营事项评估董事会对公司经营管理的影响力；（2）核实决议签名的真实性、完整性（应签的人都要签）；（3）注意董事会议事规则执行情况；（4）审查会议文件是否完整，会议记录中时间、地点、出席人数等要件是否齐备，会议文件是否归档保存；（5）将董事会会议记录和决议内容与股东会、监事会、经理层相关会议内容相对比，分析是否一致		
	2	董事选任证明以及董事变更的工商登记资料					
	3	董事会名册及各董事身份信息、个人简历					
	4	董事会会议记录或董事会决议（如有代理出席的情况，需提供代理出席的委任书）					
	5	董事会议事规则					
	6	董事会其他相关资料					

调查结论	
备注	若存在未设董事会的情况，此时仅需提供执行董事相关资料
附件目录	（此项调查所取得的文件或谈话笔录等原始资料直接附在本表格之后，使二者保持关联）
调查人签字	

表 20-9 公司治理——监事会

公司名称				调查人			
调查日期				起止时间			
调查地点				调查项目	监事会的相关资料		
调查目的							
调查内容和方法	No.	项目	有	无	调查方法	调查过程	备注
	1	监事选任证明			要求公司提供，前往工商行政管理部门调阅登记资料 注意事项：（1）通过阅读监事会会议记录和决议所反映的公司经营事项评估监事会对公司经营管理的影响力，特别注意监事会依法对损害股东利益、公司违反事项等行使监督权的事例；（2）核实决议签名的真实性、完整性（应签的人都要签）；（3）注意监事会议事规则执行情况；（4）审查会议文件是否完整，会议记录中时间、地点、出席人数等要件是否齐备，会议文件是否归档保存；（5）将监事会会议记录和决议内容与股东会、董事会、经理层相关会议内容相对比，分析是否一致		
	2	监事会名册及各监事身份信息、个人简历					
	3	监事会会议记录					
	4	监事会议事规则					
	5	监事（会）行使监督权情况					
	6	监事会其他相关资料					
调查结论							
备注	若存在未设监事会的情况，此时仅需提供监事相关资料						
附件目录	（此项调查所取得的文件或谈话笔录等原始资料直接附在本表格之后，使二者保持关联）						
调查人签字							

表 20 - 10　　　　　　　　**公司治理——经理团队**

公司名称					调查人			
调查日期					起止时间			
调查地点					调查项目		经理团队	
调查目的								
调查内容和方法	No.	项目	有	无	调查方法与注意事项		调查过程	备注
	1	经理、副经理、财务负责人等的聘任文件			要求公司提供,前往工商行政管理部门调阅登记资料;与经理团队及其他高管谈话 注意事项:通过阅读相关会议记录和经营管理资料,评估经理层对公司经营管理的影响力,特别注意其与股东会、董事会的关系。(1)注意各自分工是否明确,是否存在内部纠纷或其他不团结情况;(2)将经理办公室会议记录和决议内容与股东会、董事会、经理层相关会议内容相对比,分析是否一致			
	2	经理团队名册及身份信息、个人简介						
	3	管理例会、经理办公室等类似会议记录						
	4	经理层内部分工(岗位职责)规定						
	5	经理团队其他相关资料						
调查结论								
备注								
附件目录	(此项调查所取得的文件直接附在本表格之后,使二者保持关联)							
调查人签字								

表 20 - 11　　　**公司治理——董监高任职资格与忠实义务**

公司名称					调查人			
调查日期					起止时间			
调查地点					调查项目		董监高任职资格与忠实义务	
调查目的								
调查内容和方法	No.	项目	有	无	调查方法与注意事项		调查过程	备注
	1	董监高有无任职资格			要求公司提供,前往工商行政管理部门调阅登记资料;与经理团队及其他高管谈话 注意事项:检查违反收入是否收缴归公司所有			
	2	董监高有无不忠实行为						
	3	董监高之间有无亲属关系						
调查结论								
备注								
附件目录								
调查人签字								

20.3.4　内部管理与风险经营控制

内部管理与风险经营控制的相关模板见表 20 – 12 至表 20 – 14。

表 20 – 12　内部管理与风险控制——组织结构与规章制度

公司名称				调查人			
调查日期				起止时间			
调查地点				调查项目		组织结构与规章制度	
调查目的							
调查内容和方法	No.	项目	有无	调查方法		调查过程	备注
	1	内部组织结构图		与公司相关管理人员沟通交流，要求提供相应的规章管理制度；调查以前是否发生过相关事件，如有，要求查阅当时的文件资料			
	2	各职位、岗位的职责描述		与公司相关管理人员沟通交流，要求提供相应的公司文件			
	3	规章制度汇编		与公司相关管理人员沟通交流，了解国内公司是否有相关知识产权的管理保护制度，如有，要求公司提供			
	4	最近三年经营管理情况的说明（报告），主要说明业务、人员的发展情况以及财务情况		与公司相关管理人员沟通交流，要求提供各分支机构的设立、变更文件，以及对分公司实行管控的相关文件			
调查结论							
备注							
附件目录							
调查人签字							

表 20 - 13　　　　　内部管理与风险控制——合同管理

公司名称				调查人	
调查日期				起止时间	
调查地点				调查项目	合同管理
调查目的					

	No.	项目	有	无	调查方法	调查过程	备注
调查内容和方法	1	是否每一次买卖、租赁及其他业务都与对方签订了书面合同			向相关人员了解；要求公司提供签订的书面合同、相关管理制度、相关协议与凭证等；关注制度执行情况		采用 OA 系统的，则查阅系统记录
	2	合同是否有审批权限规定和流程管理规定					
	3	合同签订是否事先经过专业法律人员审查					
	4	合同签订后是否统一保管和做好保密措施					
	5	每一份合同的执行是否落实到专人负责，确保及时、适当履行					
	6	合同履行过程中送货单、传货凭证、委托书、结算单、质量问题处理协议、发票、付款清单以及其他凭证原件是否保存完好					
	7	任何一方未按照合同履行，有无另行协议或协商的备忘录					

调查结论	
备注	此调查主要针对公司是否制定了上述主要规章制度，至于这些规章制度的合法性以及实施情况不在本调查之列
附件目录	（此项调查所取得的文件直接附在本表格之后，使二者保持关联）
调查人签字	

表 20 - 14　　　　内部管理与风险控制——借贷、担保风险

公司名称			调查人		
调查日期			起止时间		
调查地点			调查项目		借贷、担保风险
调查目的					

	No.	项目	有 无	调查方法	调查过程	备注
调查内容和方法	1	借贷、担保有无相应的股东会、董事会决策程序和公司内部规章制度		与相关管理人员沟通交流，查阅公司相关协议文件，了解借入、借出款项（此处指公司借出）状况 注意事项：（1）关注相关制度执行情况；（2）已发生的借贷、担保是否经过了公司股东会、董事会决议；（3）借贷、担保协议执行情况，如发生逾期或违约，应了解其原因、应对补救措施等；（4）应注意债权过于集中带来的坏账损失风险，债务过于集中带来的资金链断裂风险；（5）调查被担保方是否具备履行义务的能力、是否提供了必要的反担保；（6）了解公司在主要借款银行的资信评级情况		采用 OA 系统的，则查阅系统记录
	2	借贷、担保金额占公司净资产、总资产的比重分别是多少		分析一旦发生损失，对公司正常生产经营和盈利状况的影响程度		

调查结论	
备注	此处与后面的债权、债务重大合同调查有交叉，本表格重点关注风险防范体系
附件目录	
调查人签字	

说明：其他经营风险，例如印章管理、知识产权管理、劳动管理等方面的风险，在相应的表格中体现。

20.3.5　资产

资产的相关模板见表 20 - 15 至表 20 - 17。

表 20 - 15　　　　　　　　　资产——不动产

公司名称				调查人				
调查日期				起止时间				
调查地点				调查项目	不动产			
调查目的								
调查内容和方法	No.	项目	有 无		调查方法		调查过程	备注
	1	不动产清单			要求公司提供，必要时到相关管理部门进行查询 注意事项：（1）不动产清单应注明栋号、权属、面积、坐落、原值、已使用年限、累计折旧、净值、取得方式（自建/购买）等；（2）不论用地来源，都应取得国土证或房地产权证、土地出让金、土地使用费及契税缴纳凭证；（3）如系招拍挂出让土地，还应取得招拍挂公告、成交确认书、相关投资协议（偶尔有）、出让合同及其附件；（4）如系协议出让土地，还应取得相关投资协议（较多有）、出让合同；（5）如系受让土地，还应取得原出让合同、相关转让合同、过户登记文件、政府同意转让批文（划拨地转让）、转让款支付凭证			
	2	盖有查询章的土地信息表						
	3	不动产权证						
	4	不动产权证						
	5	不动产共有证						
	6	其他项权利证书			索取主债务协议、抵押合同、抵押登记文件等			
	7	房屋租赁、出租			取得相关租赁协议，租赁登记文件；对于房屋出租的，要了解是否能够解除租约，及解约代价；取得强制措施文件等资料，查明原因和案情；是否合法有效； 无偿使用他人土地、房屋的，说明原因、使用期限等情况；了解房屋是否属于被拆迁对象，或者近期内是否可能被拆迁			
	8	采取司法措施						
	9	无偿使用他人土地或房屋						
	10	房屋是否被拆迁						
调查结论								
备注		该项仅指公司自有土地使用权、建筑物、工程的相关信息，不包括公司通过承包或其他方式获取的土地使用权、建设工程等资料						
签字								

表 20 - 16   **资产——设备及车辆**

公司名称			调查人	
调查日期			起止时间	
调查地点			调查项目	设备及车辆
调查目的		设备的产权、担保、租赁、进口等的合法性		

	No.	项目	有	无	调查方法	调查过程	备注
调查内容和方法	1	设备及车辆清单			要求公司提供，到相关车辆管理部门查阅登记资料，核对权属登记文件。设备清单应包括：名称、型号、购入时间、使用地点、原值、已使用年限、累计折旧、净值、取得方式等项目。车辆还应包括机动车行驶证、汽车牌照的取得情况，请财务调查人员协助提供发票、付款记录等 注意事项：（1）检查二手货情况；（2）对于减免税进口的设备，取得海关监管设备有关减免税批文及其他文件；（3）查明监管年限；（4）对于监管期满的，应取得减免税进口货物解除监管证明或类似文件，防止因违反海关规定被处罚；（5）如有租赁、出租和免费出借、免费使用他人设备情况，取得相关协议资料，说明租赁、无偿使用原因、使用期限等情况		
	2	设备及车辆取得证明资料					
	3	在设备或车辆上设定担保的合同和担保登记证明					
	4	进口设备经过海关、商检部门等的各种手续（包括免税手续）而取得的文书（例如有关进口设备的报关资料、发票、装箱单等）					
	5	有无租赁、出租和免费出借、免费使用他人设备情况					
	6	有无被采取查封、冻结等强制措施情况					
	7	其他设备及车辆的相关资料					

调查结论	
备注	
附件目录	
调查人签字	

表 20 - 17　　　　　　　　　资产——在建工程

公司名称					调查人				
调查日期					起止时间				
调查地点					调查项目		在建工程		
调查目的									
调查内容和方法	No.	项目	有	无	调查方法			调查过程	备注
	1	建设用地规划许可证			要求公司提供，必要时到相关管理部门进行查询。查明是自建取得，还是所有权转移取得；并针对不同的取得方式要求提供相关文件 注意事项：（1）取得相关许可证时应同时查阅附件；（2）查明强制招标原因和依据，取得招标文件、中标通知书等文件；（3）取得在建工程抵押相关协议及登记文件；（4）查明是否有放弃或进一步明确有限受偿权约定；（5）确定总包方的资质及是否有名为分包、实为转包的情况				
	2	建设工程规划许可证							
	3	建筑施工许可证							
	4	施工单位资质文件							
	5	是否为强制招标项目							
	6	有无招投标							
	7	在建工程抵押							
	8	优先受偿权是否另有约定							
	9	是否有总包							
	10	专项竣工验收文件							
调查结论									
备注	该项仅指公司自有土地使用权、建筑物、工程的相关信息，不包括公司通过承包或其他方式获取的土地、建设工程等资料								
附件目录	（此项调查所取得的文件直接附在本表格之后，使二者保持关联）								
调查人签字									

20.3.6　人力资源

人力资源的相关模板见表 20 - 18 和表 20 - 19。

表 20 - 18　　　　　　　人力资源——人员结构

公司名称			调查人			
调查日期			起止时间			
调查地点			调查项目	人员结构		
调查目的						
调查内容和方法	No.	项目	有	无	调查方法	调查过程	备注
	1	职工名册			要求公司提供职工名册，审查职工名册的内容是否包括劳动者姓名、性别、居民身份证号码、户籍地址及现住址、联系方式、用工形式、用工起始时间、劳动合同期限等法定内容		
	2	人事组织图以及关系说明			要求公司提供相关资料，询问相关人员，查阅相关规章制度		
	3	部门与岗位人员配置说明			要求公司提供各部门负责人的姓名、各岗位人员配置		
	4	有无病、残员工			要求公司提供姓名与相关情况		
	5	有无待岗、培训及其他不正常上班员工			要求公司提供姓名与相关情况		
	6	今后的人员聘用计划			要求公司提供人员聘用计划		
调查结论						
备注						
附件目录						
调查人签字						

表 20 - 19　　　　　　　　人力资源——高级管理人员

公司名称				调查人				
调查日期				起止时间				
调查地点				调查项目		高级管理人员		
调查目的								
调查内容 和方法	No.	项目	有	无	调查方法		调查 过程	备注
	1	高级管理人员名册（包括任命文书）以及资历、兼职			要求公司提供，询问高管（含董事、董事会秘书、监事、经理、副经理、财务负责人）			
	2	高级管理人员有关薪酬和离职补偿等特别待遇的文件（含劳动合同中相关特别约定）						
	3	高级管理人员兼职情况						
	4	保密协议、竞业限制协议签订情况						
	5	出资培训、培养及服务期协议签订情况						
	6	今后的人员聘用计划						
调查结论								
备注								
附件目录	（此项调查所取得的文件直接附在本表格之后，使二者保持关联）							
调查人签字								

20.3.7 业务

业务的相关模板见表 20 – 20 至表 20 – 23。

表 20 – 20 业务——主营业务

公司名称				调查人		
调查日期				起止时间		
调查地点				调查项目	主营业务	
调查目的						
调查内容和方法	No.	项目	有 无	调查方法	调查过程	备注
	1	主营业务描述		公司说明及提供文件		
	2	主营业务是否在登记的经营范围之内				
	3	主营业务是否需要特别的行政许可、批准、资质或授权		公司说明及提供文件		
	4	销售的产品或提供的服务是否遭受投诉或索赔		取得相关记录及文件		
调查结论						
备注						
附件目录						
调查人签字						

表 20 - 21 适用于项目公司。项目公司不同，调查内容也不同。本表以房地产项目为例。

表 20 - 21　　　　业务——主营业务（以房地产项目为例）

公司名称					调查人		
调查日期					起止时间		
调查地点					调查项目	主营业务	
调查目的							
调查内容和方法	No.	项目	有	无	调查方法	调查过程	备注
	1	公司主营业务内容的总体说明			调查方法：左列文件均要求公司提供，必要时到相关部门进行查询。左列文件，原则上都需要取得，若不能取得，在此说明原因。 不同的项目要求不同，例如污水处理特许经营项目，所需文件主要集中在特许经营的批文、合同环保部门的要求等，此不赘述； 如项目属于在建工程，所需文件请参见资产——在建工程		
	2	项目所涉及的政府部门批复，包括立项批复、环境影响评估批复、项目投资备案证、用地预审意见、项目规划意见书、审定设计方通知书、设计批复、建设用地规划许可证、建设工程规划许可证等					
	3	如涉及征地拆迁，则取得政府征地、拆迁批复（当地与上级政府）、征地补偿协议与拆迁安置补偿协议、征地补偿价款与房屋拆迁补偿费支付凭证、征地公告、拆迁安置补偿公告及方案、房屋拆迁许可证、征地与拆迁总结报告					
	4	相关部门审批。环保：环境影响报告/书面披露。消防：建筑设计消防审核审批意见、建筑/装修工程消防设计审批意见、建筑消防设计防火审批意见。交通：交通影响评价意见。人防：人防工程初步设计审核批准通知单、人防工程施工图备案通知单。其他：文物保护、超限高层建筑工程防震设防审批、节能审批、树木伐移审批、绿化与园林审批、矿产资源核查或地质灾害评估批复或意见					
	5	项目运营所涉及的资质证书（房地产开发资质或暂定资质）					
	6	如涉及商品房销售，则应取得：销售或预售许可证、销售/预售合同范本及补充协议、公司与银行按揭合作协议等协议文本					
调查结论							
备注							
附件目录							
调查人签字							

表20－22　　　　　　　**业务——主要供应商**

公司名称					调查人		
调查日期					起止时间		
调查地点					调查项目		主要供应商
调查目的							
调查内容和方法	No.	项目	有	无	调查方法	调查过程	备注
	1	主要供应商清单（含基本情况介绍，特别注明与公司合作期限及近三年交易金额）			左列文件均要求公司提供，与采购部门负责人及业务人员沟通。调查公司采购模式，必要时询问主要供应商 注意事项：（1）关注原材料等供应渠道是否过于单一，即是否与某一供应商合作时间过长、交易金额过大；是否一旦某供应商中断供应就会影响目标公司生产经营；（2）与供应商关系是否平等、稳定；（3）目标公司股权变化是否可能导致供应商停止合作，或者提出更苛刻的合作条件；与供应商合作中是否有股权变动供应合同可解除的约定		
	2	公司采购管理是否有制度和固定管理模式					
	3	供应商履约情况和信用评估说明					
	4	公司股权变化对主要供应商有无影响					
调查结论							
备注							
附件目录							
调查人签字							

表 20 – 23　　　　　　业务——主要客户和销售渠道状况

公司名称					调查人		
调查日期					起止时间		
调查地点					调查项目		主要客户和销售渠道状况
调查目的							
调查内容和方法	No.	项目	有	无	调查方法	调查过程	备注
	1	主要客户或销售渠道清单（含基本情况介绍，特别注明与公司合作期限及近三年交易金额）			要求公司提供文件，与销售、市场部门负责人及业务人员沟通，必要时询问主要客户或代理商。如客户或销售渠道很多，可划定一个调查起点金额 注意事项：（1）关注客户或销售渠道是否过于单一，如合作时间过长、交易金额过大；是否一旦失去客户或某销售渠道中断，就会影响公司生产经营；（2）与客户和代理商、销售合作伙伴是否平等、稳定；（3）目标公司股权变化是否会导致客户和销售渠道等停止合作，或者提出更苛刻的合作条件；与供应商合作中是否有股权变动供应合同可解除的约定		
	2	公司销售管理是否有制度和固定管理模式					
	3	主要客户和代理商履约情况和信用评估说明					
	4	公司股权变化对主要客户和销售渠道有无影响					
调查结论							
备注							
附件目录							
调查人签字							

20.3.8　财务与税务

财务与税务的相关模板见表 20 – 24 和表 20 – 25。

表 20 –24　　　　　**财务与税务——财务报表等财务资料**

公司名称			调查人	
调查日期			起止时间	
调查地点			调查项目	财务报表等财务资料
调查目的				
调查内容和方法	No.	项目	有 无	调查方法	调查过程	备注

调查内容和方法	No.	项目	有	无	调查方法	调查过程	备注
	1	最近三年财务报表			要求公司提供，以及查阅会计师事务所审计的情况；走访有关会计师事务所，到工商行政管理部门核实有关情况 注意事项：这部分主要是财务人员进行调查和分析，但律师也需要有所了解，主要关注财务管理防范情况，例如财务制度的制定和执行情况，会计、出纳相互监督机制的有效性，是否有算错账的情况及其严重程度		
	2	最近三年会计师事务所审计情况					
	3	公司财务管理制度					
	4	公司财务内控机制					
	5	之前是否有算错账的情况			关注与股东、董监高、员工、重要供应商和客户的相关持股或协议控制关系		
调查结论							
备注							
附件目录							
调查人签字							

表 20-25　　　　**财务与税务——关于银行账户的资料**

公司名称					调查人		
调查日期					起止时间		
调查地点					调查项目	关于银行账户的资料	
调查目的							
调查内容和方法	No.	项目	有	无	调查方法	调查过程	备注
	1	开户许可证			要求公司提供，去相关银行查阅 注意事项：关注网上银行的使用和管理；关注有没有公款私存；关注公司账户与股东或董监高个人账户资金往来；关注多头开户情况；关注各账户与客户或有关方的收款、付款使用频率、使用方式情况；关注各账户相应的财务章、人名章等印鉴的留存、变更情况		
		银行信贷登记咨询系统贷款卡					
	2	银行账户一览表（注明相应的留存印鉴）					
	3	网上银行					
		U 盾					
	4	其他账户资料					
调查结论							
备注							
附件目录							
调查人签字							

20.3.9 争议与处罚

争议与处罚的相关模板见表 20-26 和表 20-27。

表 20-26　　　　　争议与处罚——已解决民事纠纷

公司名称					调查人			
调查日期					起止时间			
调查地点					调查项目		已解决民事纠纷	
调查目的								
调查内容和方法	No.	项目	有	无	调查方法		调查过程	备注
	1	近三年内发生的已解决的民事纠纷清单（含与公司股东和董监高有关的纠纷，下同）			要求公司提供有关司法文书，必要时走访法院、仲裁机构核实有关文书的真实性；档案要完整 注意事项：这些纠纷是否有遗留问题（例如未执行完）；公司处理这些纠纷的方式是否合理 如进入诉讼程序，则归入诉讼文件档案			
	2	诉讼案件文件（全部档案）						
	3	仲裁案件文件（全部档案）						
	4	其他已解决纠纷文件（如调解机构或政府部门调解过的纠纷）						
调查结论								
备注								
附件目录								
调查人签字								

表 20 – 27　　　　　　　争议与处罚——未决民事纠纷

公司名称				调查人		
调查日期				起止时间		
调查地点				调查项目		未决民事纠纷
调查目的						
调查内容和方法	No.	项目	有 无	调查方法	调查过程	备注
	1	公司关于未决民事纠纷的书面说明（含与公司股东和董监高有关的纠纷，下同）		要求公司提供有关司法文书，或通过受理案件的法院或仲裁机构查阅相关文件；要求公司承诺的该案件代理律师或公司内部法务人员提供上述纠纷的可能结果及专业律师意见劳动仲裁如进入诉讼程序，则归入诉讼文件档案		
	2	诉讼案件文件（全部档案）				
	3	仲裁案件文件（全部档案）				
	4	其他未决纠纷文件（如调解机构或政府部门调解过的纠纷）				
	5	就未决纠纷，是否有和解或其他计划				
	6	这些纠纷对并购的影响				
调查结论						
备注						
附件目录						
调查人签字						

第 21 章　尽职调查报告

21.1　尽职调查报告概述

尽职调查就是对企业的历史数据和文档、管理人员的背景、市场风险、财务风险、管理风险、技术风险、资金风险和法律风险做一个全面深入的审核。尽职调查是在收购过程中收购者对目标公司的资产和负债情况、经营和财务情况、法律关系以及目标公司所面临的机会与潜在的风险进行的一系列调查，是企业收购兼并程序中最重要的环节之一，也是收购运作过程中重要的风险防范工具。调查过程中调查人员通常利用管理、财务、税务方面的专业经验与专家资源，形成独立观点，用以评价并购优劣，作为管理层决策支持。尽职调查不局限于审查历史的财务状况，更着重于协助并购方合理地预期未来，也发生于风险投资和企业公开上市前期工作中。

尽职调查报告应包括业务、法律、财务等方面的内容，具体构成如下。

21.1.1　主体合法性调查

（一）公司基本情况

（1）查阅公司最新的经工商行政管理部门当年年检的营业执照。主要查看公司是否为独立法人、注册资金为多少及是否全部缴足、经营范围是什么、公司存续期间有多久（看营业执照的有效期）等信息。

（2）公司经营业务涉及行政许可或特许经营的，还应查验相关的资质证明、经营许可证、生产许可证或许可文件等。

（3）公司最新的章程。核实营业执照上的内容是否与章程内容一致；公司哪些对外行为需要经特别决策程序，如经股东会或董事会授权；了解公司的治理结构等。

（二）公司的历史沿革

（1）公司设立时和历次变更的营业执照。

（2）公司设立时和历次变更的合同、章程。

（3）公司设立时和历次变更时审批机关的批复和批准证书。

（4）公司设立时和历次注册资本变更时的验资报告（如存在以非现金资产出资的，还需查看相关资产的评估报告、产权证明或使用权证明）。

（5）公司设立以来股东结构变化的情况、重大资产重组情况，以及这些行为的具体内容及所履行的法定程序。

21.1.2　主要财产情况调查

（一）房产状况

房产状况包括房屋面积、坐落、所有权人、年限、抵押情况等。对于特殊房产，如未办理不动产权证的房产，应调查该房产的批准建设文件，如规划许可证、施工许可证等。租赁的房产，应查看租赁合同及不动产权证。

（二）土地使用权状况

土地使用权状况包括土地面积、坐落、使用权人、性质（划拨或出让）、使用年限、抵押情况；不动产权证；土地使用权出让金支付凭证等。

（三）知识产权状况

知识产权状况包括商标、专利、著作权等相关证书、保护期限、质押情况、许可使用情况等。

21.1.3　财务状况调查

财务状况调查主要内容如下。

（1）财务核算概况、财务组织结构、会计核算制度及会计政策。

（2）历史经营情况。

（3）资产、负债、利润、现金流情况等。

（4）现金流量分析。

21.1.4　资信状况调查

资信状况调查主要针对公司的资信评级、银行授信、审计报告状况进行阐述，并对公司的资信是否存在潜在的风险进行评价并提出建议。

（一）资信评级状况

核查公司资信评级情况，并对其合法性及有效性等做出相应的评价和提出相关建议。

（二）银行授信

核查人民银行出具的征信报告及各家银行对公司出具的银行授信额度情况，通过银行授信额度和公司已使用额度情况，分析公司总体银行授信情况。

（三）审计报告

核查会计师事务所意见，并核查是否存在非标准无保留意见情况；查阅公司董事会关于非标准无保留意见审计报告涉及事项处理情况的说明以及会计师事务所及注册会计师关于非标准无保留意见审计报告的补充意见等。

21.1.5 债权债务情况调查

债权债务情况调查主要内容如下。

（1）主要债权有哪些，分别列出主要债务人的基本情况、债权金额、产生原因、账龄、履行期限、有无担保、有无争议等。分析公司债权风险系数，判断是否已经或可能成为坏账。

（2）主要债务有哪些，分别列出主要债权人的基本情况、债务金额、产生原因、账龄、履行期限、有无担保、有无争议等。了解公司负债状况，评价其偿债能力，判断其有无资不抵债或不能偿还到期债务的风险。

（3）对外担保及或有债务情况所有交叉担保和反担保的细节及相关法律文件，包括担保人、使用权人、债务人、担保金额、担保方式、担保范围、担保期限等。

21.1.6 公司治理状况调查

公司治理状况调查主要内容如下。

（1）调查公司的组织结构说明及各项管理制度。了解公司机构设置是否合理，制度管理是否科学。

（2）调查公司发展战略与目标。主要包括：公司发展目标的定位、长远发展战略、具体业务计划，公司实现未来发展计划的主要经营理念或模式、假设条件、实现步骤、面临的主要问题等。

（3）调查劳动关系和人力资源状况。主要包括：员工总数、工价结构、学历分布、劳动合同签订情况，以及公司为员工购买、缴纳社会保险的情况。了解公司人力资源成本、人力资源竞争力以及可能面临的来自员工方面的负担问题。

21.1.7　对外投资情况调查

在尽职调查的过程中，应核查公司所有全资或控股子公司、分支机构、参股公司的设立、经营的有关说明和证明文件，包括投资协议、公司章程、验资报告、营业执照等。了解公司的投资规模、投资结构，以及投资行为是否规范。

21.1.8　关联交易情况调查

在尽职调查的过程中，应核查公司的所有关联方（分别列示采购与销售），以及最近几年发生的或协议将发生的关联交易类型、定价依据和价格、数量和金额、占总金额的比例。了解公司业务与关联方的依存度，以及关联交易对公司经营的影响。

21.1.9　重大争议事项调查

在尽职调查的过程中，应核查公司尚未了结的重大诉讼（仲裁）、行政复议、行政处罚案件，应了解诉讼、行政复议、行政处罚案件的当事人、争议金额、争议事由、程序进展现状。

21.2　尽职调查报告的内容与撰写

21.2.1　尽职调查报告的内容

（一）业务尽职调查报告

1. 销售计划与预测

销售计划与预测主要涉及行业定义、市场环境与市场规模、主要客户及其特点、竞争环境、行业集中度（客户、竞争对手、供应商等）、行业盈利水平、技术水平、发展前景、关联行业等方面。例如，××有限公司处于××行业，该行业处于发展前景广阔、国家政策支持、市场成长空间巨大的阶段。通过对××有限公司所处行业进行优势与劣势分析，该行业市场容量非常大，且增长趋势明显、行业的利润率足够高、行业进入的壁垒足够高。

2. 市场调查

市场调查主要了解市场规模、市场环境、市场细分、客户需求、竞争格局与竞争对手、主要竞争策略等。例如，调查××有限公司所处的宏观环境，行业所处的生命周期和前景，市场的规模、整合度，××有限公司与其竞争对手的特点和所占市场份额，今后面临的机遇和挑战，××有限公司所处的政治、经济、人口、社会文化、技术五方面的宏观经济环境等。

3．目标公司产品与业务

目标公司产品与业务主要涉及产品与业务特点、技术手段与技术水平、竞争优势与劣势、目标市场与客户特点、品牌与客户认知度等。例如，调查××有限公司董事会记录和决议中对过往成绩和失误的分析以及对发展战略的决策性建议；关注供应商、分销商、客户的集中度是否过高，产品单价波动情况，以及推陈出新的速度。

4．市场竞争策略

市场竞争策略主要涉及销售策略、市场策略、定价策略、产品策略等。

（二）财务尽职调查报告

1．会计主体概况

主要了解会计主体全称、成立时间、注册资本、股东、投入资本的形式、性质、主营业务等，了解目标公司历史沿革。对会计主体的详细了解应包括目标公司本部以及所有具有控制权的公司，并对关联方做适当了解；了解目标公司的组织、分工及管理制度；对内部控制进行初步评价。

2．财务组织

主要了解财务组织结构（含具有控制权的公司）、财务管理模式（子公司财务负责人的任免、奖惩，子公司财务报告体制）、财务人员结构（年龄、职称、学历）、会计电算化程度、企业管理系统的应用情况。

3．薪酬、会计及税费政策

主要了解薪资的计算方法，特别关注变动工资的计算依据和方法、缴纳"四金"的政策和情况及福利政策；目标公司现行会计政策，近三年会计政策的重大变化；现行税费种类、税费率、计算基数、收缴部门。

4．会计报表

会计报表主要包括资产负债表、利润表、现金流量表和所有者权益变动表，主要进行营运能力分析、盈利能力分析、发展能力分析等。

（三）法律尽职调查报告

法律尽职调查报告主要针对目标公司的设立、历史沿革、股权结构、出资验资、股权演变、组织结构及法人等情况做出阐述，并针对该等事项进行法律评价，对存在的不规范情形及存在的风险提出整改意见与建议。

（1）业务及经营情况。

主要针对目标公司的经营范围和方式、主营业务、业务变更情况进行阐述，并对目标公司的持续经营是否存在不当之处进行评价并提出建议。

例如：有关××有限公司的尽职调查，是由××所根据××股份有限公司的委托，基于××股份有限公司和××有限公司的股东于××年××月××日签订的《股权转让意向书》第二十条和第二十一条关于股权转让尽职调查事项的安排，在××所尽职调查提交给××有限公司的尽职调查清单中所列问题的基础上进行的。

（2）简称与定义。

在报告中，除非根据上下文应另做解释，否则下列简称和术语具有以下含义。"本报告"是指由××所于××年××月××日出具的关于××有限公司之尽职调查报告。"工商登记资料"是指登记于××省工商行政管理局的有关××有限公司的资料。"贵司"是指××有限公司。

报告所使用的简称、定义、目录以及各部分的标题仅供查阅方便之用；除非根据上下文应另做解释，所有关于参见某部分的提示均指本报告中的某一部分。

（3）尽职调查方法与限制。

尽职调查所采用的基本方法如下。

①审阅文件、资料与信息。

②与××有限公司有关公司人员会面和交谈。

③向××有限公司询证。

④实地察看。

⑤向工商、税务、银行、土地及房屋管理部门、社保等机构或部门查询。

⑥参阅其他中介机构尽职调查小组的信息。

⑦考虑相关法律、政策、程序及实际操作。

⑧本报告基于下述假设。

"所有××有限公司提交给我们的文件均是真实的，所有提交文件的复印件与其原件是一致的。

"××有限公司提交给我们的所有文件均由相关当事方合法授权、签署和递交。

"××有限公司提交给我们的所有文件上的签字、印章均是真实的。

"××有限公司对我们做出的所有有关事实的阐述、声明、保证（无论是书面的还是口头做出的）均为真实的、准确的和可靠的。

"××有限公司提交给我们的所有文件当中若明确表示其受中国法律以外管辖的，则其在该管辖法律下有效并被约束；描述或引用法律问题时涉及的事实、信息和数据是截止到××年××月××日××有限公司提供给我们的受限于前述规定的有效的信息和数据；我们会在尽职调查之后，根据本所与贵司签署之委托合同的约定，按照贵司的指示，根据具体情况对某些事项进行跟踪核实和确认，但不保证在尽职调查之后某些情况是否会发生变化。"

（4）报告的法律依据。

报告所给出的法律意见与建议，是以截止到报告日所适用的中国法律为依据的。

（5）报告的结构。

报告分为序言、正文、附件三部分。报告的序言部分主要介绍尽职调查的范围与宗旨、简称与定义、调查的方法以及对关键问题的摘要；在报告的主体部分，将就十方面的具体问题逐项进行评论与分析，并给出相关的法律意见；报告的附件包括由××有限公司提供的资料及文本。

（6）免责声明。

免责声明示范如下。

"遵循本行业职业道德规范和行业标准，严格履行法定职责，本着勤勉尽责、诚实信用的原则对委托事项所涉主体资格、注册资本、股权结构、审批文件、债权债务、担保诉讼、财务状况等方面的真实性、完整性、准确性、合法性等进行调查，在此基础上出具本报告。本报告内容不可能穷尽目前的或有风险，可能存在着或有风险的遗漏和偏差，特此说明，请注意判断。本报告不得用于报告之外的用途。"

（7）目标公司的郑重承诺。

目标公司的承诺示范如下。

××公司郑重承诺

本公司已根据收到的尽职调查清单提供了尽职调查所需要的文件资料。本公司确保所提供资料和信息真实、准确、完整、合法。

法定代表人/负责人（签字）：

公章：

××年××月

21.2.2　尽职调查报告的撰写

（一）公司治理尽职调查报告的撰写

公司治理尽职调查报告的内容应包括但不限于：××有限公司股东会、董事会、监事会的构成，股东会、董事会、监事会的权利与义务，股东会、董事会、监事会的议事规则与决策程序，董事会、监事会成员介绍与主要经历。

1．高级管理人员

对高级管理人员的调查应包括但不限于：××有限公司任用制度、层次结构、合同情况、介绍与主要经历、业绩贡献等。

2．管理体系与制度

对管理体系与制度的调查应包括但不限于：××有限公司组织结构、员工结构，人力、财务、业务等管理制度，研发、生产管理制度，管理制度执行情况。

3．战略与计划

对战略与计划的调查应包括但不限于：××有限公司整体战略、产品计划、业务计划、财务计划。

（二）业务尽职调查报告的撰写

1．公司基本情况简介

公司的基本情况应包括但不限于：公司名称、注册资本与注册地、法定代表人、业务范围与资质、股东与股权结构。

企业名称：××省××煤矿有限公司。

社会信用代码：××

公司经营场所：××

机构类型：××。

贷款卡编号：××。

注册资金：××。

法定代表人：××。

经营范围：许可经营项目包括原煤地下开采、焦煤；一般经营项目包括煤焦油、化工产品、建筑材料、机电产品、生铁、钢材、大货车运输、承接各类加工。

2．公司历史沿革

（1）公司设立的基本情况：××有限公司成立于××年××月××日，设立时的名称是"××有限公司",注册资金为××万元人民币,法定代表人为××,公司所在地为××,经营范围为××。

(2)工商登记变更记录:××年××月××日,××有限公司召开第一届董事会,参加会议的董事人数和资格等方面均符合公司章程的有关规定,董事会通过了公司××的变更调整方案(注册资本变更、经营地变更、增资、法定代表人变更、经营范围变更)。

3.历史重大事件

对目标公司重大历史事件的调查应包括但不限于:历史注册资本变更、组织形式变更、重大股东与股权结构变化、重组与重建、收购与合并、业务范围变更。

(三)财务尽职调查报告的撰写

1.最近三年及一期财务资料

在撰写公司最近三年及一期的财务资料时应包括但不限于:最近三年及一期资产负债表、最近三年及一期利润表、最近三年及一期现金流量表、最近三年及一期股东权益变动表、费用明细、各项资产与负债明细、资本性支出明细、运营性支出明细、适用会计准则、主要会计政策、税收缴纳与返还情况、附注与说明。

2.财务报表的调整与说明

对财务报表的调整与说明应包括但不限于:对××有限公司财务报表各重要项目核查情况报告、对目标公司财务报表进行调整的原则与标准、调整后财务报表、财务报表调整说明。

3.财务管理制度

对财务管理制度的调查应包括但不限于:××有限公司基本原则、会计制度、预算制度、审计制度、税收制度、资金管理制度、财务管理流程。

4.公司财务审计

在对公司进行财务审计时,应重点关注以下几方面。

(1)销售收入。

①公司收入的产品构成、地域构成及其变动情况的详细资料。

②公司主要产品报告期价格变动的资料。

③公司报告期主要产品的销量变化资料。

④报告期主要产品的成本明细表。

⑤补贴收入的批复或相关证明文件。

⑥金额较大的营业外收入明细表。

（2）期间费用。

①销售费用明细表。

②管理费用明细表。

③财务费用明细表。

④经注册会计师验证的公司报告期加权平均净资产收益率和非经常性损益明细表。

（3）应收款项。

①应收款项明细表和账龄分析表。

②主要债务人及主要逾期债务人名单。

③与应收款项相关的销售合同。

④应收持有公司5%及以上表决权股份的股东账款情况。

（4）存货明细表。

（5）重要的对外投资。

①被投资公司的营业执照。

②被投资公司报告期的财务报告。

③投资协议概况。

④被投资公司的审计报告。

⑤报告期公司购买或出售被投资公司股权时的财务报告、审计报告及评估报告。

⑥重大委托理财的相关合同。

⑦重大项目的投资合同。

⑧公司内部关于对外投资的批准文件。

（6）固定资产的折旧明细表和减值准备明细表。

（7）主要债务。

①银行借款合同。

②委托贷款合同。

③应付持有公司5%及以上表决权股份的股东账款情况。

（8）纳税情况。

①报告期的纳税申报表。

②公司历史上所有关于税务争议、滞纳金缴纳以及重大关税纠纷的详细情况以及有关文件与信函。

③公司及各控股子公司所有纳税凭证。

④公司享有税收优惠的有关政府部门的批复。

⑤当地税务部门出具的关于公司报告期内的纳税情况的证明文件。

（9）无形资产摊销和减值情况。

（10）报告期内公司主要财务指标情况（主要包括成长性指标、盈利性指标、偿债能力指标等）。

5. 财务预测

对财务预测的调查应包括但不限于：××有限公司前提与假设、未来 5 年资产及负债预测、未来 5 年利润预测、未来 5 年现金流量预测。

（四）法律尽职调查报告的撰写

1. 业务合同调查

对业务合同的调查应包括但不限于：公司的重大合同清单、重大合同的主要条款、对重大合同合法性的分析、对重大合同中有别于惯例的条款、重大合同中对拟议交易存在的影响、拟议交易对重大合同的影响。

2. 资产权属

关于资产的权属，应包括但不限于：公司的重大资产是否存在产权负担，是否存在瑕疵或争议，是否存在征用、查封、冻结、担保情况或第三方权益；是否产权不清晰，存在重大权属纠纷；是否具有充分的独立性。

3. 股权状况

关于股权状况，应包括但不限于：股权变动的程序、价格，实际支付是否存在出资不实（抽逃），非货币资产出资（评估情况）、国有企业股权变动的特殊程序要求（审批、评估、进场交易、国有资产登记等）。

4. 合法合规

对于目标公司是否合法合规，应包括但不限于：公司生产经营的合法合规性（包括工商、税务、环保、产品质量、安全生产、劳动、人事、海关、外汇等），对公司有重要影响的诉讼、仲裁与行政处罚。

5. 诉讼仲裁

在诉讼仲裁方面，应包括但不限于：公司股东、董事、监事、高级管理人员的合法合规情况，主体资格适合性（公务员等特殊身份、公司法规定的任职条件）、是否存在竞业限制情形、个人资信情况等，刑事与行政处罚情况、未了结的诉讼仲裁等。

6. 总结与评价

总结与评价应包括但不限于：对××有限公司业务状况总结与评价、财务状况总结与评价、法律状况总结与评价。

21.3　尽职调查报告常见模板

为了便于读者对尽职调查报告有更加清楚的了解，本节列举了尽职调查报告的常见模板，具体内容如下所述。

关于×××有限公司

之

尽职调查报告

敬启者：

×××接受贵公司委托，就贵公司×××事宜，对×××有限公司进行尽职调查，并出具本尽职调查报告，供贵司决策、参考。

本调查报告共计　　页

前言

第一部分　调查报告目的

本尽职调查报告专项用于企业×××。未经本公司书面同意，委托人不得将本尽职调查报告或者本报告内容告知其他任何单位、个人。

第二部分　释义

1. 本公司：×××。

2. 目标公司：×××有限公司。

3. 章程：《×××有限公司章程》及修正案的统称。

4. 元：人民币元。

第三部分　主要工作

本次尽职调查过程中，本公司完成了如下工作。

1. 审查目标公司提供的材料。

2. 找出目标公司存在的问题。

3. 提出对目标公司有针对性的建议。

4. 列举本公司获得的文件清单。

第四部分　调查报告结构

本尽职调查报告分为前言、正文及结尾三个部分。前言部分主要介绍调查目的、调查范围；正文部分主要介绍本公司就目标公司的发展历程、基本情况、登记变更情况、资产情况（对外债权，房屋、土地及建设工程情况，知识产权，生产所需的证照完整性等）、负债情况（应收账款等）、经营情况的等方面逐项进行的整理与分析，预测目标公司潜在的风险。结尾部分补充了声明出具日期等信息。

第五部分　对于本调查报告的使用

尽职调查的目的在于通过调查，使得委托人在短的时间内掌握目标公司的基本状况，包括目标公司的资产情况、负债情况、运营情况、潜在风险等，为委托人的经营发展或者转型、重组等决策提供参考。

由于本次调查时间安排较紧，本公司对于委托人提供的材料的真实性未能核实，本公司在目标公司已提供的材料基础上出具本报告。

因本公司工作人员专业范围的限制，调查不涉及目标公司财务状况内容的实质性审查。

正文
第一部分　公司概述

目标公司成立于××年××月，法定代表人为×××，公司的经营范围为×××。目标公司现注册资本为×××万元，由A公司与B公司共同出资成立。目标公司为A集团名下一子公司。在A集团中占据重要地位。

第二部分　公司历史沿革

一、公司基本情况

公司基本情况如表21-1所示。

表21-1　　　　　　　公司基本情况

公司名称	法定代表人	注册资本（万元）	股东		
			姓名	股份额度	所占比例

二、公司登记及变更情况

公司登记及变更情况如表21-2和表21-3所示。

表21-2　　　　　　　　　　公司登记情况

项目	内容
名称	
住所	
法定代表人	
公司类型	
注册资本	
实收资本	
经营范围	
成立日期	
营业期限	

表21-3　　　　　　　　　　公司变更情况

种类	变更前	变更后	变更方式	核准时间	核准机构

注：目标公司的公司工商变更信息来源于目标公司查询工商登记机关内档信息。

第三部分　公司的主要资产情况

公司的主要资产情况如表21-4所示。

表21-4　　　　　　　　　　公司主要资产情况

序号	资产种类	资产类别	资产估值/万元	权利受限	证明文件
1	固定资产	机器设备			
2		车辆			
3		土地使用权			
4		厂房			
5	流动资产	存货			
6		应收账款			
7		其他应收款			
8	无形资产	土地使用权			
9					
10					
11					
12	对外投资	公司对外投资			
13		股东对外投资			
资产总计					

注：

1. 应收账款数据来源于"××有限公司应收账款明细"。

2. 存货数据来源于"××有限公司存货明细账"。

3. 机器设备与不动产数据来源于"××有限公司固定资产明细"。

第四部分　公司的主要负债情况

公司的主要负债情况和银行负债情况如表 21 - 5 和表 21 - 6 所示。

表 21 - 5　　　　　　　　公司主要负债情况

序号	负债种类	负债金额（万元）	备注
1	银行贷款		涉及×家银行
2	银承汇票（敞口）		涉及×家银行
3	民间借款		
4	应付账款		涉及×家企业
	合计		
5	或有负债		

注：
1. 银行贷款数据、银行承兑汇票（敞口）数据来源于 A 集团的集团融资明细。
2. 应付账款数据来源于目标公司截至制作本尽职调查报告之日的应付账款明细。
3. 或有负债数据来源于 A 集团的融资担保明细。

表 21 - 6　　　　　　　　银行负债情况

授信企业	授信银行	授信（使用）品种		敞口	备注
		贷款	承兑		
×××					
	小计				

注：银行负债情况数据来源于 A 集团提供的银行借款明细。

第五部分　公司生产所需的证、照情况

目标公司为×××型企业，生产所需的相关证书较为齐全，公司的日常生产经营活动能够正常开展。公司工商登记材料经调取公司工商内档查阅后，工商登记材料较为齐全，公司变更所需的公司决议手续较为齐全。

第六部分　公司的经营情况

公司经营情况如表 21 - 7 所示。

表 21 - 7　　　　　　　　公司经营情况

序号	项目	2018 年	2019 年	2020 年
1	主营业务收入			
2	主营业务成本			
3	主营业务税金及附加			

续表

序号	项目	2018 年	2019 年	2020 年
4	主营业务利润			
5	销售费用			
6	管理费用			
7	财务费用			
8	营业利润			
9	利润总额			
10	所得税			
11	净利润			

注：表格数据来源于目标公司提供的 2018—2020 年资产负债表、利润表。

结尾

第一部分　声明

1. 本尽职调查报告仅向委托人出具，仅供委托人本次内部重组使用。未经本公司事先书面同意，任何人不得将本尽职调查报告用作其他任何用途，不得向第三人出示，亦不得作为证据使用。

2. 本公司得到委托人的以下保证，即其已经提供了本公司认为出具本调查报告所必需的、真实完整的原始书面材料、副本材料及口头证言，有关材料上的签字或印章均是真实的，有关副本材料或者复印件均与正本材料或原件一致。

第二部分　出具日期

本调查报告于××年××月××日在集团总部出具。

第三部分　正本份数

本尽职调查报告正本一式两份，各正本均具有同等法律效力。

本公司收到的材料清单汇总如表 21－8 所示。

表 21－8　　　　　　　　材料清单汇总

序号	时间	材料名称	页数	备注
1		×××有限公司企业法人营业执照		
2		×××有限公司简介		
3		×××有限公司公司变更登记申请书		
4		×××有限公司准予变更（备案）登记通知书		

续表

序号	时间	材料名称	页数	备注
5		×××有限公司章程		
6		×××有限公司应收账款明细		
7		×××有限公司存货明细账		
8		×××公司账面资产		
9		×××有限公司应付账款明细		
10		×××有限公司×××6年6月30日资产负债表		
11		×××有限公司×××6年6月30日利润表		
12		×××有限公司×××7年12月31日资产负债表		
13		×××有限公司×××7年12月利润表		
14		×××有限公司×××8年12月31日资产负债表		
15		×××有限公司×××8年12月利润表		
16		×××有限公司×××9年12月31日资产负债表		
17		×××有限公司×××9年12月利润表		
18		×××有限公司股东会决议		
19		×××有限公司股权转让协议		

报告出具方：　　　　　　　　报告接受方：

代表人：　　　　　　　　　　代表人：

年　月　日　　　　　　　　　年　月　日

21.4　××装饰尽职调查报告

为了便于读者进一步了解公司的尽职调查报告，本节以××装饰为例，进行了更为具体的举例。

××装饰有限公司

尽职调查报告

企业名称：

项目发起：

调查人员：

审核人员：

报告时间：

目　　录

二、公司所处行业的基本情况

三、行业经营模式

四、公司主要竞争对手

五、各公司主要竞争优势对比

六、公司的经营模式

七、公司项目质量控制

八、公司安全生产情况

除特别说明，本报告中的简称的全称如下。

简称	全称
××装饰	深圳市××装饰集团股份有限公司
××劳务	深圳市××装饰工程劳务有限公司
宁夏××	宁夏××矿业有限公司
江苏××	江苏××节能科技有限公司
A	江苏A聚氨酯科技有限公司，后更名为××节能
B地产	梅州市B地产开发有限公司
辽宁深××	辽宁深××装饰工程有限公司
××实业	深圳市××实业股份有限公司，原名为深圳市D股份有限公司
C（集团）	深圳市C（集团）有限公司
最近两年	2010年、2011年
最近两年及一期	2010年、2011年、2012年1—4月
《公司法》	《中华人民共和国公司法》
《上市办法》	《首次公开发行并上市管理办法》
IPO	首次公开发行股票
证监会	中国证券监督管理委员会
元	人民币元

第一章　公司的基本情况

一、××装饰基本情况及历史沿革

（一）基本情况

项目	内容
公司名称	深圳市××装饰集团股份有限公司
曾用名称	深圳市××装饰设计工程公司、深圳市××装饰设计工程有限公司、深圳市××装饰集团有限公司

项目	内容
住所	深圳市××厦 19 层东
法定代表人	法人代表
注册资本	5 600 万元
实收资本	5 600 万元
公司类型	股份有限公司
营业执照注册号	00000
组织机构代码	11111
税务登记证号	深税登字 22222
营业期限	自 1994 年 1 月 3 日起至 2024 年 1 月 3 日止
经营范围	建筑装修装饰工程专业承包一级业务；建筑幕墙工程专业承包一级业务；建筑智能化工程专业承包三级业务；机电设备安装工程专业承包三级业务；专项工程设计甲级业务；建筑幕墙专项工程设计乙级业务；建筑材料、灯具、卫生洁具、家私的购销。园林技术开发、园林设计、园林绿化（凭资质证书经营）
主营业务	建筑装饰设计与施工

（二）历史沿革

1. 1994 年 1 月 3 日，公司前身深圳市××装饰设计工程公司设立

公司前身为深圳市 D 股份有限公司（以下简称"D 公司"）的装饰工程部。为更好地适应市场竞争需要，D 公司决定在原装饰工程部的基础上成立深圳市××装饰设计工程公司（以下简称"××装饰设计"）。1993 年 11 月 19 日，深圳市建设局出具《关于成立深圳市××装饰设计工程公司的批复》，同意 D 公司的相关申请。

1994 年 1 月 3 日，××装饰设计取得了深圳市工商行政管理局核发注册号为××号的企业法人营业执照，注册资本 500 万元，法定代表人为苏某玉，经营范围为主营室内建筑装饰工程、电气、给排水和空气调节安装工程的设计和施工，兼营建筑材料、灯具、卫生洁具、家私。

1994 年 3 月 1 日，D 公司对××装饰设计投资 500 万元。1994 年 3 月 8 日，××装饰设计就公司设立取得了深圳市投资管理公司出具的《国有资产产权登记表》（编号：23440×××2）。

2. 1995 年 8 月 8 日，第一次增资

1994 年 9 月 5 日，股东 D 公司更名为深圳市××实业股份有限公司（以下简称"××实业"）。

1995 年 7 月 5 日，××实业对××装饰设计增资 500 万元，并就此取得了深圳市投资管理公司出具的《国有资产产权登记表》（编号：2344×××07）。1995 年 7 月 13 日，深圳市 ZX 会计师事务所出具深 ZX 验字〔1995〕054 号验资报告，验证××装饰设计注册资本到位。

××装饰设计就上述事宜在深圳市工商行政管理局办理了变更登记手续，并于 1995 年 8 月 8 日取得更新后的企业法人营业执照。

3. 2004 年 5 月 31 日，第一次股权转让，变更公司名称

2003 年 12 月 1 日，××实业通过股东会决议，以 6 440 018.05 元的价格将所持有的××装饰设计 80% 股权，出让给深圳市 C（集团）有限公司〔以下简称"C（集团）"〕。

2003 年 12 月 10 日，××实业与 C（集团）签订了股权转让合同，约定 C（集团）以承担××实业对××装饰设计欠款 6 444 018.05 元的形式，受让××装饰设计 80% 的股权，股权转让的定价依据是××装饰设计 2002 年 10 月 31 日经评估的净资产。2004 年 2 月 25 日，××实业与 C（集团）就此次股权转让合同进行公证，并取得深圳市公证处出具〔2004〕深证内陆字第 1××4 号公证书。

2004 年 4 月 9 日，××装饰设计股东会作出决议，将公司名称变更为深圳市××装饰设计工程有限公司（以下简称"××装饰设计有限"）。××装饰设计有限就上述事宜在深圳市工商行政管理局办理了变更登记手续，并于 2004 年 5 月 31 日取得更新后的企业法人营业执照。

本次变更完成后，××装饰设计有限的股权结构如下。

序号	股东名称	出资额（万元）	出资比例（%）
1	C（集团）	800	80
2	××实业	200	20
合计		1 000	100

4. 2006 年 6 月 13 日，第二次股权转让

2005 年 5 月 12 日，C（集团）股东会审议通过，同意公司将持有的××装饰设计有限 80% 股权转让给法人代表等 26 名经营者和员工，总转让价格不低于 724.8 万元。

2006 年 5 月 29 日，××装饰设计有限股东会作出决议，C（集团）和××实业同意分别将其持有的××装饰设计有限 80%、20% 股权以不低于 724.8 万元、181.2 万元的价格转让给法人代表等 26 名自然人。

C（集团）、××实业与法人代表等 26 名自然人签订了股权转让合同，股权转让价格为 906 万元，股权转让的定价依据是××装饰设计有限截至 2005 年 12 月 31 日审计后的净资产值。2006 年 6 月 6 日，股权转让各方就此次股权转让合同进行鉴证，并取得深圳市产权交易中心深产权鉴字〔2006〕第××号产权交易鉴证书。

××装饰设计有限在深圳市工商局办理了本次股权转让的工商变更登记手续，并于 2006 年 6 月 13 日领取了更新后的企业法人营业执照。

本次股权转让完成后，××装饰设计有限的股权结构如下。

序号	股东名称	出资额（万元）	出资比例（%）
1	法人代表	691	69.10
2	田某占	80	8.00
3	郭某	40	4.00
4	曾某江	25	2.50
5	徐某光	25	2.50
6	田某	15	1.50
7	陈某辉	15	1.50
8	颜某昌	15	1.50
9	肖某	15	1.50
10	刘某云	15	1.50
11	温某茂	10	1.00
12	李某豪	10	1.00
13	林某	5	0.50
14	王某友	3	0.30
15	唐某东	3	0.30
16	许某华	3	0.30
17	涂某发	3	0.30
18	赖某建	3	0.30
19	刘某霞	3	0.30
20	李某荣	3	0.30
21	谢某青	3	0.30
22	高某峰	3	0.30
23	向某群	3	0.30
24	李某成	3	0.30
25	李某奇	3	0.30
26	梁某群	3	0.30
合计		1 000	100

5．2008 年 4 月 2 日，第三次股权转让

2008 年 3 月 17 日，××装饰设计有限股东会作出决议，同意梁某群、向某群分别将所持公司 0.3% 的股权以 3 万元转让给法人代表。

2008 年 3 月 20 日，梁某群、向某群与法人代表签订了股权转让协议，并经深圳市公证处出具〔2008〕深证字第 2×××3 号公证书公证。

2008 年 4 月 2 日，××装饰设计有限在深圳市工商局办理了本次股权转让的工商变更登记手续，并领取了新的企业法人营业执照，工商注册登记号升级为 00000。

本次股权转让完成后，××装饰设计有限的股权结构如下。

序号	股东名称	出资额（万元）	出资比例（%）
1	法人代表	697	69.70
2	田某占	80	8.00
3	郭某	40	4.00
4	曾某江	25	2.50
5	徐某光	25	2.50
6	田某	15	1.50
7	陈某辉	15	1.50
8	颜某昌	15	1.50
9	肖某	15	1.50
10	刘某云	15	1.50
11	温某茂	10	1.00
12	李某豪	10	1.00
13	林某	5	0.50
14	王某友	3	0.30
15	唐某东	3	0.30
16	许某华	3	0.30
17	涂某发	3	0.30
18	赖某建	3	0.30
19	刘某霞	3	0.30
20	李某荣	3	0.30
21	谢某青	3	0.30
22	高某峰	3	0.30
23	李某成	3	0.30
24	李某奇	3	0.30
合计		1 000	100

6. 2008 年 9 月 16 日，第二次增资，股权继承

2008 年 7 月 21 日，××装饰设计有限股东会审议通过，由新增 19 名股东和部分原股东对公司以货币资金增资 539 万元，增资后公司注册资本增加到 1 539 万元；由于原股东李某豪逝世，同意其父母李某泉、颜某玉继承其股权，各占李某豪原持有股权的一半，即各继承李某豪持有的××装饰设计有限 0.5% 股权。

2008 年 8 月 1 日，深圳 ZRHZ 会计师事务所对本次增资进行了审验，并出具深 ZRHZ 验字〔2008〕第 0×6 号验资报告。

2008 年 8 月 20 日，深圳市公证处出具〔2008〕深证字第 76××6 号公证书，公证李某豪的遗产由其父母李某泉、颜某玉共同继承。

2008 年 9 月 16 日，××装饰设计有限公司在深圳市工商局办理了本次增资和股权继承的工商变更登记手续。

本次增资和股权继承完成后，××装饰设计有限的股权结构如下。

序号	股东名称	出资额（万元）	出资比例（%）
1	法人代表	1 017	66.08
2	田某占	162	10.53
3	陈某辉	47	3.05
4	郭某	40	2.60
5	曾某江	29.5	1.92
6	徐某光	27.5	1.79
7	田某	19.5	1.27
8	肖某	17.5	1.14
9	颜某昌	15	0.97
10	刘某云	15	0.97
11	王某友	14	0.91
12	林某	13.5	0.88
13	温某茂	12.5	0.82
14	高某峰	12	0.78
15	许某华	7.5	0.49
16	涂某发	5.5	0.36
17	李某泉	5	0.32
18	颜某玉	5	0.32
19	刘某平	4.5	0.29
20	颜某珍	4.5	0.29

序号	股东名称	出资额（万元）	出资比例（%）
21	饶某	4.5	0.29
22	唐某东	3	0.20
23	赖某建	3	0.20
24	刘某霞	3	0.20
25	李某荣	3	0.20
26	谢某青	3	0.20
27	李某成	3	0.20
28	李某奇	3	0.20
29	余某宇	2.5	0.16
30	杨某生	2.5	0.16
31	林某雯	2.5	0.16
32	刘某波	2.5	0.16
33	张某松	2.5	0.16
34	李某霞	2.5	0.16
35	黄某玲	2.5	0.16
36	罗某莉	2.5	0.16
37	吴某萍	2.5	0.16
38	阮某诗	2.5	0.16
39	廖某玲	2.5	0.16
40	傅某春	2.5	0.16
41	赖某军	2.5	0.16
42	那某夫	2.5	0.16
43	樊某	2.5	0.16
44	赵某娜	2.0	0.13
合计		1 539	100

7. 2009 年 9 月 10 日，第四次股权转让

2009 年 8 月 3 日，××装饰设计有限股东会审议通过，田某占等 26 位股东以 765 000 元的价格将其持有的 4.962% 的股权转让给法人代表。同日，田某占等 26 位股东与法人代表签订了股权转让协议书。

2009 年 9 月 12 日，股权转让各方就此次股权转让合同进行鉴证，并取得深圳市产权交易中心深产权鉴字〔2009〕第 0×××9 号产权交易鉴证书。

××装饰设计有限在深圳市市场监督管理局办理了本次股权转让的工商变

更登记手续，并于 2009 年 9 月 10 日领取了新的企业法人营业执照。

　　本次股权转让完成后，××装饰设计有限的股权结构如下。

序号	股东名称	出资额（万元）	出资比例（%）
1	法人代表	1 093.5	71.05
2	田某占	160	10.40
3	陈某辉	45	2.92
4	郭某	40	2.60
5	徐某光	27.5	1.79
6	曾某江	25	1.62
7	田某	15	0.98
8	颜某昌	15	0.98
9	肖某	15	0.98
10	刘某云	15	0.98
11	王某友	12	0.78
12	高某峰	12	0.78
13	温某茂	10	0.65
14	林某	5	0.33
15	李某泉	5	0.33
16	颜某玉	5	0.33
17	刘某平	4.5	0.29
18	唐某东	3	0.19
19	许某华	3	0.19
20	涂某发	3	0.19
21	赖某建	3	0.19
22	刘某霞	3	0.19
23	李某荣	3	0.19
24	谢某青	3	0.19
25	李某成	3	0.19
26	李某奇	3	0.19
27	颜某珍	2.5	0.16
28	阮某诗	2.5	0.16
29	樊某	2.5	0.16
合计		1 539	100

8．2010 年 3 月 18 日，第三次增资

2010 年 3 月 16 日，××装饰设计有限股东会审议通过，将公司注册资本增加到 5 000 万元，新增注册资本 3 461 万元由股东法人代表认缴。同日，深圳 LZHT 会计师事务所对本次出资予以审验，并出具 LZ 验字〔2010〕第 2×2 号验资报告。

××装饰设计有限在深圳市市场监督管理局办理了本次增资的工商变更登记手续，并于 2010 年 3 月 18 日领取了新的企业法人营业执照。

本次增资完成后，××装饰设计有限的股权结构如下。

序号	股东名称	出资额（万元）	出资比例（%）
1	法人代表	4 554.5	91.09
2	田某占	160	3.20
3	陈某辉	45	0.90
4	郭某	40	0.80
5	徐某光	27.5	0.55
6	曾某江	25	0.50
7	田某	15	0.30
8	颜某昌	15	0.30
9	肖某	15	0.30
10	刘某云	15	0.30
11	王某友	12	0.24
12	高某峰	12	0.24
13	温某茂	10	0.20
14	林某	5	0.10
15	李某泉	5	0.10
16	颜某玉	5	0.10
17	刘某平	4.5	0.09
18	唐某东	3	0.06
19	许某华	3	0.06
20	涂某发	3	0.06
21	赖某建	3	0.06
22	刘某霞	3	0.06
23	李某荣	3	0.06
24	谢某青	3	0.06

序号	股东名称	出资额（万元）	出资比例（%）
25	李某成	3	0.06
26	李某奇	3	0.06
27	颜某珍	2.5	0.05
28	阮某诗	2.5	0.05
29	樊某	2.5	0.05
合计		5 000	100

9. 2010年8月26日，设立企业集团，变更公司名称、经营范围

2010年7月26日，××装饰设计有限股东会审议通过，公司名称变更为深圳市××装饰集团有限公司（以下简称"××装饰有限"），下属子公司包括深圳市××装饰工程劳务有限公司、宁夏××矿业有限公司、江苏××节能科技有限公司、深圳市××建筑材料有限公司。××装饰设计有限在深圳市市场监督管理局办理了本次工商变更登记手续，并于2010年8月26日领取了新的企业法人营业执照。

10. 2011年11月2日，第四次增资

2011年9月28日，××装饰有限股东会审议通过，将公司注册资本增加到5 600万元，新增注册资本600万元由海某、阎某平、张某分别投入280万元、208万元、112万元。2011年10月19日，深圳ZRHZ会计师事务所对于本次出资予以审验，并出具深ZRHZ验字〔2011〕第0×3号验资报告。

××装饰有限在深圳市市场监督管理局办理了本次增资的工商变更登记手续，并于2011年11月2日领取了新的企业法人营业执照。

本次增资完成后，××装饰有限的股权结构如下。

序号	股东名称	出资额（万元）	出资比例（%）
1	法人代表	4 554.50	81.33
2	海某	280.00	5.00
3	阎某平	208.00	3.72
4	田某占	160.00	2.86
5	张某	112.00	2.00
6	陈某辉	45.00	0.81
7	郭某	40.00	0.71
8	徐某光	27.50	0.49
9	曾某江	25.00	0.45

序号	股东名称	出资额（万元）	出资比例（%）
10	田某	15.00	0.27
11	颜某昌	15.00	0.27
12	肖某	15.00	0.27
13	刘某云	15.00	0.27
14	王某友	12.00	0.21
15	高某峰	12.00	0.21
16	温某茂	10.00	0.18
17	林某	5.00	0.09
18	李某泉	5.00	0.09
19	颜某玉	5.00	0.09
20	刘某平	4.50	0.08
21	唐某东	3.00	0.05
22	许某华	3.00	0.05
23	涂某发	3.00	0.05
24	赖某建	3.00	0.05
25	刘某霞	3.00	0.05
26	李某荣	3.00	0.05
27	谢某青	3.00	0.05
28	李某成	3.00	0.05
29	李某奇	3.00	0.05
30	颜某珍	2.50	0.05
31	阮某诗	2.50	0.05
32	樊某	2.50	0.05
合计		5 600	100

11. 2011 年 12 月 23 日，第五次股权转让

2011 年 11 月 30 日，××装饰有限股东会审议通过，同意法人代表将其持有公司 13.751% 股权以 1 540 万元转让给田某等 25 名自然人，将 1.4% 股权以 336 万元转让给深圳市 E 创业投资有限公司，将 0.6% 股权以 144 万元转让给深圳市 F 投资有限公司。2011 年 12 月 21 日，法人代表分别与上述受让人签订股权转让协议，并经深圳市联合产权交易所分别出具编号"JZ2011×××1003""JZ2011×××1009""JZ201×××012""JZ201112×××0""JZ201×××1×62"见证书见证。

××装饰有限在深圳市市场监督管理局办理了本次股权转让的工商变更登记手续，并于 2011 年 12 月 23 日领取了新的企业法人营业执照。

本次股权转让完成后，××装饰有限的股权结构如下。

序号	股东名称	出资额（万元）	出资比例（%）
1	法人代表	3 672.50	65.58
2	阎某平	308.00	5.50
3	海某	280.00	5.00
4	刘某	200.00	3.57
5	田某占	160.00	2.86
6	张某	112.00	2.00
7	崔某路	100.00	1.79
8	深圳市 E 创业投资有限公司	78.40	1.40
9	孙某	50.00	0.89
10	谢某东	50.00	0.89
11	马某雄	50.00	0.89
12	陈某辉	50.00	0.89
13	郭某	45.00	0.80
14	曾某江	35.00	0.63
15	深圳市 F 投资有限公司	33.60	0.60
16	张某	30.00	0.54
17	刘某云	30.00	0.54
18	徐某光	27.50	0.49
19	田某	25.00	0.45
20	温某茂	25.00	0.45
21	颜某昌	25.00	0.45
22	黄某	20.00	0.36
23	肖某	20.00	0.36
24	牛某峰	20.00	0.36
25	韩某	20.00	0.36
26	张某松	15.00	0.27
27	颜某珍	12.50	0.22
28	王某友	12.00	0.21
29	高某峰	12.00	0.21
30	许某	10.00	0.18

序号	股东名称	出资额（万元）	出资比例（%）
31	林某	5.00	0.09
32	李某泉	5.00	0.09
33	高某友	5.00	0.09
34	杨某生	5.00	0.09
35	颜某玉	5.00	0.09
36	郑某春	5.00	0.09
37	赵某	5.00	0.09
38	刘某平	4.50	0.08
39	刘某霞	3.00	0.05
40	李某荣	3.00	0.05
41	唐某东	3.00	0.05
42	涂某发	3.00	0.05
43	李某奇	3.00	0.05
44	许某华	3.00	0.05
45	谢某青	3.00	0.05
46	李某成	3.00	0.05
47	赖某建	3.00	0.05
48	阮某诗	2.50	0.05
49	樊某	2.50	0.05
合计		5 600	100

12. 2012 年 6 月 5 日，第六次股权转让

2012 年 5 月 30 日，孙某与谢某东签订股权转让协议，以 450 万元受让其持有 0.892 9% 股权。该股权转让合同已经深圳市联合产权交易所出具编号"JZ201×××0075"见证书见证。

13. 2012 年 6 月 28 日，股份有限公司创立

2012 年 6 月 28 日，经本公司创立大会暨第一次股东大会全体发起人一致同意，××装饰有限整体变更为股份有限公司，以截至 2012 年 4 月 30 日经审计的母公司净资产 185 336 614.80 元，按 1∶0.302 2 比例折合成股本 56 000 000.00 元，扣除 8 773 174.95 元专项储备后，余下 120 563 439.85 元作为股本溢价计入资本公积。

公司于 2012 年 7 月 19 日在深圳市市场监督管理局完成工商变更登记，取得注册号为"00000"的企业法人营业执照，注册资本为 5 600 万元。

二、控股及参股公司、分公司情况

（一）子公司

1. 宁夏××矿业有限公司（以下简称"宁夏××"）

（1）基本情况。

项目	内容
设立时间	2009－6－11
注册资本、实收资本	500 万元
注册地和主要生产经营地	宁夏回族自治区
经营范围及主营业务	石膏开发、加工、销售

（2）股东构成及持股比例。

股东	出资金额（万元）	出资比例（%）
××装饰	375	75
周某甲	125	25
合计	500	100

（3）最近一年的主要财务数据。

项目	2011－12－31/2011 年
总资产	343.99 万元
净资产	628.99 万元
净亏损	122.03 万元

注：以上数据经 ZSGJ 会计师事务所审计。

2. 江苏××节能科技有限公司（以下简称"江苏××"）

（1）基本情况。

项目	内容
设立时间	2009－7－6
注册资本	600 万元
实收资本	600 万元
注册地和主要生产经营地	江苏省
经营范围及主营业务	聚氨酯产品的研发和销售

（2）股东构成及持股比例。

股东	出资金额（万元）	出资比例（%）
××装饰	480	80
郭某	120	20
合计	600	100

（3）最近一年的主要财务数据。

项目	2011－12－31/2011 年
总资产	584.32 万元
净资产	568.97 万元
净亏损	28.76 万元

注：以上数据经 ZSGJ 会计师事务所审计。

3．深圳市××建筑材料有限公司（以下简称"××材料"）

（1）基本情况。

项目	内容
设立时间	2011－9－16
注册资本、实收资本	100 万元
注册地和主要生产经营地	广东省
经营范围及主营业务	材料购销

（2）股东构成及持股比例。

股东	出资金额（万元）	出资比例（%）
××装饰	100	100

（3）最近一年的主要财务数据。

项目	2011－12－31/2011 年
总资产	99.97 万元
净资产	100.13 万元
净亏损	0.26 万元

注：以上数据经 ZSGJ 会计师事务所审计。

4．深圳市××装饰工程劳务有限公司（以下简称"××劳务"）

（1）基本情况。

项目	内容
设立时间	2006 - 11 - 1
注册资本、实收资本	150 万元
注册地和主要生产经营地	广东省
经营范围及主营业务	木工作业劳务分包一级业务；砌筑作业劳务分包二级业务；油漆作业劳务分包业务。建筑材料、灯具、卫生洁具、家具的购销（不含国家专营、专控、专卖商品）

（2）股东构成及持股比例。

股东	股权转让前		股权转让后	
	出资金额（万元）	出资比例（%）	出资金额（万元）	出资比例（%）
××装饰	135	90	—	—
王某军	—	—	135	90
罗某贤	15	10	15	10
合计	150	100	150	100

2011 年 12 月 19 日，××装饰将其持有××劳务的 90% 股权以 135 万元价格转让给王某军。从 2012 年开始，××劳务不再纳入××装饰合并范围。

（二）参股公司

1. 辽宁深××装饰工程有限公司（以下简称"辽宁深××"）

（1）基本情况。

项目	内容
设立时间	2010 - 9 - 16
注册资本、实收资本	800 万元
注册地和主要生产经营地	辽宁省
经营范围及主营业务	建筑工程装修

（2）设立及股权演变。

①2010 年 9 月 16 日，辽宁深××成立。

2010 年 9 月 16 日，××装饰与牛某峰分别出资 640 万元、160 万元现金，共同投资设立辽宁深××。辽宁 YT 会计师事务所对此出具了〔2010〕第 68 号验资报告。

辽宁深××设立时的股权结构、出资情况如下。

序号	股东名称	认缴出资（万元）	实际出资（万元）	股权比例（%）
1	××装饰有限	640	640	80
2	牛某峰	160	160	20
	合计	800	800	100

②2011年10月28日，股权转让。

2011年10月28日，××装饰有限将持有辽宁深××70%的股权以560万元价格转让给牛某峰。

此次股权转让后，辽宁深××的股权结构、出资情况如下。

序号	股东名称	认缴出资（万元）	实际出资（万元）	股权比例（%）
1	××装饰有限	80	80	10
2	牛某峰	720	720	90
	合计	800	800	100

③××装饰有限设立及转让辽宁深××的原因。

2010年，××装饰有限与辽宁FX银行签订装饰工程合同，当地政府部门要求承接项目的单位必须在当地开设公司，因此××装饰有限设立辽宁深××。由于辽宁深××刚刚设立，尚不具有相关资质证书，因此具体招投标协议、项目合同，以及工程建设都是由××装饰有限完成的。

当辽宁FX银行工程完工后，公司认识到由于辽宁的气候，一年大约只有8个月的工期，这导致辽宁深××的营运成本较高，而且该公司也不具备相关的资质证书，所以公司管理层讨论后决定对外转让辽宁深××。

（3）最近一年的主要财务数据。

项目	2011年12月31日/2011年度
总资产	742.63万元
净资产	797.03万元
净利润	−1.58万元

注：以上数据未经审计。

2. 深圳市SSCT股份有限公司（以下简称"SSCT"）

（1）基本情况。

项目	内容
设立时间	2011 - 7 - 21
注册资本、实收资本	82 200 万元
注册地和主要生产经营地	注册地在深圳，主要生产经营地遍布全国各地
经营范围及主营业务	投资兴办高科技企业、环保节能产业、企业管理咨询、进出口、担保、企业创业投资等

（2）股东构成及持股比例。

SSCT 是由深圳市牵头，78 家/位重点民营企业、企业家共同投资成立的大型民营企业。SSCT 股权结构较为分散，持股最多股东的持股比例也未达到 5%。本公司出资 200 万元，持股比例为 0.24%。

（3）最近一年的主要财务数据。

项目	2011 年 12 月 31 日/2011 年度（万元）
总资产	200 000
净资产	120 000
净利润	8 000

注：以上数据未经审计。

（三）分公司

报告期内公司及控股子公司设立的分公司共有 18 家。

编号	分公司	负责人	营业场所	经营范围	成立日期
1	南京分公司	许某	南京市江宁经济技术开发区胜×××号	承接公司安排的业务	2010 年 10 月 22 日
2	湖北分公司	黄某	武汉市江夏区××开发××园	装饰工程设计施工；电气、给排水、空调安装工程施工	2000 年 10 月 16 日
3	宁夏分公司	张某	银川市兴庆区北京东路×××五层	建筑装修装饰工程专业承包一级；建筑装修装饰工程设计甲级等	2010 年 2 月 4 日
4	山东分公司	徐某	济南市历下区马鞍山路×××南公寓210 号、211 号	受公司委托开展资质证范围内的建筑装饰装修工程承包等	2005 年 9 月 20 日
5	成都分公司	陈某辉	成都市武侯区龙×××8 幢 3 号	建筑装修装饰工程专业承包一级；建筑装修装饰工程设计甲级等	2009 年 12 月 2 日
6	云南分公司	杨某	昆明市盘龙区人民东路 28×××301 号	接受公司委托开展建筑装修装饰工程、建筑幕墙工程、建筑智能化工程	2010 年 6 月 12 日

编号	分公司	负责人	营业场所	经营范围	成立日期
7	惠州分公司	郑某春	惠州市江北14号小区云山×××3商场	承揽总公司相关业务	2006年6月7日
8	陕西分公司	徐某光	西安市碑林区含光北路×××A421室	建筑装修装饰、建筑幕墙、建筑智能化、机电设备安装工程专业承包	2009年7月14日
9	上海第一分公司	龚某	上海市宝山区上×××5楼567A室	接受所属企业委托办理相关业务	2010年3月19日
10	湖南分公司	高某友	长沙市××大厦906室	在总公司经营范围内联系业务	2011年4月14日
11	连云港分公司	韩某	连云港×××路25号	建筑装修装饰工程、建筑幕墙工程	2005年7月21日
12	北京分公司	王某生	北京市朝阳区左安门外饮×××2-01号	在隶属企业授权范围内从事建筑活动；技术推广服务	2011年6月24日
13	沈阳分公司	牛某峰	沈阳市和平×××号（特伟大厦518室）	建筑装修装饰、建筑幕墙、建筑智能化、机电设备安装工程专业承包	2007年10月15日
14	天津分公司	庄某彪	天津市河×××	建筑装修装饰、建筑幕墙、建筑智能化、机电设备、园林设计、园林绿化、建筑材料、灯具、卫生洁具等	2011年9月7日
15	山西分公司	叶某权	太原市小×××	承揽总公司相关业务	2011年12月21日
16	郑州分公司	韩某	郑州市金×××路15号院32号×××号	建筑材料、灯具、卫生洁具、家私的购销，隶属公司业务联系	2011年10月13日
17	济宁分公司	王某友	济宁市金字路×××12-13室	为公司承揽有效资质范围内的业务	2011年12月21日
18	兰州分公司	颜某昌	兰州市城关区民主西路39×××24楼H座	建筑装修装饰工程专业承包一级业务；建筑幕墙工程专业承包一级业务；建筑智能化工程专业承包三级业务；机电设备安装工程专业承包三级业务；专项工程设计甲级业务；建筑幕墙专项工程设计乙级业务；建筑材料、灯具、卫生洁具、家私的购销。园林技术开发、园林设计、园林绿化（国家禁止及取得专项许可的除外）	2011年12月15日

三、主要股东及实际控制人的基本情况

（一）控股股东、实际控制人的情况

法人代表持有公司 65.58% 的股权，为公司的控股股东和实际控制人。

（二）其他持有公司 5% 以上股权的股东情况

截至本尽职调查报告日，持有公司 5% 以上股权的主要股东为法人代表、阎某平、海某，其持股比例分别为 65.58%、5.50%、5.00%。

四、诉讼或仲裁

无重大诉讼或仲裁。

第二章　土地、房产、商标、专利、资质的核查

一、公司土地和房产情况

（一）公司持有的土地情况

截至本尽职调查报告日，公司确定取得宁夏回族自治区××市×××县××乡××村一幅 9 134m² 土地的集体土地使用权。该地块的土地所有权人为宁夏回族自治区××市××县××乡××村。土地使用权年限为 2012 年 5 月 11 日至 2014 年 5 月 11 日。

（二）公司持有的房产情况

截至本尽职调查报告日，××装饰持有的房产情况如下。

房地产权号	位置	用途	建筑面积（m²）
深房地字第 30006××5 号	深圳市福田区燕南路与振兴路交叉东南（××大厦 18 层）	办公	1 909.68
深房地字第 3000××282 号	深圳市福田区燕南路与振兴路交叉东南（××大厦 19 层东）	办公	903.02
深房地字第 300067××8 号	深圳市福田区燕南路与振兴路交叉东南（××大厦 19 层西）	办公	1 006.15

（三）公司租赁的房产情况

1．××装饰

公司租入大厦对面一套居民楼作为公司饭堂，租金为 2 500 元/月。

2．江苏××

江苏××与常州市大学科技园管理中心签订房屋租赁合同，租用常州×××楼 D 座 409 办公房。租赁期限为 2009 年 6 月 1 日至 2012 年 6 月 10 日，租金每半年度 20 196 元。

3．分公司

编号	分公司	营业场所	租赁地址	租赁期限	租金
1	湖北分公司	武汉市江夏区××开发××园	武汉市×××千秋别墅28栋	至2013年12月31日	2 000元/月
2	宁夏分公司	银川市兴庆区北京东路五层	银川市兴庆×××9号×××大厦五层	至2013年7月1日	2.4万元/年
3	山东分公司	济南市历下区马鞍山路南公寓210、211号	济南市历下××88号六楼整层	至2016年6月30日	9万元/年
4	成都分公司	成都市武侯区龙×××8幢3号	成都市高×××5、6、7、8、9、10、11、12房	至2013年2月1日	第一年8.4万元，第二年9万元
5	陕西分公司	西安市碑林区含光北路×××大厦A421室	西安市碑林×××厦A421室	至2013年9月30日	2万元/月
6	湖南分公司	长沙市×××大厦906室	长沙市××大厦906室	至2013年1月1日	2 000元/月
7	连云港分公司	连云港×××路25号	连云港经济技术开发区昆仑×××	至2015年8月28日	4 000元/月
8	北京分公司	北京市朝阳区左安门外饮×××2-01号	北京市朝阳区×××2-01号	至2012年10月19日	12.6万元/年
9	济宁分公司	济宁市金字路×××12-13室	济宁金字路×××12-13室	至2014年4月20日	2.2万元/年

二、公司其他主要无形资产情况

××矿业持有采矿权证情况如下。

序号	公司	证书编号	资质名称	开采矿种	有效期
1	××矿业	C6404232010×××9992	采矿许可证	石膏	2010年7月5日至2012年7月5日

三、公司的商标、专利、资质等情况

（一）公司的商标情况

公司目前未注册商标。

（二）公司已经取得的专利情况

截至本尽职调查报告日，公司未取得专利权。

四、公司相关资质、认证情况

（一）专业资质证书

序号	公司	证书编号	资质名称	资质等级	发证日期	截止日期
1	××装饰	B103××030105	建筑业企业资质证书	建筑装修装饰工程专业承包一级	2010年10月15日	2015年10月15日

续表

序号	公司	证书编号	资质名称	资质等级	发证日期	截止日期
2	××装饰	A144××5	工程设计资质证书	建筑装饰工程设计专项甲级	2008 年 9 月 26 日	2013 年 9 月 26 日
3	××装饰	A2×××2	工程设计资质证书	建筑幕墙工程设计专项乙级	2009 年 3 月 17 日	2014 年 3 月 17 日
4	××装饰	CYL××05 -叁	城市园林绿化企业资质证书	城市园林绿化（暂定）三级企业	2010 年 8 月 30 日	2013 年 9 月
5	××装饰	A14××295	工程设计资质证书	建筑装饰工程设计专项甲级	2008 年 9 月 26 日	2013 年 9 月 26 日
6	××装饰	A244××292	工程设计资质证书	建筑幕墙工程设计专项乙级	2009 年 3 月 17 日	2014 年 3 月 17 日
7	××装饰	CYL××粤 B -0405-叁	城市园林绿化企业资质证书	城市园林绿化（暂定）三级企业	2010 年 8 月 30 日	2013 年 9 月

（二）安全生产许可证

公司目前持有广东省住房和城乡建设厅颁发的安全生产许可证（编号：粤 JZ 安许可证字〔2011〕020×××9 延），有效期自 2011 年 5 月 5 日至 2014 年 5 月 5 日。

报告期内，公司曾持有广东省住房和城乡建设厅颁发的安全生产许可证（编号：粤 JZ 安许可证字〔2008〕02×××2 延），有效期自 2008 年 4 月 9 日至 2011 年 4 月 9 日。

（三）其他证书

（1）ISO14001 环境管理体系认证证书。编号为 02409××8R2S，初次获证日期为 2006 年 6 月 5 日，有效期至 2012 年 4 月 16 日。

（2）ISO9001 质量管理体系认证证书。编号为 02409Q××3R3S，初次获证日期为 2006 年 6 月 6 日，有效期至 2012 年 4 月 16 日。

（3）GB/T28001 职业健康安全管理体系认证证书。编号为 02409S1×× R2S，初次获证日期为 2006 年 6 月 5 日，有效期至 2012 年 4 月 16 日

（4）公司拥有持有三证（执业资格证、注册证、安全考核合格证）的一级建造师 27 名、二级建造师 2 名。

第三章 同业竞争与关联交易

一、同业竞争

（一）控股股东、实际控制人控制的其他企业情况

截至本尽职调查报告日，××装饰控股股东、实际控制人法人代表投资的

企业主要为广东××石材有限公司。

1. 基本情况

项目	内容
公司名称	广东××石材有限公司（以下简称"××石材"）
住所	平远县×××××村
法定代表人	法人代表
注册资本	1 000 万元
实收资本	1 000 万元
营业执照注册号	441426××××3751
营业期限	长期
经营范围	露天饰面用花岗岩开采（仅限下属 DSA、MX、HS 石场，有效期至 2010 年 3 月 2 日）；加工、销售花岗岩、大理石板材、石雕、石刻工艺品；园林设计、制作；承接石材工程
主营业务	露天饰面用花岗岩开采

2. 股东情况

广东××石材目前共有五名股东，其中法人代表持股比例为 20%，颜某基持股比例为 20%、李某泉持股比例为 10%；凌某持股比例为 35%、姚某良持股比例为 15%。上述股东中，颜某基为颜某珍的姐姐、李某泉为颜某珍的姐夫；凌某和姚某良与法人代表不存在关联关系。

3. 资质情况

广东××石材目前拥有三个花岗岩采矿区，具体情况如下。

矿山名称	生产规模	矿区面积	有效期限
MX 石场	0.5 万立方米/年	0.127 平方千米	2009 - 10 - 30—2019 - 10 - 30
DSA 石场	0.5 万立方米/年	0.08 平方千米	2010 - 3 - 1—2015 - 3 - 1
HS 石场	0.5 万立方米/年	0.108 平方千米	2010 - 3 - 1—2015 - 3 - 1

（二）公司董事、监事、高级管理人员的对外投资情况

公司董事、监事、高级管理人员不存在对外投资情况。

二、关联交易

（一）关联方及关联关系

1. 控股股东、实际控制人

关联方名称	与公司的关系
法人代表	持有本公司 65.58% 股份，为本公司控股股东、实际控制人

2. 持有公司 5% 以上股份的其他股东

截至本尽职调查报告日，除法人代表外，持有公司 5% 以上股份的主要股东还包括阎某平、海某，持股比例分别为 5.50%、5.00%。

3. 其他关联自然人及其控制的企业

公司董事、监事、高级管理人员及其关系密切的家庭成员，包括配偶、父母、年满 18 周岁的子女及其配偶、兄弟姐妹及其配偶，配偶的父母、兄弟姐妹，子女配偶的父母。

（二）公司最近两年及一期的关联交易事项

1. 经常性关联交易

2010 年 1 月至 2011 年 12 月，本公司向法人代表租赁其拥有的 × × 大厦 19 层东、19 层西作为办公用途，年度租金为 171.81 万元。双方按照市场公允价格协商定价，租金按时结算，对本公司当期利润总额没有重大影响。

（金额单位：万元）

关联方名称	2012 年 1—4 月	2011 年	2010 年
租金	—	171.81	171.81
当期利润总额	2 679.94	4 596.34	2 070.55
占当期利润总额比重（%）	—	3.74	8.30

2. 偶发性关联交易

（1）本公司向法人代表购买写字楼。

2011 年 12 月 16 日，本公司与法人代表签订二手房买卖合同，向其购买 × × 大厦 19 层东、19 层西作为办公用途。转让价格以不动产权证书上的登记价为依据，分别为 5 992 160 元、6 841 820 元，不存在转让价格显失公允的情况，亦不存在损害本公司及其他股东利益的情形。

自此，公司拥有完整独立的办公场所，此前关于写字楼的关联交易也得以解决。

（2）关联担保。

报告期内，本公司未给除子公司之外的其他关联方提供担保，但关联方为本公司提供借款担保，且均为无偿担保；截至本招股说明书签署日，未发生要求关联方履行担保义务的情形。

报告期内，关联方为本公司银行借款提供担保及反担保的事项如下。

借款方	关联担保方	担保方式	借款单位	主债权本金（万元）	借款期限	备注
××装饰设计有限	深圳市中小企业信用担保集团有限公司（以下简称"中小企业担保公司"）为本公司提供保证担保，法人代表、颜某珍共同向中小担保提供反担保	保证	深圳市XQX小额贷款有限公司	250	6个月	履行完毕
××装饰设计有限	中小企业担保公司为本公司提供保证担保，法人代表、颜某珍共同向中小企业担保公司提供反担保	保证	深发展支行	800	自2010-2-5起，两年。自贷款发放之日起，按月还款26万元，余额在到期日一次还清	履行完毕
	法人代表、颜某珍向中小企业担保公司提供抵押反担保	抵押				
××装饰设计有限	法人代表、颜某珍分别为公司提供保证担保	保证	深发展支行	1 500	2010-3-25至2012-2-25。自贷款发放之日起，按月还款26万元，余额在到期日一次还清	履行完毕
	中小企业担保公司为本公司提供保证担保，法人代表、颜某珍共同向中小企业担保公司提供反担保	保证				
	法人代表向中小企业担保公司提供抵押反担保	抵押				
××装饰设计有限	法人代表为本公司提供保证担保	保证	兴业银行××支行	2 100	2010-7-20至2013-7-20。合同约定，自贷款发放第13个月开始，每月须归还本金50万元，余额到期结清	未履行完毕
	法人代表为本公司提供抵押担保（法人代表将物业转让给公司后，已改由公司提供抵押担保）	抵押				
××装饰有限	中小企业担保公司为本公司提供保证担保，法人代表、颜某珍共同向中小企业担保公司提供反担保	保证	北京银行××分行	3 000	自2011-06-25日起，3个月	履行完毕
××装饰有限	法人代表为本公司提供保证担保	保证	兴业银行×××支行	3 200	其中3 000万元从2011-9-21至2012-9-20；200万元从2011-10-9至2012-9-20	履行完毕
				800	2011-10-9至2012-10-9	

3．关联资金往来

最近两年及一期，××装饰与关联方往来余额如下。

（单位：万元）

关联方名称	2012 − 4 − 30	2011 − 12 − 31	2010 − 12 − 31
法人代表	—	—	652.32
××石材	—	—	151.50
合计	—	—	803.82

第四章　治理结构、董监高、员工及社保情况

一、××装饰的组织架构

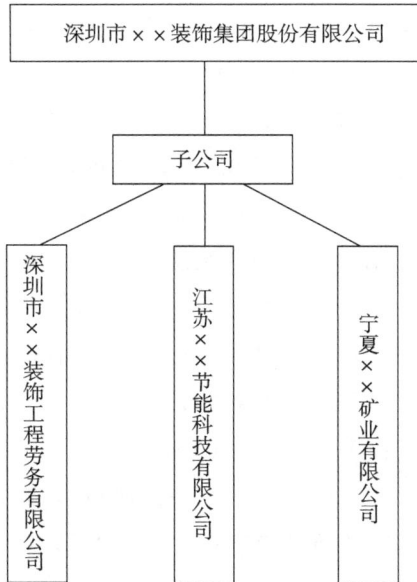

二、董、监、高基本情况

（一）董事

（1）法人代表先生，中国国籍，无境外居留权，现年 54 岁，毕业于中国人民大学工商管理学院，拥有经济师职称。1975 年至 1976 年任 XN 县委工作队社教资料员，1976 年至 1978 年任广东 XN 国营瓷厂工作车间技术干部，1979 年至 1982 年任中国人民解放军某部队代理书记，1983 年至 1983 年任广东××商业局冷冻厂副科长，1983 年至 1984 年任广东××保险公司营业部副经理，1985 年至 1986 年任深圳市 MSSPGY 公司业务部经理；1986 年至 1988 年任深圳

市 SHGM 总公司旅游公司业务部经理；1988 年至 1999 年任深圳市 HT 装饰工程公司常务副总经理；1999 年至 2002 年任深圳市××总装饰工程有限公司董事长兼总经理；2002 年至 2012 年 6 月任××装饰有限总裁。现任本公司董事长兼总经理。

（2）颜某珍女士，中国国籍，无境外居留权，现年 51 岁。1978 年至 1982 年任 MZ 食品厂财务；1982 年至 1988 年任 MX 地区冷冻厂财务；1988 年至 2000 年任深圳市 HT 装饰工程公司财务；2000 年至 2003 年任深圳市 SAXZXC 公司董事；2003 年至 2012 年 6 月任××装饰有限副总裁。现任本公司董事兼副总经理。

（3）孙某先生，中国国籍，无境外居留权，现年 32 岁，硕士研究生学历。2007 年至 2010 年任 SZ 证监局副主任科员；2010 年至 2011 年任北京市 DC（深圳）律师事务所实习律师；2011 年至 2012 年 6 月任××装饰有限总裁助理。现任本公司董事、董事会秘书兼副总经理。

（4）高某先生，中国国籍，无境外居留权，现年 36 岁，本科学历。1999 年至 2002 年任 HN 电视台技术员；2002 年至 2005 年任武汉 WX 科技有限责任公司工程部经理；2005 年至 2010 年任郑州市 ZY 照明工程有限公司副总经理；2010 年至今任郑州 DW 科技有限公司总经理。现任本公司董事。

（5）刘某一先生，中国国籍，无境外居留权，现年 61 岁，毕业于华南工学院工民建专业，拥有教授级高级工程师职称。1971 年至 1977 年任 ZJ 总公司二局二公司团委书记；1980 年至 1983 年任 ZJ 二局二公司技术员、现场施工员；1983 年至 1986 年任××国家 ZJ 总公司 LSF 项目经理、总工程师；1986 年至 1987 年任 ZJ 二局国外工程管理办公室主任；1987 年至 1988 年任××国家 ZJ 总公司 WSBZ 项目经理；1988 年至 2007 年任中国 TZ 装饰公司董事长、总经理兼党委书记；2007 年至 2010 年任中国 TZ 装饰协会秘书长；2010 年 5 月至今任中国 TZ 装饰协会任副会长、秘书长兼法定代表人。现任本公司独立董事。

（6）杜某岷先生，中国国籍，无境外居留权，现年 49 岁，南京农业大学经贸学院经济管理专业博士研究生学历。1990 年至 1995 年，任 NJ 农业大学经贸学院金融系副主任；1995 年至 1996 年作为 KBJD 大学高级访问学者；1996 年至今任 JN 大学经济学院教授。杜先生目前还兼任××市国资委国际集团独立董事、广州市 JZ 股份有限公司独立董事、广州市 JY 投资基金管理有限公司独立董事、汕头 JFLB 妇婴童用品有限公司独立董事。现任本公司独立董事。

（7）丘某良先生，中国国籍，无境外居留权，现年 33 岁，毕业于厦门大学会计系。2001年至2004年任深圳TJXD会计师事务所审计员；2004年至2010年在AYHM会计师事务所，历任审计员、高级审计员、经理；2010年至2011年任LXDH会计师事务所授薪合伙人；2012年至今任LX会计师事务所合伙人。现任本公司独立董事。

（二）监事

本公司第一届监事会由三名成员组成，其中包括一名职工代表。陈某辉和杨某生由公司股东大会选举产生，刘某平由公司职工代表大会选举产生。

（1）陈某辉先生，中国国籍，无境外居留权，现年47岁，本科学历。1985年至1994年任深圳BR铝合金厂技术员；1994年至今任××装饰有限工程中心总监。现任本公司监事会主席。

（2）杨某生先生，中国国籍，无境外居留权，现年55岁，本科学历。1979年4月至1987年5月任MZ市建筑设计院工程预结算部职员；1987年6月至2000年6月任深圳市SG仓库企业有限公司工程施工和预算结算负责人；2000年7月至2003年6月任深圳市SZ总装饰工程总公司预算负责人；2003年7月至今任本公司工程总监。现任本公司监事。

（3）刘某平先生，中国国籍，无境外居留权，现年36岁，大专学历。1999年至2004年任深圳市HT装饰工程有限公司员工；2004年8月至今任××装饰员工。现任本公司职工监事。

（三）高级管理人员

本公司高级管理人员由公司第一届董事会聘任。

（1）总经理法人代表先生，简历同上。

（2）田某先生，中国国籍，无境外居留权，现年53岁，毕业于西北工业大学飞机设计专业，拥有高级工程师职称。1982年至1993年任航空部第××研究所某设计室主任；1993年至2005年任深圳市YH装饰工程有限公司总工程师；2005年至2012年6月，任××装饰有限常务副总裁。现任本公司常务副总经理。

（3）副总经理颜某珍女士，简历同上。

（4）副总经理孙某先生，简历同上。

（5）温某茂先生，中国国籍，无境外居留权，现年43岁，大专学历、中级会计师。1988年至1991年任广东梅州NYYF集团有限公司仓管、会计；1991年至1992年任深圳市YF鞋业有限公司会计；1993年至1996年任JY国际贸易（深圳）有限公司会计；1996年至1999年任深圳TT药业股份有限公司（现

JKY 药业集团股份有限公司）会计；1999 年至 2000 年任深圳 CW 电子集团会计；2000 年至 2003 年任深圳市 SZ 总装饰工程工业有限公司会计；2003 年至 2012 年 6 月历任××装饰有限主办会计、财务部副部长、部长、总裁助理（分管财务管理中心）。现任本公司财务负责人。

三、公司员工和社保缴纳情况

（一）公司人员构成情况

公司共有员工 306 人（不包含现场施工人员），具体构成情况如下。

专业结构	人数（人）	占员工总数的比例
行政、管理人员	107	34.97%
营销人员	19	6.21%
财务人员	10	3.27%
工程、设计人员	170	55.55%
合计	306	100.00%
学历	人数（人）	占员工总数的比例
硕士研究生及以上	3	0.98%
本科	70	22.88%
大专	146	47.71%
其他	87	28.43%
合计	306	100.00%
年龄	人数（人）	占员工总数的比例
30 岁以下	80	26.14%
31—40 岁	94	30.72%
41—50 岁	93	30.39%
50 岁以上	39	12.75%
合计	306	100.00%

（二）公司的社保缴纳情况

公司一直为合同工缴纳社保，具体缴纳情况如下。

险种	缴费基数	公司缴费比例	员工缴费比例
养老保险		11%	8%
医疗保险		4.5%	2%
生育保险	当月工资总额	0.5%	—
失业保险		15.58 元/人	—
工伤保险		0.25%	—

公司自 2011 年起为员工缴纳住房公积金，具体缴纳比例为公司 5%、员工 5%。

第五章　财务会计与税收

一、合并范围

公司名称	是否合并		
	2012 年 1—4 月	2011 年	2010 年
江苏××	是	是	是
宁夏××	是	是	是
××材料	是	是	—
××劳务	否	合并利润表、现金流量表	是
辽宁深××	否	合并利润表、现金流量表	是

二、公司资产、负债及所有者权益情况

（一）公司资产数据

项目	2012 - 4 - 30		2011 - 12 - 31		2010 - 12 - 31	
	金额（万元）	占比（%）	金额（万元）	占比（%）	金额（万元）	占比（%）
流动资产：						
货币资金	5 278.00	9.13	6 990.15	15.46	1 841.66	6.71
交易性金融资产	—	—	—	—	99.20	0.36
应收账款	40 238.04	69.64	24 956.03	55.20	13 424.51	48.92
预付款项	1 994.22	3.45	1 704.06	3.77	4 529.76	16.51
其他应收款	1 132.76	1.96	1 964.28	4.34	3 580.39	13.05
存货	2 726.44	4.72	2 876.35	6.36	2 864.12	10.44
其他流动资产	56.25	0.10	456.25	1.01	—	—
流动资产合计	51 425.70	89.00	38 947.12	86.15	26 339.64	95.99
非流动资产：						
长期股权投资	280.00	0.48	280.00	0.62	—	—
投资性房地产	—	—	—	—	—	—
固定资产	4 841.42	8.38	4 920.58	10.88	300.62	1.10
无形资产	40.80	0.07	42.46	0.09	21.90	0.08
长期待摊费用	328.02	0.57	330.01	0.73	411.99	1.50

项目	2012 – 4 – 30		2011 – 12 – 31		2010 – 12 – 31	
	金额（万元）	占比（%）	金额（万元）	占比（%）	金额（万元）	占比（%）
递延所得税资产	783.00	1.36	609.27	1.35	365.73	1.33
其他非流动资产	84.60	0.15	80.00	0.18	—	—
非流动资产合计	6 357.83	11.00	6 262.32	13.85	1 100.24	4.01
资产总计	57 783.53	100.00	45 209.44	100.00	27 439.88	100.00

（二）公司各项资产

1. 交易性金融资产

该部分交易性金融资产为××装饰 2010 年买入的 ZHBS 基金。

2. 应收账款

最近两年及一期，公司应收账款期末余额分别为 13 424.51 万元、24 956.03 万元、40 238.04 万元。期末余额逐年增加，主要是公司业务不断拓展所致。

（1）应收账款账龄分析。

最近两年及一期期末，公司应收账款账龄情况如下。

账龄	账面余额		坏账准备
	金额（万元）	占比（%）	
2012 – 4 – 30			
1 年以内	41 409.10	97.46	2 070.45
1 至 2 年	808.76	1.90	80.88
2 至 3 年	228.57	0.54	68.57
3 年 4 年	20.54	0.05	10.27
4 至 5 年	6.23	0.01	4.99
5 年以上	16.00	0.04	16.00
合计	42 489.20	100.00	2 251.16
2011 – 12 – 31			
1 年以内	22 329.63	83.70	1 116.48
1 至 2 年	3 742.63	14.03	374.26
2 至 3 年	394.08	1.48	118.22
3 年 4 年	188.42	0.71	94.21
4 至 5 年	22.23	0.08	17.79
5 年以上	—	—	—
合计	26 676.99	100.00	1 720.96

续表

账龄	账面余额		坏账准备
	金额（万元）	占比（%）	
2010 - 12 - 31			
1 年以内	11 604.44	80.80	580.22
1 至 2 年	2 383.80	16.60	238.38
2 至 3 年	341.65	2.38	102.49
3 年 4 年	31.43	0.22	15.72
4 至 5 年	—	—	—
5 年以上	—	—	—
合计	14 361.32	100.00	936.81

（2）应收账款前五名客户情况。

2012 年 4 月 30 日、2011 年 12 月 31 日，应收账款前五名客户的情况如下。

项目	2012 - 4 - 30		2011 - 12 - 31	
	金额（万元）	比重（%）	金额（万元）	比重（%）
应收账款前五名客户	19 754.97	46.49	14 730.63	55.22

（3）同行业上市公司应收账款周转率比较。

应收账款周转率（次）	2011 年	2010 年
JTL	3.10	3.55
HT 股份	2.88	2.93
YS 股份	2.51	3.10
GT 股份	3.13	6.86
RH 股份	2.57	3.56
行业平均	2.84	4.00
××装饰	4.92	6.01

　　××装饰 2011 年应收账款周转率较 2010 年有所下降，但与同行业同期趋势相同，且数据指标优于同行业上市公司。

（4）同行业上市公司坏账准备计提政策比较。

①单项金额重大的认定标准。

同行业上市公司坏账准备个别认定法计提坏账准备标准如下。

公司	单项金额重大应收账款	单项金额重大其他应收款
JTL	300	50
HT 股份	500	—
YS 股份	200	30
GT 股份	100	20
RH 股份	—	—
××装饰	500	200

②按账龄组合计提坏账准备。

公司按账龄组合计提坏账准备的政策与同行业对比如下。

公司	1 年以内（%）	1 至 2 年（%）	2 至 3 年（%）	3 至 4 年（%）	4 至 5 年（%）	5 年以上（%）
JTL	5	10	30	50	50	50
HT 股份	5	5	5	5	5	5
YS 股份	5	10	30	50	80	100
GT 股份	5	10	30	50	50	50
RH 股份	5	10	30	50	50	50
××装饰	5	10	30	50	80	100

3. 预付款项

2012 年 4 月 30 日、2011 年 12 月 31 日，预付账款前五名客户的情况如下。

项目	2012 - 4 - 30		2011 - 12 - 31	
	金额（万元）	比重（%）	金额（万元）	比重（%）
预付账款前五名客户	412.66	20.69	303.94	17.84

××装饰账面的预付款余额主要为预付给材料供应商的货款。

4. 其他应收款

（1）账龄分析

最近两年及一期期末，公司其他应收账款账龄情况如下。

账龄	账面余额		坏账准备
	金额（万元）	占比（%）	
2012 - 4 - 30			
1 年以内	233.40	13.30	11.67
1 至 2 年	845.59	48.20	84.56

账龄	账面余额		坏账准备
	金额（万元）	占比（%）	
2 至 3 年	145.23	8.28	43.57
3 年 4 年	58.61	3.34	29.31
4 至 5 年	95.14	5.42	76.11
5 年以上	376.50	21.46	376.50
合计	1 754.47	100.00	621.72
2011 - 12 - 31			
1 年以内	1 528.92	61.70	76.45
1 至 2 年	340.45	13.74	34.04
2 至 3 年	126.91	5.12	38.07
3 年 4 年	105.14	4.24	52.57
4 至 5 年	320.00	12.92	256.00
5 年以上	56.50	2.28	56.50
合计	2 477.92	100.00	513.63
2010 - 12 - 31			
1 年以内	3 060.59	74.12	152.98
1 至 2 年	332.55	8.05	33.25
2 至 3 年	173.44	4.20	52.03
3 年 4 年	485.00	11.74	242.50
4 至 5 年	47.90	1.16	38.32
5 年以上	30.00	0.73	30.00
合计	4 129.48	100.00	549.08

（2）其他应收账款前五名客户情况

2012 年 4 月 30 日、2011 年 12 月 31 日，其他应收账款前五名客户的情况如下。

项目	2012 - 4 - 30		2011 - 12 - 31	
	金额（万元）	比重（%）	金额（万元）	比重（%）
其他应收款前五名客户	1 004.30	88.66	1 680.85	85.57

5. 存货

最近两年及一期，公司存货基本保持稳定。

单位：万元

项目	2012-4-30			2011-12-31			2010-12-31		
	账面余额	跌价准备	账面价值	账面余额	跌价准备	账面价值	账面余额	跌价准备	账面价值
工程施工	2 726.44	50.09	2 676.35	2 864.12	137.68	2 726.44	2 876.35	12.23	2 864.12
合计	2 726.44	50.09	2 676.35	2 864.12	137.68	2 726.44	2 876.35	12.23	2 864.12

公司作为建筑装饰类企业，存货主要为工程施工，存货的核算方法为：按照单个工程项目进行工程施工的核算。平时，在单个工程项目下归集所发生的实际成本，包括直接材料、直接人工费、施工机械费、其他直接费用及相应的施工间接成本等；期末，根据完工百分比法确认合同收入的同时，确认工程施工毛利，并与客户进行工程结算，未完工工程项目的工程施工成本（按实际发生成本）及累计确认的工程施工毛利与对应的工程结算对抵，余额列示于存货项目。

6. 其他流动资产

最近两年及一期，公司其他流动资产情况如下。

单位：万元

项目	2012-4-30	2011-12-31	2010-12-31
理财产品	—	400.00	—
上市费用	56.25	56.25	—
合计	56.25	456.25	—

其中，上市费用为公司预付给律师、会计师的改制费用。

7. 长期股权投资

最近两年及一期，公司长期股权投资情况如下。

单位：万元

项目	2012-4-30	2011-12-31	2010-12-31
深圳市 SSCT 股份有限公司	200.00	200.00	—
辽宁深××	80.00	80.00	—
合计	280.00	280.00	—

辽宁深××系由本公司与自然人牛某峰于 2010 年 9 月 20 日设立的子公司，注册资本为人民币 800 万元，其中本公司出资 640 万元，持股 80%，牛某峰出资 160 万元，持股 20%。××装饰于 2011 年 10 月 28 日将持有的辽宁深××

70% 股权以 560 万元价格转让给牛某峰，仅保留 10% 股权。相应地，××装饰在会计上对其核算从子公司变为长期股权投资。

8. 固定资产

2012 年 4 月 30 日，公司的固定资产情况如下。

单位：万元

项目	原值	净值	账面价值	成新率（%）
房屋及建筑物	4 396.68	4 279.06	4 279.06	97.32
机器设备	294.42	268.76	268.76	91.28
运输工具	488.15	258.25	258.25	52.90
其他设备	89.32	35.34	35.34	39.57
合计	5 268.57	4 841.41	4 841.41	91.89

公司主要固定资产为××大厦 18、19 层的办公室，公司折旧政策较为稳健，固定资产没有出现减值迹象，没有金额较大的长期未使用的固定资产。

截至 2012 年 4 月 30 日，公司将××大厦 19 层西抵押至兴业银行深圳××支行以获得借款。

9. 无形资产

单位：万元

项目	2012-4-30	2011-12-31	2010-12-31
采矿权	18.43	19.30	21.90
软件	22.36	23.16	—
合计	40.79	42.46	21.90

10. 长期待摊费用

单位：万元

项目	2012-4-30	2011-12-31	2010-12-31
土地租赁费	15.60	17.20	22.00
山路	151.02	165.75	209.95
装修费	161.40	147.06	180.04
合计	328.02	330.01	411.99

长期待摊费用为××大厦办公室的装修费用。

11. 递延所得税资产

最近两年及一期，公司递延所得税资产分别为 411.99 万元、330.01 万元、328.02 万元，主要由坏账准备所对应的暂时性时间性差异所引起。

（三）公司负债数据

项目	2012-4-30		2011-12-31		2010-12-31	
	金额（万元）	占比（%）	金额（万元）	占比（%）	金额（万元）	占比（%）
流动负债：						
短期借款	3 820.00	9.70	3 940.00	13.64	—	—
应付账款	28 632.65	72.74	16 897.76	58.48	14 906.90	70.73
预收款项	1 347.99	3.42	2 024.41	7.01	821.60	3.90
应付职工薪酬	74.78	0.19	149.80	0.52	96.19	0.46
应交税费	3 047.59	7.74	2 032.60	7.03	491.21	2.33
其他应付款	791.89	2.01	684.57	2.37	794.03	3.77
流动负债合计	37 714.91	95.81	27 043.13	93.60	17 109.93	81.18
非流动负债：						
长期借款	1 650.00	4.19	1 850.00	6.40	3 966.00	18.82
非流动负债合计	1 650.00	4.19	1 850.00	6.40	3 966.00	18.82
负债合计	39 364.91	100.00	28 893.13	100.00	21 075.93	100.00

2010 年、2011 年，公司及同行业上市公司的偿债能力指标对比如下。

偿债能力	资产负债率（%）	流动比率	速动比率
2011 年			
JTL	59.46	0.64	0.65
HT 股份	34.82	0.39	0.39
YS 股份	57.37	0.62	0.66
GT 股份	48.35	0.50	0.54
RH 股份	45.61	0.47	0.50
××装饰	63.91	1.44	1.33
2010 年			
JTL	69.37	0.80	0.81
HT 股份	33.72	0.36	0.36
YS 股份	45.93	0.48	0.50
GT 股份	29.40	0.30	0.32
RH 股份	63.39	0.66	0.74
××装饰	76.81	1.54	1.37

（四）公司各项负债

1. 短期借款

单位：万元

项目	2012 - 4 - 30	2011 - 12 - 31	2010 - 12 - 31
保证借款	3 820.00	3 940.00	—
合计	3 820.00	3 940.00	—

公司的短期借款均为兴业银行××支行的保证借款。

2. 应付账款

公司应付账款的余额主要为应付材料采购款。2012 年 4 月 30 日、2011 年末，公司前五名工程的应付账款如下。

项目	2012 - 4 - 30		2011 - 12 - 31	
	金额（万元）	比重（%）	金额（万元）	比重（%）
前五名工程的应付账款	3 564.23	21.09	869.52	3.04

3. 预收款项

预收账款主要为预收客户的工程款，在建造合同签订时，甲方会支付工程总造价一定比例的工程款给××装饰作为备料款，××装饰做预收账款核算。

2012 年 4 月 30 日、2011 年末，公司前五名客户的预收账款如下。

项目	2012 - 4 - 30		2011 - 12 - 31	
	金额（万元）	比重（%）	金额（万元）	比重（%）
前五名客户的预收账款	447.36	33.19	950.05	46.93

4. 应付职工薪酬

单位：万元

项目	2012 - 4 - 30	2011 - 12 - 31	2010 - 12 - 31
工资、奖金、津贴和补贴	59.73	136.50	86.50
社会保险费	—	0.40	—
工会经费和职工教育经费	15.05	12.90	9.69
合计	74.78	149.80	96.19

5. 应交税费

单位：万元

税种	2012 - 4 - 30	2011 - 12 - 31	2010 - 12 - 31
营业税	1 089.15	522.74	262.19
城市维护建设税	76.46	35.19	17.71
企业所得税	1 834.21	1 449.85	202.50
个人所得税	0.27	4.57	0.03
教育费附加	45.17	18.56	8.78
堤围费	2.34	1.68	—
合计	3 047.59	2 032.59	491.21

公司主要税项为企业所得税与营业税，其适用的税率请参见本章"五、税收情况"。

6. 其他应付款

最近两年及一期，××装饰的其他应付款分别为794.03万元、684.57万元、791.89万元，主要为收取的保证金。

7. 长期借款

单位：万元

项目	2012 - 4 - 30	2011 - 12 - 31	2010 - 12 - 31
抵押借款	1 650.00	1 850.00	3 966.00
合计	1 650.00	1 850.00	3 966.00

（五）公司所有者权益数据

项目	2012 - 4 - 30		2011 - 12 - 31		2010 - 12 - 31	
	金额（万元）	占比（%）	金额（万元）	占比（%）	金额（万元）	占比（%）
股本	5 600.00	30.40	5 600.00	34.32	5 000.00	78.57
资本公积	6 724.82	36.51	6 724.82	41.22	91.00	1.43
专项储备	877.32	4.76	782.75	4.80	695.25	10.92
盈余公积	634.15	3.44	428.11	2.62	138.11	2.17
未分配利润	4 513.68	24.51	2 699.58	16.55	154.88	2.43
归属母公司所有者权益合计	18 349.97	99.63	16 235.26	99.50	6 079.24	95.53
少数股东权益	68.66	0.37	81.06	0.50	284.72	4.47
所有者权益合计	18 418.63	100.00	16 316.32	100.00	6 363.96	100.00

1．股本

最近两年及一期本公司股本变化情况如下。

单位：万元

项目	2012 年 4 月 30 日	2011 年	2010 年
期初股本金额	5 600.00	5 000.00	1 539.00
所有者投入股本	—	600.00	3 461.00
所有者权益内部结转	—	—	—
期末股本金额	5 600.00	5 600.00	5 000.00

（1）2010 年 3 月 16 日，本公司股东会审议通过，由法人代表对公司增资 3 461 万元。同日，深圳 LZHT 会计师事务所出具 LZ 验字〔2010〕第 2×2 号验资报告对本次出资进行了审验。

（2）2011 年 9 月 28 日，本公司股东会通过决议，同意阎某平等三名自然人向公司投入资金 5 375 万元，其中 600 万元增加注册资本，4 775 万元计入资本公积。2011 年 10 月 19 日，深圳 ZRHZ 会计师事务所对本次出资进行了审验，并出具深 ZRHZ 验字〔2011〕第 0×3 号验资报告。

（3）2012 年 6 月 13 日，本公司股东会通过决议，决定深圳市××装饰集团有限公司按截至 2012 年 4 月 30 日经审计的母公司净资产 185 336 614.80 元折为普通股 5 600 万股（每股面值为 1 元，扣除专项储备 8 773 174.95 元后其余净资产 120 563 439.85 元作为股本溢价计入股份公司资本公积），整体变更发起设立深圳市××装饰集团股份有限公司；各发起人以其在深圳市××装饰集团有限公司的权益所对应的经审计原账面净资产值折算为深圳市××装饰集团股份有限公司的股份。

2．资本公积

最近两年及一期，资本公积的变动情况如下。

单位：万元

项目	2012 年 1—4 月	2011 年	2010 年
期初余额	6 724.82	91.00	591.00
本期增加	—	6 633.82	—
其中：2011 年阎某平等三名自然人增资溢价	—	4 775.00	—
2011 年第一轮股权激励	—	1 858.82	—
本期减少	—	—	500
其中：转回同一控制下企业合并产生的调整	—	—	500
期末余额	6 724.82	6 724.82	91.00

（1）2010年1月1日余额。

①2008年7月21日，××装饰设计有限股东会审议通过，由新增19名股东和部分原股东对公司以货币资金增资539万元，超出增资部分金额91万元计入资本公积。

②因同一控制下企业合并而产生的调整数。

根据同一控制下企业合并的规定，在编制比较报表时，本公司应对比较报表进行调整，将宁夏××个别报表中的未分配利润计入合并报表当期比较报表的相应项目，个别报表中的实收资本调整至合并报表当期比较报表的资本公积。

（2）2010年变动情况及2010年12月31日余额。

2010年6月21日，法人代表与本公司签订股权转让协议，将其持有宁夏××75%的股权转让给本公司。因而2010年初因同一控制下企业合并而产生的调整数予以转回。

（3）2011年变动情况及2011年12月31日余额。

①阎某平等三名自然人增资溢价。

2011年9月28日，本公司股东会通过决议，同意阎某平等三名自然人向公司投入资金5 375万元，其中600万元增加注册资本，4 775万元计入资本公积。

②第一轮股权激励。

2011年12月21日，法人代表将其持有本公司的265万股以每元注册资本2元作价转让给孙某等19名公司员工。根据《企业会计准则第11号——股份支付》及其应用指南相关规定，此次股权转让适用股份支付，应按照权益结算的股份支付进行会计处理。公司在评估每元注册资本的公允价值时，以最近与公司无关联关系的第三方阎某平的出资作价作为参考依据，即每元注册资本作价9.01元。公司19名员工的实际出资额与相应注册资本公允价值的差额1 858.82万元计入2011年管理费用，同时确认相应的资本公积。

（4）2012年1—4月变动情况及2012年4月30日余额。

2012年1—4月，本公司资本公积并未发生变动。截至2012年4月30日，本公司资本公积余额为6 724.82万元。

3. 专项储备

单位：万元

项目	2012-4-30	2011-12-31	2010-12-31
安全生产费	877.32	782.75	695.25
合计	877.32	782.75	695.25

本期安全生产费系根据《关于印发〈企业安全生产费用提取和使用管理办法〉的通知》（已失效）（财企〔2012〕16号），及此前的《关于印发〈高危行业企业安全生产费用财务管理暂行办法〉的通知》（财企〔2006〕478号）的规定，××装饰按建筑安装工程造价的2%计提安全生产费。

4. 盈余公积

最近两年及一期，公司盈余公积具体情况如下。

单位：万元

项目	2012 - 4 - 30	2011 - 12 - 31	2010 - 12 - 31
法定盈余公积	634.15	428.11	138.11
合计	634.15	428.11	138.11

5. 未分配利润

单位：万元

项目	2012 - 4 - 30	2011 - 12 - 31	2010 - 12 - 31
一、年初未分配利润	2 699.58	154.88	- 1 287.00
二、本年增加数	2 020.15	2 834.70	1 607.02
其中：本年净利润转入	2 020.15	2 834.70	1 607.02
三、本年减少数	206.04	290.00	165.14
其中：提取法定盈余公积	206.04	290.00	165.14
四、年末未分配利润	4 513.68	2 699.58	154.88

本公司历年未分配利润增加均为当期净利润转入。

三、公司盈利情况

（一）公司利润表数据

单位：万元

项目	2012 年 1—4 月	2011 年	2010 年
营业收入	45 876.25	94 403.77	57 559.58
减：营业成本	39 816.90	81 221.73	50 790.14
营业税金及附加	1 594.95	3 297.19	1 867.37
销售费用	196.59	655.22	496.64
管理费用	688.39	3 407.25	1 157.93
财务费用	164.83	507.61	312.33
资产减值损失	638.28	793.50	880.32
加：公允价值变动损益	—	0.80	- 0.80

续表

项目	2012 年 1—4 月	2011 年	2010 年
投资收益	3.61	85.57	—
营业利润	2 779.94	4 607.64	2 054.05
加：营业外收入	—	8.70	24.60
减：营业外支出	100.00	20.00	8.11
利润总额	2 679.94	4 596.34	2 070.54
减：所得税费用	672.20	1 804.89	463.53
净利润	2 007.74	2 791.45	1 607.01

（二）公司的盈利能力

1. 营业收入

（1）收入结构分析。

项目	2012 年 1—4 月		2011 年		2010 年	
	金额（万元）	比例（%）	金额（万元）	比例（%）	金额（万元）	比例（%）
装饰工程业务	44 803.31	97.66	93 323.24	98.86	56 379.51	97.95
设计业务	1 072.94	2.34	1 080.53	1.14	1 180.07	2.05
营业收入	45 876.25	100.00	94 403.77	100.00	57 559.58	100.00

××装饰的业务分为装饰工程及装饰设计业务两部分，其中建筑装饰工程占比超过97%。

（2）营业收入前五名客户。

最近两年及一期，营业收入前五名客户的情况如下。

项目	2012－4－30		2011－12－31		2010－12－31	
	金额（万元）	比重（%）	金额（万元）	比重（%）	金额（万元）	比重（%）
营业收入前五名客户	21 418.16	46.69	44 961.52	47.63	19 100.43	33.18

（3）公司分产品的毛利情况。

单位:%

项目	2012 年 1—5 月		2011 年		2010 年	
	毛利率	收入占比	毛利率	收入占比	毛利率	收入占比
装饰工程业务	13.03	97.66	13.84	98.86	11.50	97.95
设计业务	20.83	2.34	24.82	1.14	24.22	2.05
毛利率	13.21	100.00	13.96	100.00	11.76	100.00

建筑装饰工程的成本主要由材料、人工及其他费用构成。其中，材料占比约 70%，人工占比约 25%，其他费用占比约 5%，每个项目的成本构成比例基本稳定。

2. 销售费用

单位：万元

项目	2012 年 1—4 月	2011 年度	2010 年度
合计	196.59	655.22	496.64
同期营业收入	45 876.25	94 403.77	57 559.58
占比（%）	0.43	0.69	0.86

3. 管理费用

单位：万元

项目	2012 年 1—4 月	2011 年度	2010 年度
合计	688.39	3 407.25	1 157.93
同期营业收入	45 876.25	94 403.77	57 559.58
占比（%）	1.50	3.61	2.01

4. 财务费用

单位：万元

项目	2012 年 1—4 月	2011 年度	2010 年度
利息支出	154.56	395.87	187.46
减：利息收入	8.91	15.82	2.72
手续费及其他	19.18	127.57	127.59
合计	164.83	507.62	312.33

5. 资产减值损失

最近两年及一期，××装饰的资产减值损失金额分别为 880.32 万元、793.50 万元、638.28 万元，全部由坏账损失构成。

6. 投资收益

单位：万元

项目	2012 年 1—4 月	2011 年度	2010 年度
处置其他流动资产产生的投资收益	2.24	—	—
处置长期股权投资产生的投资收益	—	83.67	—
处置交易性金融资产取得的投资收益	1.39	1.90	—
合计	3.63	85.57	—

2011年，××装饰分别处置了辽宁深××、××劳务两家子公司，分别形成投资收益38.10万元、45.57万元。

7. 营业外收支

单位：万元

项目	2012年1—4月	2011年度	2010年度
营业外收入			
非流动资产处置利得合计	—	3.20	—
政府补助	—	5.00	16.37
其他	—	0.50	8.24
合计	—	8.70	24.61
营业外支出			
非流动资产处置损失合计	—	—	3.11
捐赠支出	100.00	20.00	5.00
合计	100.00	20.00	8.11

2011年度补助收入5万元系××装饰收到的深圳市福田区总商会补助款；2010年补助收入为税收返还。

四、现金流量情况

单位：万元

项目	2012年1—4月	2011年	2010年
经营活动产生的现金流量净额	−265.58	1 870.20	−3 506.42
投资活动产生的现金流量净额	342.00	−4 693.82	−590.87
筹资活动产生的现金流量净额	−1 788.56	7 972.11	5 885.46

××装饰经营活动现金流入主要来自"销售商品、提供劳务收到的现金"。最近两年及一期，该项目累计总金额占同期营业收入总金额的比例为71.05%。报告期各期，该项目与营业收入的对比分析具体如下。

单位：万元

项目	合计	2012年1—4月	2011年	2010年
销售商品、提供劳务收到的现金①	140 574.73	28 309.70	69 480.07	42 784.96
营业收入②	197 839.60	45 876.25	94 403.77	57 559.58
①/②（%）	71.05	61.71	73.60	74.33

五、税收情况

1. 企业所得税

2008 年 1 月 1 日新《中华人民共和国企业所得税法》正式实施，根据国发〔2007〕39 号《国务院关于实施企业所得税过渡优惠政策的通知》，自 2008 年 1 月 1 日起，广东省深圳市特区内原享受低税率优惠政策的企业，在新税法施行后 5 年内逐步过渡到法定税率。其中：享受企业所得税 15% 税率的企业，2008 年按 18% 税率执行，2009 年按 20% 税率执行，2010 年按 22% 税率执行，2011 年按 24% 税率执行，2012 年按 25% 税率执行。××装饰及下属工程劳务子公司属于经济特区内企业，2009 年度、2010 年度及 2011 年度的所得税税率分别为 20%、22% 与 24%。

2. 税收处罚情况

最近两年及一期，××装饰各公司未发生税收处罚的情况。

第六章　业务与技术

一、公司业务基本情况

公司的主营业务为承接高端酒店、写字楼、大型公共建筑等公共装饰工程以及住宅精装修工程的设计和施工。

公司拥有两个上游原材料供应企业。其中，宁夏××主要从事石膏的开采、加工和销售；江苏××主要从事节能环保低碳装饰材料的研发、生产和施工。

公司及下属子公司的业务及产品。

公司名称	业务及产品
××装饰	装饰工程设计和工程施工
宁夏××	石膏开采、加工和销售
江苏××	环保低碳装饰材料研发、生产、施工
××材料	材料销售

二、公司所处行业的基本情况

根据国家统计局发布的《国民经济行业分类与代码》（GB/T4754—2002），公司所处行业为建筑装饰业（代码为 E50），属于建筑业的四大行业之一。根据证监会 2005 年 3 月 25 日发布的《上市公司分类与代码》，公司亦属于建筑装饰业（代码为 E20）。

（一）行业管理和产业政策

1. 行业主管部门与监管体制

建筑装饰行业的行政主管部门是中华人民共和国住房和城乡建设部（2008年3月前称为建设部）；中国建筑装饰协会是建筑装饰行业的自律性组织。1994年10月，建设部发出《关于选择中国建筑装饰协会为建筑装饰行业管理中转变政府职能试点单位的通知》，确定中国建筑装饰协会的八项主要任务，其中之一就是在建设部建筑司的指导下，加强建筑装饰行业的市场管理。

2. 行业准入资质

1990年11月17日，建设部颁布了《建筑工程装饰设计单位资格分级标准》（建设字第610号），对建筑装饰工程设计企业实行资质等级、市场准入制度，并制定了建筑装饰设计单位资格分级标准。

2001年1月9日，建设部再次修订并颁发《建筑装饰工程设计企业资质等级标准》（建设〔2001〕9号），对建筑装饰工程设计企业进行规范。

2006年12月30日，经建设部第114次常务会议讨论通过，自2007年9月1日起实施新的《建筑业企业资质管理规定》（中华人民共和国建设部令第159号）。

截至目前，建设部已相继出台《建筑装饰装修工程专业承包企业资质等级标准》《建筑幕墙工程专业承包企业资质等级标准》《金属门窗工程专业承包企业资质等级标准》《建筑装饰装修工程设计与施工资质标准》《建筑幕墙工程设计与施工资质标准》等行业标准。

（二）公司所处行业发展状况

1. 市场容量

建筑装饰行业划分为公共建筑装饰装修业和住宅装饰装修业。由于建筑物使用寿命较长，在其整个寿命期内需要进行多次装饰装修，因此建筑装饰行业需求具有可持续性。

进入21世纪，伴随着我国经济的快速增长以及相关行业的蓬勃发展，建筑装饰行业愈加显示出其巨大的发展潜力。装饰企业、施工产值、从业人员等每年都以超过18%的速度递增，远远高于GDP的增长速度。预计到2010年底，总产值将达到2.1万亿元左右。"十二五"规划纲要（讨论稿）中表示，到2015年，全国的建筑装饰行业工程产值力争达到3.8万亿元左右。其中公共建筑装修（包括住宅开发建设中的整体楼盘成品房装修）总产值达到2.6万亿元。

2009 年行业产值约 1.85 万亿元，占我国当年 GDP 的 5.52%。根据中国建筑装饰行业协会统计数据，2003—2009 年行业产值如下图所示。

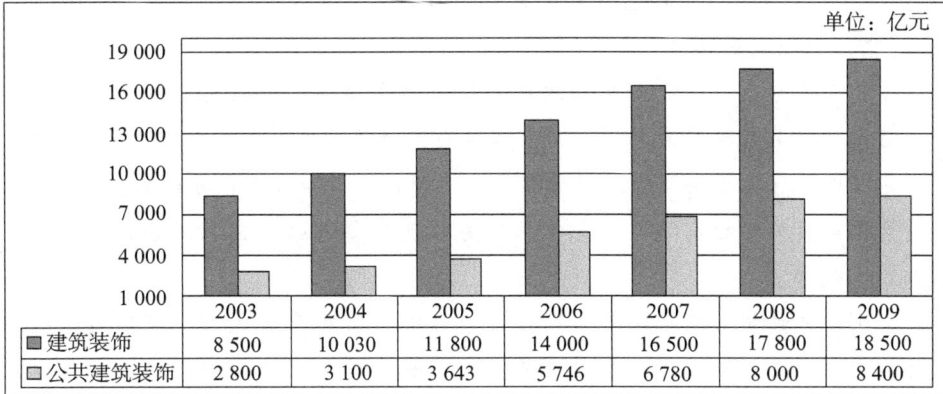

	2003	2004	2005	2006	2007	2008	2009
建筑装饰	8 500	10 030	11 800	14 000	16 500	17 800	18 500
公共建筑装饰	2 800	3 100	3 643	5 746	6 780	8 000	8 400

单位：亿元

2. 市场集中度

根据中国建筑装饰协会的统计，截至 2009 年底，全国装饰装修企业约 15 万家，其中从事公共建筑装饰装修企业约 4 万家，住宅装饰装修企业约 11 万家。在新的企业不断进入的情况下，行业集中度也在不断提高，优质企业不断发展壮大，2009 年全国装饰百强企业平均年产值为 9.27 亿元人民币，比 2008 年平均年产值 8.3 亿元人民币有较大幅度的提高。

根据中国建筑装饰协会的统计，在全国 15 万家装饰装修企业中，一级建筑装饰装修工程专业承包企业有 947 家，一级建筑幕墙工程专业承包企业有 202 家，甲级建筑装饰工程专项设计企业有 669 家，甲级幕墙工程专项设计企业有 250 家，分别占全行业企业总数的 0.63%、0.13%、0.45% 和 0.17%。

根据中国建筑装饰行业"十二五"规划（讨论稿）目标：到 2015 年，我国建筑装饰行业的企业总数力争保持在 12 万家左右，比 2010 年减少 3 万家，下降幅度为 20% 左右；在企业做大、做强、做专、做精方面，力争取得新的进展，形成一批拥有自主知识产权、核心技术的专业工程企业；以工程企业为核心的集团式装饰企业数量争取达到 100 家；在企业发展的基础上，上市的建筑装饰工程类企业数量力争超过 25 家；公共建筑装饰装修 100 强企业的平均产值力争达到 25 亿元，最大领军企业 2015 年工程产值力争达到 130 亿元。

三、行业经营模式

（一）行业特有的经营模式

建筑装饰行业企业一般通过设立营销网络机构来占有和拓展市场，以此实现企业的经营业绩和经济效益。

建筑装饰行业企业项目承接主要采用招投标方式确定工程中标单位。实际存在一定的挂靠和借用资质、转包现象，导致施工工期和工程质量难以得到保证。（YS 股份坚持"不转包、不挂靠"，MD 装饰存在挂靠分包情形）

（二）行业盈利模式

建筑装饰行业，决定企业利润水平高低的主要因素包括施工规模、承接单项工程的装修档次和技术难易程度，以及企业对施工成本的控制能力。

施工规模取决于企业的组织管理能力、营销能力和人力资源规模。

承接单项工程的装修档次和技术难易程度主要依赖于企业是否具有品牌优势和技术优势。

企业施工成本的控制能力关键在于能否降低材料采购成本、提高施工效率和建立科学的管理制度。装饰配套产品工厂化生产、供应商议价能力、信息化管理促进施工资源的合理分配等。（公司具有上游子公司，可降低成本）

（三）行业周期性

一般宾馆/饭店、写字楼的装修周期是 6~8 年，娱乐场所、商务用房的装修周期更短。

（四）行业技术发展趋势

（1）工厂化生产建筑装饰部品部件、现场装配化施工。我国装饰业现阶段以手工机具操作为主。

（2）信息化技术的推广应用。合理资源配置、缩短生产周期、降低生产成本、优化业务流程。

（3）建筑材料的发展趋势。外观人性化、舒适，内在品质环保化、节能化、科学化，材料模块化、标准化、成品化。

四、公司主要竞争对手

行业前十名企业包括：苏州 JTL 建筑装饰份有限公司、浙江 YS 装饰股份有限公司、深圳市 SZ 总装饰工程工业有限公司、中国 JZ 装饰工程公司、深圳市 HT 装饰股份有限公司、深圳 GT 装饰集团股份有限公司、深圳市 KY 建设集团有限公司、北京 GY 建筑装饰工程有限公司、深圳市 JZ 装饰（集团）有限公司和深圳 CC 家具装饰工程有限公司。

五、各公司主要竞争优势对比

证券代码	证券简称	竞争优势
00××81.SZ	JTL	1. 品牌优势；2. 设计师队伍；3. 管理优势；4. 技术优势；5. 配套优势（具有幕墙、家具、景观、艺术品等专业配套能力）

证券代码	证券简称	竞争优势
00××25.SZ	HT 股份	1. 高端市场领先优势；2. 品牌优势；3. 区域覆盖优势；4. 设计优势；5. 施工管理优势
00××75.SZ	YS 股份	1. 品牌优势；2. 高端装饰市场领先优势；3. 长期稳定的跨行业合作优势（房地产商）；4. 人力资源优势；5. 技术创新优势；6. 绿色环保装修优势；7. 设计优势
00××82.SZ	GT 股份	1. 品牌优势；2. 住宅精装修优势；3. 节能环保装饰技术的领先优势；4. 设计优势；5. 设计施工研发一体化优势；6. 管理优势
00××20.SZ	RH 建筑	1. 品牌优势；2. 管理优势；3. 人才优势；4. 业务拓展优势
	评价	已上市建筑装饰公司除 JTL 具有一个比较独特的配套优势之外，其余的竞争优势大同小异

六、公司的经营模式

（一）业务流程图

设计业务流程图。

装饰业务流程图。

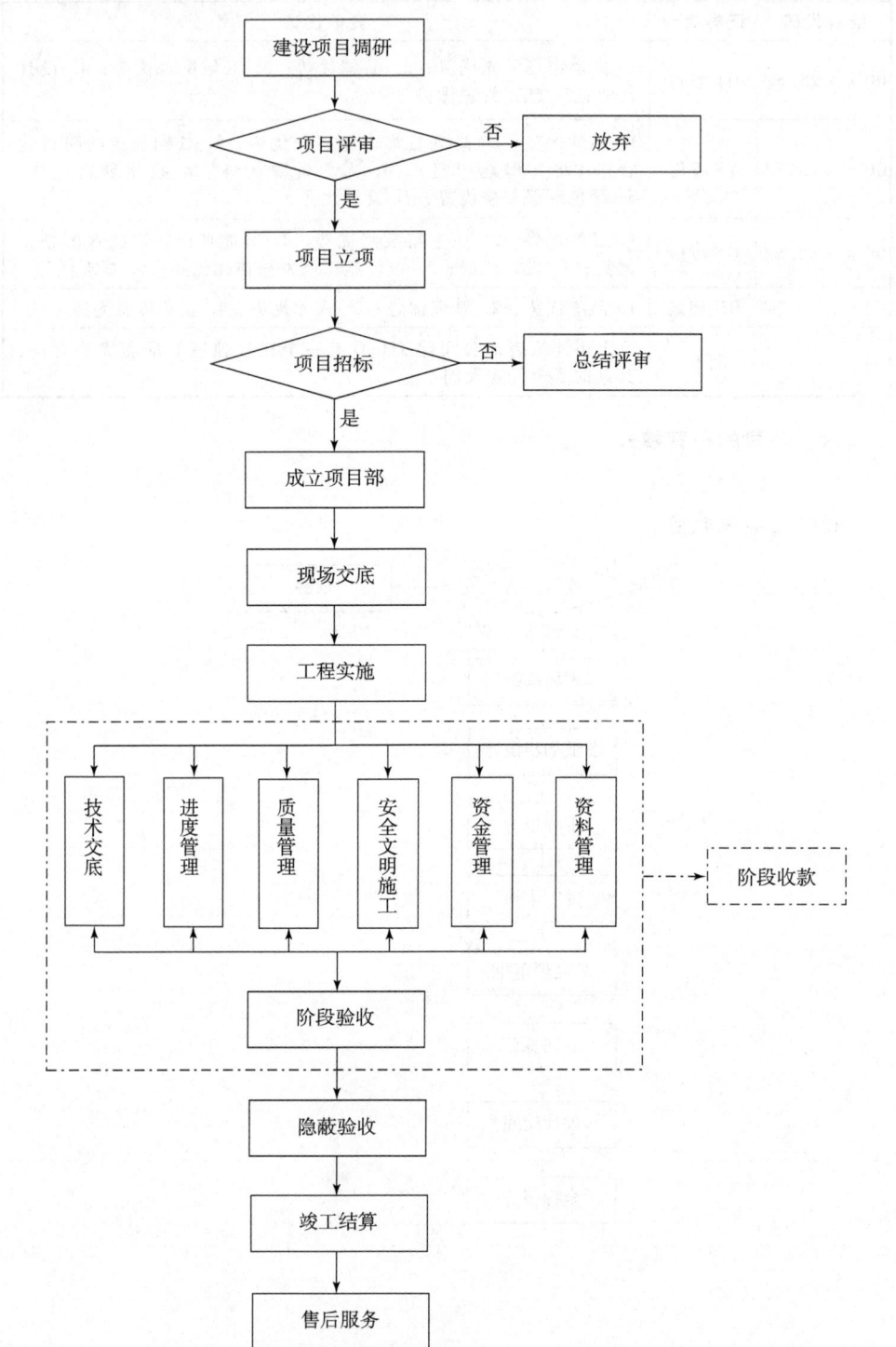

```
                    ┌──────────────┐
                    │  建设项目调研  │
                    └──────────────┘
                           │
                        ◇ 项目评审 ◇ ──否──→ ┌──────┐
                           │                 │ 放弃 │
                           是                 └──────┘
                           │
                    ┌──────────────┐
                    │   项目立项    │
                    └──────────────┘
                           │
                        ◇ 项目招标 ◇ ──否──→ ┌──────────┐
                           │                 │ 总结评审 │
                           是                 └──────────┘
                           │
                    ┌──────────────┐
                    │  成立项目部   │
                    └──────────────┘
                           │
                    ┌──────────────┐
                    │   现场交底    │
                    └──────────────┘
                           │
                    ┌──────────────┐
                    │   工程实施    │
                    └──────────────┘
```

| 技术交底 | 进度管理 | 质量管理 | 安全文明施工 | 资金管理 | 资料管理 |

阶段收款

阶段验收

隐蔽验收

竣工结算

售后服务

（二）销售模式

经营部接到工程招标书后首先进行初审，初审后组织评审，评审小组由经营部、主管副总、工程部、设计部、投标预算部和总经理组成。评审内容包括招标条款是否合理、工程施工周期、施工技术和质量要求、设计能力和周期、工程造价、技术保证能力等。评审结束后进行设计投标，由总工程师、设计研究所、设计部组织项目设计班子进行方案或施工图设计，编制设计文件进行投标。

（三）采购模式

除 HD 集团的项目由 HD 集团自行供应材料（甲供材料模式）外，公司目前的材料采购基本上由各项目负责人决定。

（四）项目管理模式

公司采用项目经理负责制。项目经理为工程的第一责任人，全面负责项目的施工管理。

（五）结算模式

公司的结算主要包括工程备料款、工程进度款、工程结算款、保修金。具体结算模式如下。

阶段	时间	完工进度	收款	备注
第一阶段	合同签订	0%	收取合同暂定总价的 10%~20%	工程备料款
第二阶段	合同施工	0~100%	实际完成工程量金额的 70%~85%	工程进度款
第三阶段	工程竣工与结算	100%	工程竣工验收合格并办理结算后，收取总价款的 95%~97%	工程结算款
第四阶段	工程结算至质保期满（2~5 年）	100%	收取 3%~5% 的保修金	保修金

七、公司项目质量控制

公司的工程质量管理包括施工中质量的控制管理和质量检查管理。其中控制管理包括施工图纸管理、施工方案管理、施工材料管理、质量目标管理和工序交接验收管理；质量检查管理包括项目部的目标、测绘检查、项目的施工技术检查、项目材料的质量检查和工程成品质量的管理。

八、公司安全生产情况

公司制定了《工程安全文明管理》《现场安全文明施工奖惩条例》等规定规范安全生产的制度。

公司工程施工的安全文明管理主要包括工程开工前的准备、施工中的安全管理和施工中的安全检查三个方面。

第 22 章　优秀尽职调查综合案例展示

22.1　向浑水学习如何做尽职调查

浑水调研公司（以下简称"浑水"）应用的是正常的公司尽职调查方法，为何能频频揭露问题？

据统计，浑水已调查了东方纸业（AMEX：ONP）、绿诺国际（NASDAQ：RINO）、中国高速频道（NASDAQ：CCME）、多元环球水务（NYSE：DGW）、嘉汉林业（TSE：TRE）和分众传媒（NASDAQ：FMCN）等公司。受其调查的部分公司股价均出现大幅下跌，其中绿诺国际和中国高速频道已退市，多元环球水务已停牌。浑水及相关利益公司亦因此获益匪浅。

浑水成立于 2010 年 6 月 28 日，创始人是卡尔森·布洛克。卡尔森毕业于美国南加州大学，主攻金融，辅修中文，后攻读了美国芝加哥肯特法学院的法学学位。他 2005 年来到上海，就职于一家美国律所；2008 年创办了一家仓储物流公司；2010 年创办浑水，主要做空在国外上市的中国概念股。浑水在调查造假公司方面具有丰富的经验。

当然，浑水的做空亦偶有失手。2011 年 7 月初，浑水在其网站上发布了一封致展讯通信高层的公开信，对其财务数据提出质疑，展讯通信股价应声暴跌34%。展讯通信随即澄清，证明疑点不成立，股价就出现"V"形反转并在随后数月里创出新高。

为什么浑水做空的成功率如此之高？

一方面，部分公司本身存在漏洞，这导致浑水能成功做空。

另一方面，浑水在攻击一家上市公司前会做大量研究，做充分的准备。浑水发表的质疑报告中篇幅最短的有 21 页，最长的达 80 页。做多和做空都需要做调研，但方法截然不同：做多是"证实"，要考量优点和缺点，权衡之下才能给出"买入"的评级；做空则是"证伪"，俗称"找茬"，只要找到企业的财务、经营造假证据，即可将其作为做空的理由，类似于"一票否决"。

归纳总结浑水的报告，可反推出其整套调研体系，总体来看分为两个相互渗透的方式：查阅资料和实地调研，调查内容涉及公司及关联方、供应商、客户、竞争对手、行业专家等各个方面。

22.1.1　查阅资料

将查阅资料和实地调研相结合是了解一个公司真实面貌必做的功课。尽管无法得知浑水是如何选择调查对象的——有可能是初步查阅资料和进行财务分析发现疑点并顺藤摸瓜，也有可能是内部人提供线索。选定调查对象后，浑水必对上市公司的各种公开资料做详细研读。这些资料包括招股说明书、年报、临时公告、官方网站公布的信息、媒体报道等，时间跨度很大。比如在调查分众传媒时，浑水查阅了该公司 2005—2011 年的并购重组事件，从中摘录了重要信息，包括并购时间、对象、金额等，并根据这些信息顺藤摸瓜，进一步查阅了并购对象的官方网站、业务结构等。

理论上讲，"信息元"不会孤立存在，必然和别的节点有关联。对于造假的企业来说，要编制一个天衣无缝的谎言，需要将与之有关联的所有"信息元"疏通，对好"口供"。因为这么做的成本非常高，所以造假的企业通常只会掩盖明显的漏洞，心怀侥幸心理，无暇顾及其他漏洞。而延伸信息的搜索范围，就可以找到逻辑上可能存在矛盾的地方，为下一阶段的调研打下基础。比如浑水根据公开信息，层层挖掘出了分众传媒收购案中涉及的众多高层的关系图，为揭开分众传媒收购案例内幕提供了重要线索。

22.1.2　调查关联方

除了上市公司本身，浑水还非常重视对关联方的调查。关联方一般是做假的重要推手。关联方包括大股东、实际控制人、兄弟公司等，还包括那些看似没有关联关系，但实际上听命于实际控制人的公司。浑水在查阅绿诺国际的资料时，发现上市公司 2008 年和 2009 年所得税税率应该为 15%，但实际纳税额为零。进一步查证发现，上市公司仅为一个壳，所有资产和收入均在关联方的名下，上市公司利润仅为关联方"账面腾挪"过来的，属于过账的"名义利润"；并发现实际控制人向上市公司"借"了 320 万美元买住宅，属于明令禁止的行为。

22.1.3　公司实地调研

对公司实地调研是取证的重要环节。浑水的调研工作非常细致，调研周期往往很长，比如对分众传媒的调研时间长达半年。调研的形式包括但不限于电话访谈、当面交流和实地观察。正所谓"耳听为虚，眼见为实"，实地调研的结果往往会大有不同。浑水一般会去上市公司办公地点与其高层访谈，询问公司的经营情况。浑水更重视观察工厂环境、机器设备、库存，与工人及工厂周边的居民交流，了解公司的真实运营情况，甚至在厂区外观察进出厂区的车辆运载情况，拍照取证。浑水将实际调研的所见所闻与公司发布的信息相比较，存在逻辑矛盾的地方，就是上市公司被攻击的入手点。

比如在调查东方纸业时，浑水发现工厂破烂不堪，机器设备是 20 世纪 90 年代的旧设备，办公环境潮湿，不符合造纸厂的生产条件；发现库存商品基本是一堆废纸，惊呼："如果这堆废纸值 490 万美元，那这个世界绝对比我想象的要富裕很多。"

在调查中国高速频道时，浑水实地察看了 50 多辆公交车上终端广告播放情况，发现司机都喜欢播放自带的 DVD 节目，中国高速频道对终端控制力较弱。调查多元环球水务时，看到其中一个办公地点形同虚设，员工根本不在工作状态。

22.1.4　调查供应商

为了解公司真实经营情况，浑水多调研上市公司的供应商，印证上市公司资料的真实性。同时，浑水也会关注供应商的办公环境，供应商的产能、销量和销售价格等经营数据，并且十分关注供应商对上市公司的评价，以此作为与上市公司公开信息对比的基准，评判供应商是否有实力和被调查公司进行符合公开资料的商贸往来。浑水甚至假扮客户给供应商打电话，了解情况。

比如在调查东方纸业时，浑水发现所有供应商的产能之和远小于东方纸业的采购量；调查嘉汉林业时，则发现其供应商和客户竟然是同一家公司；调查中国高速频道时，发现上市公司声称自己拥有独有的硬件驱动系统，但是其供应商在阿里巴巴网站公开销售同样的产品，任何人都能轻易购得该产品。

除了传统意义上的供应商，浑水的调查对象还包括给上市公司提供审计和法律咨询服务的会计师事务所和律师事务所等机构。如在调查多元环球水务时，浑水去会计师事务所查阅了原版的审计报告，证实上市公司修改了审计报告，把收入夸大了至少 100 倍。

22.1.5　调查客户

浑水尤其重视对客户的调查。调查方式亦包括查阅资料和实地调研，如网络调查、电话询问、实地访谈等。浑水会重点核实客户的实际采购量、采购价格以及客户对上市公司及其产品的评价。如浑水发现中国高速频道、绿诺国际宣称的部分客户关系根本不存在；而多元环球水务的客户（经销商）资料纯属虚构，所谓的 80 多个经销商，其电话基本打不通，能打通的公司也从未听说过多元环球水务。

核对下游客户的实际采购量能较好地了解上市公司公布的信息的真实性。以东方纸业为例，浑水通过电话沟通及客户官网披露的经营信息，逐一核对各个客户对东方纸业的实际采购量，最终判断出东方纸业虚增收入。虚增的方法其实很简单，即拟定假合同和开假发票。

客户对上市公司的评价亦是评判上市公司经营能力的重要指标。绿诺国际的客户对其评价如下：绿诺国际为业界一家小公司，其脱硫技术由一家科研单位提供，不独有，更不是先进技术，而且脱硫效果差，运营成本高，其产品并非像其声称的那样前途一片光明。

22.1.6　倾听竞争对手

浑水很注重通过参考竞争对手的经营和财务情况，来判断上市公司的价值，尤其愿意倾听竞争对手对上市公司的评价，这有助于了解整个行业的状况。

在调查东方纸业的时候，浑水把东方纸业的工厂照片与竞争对手晨鸣纸业、太阳纸业、玖龙纸业和华泰纸业等做了对比后发现：东方纸业只能算一个作坊。再对比东方纸业和竞争对手的产品的销售价格和毛利率发现，东方纸业产品的毛利率水平处于一个不可能达到的高度，盈利水平与行业严重不符。

在调查绿诺国际和中国高速频道时，这两家公司都宣称在本行业里有某些竞争者，且这些竞争者在行业内的知名度很高；然而浑水通过访谈相关竞争对手发现，这些竞争对手不知道这两家公司的存在。

22.1.7　请教行业专家

在查阅资料和实地调研这两个阶段，浑水很注重请教行业专家。正所谓"闻道有先后，术业有专攻"，请教行业内的专家有利于加深对行业的理解。有关某行业的特性、正常毛利率、某种型号的生产设备市场价格，行业专家通常很了解，其提供的信息可信度更高。如银广夏被调查时，一般人难以断定其生产过程的真伪，行内专家却熟稔于心。浑水在调查嘉汉林业时请教税务专家，调查东方纸业时请教机械专家，调查分众传媒时请教传媒专家，调查绿诺国际时请教脱硫技术专家，调查多元环球水务时请教制造业专家，得到的信息更有说服力，这也是浑水乐于请教专家的原因之一。

22.1.8 重估公司价值

在整个调查过程中，浑水常会根据实际调查的结果来评估公司的价值。如对东方纸业重估了其存货的价值，并且拍摄工厂照片和视频，请机械工程专家来评估机器设备的实际价值；还通过观察工厂门口车辆的数量和运载量来评估公司的实际业务量。

浑水亦善于通过供应商、客户、竞争对手以及行业专家提供的信息来判断整个行业的情况，然后根据相关数据估算上市公司真实的业务情况。价值重估不可能做到十分准确，但是能从整体上了解公司情况，具有极强的参考意义。

浑水的调查方法其实只是正常的尽职调查，在方法方面并无重大创新，极少运用复杂的估值模型去判断一家公司的价值；然而简单的方法往往是十分有效的方法，运用简单方法取得的调查收获远远大于机械的数据处理。在实施层面，浑水把工作做得很细致，偶尔也会使用一些技巧。

经过多年积累，浑水总结出了一般公司造假的常用手法，包括设立壳公司、拟定假合同、开假发票等，目的是虚增资产和利润，伺机掏空公司。这些都成为浑水关注的重点，也成了其取证的重要依据。由于浑水的调查体系几乎覆盖了被调查对象的所有方面，所以如果被调查公司想彻底蒙骗过去，得把所有涉及的方面都做系统的规划，不仅包括使不计其数的公开资料口径一致，也得和所有客户、供应商对好口供等，成本极其高昂。

22.2 S 公司尽职调查

关于 S 公司股权投资事项的尽职调查报告

第一部分 公司现状

一、公司基本情况

（一）公司概况

S 公司成立于 2013 年 1 月，注册资金为 1 153.85 万元。公司目前主要产品有黑枸杞加工产品、黑枸杞原果产品等，公司是集青海特色资源产品的研发、生产、销售为一体的公司。公司旨在以野生黑枸杞和白刺资源的保护性开发和可持续利用为主要目标，打造具有地方特色的纯天然高原植物资源精深加工产业。公司先后被评为青海省林业产业化龙头企业、西宁市农业产业化龙头企业。

近年来公司积极提升融资、技术研发、产品开发、市场拓展、产品销售、品牌提升、电商渠道等方面的能力，先后与某投资控股集团、某投资公司、广州某公司等机构达成合作共识，全方位提升了公司的整体实力。

（二）股权结构

1. 成立时股权结构

公司 2013 年 1 月成立时，注册资本 1 000 万元，股东人数 3 人。具体情况如下。

股东	认缴出资（万元）	实缴出资（万元）	持股比例
股东 A	770	770	77%
股东 B	200	200	20%
股东 C	30	30	3%
合计	1 000	1 000	100%

2. 变更后股权结构

2014 年 9 月 12 日，S 公司股东变更，注册资本增加为 1 153.85 万元，股东人数增加到 7 人。具体情况如下。

股东	认缴出资（万元）	实缴出资（万元）	持股比例（%）
股东 A	702.31	702.31	60.87
股东 D	200	200	17.33
股东 E	76.15	76.15	6.60
股东 C	30	30	2.60
股东 F	30	30	2.60
股东 G	57.69	57.69	5.00
股东 H	57.69	57.69	5.00
合计	1 153.84	1 153.84	100

（三）法定代表人及公司高管简历

（1）董事长兼法定代表人：股东 A，女，汉族，1971 年出生，1995 年毕业于××医学院；2008 年就职于山东××有限公司任总经理；2010 任青海××牧业总经理；2011 年至今注册 S 公司，任公司法定代表人。

（2）总经理：股东 D，生于 1970 年，广州××学院生物工程专业学士、

AMCS 大学 MBA 硕士、QH 大学 EMBA 硕士。自 1991 年至 2014 年历任青海××有限公司董事、副总经理、常务副总经理、总经理，青海××信用担保有限责任公司董事，××担保有限责任公司总经理，青海××开发有限公司执行董事、监事；青海省优秀高技能人才，工程师，高级品酒师，曾经主持上市公司青海××公司四大系列青稞酒产品设计开发和课题研究，撰写的论文被中国粮油学会、中国微生物学会、中国生物工程学会等评为二等奖。兼备企业管理能力和科技研发能力，在白酒行业经营多年，有较多的渠道优势，于 2014 年任 S 公司总经理。

（3）副总经理：1988 年至今历任青海××炼油厂、天然气开发公司、油田矿区事业部总经理、党委书记等，现任 S 公司销售业务副总经理。

（4）营销总监：2007 年至 2012 年任××营销中心副总经理、营销总监，筹建了青海分公司、西北营销中心、上海分公司，2013 年任××公司营销总监。

（5）技术顾问：2007 年国家科技进步奖二等奖获得者，研究员、博士生导师。潜心钻研青藏高原特色生物资源可持续利用数十年，在天然药物化学、高原特色生物资源可持续利用等方面是权威专家。

（6）财务总监：1990 年至 2010 年任××会计师事务所青海分所审计二部副主任，北京××医疗科技有限公司副总经理，兼任甘肃××科技股份有限公司财务总监、甘肃××有限公司财务总监、兰州××有限公司财务总监、兰州××营销有限责任公司财务总监，青海××药业有限公司总经理。2010 年至 2015 年 5 月任青海××股份有限公司财务总监，2015 年 6 月任××公司财务总监。

（7）发展规划总监：1986 年至 2015 年任青海××啤酒厂酿造车间主任，××牧场驻西宁办事处主任，××农牧产品经销公司经理，青海××公司生产部部长、办公室主任。2015 年 6 月任××公司发展规划总监。

（8）人事总监：2004 年至今历任中国××集团青海分公司和西北分公司、青海××股份有限公司、××矿业股份有限公司人事专员、人事主管、经理助理、绩效经理、组织人事经理、总经理助理等。

（四）组织机构图

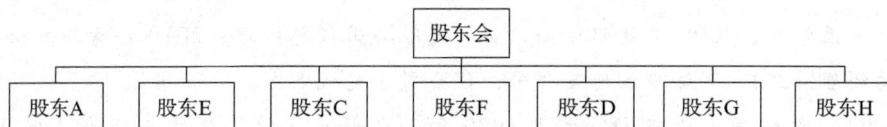

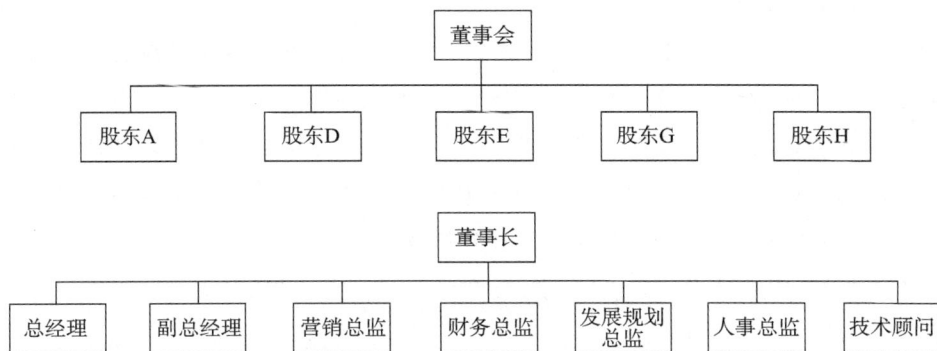

（五）人员及社保情况

S公司现有员工60人，公司为其中24人办理了养老保险、医疗保险、失业保险、工伤保险、生育保险等社会保险，未办理住房公积金。部分员工未办理社会保险的原因为：15名员工参加新农合保险，不需要公司参保，11人处于试用期未签订正式劳动合同，公司未办理参保；2人社保手续未转入公司；3人不愿参保；1人正在办理；返聘人员（1人）不需参保。

二、关联企业情况

（一）子公司 A

子公司 A 成立于2014年12月，注册资本为人民币1 000万元，为S公司的全资子公司。法定代表人：S公司股东D（××公司总经理）。位于海西州S公司产业园。

公司经营范围：高原特色野生植物资源的研发；生物科技的研发、推广及咨询服务；藏药材的研发；农副产品的收购、销售；植物资源栽培、种植。

公司定位：建立特色资源产品精深加工和以高科技含量国际化活性物质标准品为主的国际化生物产业。公司计划以股权加盟的方式引进某公司，由双方共同合作，以黑果枸杞及特色高原植物资源为基础，利用已成熟的"萃取技术""纳米球包埋技术"等生产高纯度国际化的标准中间体，产品具有较为广阔的国际市场空间。同时，公司积极争取与韩国××大学生物科技研究院合作，共同投资建设"某研究院"，在研发保健产品及功能性饮料等方面开展深入合作。

目前，子公司 A 已经在××产业园以每平方米105.11元购置了73 444平方米的土地，该土地总价为771.97万元，土地款项已付清，取得国有土地使用证。总投资1.4亿元的预加工生产基地项目正在建设中。

（二）其他关联企业情况

关联公司 A、关联公司 B、关联公司 C，实际控制人均为股东 A。

1. 关联公司 A

关联公司 A 成立于 2011 年，注册于西宁市工商局城西分局，所在地为西宁市城西区；法定代表人为股东 A；注册资本 100 万元。经营范围：预包装食品兼散装食品、乳制品批发零售；农副产品（不含粮油）、民族用品、纺织品、工艺品、五金交电、建筑装饰材料、工程机械设备、办公用品、办公家具、日用百货、广电应用软件、旅游纪念品销售。股权结构如下。

股东	认缴出资（万元）	实缴出资（万元）	持股比例
股东 A	90	90	90%
关联公司股东 A	10	10	10%
合计	100	100	100%

2. 关联公司 B

关联公司 B 于 2014 年注册于海西州工商行政管理局，属农民专业合作经济组织，注册资本 300 万元。业务范围是：黑枸杞种植、育苗与销售；中药材种植与销售；相关技术、信息等各类服务。根据合作约定，该合作社可以优先与 S 公司开展业务合作。股权结构如下。

股东	认缴出资（万元）	实缴出资（万元）	持股比例
股东 A	105	105	35%
股东 D	105	105	35%
其他人员	90	90	30%
合计	300	300	100%

3. 关联公司 C

关联公司 C 成立于 2012 年，注册资本 3 000 万元，实收资本 1 000 万元。经营范围：农牧项目投资、农牧基础设施建设、农牧技术服务及推广；枸杞、蔬菜种植及销售；农副产品收购及销售（不含粮油）。股权结构如下。

股东	认缴出资（万元）	实缴出资（万元）	持股比例
股东 A	2 730	940	94%
关联公司股东 B	180	30	3%
关联公司股东 C	90	30	3%
合计	3 000	1 000	100%

（三）关联关系图

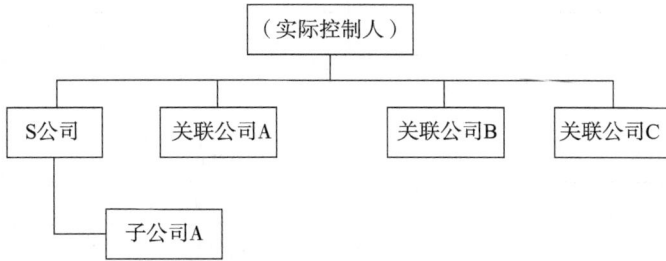

（四）可能存在的关联交易

上述公司与 S 公司在业务和资金上不存在关联交易，但经营范围含农副产品销售、农牧种植，有可能与 S 公司构成同行业竞争或发生关联交易。

目前，关联公司 B 向 S 公司提供种苗，两公司未来可能在黑枸杞种植、育苗销售业务方面存在竞争及关联交易。

三、公司财务状况

公司提供了 2013 年度、2014 年度审计报告，及 2015 年 10 月财务报表，具体财务情况如下。

（一）基础财务数据

资产负债表比较

单位：万元

项目	2013 年 12 月 31 日	2014 年 12 月 31 日	2015 年 10 月 31 日
货币资金	516	1 199	46
应收账款	492	1 115	415
预付账款	160	332	2 506
其他应收款	349	1 482	1 816
存货	205	2 801	2 555
流动资产合计	1 722	6 931	7 338
长期股权投资	—	455	920
固定资产原价	547	849	1 110
固定资产净值	524	665	775
在建工程	—	—	984
长期待摊费用	—	—	—
非流动资产合计	534	1 139	2 789
资产总计	2 256	8 071	11 989
短期借款	500	500	1 480
应付账款	196	408	1 107

续表

项目	2013 年 12 月 31 日	2014 年 12 月 31 日	2015 年 10 月 31 日
应付票据	—	—	—
预收账款	191	119	418
应付利息	—	—	—
其他应付款	273	776	4 458
应交税费	76	179	− 8
流动负债合计	1 236	1 984	7 454
长期借款	—	—	—
长期应付款	—	—	—
应付债券	—	2 000	
专项应付款	160	352	624
非流动负债合计	160	2 352	624
负债总计	1 396	4 336	8 078
实收资本	600	1 153.85	1 153.85
资本公积	—	1 846	1 846
盈余公积	—	—	—
未分配利润	258	734	786
股东权益合计	858	3 734	3 786
负债和资本公积合计	2 256	8 071	11 989

利润表比较

（单位：万元）

项目	2013 年	2014 年	2015 年 10 月
主营业务收入	1 745	2 414	1 297
主要业务成本	611	1 058	606
销售费用	403	621	509
管理费用	382	444	463
财务费用	0	120	197
营业利润	349	165	− 478
利润总额	349	637	− 478
所得税	90	161	—
净利润	259	476	− 478

（二）财务指标分析

主要财务指标比较

财务指标	2013 年或 2013 年 12 月 31 日	2014 年或 2014 年 12 月 31 日	2015 年 10 月 31 日
流动比率	1.392	3.493	1.293
速动比率	1.226	2.444	0.896
资产负债率（%）	61.9	53.7	68.4
销售净利润率（%）	14.8	19.7	2.5

公司截至 9 月份的资产负债率为 68.4%，比率偏高，长期偿债能力一般；流动比率偏低，短期偿债能力一般。公司总资产逐年增加，但成立至今一直处于投资建设期，因此，整体负债一直较高。

2015 年，公司各项成本均有一定程度的增加，一是商业广告、电视购物的销售费用总体增加；二是化妆品产品的研发产生相关费用 100 余万元；三是私募债融资成本较高（利率 12%）。受上述因素影响，公司本年度净利润、销售净利润率出现下滑。

（三）公司征信情况

2015 年 8 月 10 日，通过查询人民银行信贷登记系统相关信息了解到，中国工商银行股份有限公司××支行 2014 年 9 月 12 日向××公司发放 500 万元流动资金贷款，2015 年 8 月 12 日到期，该笔贷款由青海省××担保集团有限责任公司提供担保。另有青海××中心私募债一笔，共 2 000 万元，未在征信报告中体现。

根据该公司提供的还款凭证，上述两笔贷款分别在 2015 年 8 月 11 日和 2015 年 9 月 28 日已清。

2015 年 9 月 23 日，由西宁××公司委托青海西宁农村商业银行××支行，以委托贷款的形式，向该公司发放债权投资 500 万元，期限为半年，担保方式为设备抵押。目前，资金已完成投资发放，设备抵押手续正在办理中。

其他方面无任何不良信贷记录。

四、生产经营情况

（一）市场拓展及销售情况

截至 2015 年 10 月底，S 公司在全国有 85 家销售实体店，3 家网店。其中青海本省有销售实体店 27 家，省外实体店有 58 家；电商销售为 3 家，天猫商城、京东商城、1 号店各一家。

2015 年预计销售数据明细如下。

商铺类型	店商数（个）	销售收入（元）	销售成本（元）	销售利润（元）
省内实体店	27	22 364 582	11 574 767	10 789 815
省外实体店	58	41 843 153	21 485 104.5	20 358 048.5
电商平台	3	5 801 106	2 594 391	3 206 715
合计	88	70 008 841	35 654 262.5	34 354 578.5

（二）投资建设情况

公司目前已经完成投资 1 亿余元，相继建成了以保健品加工生产车间、产品检验中心、植物提取物压片生产线为主的精深加工生产基地；建成了以 NMH 地区 30 万亩（1 亩约为 667 平方米）野生黑果枸杞保护基地和白刺野生资源保护基地、WL 县 700 亩加 240 座育苗大棚规模化育苗基地以及 NMH 2 万亩黑果枸杞野生抚育核心区基地为主的原料生产基地。×××产业园中以原料储备、原料预处理、生物萃取为主的预生产加工基地正在建设。

（三）产品研发情况

目前，S 公司在青藏高原特色资源研究开发领域已取得多项专利，并研发出 15 种可供规模化生产的特色系列产品及 5 种高纯度国际化标准品中间体产品。与××××股份有限公司签订合作协议，引进先进的生物活性物质萃取生产加工设备，委托研发的 13 个新品已进入试生产阶段，包装设计和新品上市计划正在同步推进。同时，化妆品、保健品系列多个产品已完成产品研发、包装设计及新品上市计划。

（四）现有产品基本情况

公司目前拥有黑枸杞原果类产品 11 个，雪菊类产品 4 个，红枸杞原果类产品 4 个，组合装及其他类型产品 14 个。

五、知识产权持有情况

目前，S 公司持有注册商标 31 个、专利 14 个、许可证 3 张。

六、土地持有相关情况

目前，S 公司土地主要为种植基地、预加工生产基地、研发及办公用地，多为租赁及流转土地，出让土地仅一宗，是 DLH 生产基地用地，土地权属人为子公司 A。同时，S 园区计划以代建形式提供部分土地以满足其研发中心及办公用房需求，具体事宜尚未确定。

地域	土地面积	土地性质	一	土地用途	每亩金额	使用期间	出租方/出让方
NMH 草场	18 225 亩	草原	租赁	野生黑果枸杞抚育及繁殖	118 000 元/年	2014 年 01 月至 2034 年 12 月	×登
	40 000 亩				50 000 元/年	2013 年 08 月至 2023 年 08 月	傲××
	40 000 亩				80 000 元/年	2013 年 07 月至 2018 年 07 月	××孟
	17.5 万亩				20 万元/年	2014 年 03 月至 2034 年 02 月	×拉
DCD	9 000 亩	草原	租赁	有机黑果枸杞基地	20 万元/年	2015 年 01 月至 2034 年 12 月	青海××生态农业有限公司
DL	11 000 亩	界定中	租赁	黑果枸杞基地建设	第一年 10 元/亩，第二年 20 元/亩，第三年 30 元/亩，之后 110 元/亩	2014 年 09 月至 2037 年 09 月	都兰县××场
WL 县	700 亩	耕地	流转	育苗	600 元/年	2014 年至 2028 年	乌兰县××村委会
XN	2 658 亩	工业用地	租赁	包装研发生产质检	574 128 元/年	—	青海××中小企业创业有限公司
DLH	110 亩	工业用地	出让	精深加工厂房建设	105.11 元/年	出让取得	权属人子公司 A

第二部分　公司发展规划

七、未来发展规划

（一）战略发展规划

（1）产业生态化：在做好已有 30 万亩野生黑枸杞生产基地保护的同时，重点做好 5 万亩"青海省黑枸杞野生抚育及荒漠化治理示范"项目的实施工作，最大限度地保证黑枸杞生产基地的生态化和生产原料的优质化。

（2）生产科技化：以成立"青藏高原黑果枸杞研究院"为核心载体，以成立"S 生物科技开发子公司"为平台，借助国际化生物科技研发手段，通过对青海 CDM 盆地特色植物资源的栽培技术、野生抚育技术、研究开发技术、精深加工技术的开发研究，为国际化市场提供保健商品及药品所需中间制品，充分提高资源利用价值，使特有资源效益科技含量和价值最大化，为企业创造最大经济效益。

（3）营销精准化：利用我省特有野生资源的黑枸杞、昆仑雪菊、野生白刺、沙棘等资源的稀缺性、保健功能及不可代替性。注重品牌宣传、产品定位的精准化，产品包装设计风格的精准化，体验式服务的精准化及销售渠道的精准化。

（4）市场国际化：充分利用"S生物科技有限控股子公司"在TB的研究平台及研发资源优势，使公司产品从研发、生产走向国际化，同时把握公司特有稀缺中间制品在国际化市场保健产品及新药生产领域的需求，充分利用国际化市场的渠道资源，使公司产品从研发到生产、生产到销售，早日实现全面国际化。

（5）经济规模化：在资源的开发利用时发挥种植基地、生产基地、研发基地的规模化优势，促进科技研发、生产加工、综合利用、市场销售等方面均形成规模化，最终实现企业效益的规模化，为企业的可持续发展奠定坚实的基础。

（二）项目建设计划

1. 生产加工类项目

项目名称	面积	总投资（万元）	已投资（万元）	主要建设内容	起止日
产品研究中心	2 658平方米	2 400	1 200	1. 研发实验室 2. 21台检查设备	2015年05月 2016年12月
精深加工基地	73 333 米²	14 000	2 000	1. 1 000吨黑枸杞及白刺果资源生产线 2. 100吨生物保健产品生产线 3. 2 000吨保健酒生产线	2015年04月 2017年04月
合计	—	16 400	3 200	—	—

2. 原材料种植类项目

项目	面积（亩）	总投资（万元）	已投资（万元）	项目用途/建设内容	起止日	审批手续
DL种植基地	11 000 已种：3 000 未种：8 000	10 752	2 568	1. 黑枸杞苗木种植 2. 60座育苗温棚 3. 700亩育苗基地	2015年03月 2017年12月	已备案
WL育苗基地	700 已种：300 未种：400	300	140	1. 300亩种植基地 2. 80亩育苗基地	2015年02月 2017年02月	未备案
DCD抚育基地	9 000 未种：9 000	8 518	63	1. 有机黑枸杞种植 2. 400亩育苗基地 3. 30座育苗温棚	2015年01月 2017年04月	已申报

续表

项目	面积（亩）	总投资（万元）	已投资（万元）	项目用途/建设内容	起止日	审批手续
合计	20 700 已种：3 300 未种：17 400	19 570	2 771	—	—	—

（三）产品研发计划

未来几年 S 公司计划提升精深加工能力，推出化妆品、保健品、饮料、中间体等多种品类的新产品。

分类	产品名称	规格	上市时间	产品计划生产能力（套/瓶）	价格（元）	成本（元）	产品阶段
化妆品系列	焕能洁面乳	100 g	2016	90 000	260	180	已研发待上市
	焕能精华液	80 g	2016	90 000	398	180	
	焕能保湿霜	30 g	2016	90 000	398	180	
	焕能源液套	7 支	2016	90 000	198	89	
	焕能源液套	28 支	2016	90 000	580	265	
	新妍面膜套	23 mL×7 片	2016	300 000	298	134	
	焕然眼霜	20 g	2016	90 000	188	85	
	焕然粉底液	50 mL	2016	90 000	188	85	
	防护喷雾	50 mL	2016	90 000	138	62	
中间品系列	黑枸杞饮料	51 mL	2017	30 000 000	12	3	
	黑枸杞浓缩汁	52 mL	2017	3 000 000	35	12	
	多糖系列	1 kg	2016	3 000	200 000	40 000	
	花青素系列	0.5 kg	2016	600	300 000	60 000	
蓝酒系列	蓝酒	750 mL	2017	1 200 000	336	151	研发中
	蓝酒	650 mL	2017	1 800 000	268	121	
	蓝酒	650 mL	2017	3 000 000	168	76	
白刺系列	白刺保健品	—	—	—	—	—	计划中
	白刺中间体	—	—	—	—	—	

（四）其他运营计划

1. 面向国际保健品市场，实现标准化中间体产品的规模化生产

目前，S 公司的高纯度黑果枸杞花青素、黑果枸杞寡糖国际化标准中间体已试生产成功。其中花青素高纯度标准化中间体经加拿大××保健品公司测试后，

双方已经签订近 5 亿元的意向订单。待 2016 年初，DLH 生产基地建成后，将实现中间体产品规模化生产。

2. 与韩国市场展开多渠道合作，提升研发能力，拓展新兴市场

目前，黑枸杞已进入韩国新资源食品库，即在韩国获得合法市场身份。因此，S 公司将深入耕耘韩国市场。一是公司计划与韩国最大食品公司××食品达成协议，以渠道互换的模式进行业务合作。二是公司已与××茶文化博物馆及××连锁店（韩国 100 余家门店）达成协议，将在黑枸杞泡饮产品方面开展合作，现已委托韩国知名设计公司设计包装，并且产品将在韩国茶叶店、茶吧、咖啡吧、商超、免税店及电视购物上进行推广。三是与韩国××大学食品研究中心达成合作，共同在青海投资组建"CDM 黑果枸杞研究院"研发平台。韩方以尖端研究及检测设备作为实物出资，每年委派研究人员驻场 3 个月，推进研究工作并培训当地研究人员。四是与韩国著名食疗医院达成共识，共同开发诺蓝杞黑枸杞养生文化体验中心洗、护、泡浴产品，并在养生中心的商业模式建立上给予指导性建议。

3. 探索养生体验业务，丰富产品产业链，提升品牌知名度

未来 S 公司将以"生态、生活、生产健康持续发展"的新模式，打造养生文化全景产业链条，目前各项工作正有序推进。一是全国首家"黑枸杞养生文化体验中心"项目已落地 HH 新区的"北城 7 区家庭式体验馆"。二是"S 养生文化产业园区项目"规划设计已初步完成。

八、阶段性工作计划（2016—2018）

（1）原料基地建设：2016 年完成 5 万亩集中核心区 7 000 亩野生黑果枸杞的野生抚育移栽工作，并做好后续所需苗木的培育工作。2017 年完成核心集中区 10 000 亩野生黑果枸杞的野生抚育移栽工作。计划至 2017 年 6 月现有 20 000 亩野生抚育基地全部完成移栽，产果量可达 40% 以上。（按三年后盛果期产量 50 千克/亩计算：可年产 50 千克×20 000 亩×40% = 400 000 千克，即该年约产 400 吨干果）。

（2）育苗工作：2016 年初公司 220 座大棚全部建设完成，计划每年育苗 1 500 万株~2 000 万株优质黑枸杞苗木。

（3）项目建设：2016 年完成西宁××园区生产基地代建新厂入驻，原果生产线及压片生产线、研究院、特色资源展示中心，综合办公楼投入使用。2016 年 6 月完成新建项目设备安装调试工作。2016 年 8 月进行新建项目的投产工作。投产后产能可达 80% 以上，基本满足近期发展所需。2017 年 4 月进行

DLH 二期工程开工建设，2018 年 9 月二期投入生产。投产后原料提取在 80% 以上，保证公司近期发展所需原料。

（4）开拓市场：计划 2016 年完成化妆品销售控股子公司的市场培育，逐步实现规模化销售，计划 2016 年化妆品销售额在 5 000 万元以上。计划 2017 年设立饮料销售控股子公司，实现饮料产品规模化销售，计划黑果枸杞饮料产品和浓缩汁产品年销售额突破 10 000 万元。

（5）研发工作：2016 年组建成立控股子公司，重点做好中间制品的提取分割和包埋技术的研发，并做好科研成果的验收，计划部分研发新产品进行尝试性销售。计划 2017 年以上产品取得专利，进行批量生产和销售。

（6）融资工作：2016、2017 年利用已建成的固定资产做好债权融资，计划融资 10 000 万元，并做好上市前的准备工作。2018、2019 年计划通过 IPO 的方式从资本市场融资，使公司取得进一步的发展。

（7）运营计划：做好化妆品控股子公司、饮料控股子公司、×××控股子公司及公司本部原料基地建设和保健品生产销售，通过质量监督、品牌运营管理，将公司本部打造成为品牌运营管理的集团化公司。

九、2016—2018 年度盈利预测情况

项目	单位	单价（元）	2016 年		2017 年		2018 年	
			数量	金额（万元）	数量	金额（万元）	数量	金额（万元）
一、营业收入				33 200		54 000	100 000	105 200
其中：主营营业收入				29 000		49 800	60 000	101 000
黑枸杞原果	盒	650	60 000	3 900	70 000	4 550	40 000	6 500
××号	盒	1 000	20 000	2 000	30 000	3 000	120 000	6 000
×××号	盒	900	10 000	900	20 000	1 800	80 000	3 600
降血糖产品	盒	500	20 000	1 000	60 000	3 000	60 000	2 800
改善视力产品	盒	350	30 000	1 050	40 000	1 400	60 000	2 800
减肥产品	盒	350	30 000	1 050	40 000	1 400	40 000	2 800
治疗痛风产品	盒	350	20 000	700	30 000	1 050	200 000	2 100
改善睡眠产品	盒	500	10 000	500	20 000	1 000	120 000	2 000
美容抗皱产品	套	100	50 000	500	100 000	1 000	200 000	2 000
化妆品	套	1 800	50 000	9 000	60 000	10 800	4 000 000	21 600
保健酒	瓶	180	50 000	900	100 000	1 800	900	3 600
饮料产品	罐	30	1 000 000	3 000	2 000 000	6 000	400	12 000

项目	单位	单价（元）	2016 年		2017 年		2018 年	
			数量	金额（万元）	数量	金额（万元）	数量	金额（万元）
花青素中间体	kg	200 000	150	3 000	350	7 000	14 000 000	18 000
多糖中间体	kg	300 000	50	1 500	200	6 000	400	12 000
其中：其他业务收入	株	3	14 000 000	4 200	14 000 000	4 200	14 000 000	4 200
减：营业成本				14 940		22 385	100 000	41 540
其中：主营业务成本				12 210		19 655	60 000	38 810
黑枸杞原果	盒	325	60 000	1 950	70 000	2 275	40 000	3 250
××号	盒	400	20 000	800	30 000	1 200	120 000	2 400
×××号	盒	360	10 000	360	20 000	720	80 000	1 440
降血糖产品	盒	200	20 000	400	60 000	1 200	80 000	2 400
改善视力产品	盒	140	30 000	420	40 000	560	60 000	1 120
减肥产品	盒	140	30 000	420	40 000	560	40 000	1 120
治疗痛风产品	盒	140	20 000	280	30 000	420	200 000	840
改善睡眠产品	盒	200	10 000	200	20 000	400	120 000	800
美容抗皱产品	套	45	50 000	225	100 000	450	200 000	900
化妆品	套	810	50 000	4 050	60 000	4 860	4 000 000	9 720
保健酒	瓶	81	50 000	405	100 000	810	900	1 620
饮料产品	罐	18	1 000 000	1 800	2 000 000	3 600	400	7 200
花青素中间体	kg	40 000	150	600	350	1 400	14 000 000	3 600
多糖中间体	kg	60 000	50	300	200	1 200	400	2 400
其中：其他业务成本	株	1.95	14 000 000	2 730	14 000 000	2 730	14 000 000	2 730
税金及附加				145		249		505
销售费用				4 350		7 470		15 150
管理费用				2 900		4 980		10 100
财务费用				1 000		1 000		1 000
二、营业利润				9 865		17 916		36 905
加：营业外收入								
减：营业外支出								
三、利润总额				9 865		17 916		36 905

续表

项目	单位	单价（元）	2016 年		2017 年		2018 年	
			数量	金额（万元）	数量	金额（万元）	数量	金额（万元）
减：所得税费用				1 479.75		2 687.4		5 535.75
四、净利润				8 385.25		15 228.6		31 369.25
主要财务指标								
				2016		2017		2018
销售毛利率（收入－成本）÷收入				55.00%		58.55%		60.51%
营业利润率（营业利润÷收入）				29.71%		33.18%		35.08%
净利润率（净利润÷收入）				25.26%		28.20%		29.82%
股本金				3 000		3 000		3 000
每股收益				2.80		5.08		10.46
股本金				6 000		6 000		6 000
每股收益				1.40		2.54		5.23

第三部分　项目投资分析

十、市场背景分析

（一）终端消费市场快速发展

黑枸杞由于其珍贵的药用价值，目前市场上主要的产品类型是以高端礼品和保健品为主。中国行业研究网发布的《2013—2017 年中国营养保健品行业产销需求与投资预测分析报告》数据显示：近年来，我国营养保健品行业总产值逐年增加，从 2002 年的 33.76 亿元增加到 2013 年的 1 100 亿元，由此可见我国营养保健品行业生产能力逐年提升。从营养保健品行业总产值在国民经济中的比重来看，2002—2013 年行业总产值在 GDP 中的比重整体呈上升走势，除2007 年外，2002—2013 年行业产值在 GDP 中的占比逐年上升，由 0.03% 升至0.18%，表明该行业在国民经济中的地位不断提高。

我国人口结构老龄化趋势让保健类食品有了更大的市场需求。从国内外的经验来看，老年人是保健品使用的首要人群。我国未来 10 年人口结构的加速老龄化预计将进一步拉动我国保健品市场的需求。当前我国已经进入老龄化社会，60 岁以上的老年人占全国人口 10% 左右，人口老龄化以每年 3% 的速度递增，到 2050 年，我国老年人口的比例将超过 30%。而居民收入增长也将支持和推动消费支出不断增加。

（二）国家政策扶持有利于行业发展

2004 年以来，我国相继出台六个"中央一号文件"，反复强调鼓励和扶持农产品加工产业的发展；"国家十二五规划"对扩大内需、发展农产品加工业亦高度重视，提出"加快发展设施农业和农产品加工业、流通业，促进农业生产经营专业化、标准化、规模化、集约化"。这些扶持政策的推出，为黑枸杞种植以及加工行业持续稳定发展提供了良好的政策保障。其中《关于促进健康服务业发展的若干意见》提出：到 2020 年健康服务业规模要达到 8 万亿元以上。健康费用占 GDP 比重预计翻一番，这对保健食品行业是一个利好政策。

十一、投资金额分析

根据 S 公司对未来 3 年的整体投资规划，资金整体需求量为 88 300 万元，具体投资计划及资金需求明细见下表。

投资计划及资金需求情况

项目		2016 年	2017 年	2018 年
原料基地建设	DL	3 000 亩	5 000 亩	
		3 000 万元	5 000 万元	
	DCD	2 700 亩	3 000 亩	3 300 亩
		2 700 万元	3 000 万元	3 300 万元
生产基地建设	厂房	1 500 万元	4 000 万元	3 000 万元
	设备	3 400 万元	7 000 万元	5 000 万元
技术研发		600 万元	800 万元	1 000 万元
市场拓展		2 500 万元	4 000 万元	5 000 万元
文化产业园	西宁	500 万元		
	海西	10 000 万元	8 000 万元	15 000 万元
小计		24 200 万元	31 800 万元	32 300 万元
合计		88 300 万元		

资本金需求情况

单位：万元

	资金需求（100%）	融资（70%）	自筹资本金（30%）
2016 年	24 200	16 940	7 260	1. 计划新增个人投资者一名，出资 1 250 万元 2. 差额 6 010 万元 （不考虑企业 2015 年利润的情况下）

	资金需求 （100%）	融资 （70%）	自筹资本金 （30%）	
2017 年	31 800	22 260	9 540	1. 根据 2016 年度盈利预测，净利润 8 385 万元 2. 差额 1 155 万元
2018 年	32 300	22 610	9 690	2017 年净利润 15 228.6 万元，已满足资本金需求

　　根据上述数据，2016 年度，S 公司资金需求 24 200 万元；公司计划向××
×青海分行申请中长期项目贷款 10 000 元（分批拨付），向××银行西宁分行
申请流动资金贷款 8 000 万元。截至目前，两家银行均表示可以在 2015 年底、
2016 年初办理贷款手续并发放贷款。剩余 6 200 万元的差额，S 公司将以股权
融资方式解决。目前公司计划引入个人投资者一名，融资 1 000 万元；引入机构
投资者一名，融资 6 000 万元。

十二、入股价格分析

股权结构基本情况

股东	股本 （万元）	实际出资 （万元）	计入资本公积 （万元）	持股比例
股东 A	702.31			60.87%
股东 D	200			17.33%
股东 E	76.15	1 500	461.54	6.60%
股东 C	30			2.60%
股东 F	30			2.60%
股东 G	57.69	1 500	1 384.62	5.00%
股东 H	57.69			5.00%
合计	1 153.84	3 000	1 846.16	100%

资产情况

	2013 年	2014 年	2015 年 9 月
注册资本（万元）	1 000	1 153.85	1 153.85
实收资本（万元）	600	1 153.85	1 153.85
资本公积（万元）	0	1 846.16	1 846.16
净资产（万元）	858.58	3 734.89	3 786.20
每股净资产（元）	1.43	3.24	3.28

　　（1）根据上述数据，股东 G、股东 H 于 2014 年向 S 公司投资 1 500 万元，
入股价格 13 元，认购 115.38 万股。以 2013 年底及 2014 年底每股净资产为基

准数测算，认购价格的溢价倍数约为 4 倍至 9.1 倍。

（2）S 公司近期计划引入自然人股东一名，意向入股 50 万股，认购价格 25 元/股，即投资 1 250 万元。以 2015 年 9 月底每股净资产为基准数测算，认购价格的溢价倍数约为 7.6 倍。

（3）S 公司近期计划引进一家机构投资者后暂停股权融资，目前定价 20 元/股，以 2015 年 9 月底每股净资产为基准数测算，认购价格的溢价倍数约为 6.1 倍。

十三、行业对比分析

（一）资本市场内同类企业

企业名称	简称代码	市场	主营业务
QHCT 药用资源科技股份有限公司	QHCT 6××381	上海 A 股	冬虫夏草
玉树州 SJY 冬虫夏草科技股份有限公司	SJY 8××898	新三板	冬虫夏草
宁夏 NXQA 原生黑果枸杞股份有限公司	NXQA 8××739	新三板	黑枸杞 枸杞
宁夏 ZKGQ 股份有限公司	ZKGQ 4××631	新三板	枸杞
宁夏 WFBR 枸杞产业股份有限公司	WFBR 8××270	新三板	枸杞

（二）同类企业资本市场数据

名称	获取数据的时间	资产总额（万元）	股本（万元）	净资产（万元）	每股净资产（元）	收入（万元）	净利润（万元）
QHCT	2015 年 09 月	194 909	68 831	159 162	2.31	95 387	19 115
SJY	2015 年 06 月	41 260	5 000	26 582	5.32	10 410	151
NXQA	2014 年 12 月	5 512	3 000	3 640	1.21	1 907	780
ZKGQ	2014 年 12 月	13 709	5 000	2 251	0.45	9 309	−882
WFBR	2014 年 12 月	11 597	4 682	7 355	1.57	8 762	1 106

十四、未来股价分析

（一）正常预期股价分析：盈利预测实现时

前文提及 2016 年 S 公司需自筹资本金 7 260 万元，假设该公司按计划完成资金募集，未来三年盈利预测如期实现，则未来股价情况见下表。

	2015 年 9 月	2015 年 12 月	2016 年	2017 年	2018 年
总股本 （万元）	1 153.85	1 500	6 000	6 000	6 000
	1. 2015 年底前完成增资，个人 50 万股，机构 300 万股，合计 350 万股 2. 个人 25 元/股，机构 20 元/股，资金合计 7 250 万元 3. 2016 年，资本公积 4 500 万元转增股本，摊薄每股净资产，降低股价				
机构持股 （万股）	—	300	1 200	1 200	1 200
持股成本 （元/股）	—	20	5	5	5
资本公积 （万元）	1 846	8 746	4 246	4 246	4 246
净资产 （万元）	3 786	11 036	19 421	34 649	66 018
	2016 年至 2018 年净利润预测：8 385 万元；15 228 万元；31 369 万元				
每股净资产 （元）	3.28	7.36	3.24	5.77	11
每股收益 （元）	—	—	1.4	2.54	5.23
每股股价 （元）	3 倍市盈率		4.2	7.62	15.69
	5 倍市盈率		7	12.7	26.15
	8 倍市盈率		11.2	20.32	41.84
股份价值 （万元）	3 倍市盈率		5 040	9 144	18 828
	5 倍市盈率		8 400	15 240	31 380
	8 倍市盈率		13 440	24 384	50 208

（二）压力测试股价分析：盈利预测不能实现时

项目	实现 70% 盈利目标 （万元）			实现 50% 盈利目标 （万元）			实现 30% 盈利目标 （万元）		
年份	2016	2017	2018	2016	2017	2018	2016	2017	2018
营业收入	23 240	37 800	73 640	16 600	27 000	52 600	9 960	16 200	31 560
主营业务 收入	20 300	34 860	70 700	14 500	24 900	50 500	8 700	14 940	30 300
其他业务 收入	2 940	2 940	2 940	2 100	2 100	2 100	1 260	1 260	1 260
营业成本	10 458	15 669.5	29 078	7 470	11 192.5	20 770	4 482	6 715.5	12 462
主营业务 成本	8 547	13 758.5	27 167	6 105	9 827.5	19 405	3 363	5 896.5	11 643

续表

项目	实现70%盈利目标（万元）			实现50%盈利目标（万元）			实现30%盈利目标（万元）		
年份	2016	2017	2018	2016	2017	2018	2016	2017	2018
其他业务成本	1 911	1 911	1 911	1 365	1 365	1 365	819	819	819
税金及附加	101.5	174.3	353.5	72.5	124.5	252.5	43.5	74.7	151.5
销售费用	3 045	5 229	10 605	2 175	3 735	7 575	1 305	2 241	4 545
管理费用	2 030	3 486	7 070	1 450	2 490	5 050	870	1 494	3 030
财务费用	700	700	700	500	500	500	300	300	300
营业利润	6 905.5	12 541.2	25 833.5	4 932.5	8 958	18 452.5	2 959.5	5 374.8	11 071.5
利润总额	6 905.5	12 541.2	25 833.5	4 932.5	8 958	18 452.5	2 959.5	5 374.8	11 071.5
减：所得税费用	1 035.825	1 881.18	3 875.025	739.875	1 343.7	2 767.875	443.925	806.22	1 660.725
净利润	5 869.675	10 600.02	21 958.475	4 192.625	7 614.3	15 684.625	2 515.575	4 568.58	9 410.775
主要财务指标									
销售毛利率	55%	58.55%	60.51%	55%	58.55%	60.51%	55%	58.55%	60.51%
营业利润率	29.71%	33.18%	35.08%	29.71%	33.18%	35.08%	29.71%	33.18%	35.08%
净利润率	25.26%	28.04%	29.82%	25.26%	28.20%	29.82%	25.26%	28.20%	29.82%
股本金	6 000	6 000	6 000	6 000	6 000	6 000	6 000	6 000	6 000
每股收益	0.98	1.77	3.66	0.70	1.27	2.61	0.42	0.76	1.57
3倍市盈率股价	2.94	5.31	10.98	2.10	3.81	7.83	1.26	2.28	4.71
5倍市盈率股价	4.90	8.85	18.30	3.50	6.35	13.05	2.10	3.80	7.85
8倍市盈率股价	7.84	14.16	29.28	5.60	10.16	20.88	3.36	6.08	12.56

根据S公司提供的经营预测数据，分别以实现70%、50%、30%盈利预测值为基准，对未来经营情况进行压力测试。参照前文计算数据，投资6 000万元，占股20%，则当每股股价达到5元时投资回本。因此，对照上表，××公司即使未按预期实现全部收益，多数情况下，仍能实现投入本金保值及一定的收益。

十五、潜在风险分析

（一）自然灾害风险

公司的种植基地多位于海西戈壁地区，可能受大风、沙尘暴、干旱等自然灾害的影响。公司虽然已在基地建立完善的灌溉系统，并且在种植基地四周种植防风林带，由于农业生产目前仍受自然条件的制约，公司未来仍存在生产经营受自然灾害影响的风险。

应对措施：公司将继续加强对可能影响公司生产经营的自然灾害的预防工作，加大对种植基地防护林的种植和维护力度，完善基地的排灌系统，从而最大限度地降低自然灾害发生可能带来的风险。

（二）市场竞争风险

随着黑枸杞行业的快速发展，竞争进一步趋于激烈，行业内不断涌入新的具备竞争实力的企业，若 S 公司在市场竞争、运营管理、市场营销等策略上选择不当，将直接影响公司经营效益。

应对措施：公司一方面将通过错位竞争尽快扩大精深加工产品的生产销售规模，抢占市场份额；另一方面也将继续加强多方合作，在育种、研发、营销等方面不断提质升级。

（三）公司治理风险

随着公司业务不断拓展，总体经营规模也将进一步扩大，这将对公司管理者在战略规划、内部控制、运营管理、营销策划等多方面提出更高的要求。因此，公司未来经营中存在管理提升与发展提速不匹配的风险，从而影响持续、稳定、健康的发展。

应对措施：为降低公司治理的风险，S 公司已先后从上市公司、省内外大型企业引进各领域专业人士，不断充实管理团队，重点提升公司综合管理水平，以符合公司高速发展的需求。

（四）政策变化风险

一是公司产品定位主要针对高端保健品及礼品市场，国家政策的变化可能会影响公司终端销售及收益水平。二是公司依法享受林木的培育和种植免征企业所得税的税收优惠及自产农产品免征增值税。税收政策的变化，将会在一定程度上影响公司的盈利水平。

应对措施：公司将进一步加强市场调研、丰富产品结构、及时调整营销策略，提高盈利水平，以抵消各类政策变动带来的不利影响。